私法研究

PRIVATE LAW REVIEW VOL.22

第22卷

主编 陈小君
Editor-in-Chief : Chen Xiaojun

副主编 李俊 陈晓敏
Vice Editor-in-Chief :Li Jun Chen Xiaomin

中文社会科学引文索引(CSSCI)来源集刊

法律出版社
LAW PRESS · CHINA

卷首语

士欲修身者，不可以不读书；人欲致事者，不可以不明理。读书穷尽于诸子百家，明理遨游于古今中外。灯尽油枯，知源流于刻板之间；皓首穷经，识大道于文字之外。本卷《私法研究》共设“民事法论”“知识产权法专论”“环境资源法专论”三个专题，为大家奉上14篇佳作，以期给各位读者带来启迪。

一、民事法论

本专题共收录九篇文章。

第一篇是谢冬慧教授所作《政法精英与民国民法典编纂》一文。民国时期，一批政法精英当政，并主持法典的编纂。民国民法典正是当时一代又一代的政法精英通过不懈的努力而完成的立法成果。从沈家本主持修订的《大清民律草案》到王宠惠主政编纂的《民国民律草案》，再到胡汉民亲自督率的《民国民法典》，正是众多的政法精英对民法典编纂事业的投身，才促成了民国民法典的诞生，这些政法精英的先进法治理念以及他们的专业技术水准是民法典编纂技术和水平的保障，值得我们追忆。今天，在我国当代民法典编纂之际，也应该重视政法精英的力量，并从民国精英参与民法典编纂的经验中获得必要的启发。

第二篇是徐银波副教授所作《〈民法总则〉决议行为规则之解释适用》一文。该文认为，不同于《民法总则》第133条对于传统意思表示之法律行为的界定，决议行为并不必然导致民事法律关系的产生、变更或消灭，而旨在形成对社团及其成员的拘束力。决议行为规则仅调整社团按一定程序和方式形成团体意思之决议行为，并不调整共有人等形成决议的多方法律行为。就决议瑕疵，虽然《民法总则》仅以第85条、第94条规定可撤销事由，但基于整体解释，还应依据《民法总则》第134条、第153条分别认定决议不成立、无效。就决议被撤销、无效的法律后果，无法适用《民法总则》第157条之一般规定；《民法总则》第85条、第94条的特别规定并未解决社团内部决议何以及如何影响外部行为效力之前提性问题，需基于瑕疵决议的内容，结合越权代表、无权代理规则认定社团后续从事行为之效力。

第三篇是李明桓所作《我国〈民法总则〉个人信息保护规则的完善》一文。《民法总则》第111条规定了个人信息保护规则，肯定了个人信息的人格权益属性，一定程度上改变了我国个人信息法律保护碎片化、零散化的状态，对强化个人信息保护具有重要意义。该文章主张，我国未来民法典分则应当在《民法总则》规定的基础上，完善个人信息的保护规则，如肯定个人信息权的积极利用权能，明确个人信息收集、利用行为的合法性标准等，以不断完善我国的个人信息保护法律制度。

第四篇是吴昭军博士的《"宗教活动场所"法人化与民法典的路向选择——解读〈民法总则〉第92条第2款》一文。该文针对《民法总则》规定"宗教活动场所法人"的规范解释与理论研究的不足，探讨"宗教活动场所"究竟应为客体还是主体，其名称是否可替换表达为"宗教法人"，该类法人系特别法人还是普通非营利法人，民法调整此类法人的立法目标定位是什么，以及如何设计相应的登记程序的问题。该文通过解读《民法总则》第92条第2款，探究宗教活动场所法人化的价值定位，分析"宗教活动场所"规定于《民法总则》并明确界定为法律主体而非客体之意义。在此基础上，文章以体系化的立法解读方式，对"宗教活动场所"的设立、登记、体系化位置、性质等问题一一回应，提出增设无须登记而自动取得法人资格之规定，建构"民法典—单行立法—宗教自治规范"三维规范体系。

第五篇为陈苇教授和陈钊博士所作《瑞士新成年人意定照顾制度研究及其启示》一文。2013年1月1日生效的新"瑞士成年人保护制度（成年人监护制度）"，被置于《瑞士民法典》亲属编之中。其内容包括意定照顾措施（自我照顾安排）与法定监护措施，两者并列，各自单独规定，且前者优先于后者适用。前者根据照顾内容的不同，分为一般措施和医疗措施。一般措施针对委托人日常照顾安排，而医疗措施仅针对委托人医疗事项的安排，如此分类凸显"重视人身上照顾"的理念。这两种照顾措施均由委托人自主决定委托事项，在委托人丧失判断能力时由受托人严格按照其指示执行，充分体现"尊重本人自我决定权"和"活用当事人的剩余能力"的理念。同时，为了辅助当事人意定措施的设立和实现，对委托人范围、设立形式、内容要求、公力介入等均有明确的规定,体现了“国家公力的适当介入”理念,形成以“自治为主,国家辅助”的新型成年人意定监护制度。该文拟对瑞士修改后的新成年人意定照顾制度进行研究,汲取其立法改革经验,从我国实际出发,提出我国“民法典婚姻家庭编”之增补细化成年人意定监护制度的立法构想。

第六篇为雷秋玉副教授所作《债权让与的法律构成——以解释论的选择为中心》。债权让与的法律构成涉及债权让与的权利变动模式、债权让与合同与债权让与行为之间的因果关联,对此已形成三种解释论:债权意思主义、准物权形式主义、二元意思主义。该文认为,基于民法解释方法的基本准则,准物权形式主义因不符合文义解释的基本要求,债权意思主义则因逻辑不够自洽、合体系性较差,均应予否弃。二元意思主义吸纳物权变动意思主义中的物权合意要素,改造为债权让与意思,区分于债权效果意思,认为债权让与的权利变动是债权让与意思的结果,形成了债权让与的二元法律构造,其逻辑自洽性与合体系性较为突出。改良的二元意思主义试图以基础合同、主合同与债权让与行为的因果关联替代债权让与合同与债权让与行为因果关联,解释力较弱,但可作为二元意思主义的必要补充。显然,该文以合法律解释的准则、合逻辑性与合体系性为标准,为债权让与解释论的选择提供了一个相对科学的评价标准体系,也即以改良的二元意思主义为辅的二元意思主义的解释模式。

第七篇是蒋佳艺博士所撰《委托合同任意解除权的基础及限制》一文。委托合同中的任意解除权构成“契约严守”原则之例外。通说认为,其理论基础在于当事人之间的信任关系,然而单一的信赖基础说无法应对日益复杂的实践,需要结合大陆法系传统重新审视其理论基础及限制方式。该文对此的研究不仅能够为《合同法》第410条的适用提供更准确的参照,也为委托合同给即将到来的合同分则之立法完善奠定基础。

第八篇是谢潇博士所作《论普通法中的私法拟制:故步自封与柔性损益的结合》一文。普通法私法部分历史进程中的法律拟制,或曰私法拟制,扮演了极为重要的角色。该文认为,借由融合了外在法律形式主义与法律实用主义精神的私法拟制,普通法的法官们柔性地不断突破令状制度及相关立法与惯例的樊篱,实现了私法的有机发展,并给予了当事人必要的救济。尽管在法律实证主义的视角下,私法拟制无疑是对既定令状与法律规定及惯例的僭越,但就私法发展与当事人权益保障而言却不无裨益。

第九篇是徐铁英副研究员撰写的《意大利法上的物件看管致害责任》。该文对意大利法上物件看管致害责任的规范起源、体系定位、责任构成等做了详细的考察与分析，对我国侵权责任法上违反安全保障义务的责任的法律解释适用与完善具有重要的启发意义。

二、知识产权法专论

本专题共收录两篇文章。第一篇是王小丹博士的《民国商标法的续造：商标近似判例及适用》一文。民国时期，商标近似是商标注册审查和商标侵权认定的主要尺度。当时商标法尚未明确界定商标近似标准，且司法院解释的补漏作用有限。而三类商标近似判例却提供了标准，进行了民国商标法的续造。这些判例前后相承，适用广泛，具有较强的规范作用。最高法院判例形成最早，初步确立了认定商标近似的要件；行政法院判例适用于行政诉讼和诉愿，为解决商标近似争议发挥了最显著的作用；行政院判例仅适用于诉愿，形成了比较全面且成熟的商标近似标准。这些判例完善了民国商标法的解释，增加了适用的灵活性，推动了民国商标法本土化进程。较之来源单一的判例，商标近似判例有其独特之处，可借此透视民国判例制度在商标领域的运行。

第二篇是宁立志教授与王少南博士合作的《技术标准中的专利权及其反垄断法规制》一文。该文认为，专利权人利用技术标准实施各种专利滥用行为，危害到技术创新和市场竞争。为了防止和规制专利权人的滥用行为，标准化组织通常在其专利政策中对专利信息披露、必要专利甄选以及专利许可条件作出规定。但相较而言，具有社会本位和以保护公平竞争为目标的竞争法能起到更好的规制作用。国际上的竞争立法对技术标准中的专利权滥用均作出了规定，这些规定对我国有重要的借鉴意义。反垄断法应以合理原则审查涉及技术标准专利的垄断协议和滥用市场支配地位行为，合理权衡其中的利弊，谨慎地作出法律判断。我国应进一步完善《反垄断法》，尽快细化有关操作指南，在司法和执法实践中不断积累经验，更好地营造公平竞争的市场环境。

三、环境资源法专论

本专题共收录三篇文章。第一篇是李飞博士所作《环境要素的罗马法保护：空气与水》一文。该文对罗马法中有关空气和水这两种环境要素的法律保护，通过原始文献做了非常细致的考察与梳理。尽管罗马法上并不存在现代意义上的环境法律规范，对环境的法律干预主要是对私人利益保护的附属产物，但是其在环境要素保护方面的经验在方法论上对于今天的立法仍有借鉴意义。

第二篇是袁博博士的《我国水权取得的社会本位机理——基于民法上水资源

国家所有权的证成》。“水资源全民所有”第一层意涵是全体公民共同利益下的所有，第二层意涵是防御式的保障全体公民的利用权。水资源国家所有权只是民法意义上的，是水资源国家所有的具体规则建构，实际上也是利用私法的形式来解决公法规制的问题。水权形成实际上是一种社会目的的实现过程，作为一种用益物权，其取得具备二次赋权性。同时水权形成也是个人与公共协调的结果。水权的社会本位实现需要通过具体制度来实现《宪法》“全民所有”的价值辐射，还需要明确水权取得的基础、行政特许的内在要求，以及通过司法维护社会本位。

第三篇是日本著名法学家儿玉晴男所撰《论作为信托财产的环境资源权——环境财产的权利构造分析》一文，该文由战东升副教授翻译。科学技术进步和经济增长，既是导致地球环境问题的原因，也是解决地球环境问题的前提条件；这两个方面的价值评价截然相反。因而，立法政策必须以科学技术进步、经济增长与环境保全之间的相互关系为出发点。信托制度在环境保护领域的运用再次受到了关注。英国的民间组织国民信托把土地当作信托财产；我们也可以借鉴这样的公益信托制度，把作为信托对象的环境资源（财产）称为环境财产，其权利称为环境财产权。为构建科学技术进步、经济增长与环境保全之间的合理关系，有必要对环境财产的权利构造做进一步分析。

目 录

民事法论

知识产权法专论

环境资源法专论

Contents

Civil Law Theory

Intellectual Property Law

Environmental Resources Law

民事法论

政法精英与民国民法典编纂*

谢冬慧**

目　次

一、引言

法典是经过专业化、系统化、学术化的产物，它离不开政治界与法学界诸多精英人士的孜孜以求和艰苦卓绝的工作。民国民法典的编纂也不例外，它肇始于清末变法，完成于国民政府时代，凝聚了几代政法精英的智慧和汗水。从清末到民国20余年的时间里，正是众多的政法精英对民法典编纂事业的投身，才促成了民国民法典的诞生。这些政法精英的先进法治理念以及他们的专业技术水准是民法典编纂技术和水平的保障，值得我们追忆。今天，在当代中国民法典编纂之际，也应该重视政法精英的力量，并从民国精英参与民法典编纂的经验中获得必要的启发。

* 本文为中国法学会2016年度部级法学研究课题“民国民法典编纂及其当下启示”[CLS(2016)C47]的研究成果。

** 谢冬慧，南京审计大学法学院教授，法学博士、博士后。

二、清朝末期的政法精英与《大清民律草案》

民国民法典编纂可以追溯至清末变法时期的《大清民律草案》。古代中国没有单行民法典,清末变法引进西方法制,着手编纂民法典;但由于当时政局动荡,中国第一部民法典——民国民法典直至1929年才由南京国民政府制定公布。[1] 因此,研究民国民法典得从《大清民律草案》的制定开始。也就是说,从法律沿革的历史来看,民国民法典直接来源于清末变法的成果之一——《大清民律草案》。作为中国历史上首部专门的民法典草案,《大清民律草案》是1911年8月由清政府通过修律活动完成的。实际上,《大清民律草案》是中国20世纪大规模修律活动的产物;而修律的主持者是政法精英沈家本、伍廷芳与俞廉三等。其中,沈家本为清末官吏兼法学家;伍廷芳乃近代中国第一个法学博士、清末民初外交官兼法学家;俞廉三曾任地方巡抚兼教员。很明显,沈家本、伍廷芳与俞廉三属于当时社会政法界的精英。有学者认为:沈家本先生主持的修订法律馆堪称清末政法精英人才的汇聚地。[2] 修订法律馆也因此被誉为"中国民法典的发祥地",沈家本因主持制定了《大清民律草案》而被称为"中国民法典之父"。[3] 的确,《大清民律草案》的问世,渗透了沈家本等一批当时政法精英人才的辛勤汗水,也为民国民法典的编纂积累了经验,奠定了基础,具有多方面的意义。

首先,主持、制定《大清民律草案》的政法精英创新了近现代法典模式。清末修律一改传统中国"诸法合体"的法典编纂模式,效仿西方采取单行法律或者法律部门的立法形式。然而,这个转变首先需要取得清廷官方的认可。为此,在清末修律之前,沈家本等作为当时的政法精英,积极向当朝统治者上奏,以取得最高统治层的权力支持。1905年3月13日,沈家本和伍廷芳两人共同向光绪皇帝上了奏折,其中恳请将原《大清律例》中纯属民事的部分条款分出,不再科刑,以示"民刑分立"。[4] 后来,沈家本和俞廉三等再次提交奏折,认为:"保护私权,实关重要。东西各国法制虽殊,然于人民私权秩序,维持至周。既有民律以立其基,更有民事诉讼律以达其用。"[5]1907年6月,清政府民政部大臣、晚清贵族重臣善耆再次提

---

〔1〕 参见叶孝信:《中国民法史》,上海人民出版社1993年版,第605页。

〔2〕 参见张仁善:《论中国近代法律精英的法治理想》,载《河南省政法管理干部学院学报》2006年第1期。

〔3〕 参见李显冬:《从〈大清律例〉到〈民国民法典〉的转型》,中国人民公安出版社2003年版,第111页。

〔4〕 参见《奏请先将律例内应删各条分次开单进呈折》,转引自沈家本:《沈家本未刻书集纂》,中国社会科学出版社1996年版,第383页。

〔5〕 孔庆明等:《中国民法史》,吉林人民出版社1996年版,第696页。

交奏折:“善耆在给清廷的奏折中第一次提出了厘订民律的主张,认为民法能够‘防争伪于未能之先,治忽所关,尤为切要’,并列举了各国民法的要旨宏纲。”〔6〕清政府得到这些精英重臣多次中肯的修律请求,加上当时西方列强的压力,经过慎重考虑,最终审议批准了沈家本等关于参照西方单行法律模式修订中国法律的请求。也即“1907 年 9 月,清廷派沈家本、俞廉三、英端为修订法律大臣,参考各国成法,体察中国礼教民情,主持修订民律。”〔7〕由此,不难推断,正是得益于沈家本、伍廷芳、俞廉三、善耆等诸多政界法界精英们的努力,取得了清政府官方的支持,大清民法修订工作才得以启动,为《大清民律草案》的独立编纂提供了前提,也为民国民法典编纂打下了基础。这不能不说是政法精英作为修律主持者的贡献。

其次,沈家本等政法精英谋虑了立法的主导思想。任何法律制度的制定,都离不开特定历史条件与特定的立法指导原则和思想。《大清民律草案》在制定之前,主持者已经考虑到了这个问题;在经过认真思考与谋划之后,沈家本、俞廉三等专门奏呈清廷,提出了编纂大清民律草案的四点原则建议,具体内容为:“(一)注重世界最普遍之法则;(二)原本后出最精确之法理;(三)求最适于中国民情之法则;(四)期于改进上最有利益之法则。”〔8〕这四点立法主导思想非常有见地,指出了《大清民律草案》对上应注重吸纳世界公认的法则和精确的法理,对下应顺应中国的民情与利益,从而确保了《大清民律草案》的立法技术和水平之高。当然,这要归功于沈家本等作为法学家的理论水平和专业功底,他们的立法思想为《大清民律草案》的编订指引了方向,大大提升了《大清民律草案》的编纂水平。

最后,沈家本等政法精英主持了法典草案的编纂。作为修订法律大臣,沈家本带领自己的团队经过多年的努力,大量翻译外国的法律和法学著作,仔细调查本国的民间习惯,研究本国的固有国情,为民法典编纂做了大量的准备及指导性工作。对此,有学者专门做了考证,认为:“沈家本主持修律的十年间,主要做了五件事:翻译外国法典和法学著作,沟通了中西法律与法学;聘请外国法学家为顾问,参与修律;创设京师法律学堂,培养谙习新法的人才;删改旧律,编订新律;为坚持资产阶级法律思想与礼教派进行斗争。”〔9〕也正是这五件事促成了修律变法事业,堪称法制史上的浓墨重彩。单就《大清民律草案》而言,从 1907 年开始制定,到 1911 年完成,沈家本领导的团队整整用了 4 年时间,做了很多巨细的工作。根据史料记

〔6〕 余洪法:《民国时代民法现代化历程考察》,载《法制现代化研究》1997 年卷。

〔7〕 前引〔1〕,叶孝信书,第 605 页。

〔8〕 谢振民:《中华民国立法史》,中国政法大学出版社 2000 年版,第 744～745 页。

〔9〕 唐自斌:《沈家本与清末的法律修订》,载《求索》1992 年第 5 期。

载，沈家本主持修律时虽然年岁已高，“精力日逊”，〔10〕但他对所修法条非常严谨，“逐句逐字，反复研究，务得其解。”〔11〕而且，当时制定民法典的条件极为艰难：“库储枯竭，修订法律馆的经费十分困难。”〔12〕在财政困难、条件简陋的情况下，完成极其繁重的法典编纂任务，对沈家本来说是极其严峻的挑战。但是，沈家本没有退缩，他和伍廷芳、俞廉三等克服重重困难，坚持将修律的工作圆满完成了，体现了近代中国的政法精英对法制事业锲而不舍的精神；他们的名字也永远铭刻在中国法制史的里程碑上。

此外，在起草《大清民律草案》的过程中，沈家本领导的修订法律馆还聘用了外国尤其是日本的法学专家参与修律活动，包括组织调查国内的民情和商情，并派员出国考察有关法律制度。对此，专门有相关记载：“修订法律馆还聘请多名日本法律家为调查员，通过日本法律专家调查欧陆各国的有关法律资料。”〔13〕由于《大清民律草案》中的很多概念和制度大都直接效仿《日本民法典》，所以从专业的角度考虑，聘请了日本松冈义正等多位法律专家当顾问。松冈义正作为日本著名的民法学家，于1906年来华，与清政府签订了三年聘用合同，仿照德国和日本法典的体例及内容草拟了《大清民律草案》的总则、债、物权等三编，其作用举足轻重。当时，修订法律馆还聘用了四位海归法学家，即章宗元、朱献文、高种和、陈箓一道修订《大清民律草案》，其中章宗元与朱献文主编了亲属编，高种和与陈箓主编了继承编。《大清民律草案》全编的具体编订是由日本和中国五位法学家共同主稿的。可以说，外国的法界精英也为《大清民律草案》的制定付出了努力。

由上可知，清朝末期，一大批修订法律的官员兼学者为《大清民律草案》的起草付出了努力。或者说，中国第一部民法草案——《大清民律草案》倾注了无数政法精英的心血和汗水，也意味着民国民法典的雏形版《大清民律草案》的制定，是以沈家本、伍廷芳等为首的诸多中外政法界精英人才集体智慧的结晶，并由此开启了中国现代民法典编纂的新时代。

三、民国前期的政法精英与《民国民律草案》

清末修律的精英模式被民国时代广泛承传。民国初始，临时大总统孙中山非常重视对政法精英的任用，他指出：“养成一个享誉国际的法学家，其力量足胜十

〔10〕故宫博物院明清档案部：《清末筹备立宪档案史料》，中华书局1979年版，第838页。

〔11〕前引〔10〕，故宫博物院明清档案部史料，第839页。

〔12〕李贵连：《沈家本传》，法律出版社2000年版，第270页。

〔13〕李婧：《民商法史再研究：史料、路径及方法》，法律出版社2015年版，第54页。

万雄兵。”〔14〕因此,他让政法精英人才进入国家重要岗位,如任命清末变法的功臣伍廷芳为临时政府的司法总长,任命留美法学博士王宠惠为外交总长,任命曾两度留日学习法科并任职过《民报》主编的胡汉民为总统府秘书,等等,不一而足。孙中山的这一举措对民国时期包括民法典在内的法制发展举足轻重。伍廷芳作为临时政府的司法总长,他的外语水平及法律专业功底相当好,在与沈家本一起主持修律的过程中,他专门为《大清民律草案》的外国法律蓝本把关,具有丰富的民事立法经验。担任临时政府司法总长之后,伍廷芳又提出仿效西方,建立全新法律体系的主张,对《民国民律草案》的制定起到很大的推动作用。尽管南京临时政府时间短暂,但是在沈家本、伍廷芳等政法精英的努力之下,民事立法方面小有成就,“总结来看,中华民国临时政府时期,颁布的主要法律在民法方面,主要围绕保障人权、禁止人口买卖、发展民族工农业、重视文化教育等方面。”〔15〕在史实上,在伍廷芳、王宠惠等政法精英的法治主张影响下,南京临时政府时期的民事立法贯彻了“三民主义”的思想精髓,以关爱百姓生命财产安全为宗旨的民法理念大有提升。

随着政权的更迭,法律必然发生变迁。临时政府之后,北洋政府运行的首要工作是立法。其首先设置了专门机构。1912 年 7 月,北洋政府组建法律编纂会,取代清末的修订法律馆,负责编纂包括民法在内的各项法典。但是由于政局变化,该立法机构也随之调整。1914 年,法律编纂会被改为法律编查会,开始修订《民国民律草案》;而 1918 年又被改为修订法律馆,继续负责《民国民律草案》的修订。不过,在《民国民律草案》编订的台前幕后,自然离不开精英人才的作用。其中,有一个非常重要的人物就是时任法律编纂会会长、司法总长的王宠惠。可以说,在民国的政法精英中,王宠惠颇为卓著,名气也大。“王宠惠一生横跨政学两届,是中华民国时期重要的外交、司法高级官员、宪法学家、国际法学家,享有‘民国第一法学家’的美誉。”〔16〕还有学者认为:“王宠惠是一个世俗的法律学者,又是一个代表政府的法律技术领导者。”〔17〕作为政界、法学界双重地位的法学家,他在民国民法典编纂过程中发挥了无人能及的作用。

首先,王宠惠具有深厚的民法学专业功底。尽管王宠惠在宪法学、刑法学等公法领域成就卓著,被称为公法学家,但其实早年的王宠惠曾留学欧美,主修民法学,在民法研究领域有一定的造诣。1905 年,在美国耶鲁大学,王宠惠以《住所:一个

---

〔14〕 黄季陆:《革命人物志》(第 1 集),台北文物供应社 1959 年版,第 179 页。

〔15〕 王鹰翀:《论中华民国时期民法的发展》,载《城市地理》2015 年第 2 期。

〔16〕 刘宝东:《法学家王宠惠:生平·著述·思想》,载《比较法研究》2005 年第 1 期。

〔17〕 张生:《王宠惠与中国法律近代化》,载《比较法研究》2009 年第 3 期。

比较法方面的研究》一文获得民法学博士学位,而后即赴德国柏林研究民法。1907年,王宠惠将《德国民法典》由德文翻译成英文,轰动世界。学者评价:"王宠惠的《德国民法典》译本在100年余年前就已经达到如此高的学术水平,一方面显示了中国学者与时参与世界法学发展的勤谨学风,另一方面也体现了中国法学者对推动中国法律改制进程的热切关注。"〔18〕王宠惠"强调民法与民法学的重要性,并把中国的民法学研究置于国际背景之中,搞比较研究。"〔19〕1915年,王宠惠的专著《比较民法概要》出版,学界评价:"该书是中国近代民法典编订之前一部颇有影响的比较民法著作。"〔20〕由此足见王宠惠的民法学专业功底之深厚。这也是王宠惠民法学术的魅力所在。

其次,王宠惠拥有较高的官方立法话语权。北洋政府时期,王宠惠先后担任法律编纂会会长,修订法律馆总裁、司法总长,掌握着官方立法、司法的话语权。1917年,王宠惠出任北洋政府法律编纂会会长,致力于包括民法在内的法典编纂工作,他认为:"各国民法典多成于十九世纪,盖拿破仑五大法典颁布后,而法典之编纂已为各国通例矣。"〔21〕1918年7月,他担任法律编查会的负责人及修订法律馆总裁,与董康一起编纂民、刑各法典,附属法规以及调查民间习惯等。1922年,他再次担任北洋政府修订法律馆总裁,领导组织《民国民律草案》的修订工作,〔22〕并在当年完成了总则、债和物权三编的编纂工作;亲属与继承两编则于1926年完成。虽然由于政局变故,《民国民律草案》未正式实施,但该草案的制定无疑为民国民法典编纂奠定了基础、提供了便利。

当时,作为民法草案的组织者与领导者,王宠惠谋划并主持拟定了立法指导原则,诚如学界所言:"王氏因对世界著名之德国民法及其他各国民法素有研究,他根据中国国情提出重要之立法原则。"〔23〕也就是说,在《民国民律草案》制定之前,他还做了宏观的立法指导。有学者认为:"王宠惠作为对民法有着精深研究的法学者和建构中国近代法律体系的主要参与者,对于近代中国民法学的发展和民法典

---

〔18〕 前引〔16〕,刘宝东文。

〔19〕 胡文俊:《王宠惠与中华民国》,广东人民出版社2006年版,第79页。

〔20〕 刘宝东:《王宠惠的刑事和民事立法思想与立法实践》,载《云南大学学报》(法学版)2006年第1期。

〔21〕 王宠惠:《王宠惠文集》,法律出版社2008年版,第168页。

〔22〕 由于政局动荡,1914年即已启动的《民国民律草案》迟迟没实质性进展,1922年春天的华盛顿会议议决派员来华调查司法,关涉到中国能否收回领事裁判权的问题,于是,北洋政府积极编纂民刑各法典以迎接调查。修订法律馆以《大清民律草案》为蓝本,调查各省民事习惯,参考各国最新立法,于1925年法权调查会议召开之前完成了《民国民律草案》。参见叶孝信:《中国民法史》,上海人民出版社1993年版,第606~608页。

〔23〕 前引〔19〕,胡文俊书,第342页。

的制定出力良多。"[24]"综其一生,对于吾国先后约法、宪法之草拟订定以及当初民法、刑法之立法原则,贡献甚多。"[25]学者给予他这样的评价,是十分中肯的。

同时,他也高度重视法学人才的培养,因为再好的立法,还是需要法律人去执行。王宠惠指出"法官平定狱讼,职务重要、学识经验缺一不可。"[26]在他的关心之下,国民政府的法学人才层出不穷,远远超过民国前期,为民国后期立法、司法水平的提高提供了人力资源保障。当然,王宠惠的法律人才观与民事立法还是有联系的,他以深厚的民法学功底影响了身边的年轻人,尤其是参与《民国民律草案》的编纂者,带动了民律草案水平的提升。

诚然,一部法律草案的出台不是某一个个人的力量所能承载的,它更是集体智慧的结晶。《民国民律草案》是在王宠惠领导之下,由北洋政府专门立法机构及其所有成员创造的共同成果。他们以《大清民律草案》为基础,调查各省民商事习惯,并参照各国立法进行修订包括总则、债、物、亲属、继承的五编;其中,总则由民国著名法学教授余棨昌负责,债编由历史学家梁敬錞等负责,物权编由著名法学家黄右昌负责,亲属和继承两编由高种和负责。[27]（见表1）1925年,立法专门机构完成并公布了民法民法典的第二个草案——《民国民律草案》;1926年,北洋政府司法部通令"各级法院在司法中将该草案作为法理加以引用"。[28]

表1　《民国民律草案》各编起草者简况

民国民律草案编名	起草人	职务头衔
总则编	余棨昌	大理院院长、法学家
债编	应 时	修订法律馆副总裁
	梁敬錞	修订法律馆总纂、历史学家
物权编	黄右昌	北京大学教授、法学家
亲属编	高种和	修订法律馆总纂
继承编		

〔24〕 前引〔20〕,刘宝东文。
〔25〕 前引〔19〕,胡文俊书,第95页。
〔26〕 前引〔21〕,王宠惠书,第203页。
〔27〕 参见潘维和:《中国近代民法史》,台北汉林出版社1982年版,第86～87页。
〔28〕 根据法律史学家的判断:当时由于北洋政府内部矛盾,解散了国会,导致民法草案无法通过法定程序而成为民法典,仅由北洋政府司法部于1926年11月通令各级法院在司法活动中作为法理加以引用。参见叶孝信:《中国民法史》,上海人民出版社1993年版,第608页。

在该草案起草人中,余棨昌乃留学日本的著名法学学者,曾担任北洋政府大理院民庭庭长及院长;梁敬錞是北京大学法科出身,民国时任职于司法部和最高法院;这两位身跨政学两界,属于典型的政法精英。黄右昌先生早年也留学日本,主研民法和罗马法,历任国民政府大法官、立法委员等职;高种和为修订法律馆总纂,曾参加过《大清民律草案》的起草,且为民初大理院民事庭法官,有着丰富的理论与实践经验。可见,上述五位参与《民国民律草案》编纂的学者,均是法学界或是政界的优秀分子,他们的专业素养成就了《民国民律草案》。1926年5月,王宠惠为该草案作序,指出:

"十四年冬宠惠自治外归,复承乏法律馆,念吾国法律更新,为日綦久,而所施行各条例犹未为大法之完成,后此修改岂云终业;况民商诸法各草案虽已成篇,然仍有待于公布,则裁量之余地,正复从容,当可与海内外法学专家共同商榷,此其时也,心所竞竞。"〔29〕

在这里,王宠惠就透露出:包括《民国民律草案》在内的法律编纂工作,实际上凝聚了海内外多位法学专家学者的共同努力和辛勤付出。几位负责人皆为政法界的精英,他们的专业知识和职业素养足以应对《民国民律草案》。因此,在民国前期民律草案的编订工作中,无论是作为组织者的王宠惠,还是具体负责文稿的专家们,政法精英自然功不可没。

四、国民政府的政法精英与《中华民国民法》

有学者认为:"与清末、北洋政府时期立法人员的构成不同,南京国民政府时期参与民法典制定的立法者,由政府高官和法律家组成,实现了人员层次上的飞跃,呈现出立法精英化的特点。"〔30〕其实,自清末到民国时期,立法领域走的都是精英化的道路,只不过是到国民政府时期精英化程度更高一些而已,因为国民政府是由新知识精英联合组成的政府,在知识水平和执政能力上有着比前期政府更加明显的优越性。〔31〕民国民法典于1928年2月1日开始编纂,该民法典从起草到颁布,更是投入了大量政法界精英们的精力。

为了保证立法水准,国民党中央政治会议专门规定了立法委员人选的标准,即"曾为党国效忠,在革命过程,未尝有违背党义之言论行动,而于法律、政治、经济

〔29〕 前引〔21〕,王宠惠书,第198页。
〔30〕 前引〔13〕,李婧书,第65页。
〔31〕 参见张生:《中国近代民法法典化研究》,中国政法大学出版社2004年版,第168页。

有相当之学识经验者为合格。”[32]根据这个标准所挑选出来的人员基本上就是政法精英人物。这一用人理念为国民政府高质量的立法提供了保证,也为此后的民法典的现代化创造了有利条件。于是,按照这一标准,国民政府精心挑选人员。可以说,“当时南京政府的骨干人物组成了民国民法典的立法团体,他们或是位高权重的党政要员,或是掌握精深理论、学养较高的法律专家”。[33] 有学者考证了实际参与议定、起草《民国民法典》的立法者,认为主要由以下四类人员组成[34](见表2):

表2 参与议定、起草《民国民法典》的组成人员

第一部分成员	立法院正副院长:胡汉民、林森
第二部分成员	民法起草委员:傅秉常、史尚宽、焦易堂、林彬、郑毓秀
第三部分成员	民法起草顾问:王宠惠、戴传贤、宝道(法国人)
第四部分成员	国民党中政常委:蒋介石、蔡元培、宋子文等

表2所列人员中,蒋介石、胡汉民、林森、王宠惠、戴传贤等皆为国民政府的党政要员。其中,蒋介石曾参与民法“债编”立法原则的议订;胡汉民作为立法院院长,既是立法的组织者,又是参与立法的法律专家;副院长林森则参与民法典提案及草案的审议讨论。这里的胡汉民、王宠惠既是政要又是学者,而史尚宽、法国人宝道皆纯为学者,乃学界精英。史尚宽乃民国著名法学家,独立完成“民法全书”。宝道作为外国专家顾问,精通民法学,对民法典编纂提了很多宝贵的建议。

值得一提的是,在民国民法典编纂中起重要作用的是胡汉民。由于胡汉民在位的1928年至1931年,也正值民国民法典编纂的期间,当时,作为国民政府立法院首任院长的胡汉民,对民法典编纂工作高度重视,极力支持,亲自指挥,认真督率,使《中华民国民法》编纂工作有条不紊地进行(具体时间进度见表3)。

表3 民国民法典编纂的时间进度

序号	时间	民法典编纂进度
1	1928年12月	国民党中央政治第168次会议,通过制定民法总则原则
2	1929年1月	国民政府立法院第10次会议,议定民法起草委委员

---

〔32〕 参见前引〔8〕,谢振民书,第218页。

〔33〕 张生、李彤:《民国民法典编订:政府与法律家的合作》,载《中国社会科学院研究生院学报》2006年第1期。

〔34〕 参见张生:《中国近代民法法典化研究(1901 - 1949)》,中国政法大学出版社2004年版,第177~178页。

续表

序号	时间	民法典编纂进度
3	1929年2~4月	共召开30多次会议,完成民法总则编的制定工作
4	1929年5月23日	国民政府公布民法总则编,1929年10月10日施行
5	1929年11月22日	国民政府公布民法债编,1930年5月5日施行
6	1929年11月30日	国民政府公布民法物权编,1930年5月5日施行
7	1930年12月26日	国民政府公布民法亲属编、继承编,均于1931年5月5日施行

胡汉民对《中华民国民法》的完成起到了至关重要的作用。

首先,国民政府建立之初,有很多法律需要制定,但是胡汉民将民法典的制定放在首要位置。“因为在胡汉民看来,人民最大的要求是生活的安定,他们的生命财产受法律的保障。而与人民生命财产关系最密切的首先是民法。”〔35〕的确,民法规范着人们的社会生活,较其他法律的作用更加明显。因此,胡汉民的考虑非常有必要。

其次,胡汉民坚持孙中山“三民主义”及社会利益本位的立法原则,为民法典编纂把握方向。社会本位原则旨在强调社会团体利益,注重社会的安定、经济的发展,协调各种利益的平衡。“民法典各编的立法原则,一般由胡汉民、林森先行拟订,再提请中央政治会议审议,在审议民法立法原则过程中,胡汉民又以中央政治会议常务委员的身份参与意见。因而,民法典各编立法原则的议订,均由胡汉民负实际责任。”〔36〕他“以立法院院长的身份直接推动,既反映了其远见卓识,也有力地保障了民法典的尽快制定完成”。〔37〕这也体现了一个政治家在立法过程中的作用。

最后,胡汉民主导融合中西、创新了民法典编纂的体例。胡汉民认为“凡是立法,尤其是私法,应该极力采取最新的法例,而同时注重本国良好的习惯”。〔38〕1928年8月,胡汉民结束欧洲7个月的考察,回国后于10月出任国民政府立法院院长,正赶上民国民法典的制定。他参照法国、日本的经验,研究中国社会的状况,主张编订民商统一的法典,并于1929年5月,与副院长林森一起提交了“编订民商统一法典案”,结构上虽仍为五编,但每编皆附有施行法,异于民国前期的民法体

〔35〕 春杨:《略评胡汉民之立法主持活动》,载《法学评论》2000年第6期。

〔36〕 韩久龙:《论胡汉民的民法思想》,载《贵州社会科学》2008年第9期。

〔37〕 前引〔36〕,韩久龙文。

〔38〕 成台生:《胡汉民的政治思想》,黎明文化事业公司1982年版,第59页。

例，极具创新意义。另外，精简民法典草案的条文，不失为另一种意义上的创新。“关于民法典条文的繁简问题，在制定民法之初，胡汉民即强调，在编订民法时，一定要革除以前立法条文贪多太杂，偏重于量的积习。”〔39〕作为编纂结果，民国民法典的条文一共1225条，较民国初期民律草案的1522条精简了近300条。

简言之，对于民国民法典编纂，胡汉民作为立法院院长功不可没。学界评价：“胡汉民任立法院院长时，最艰巨的工作是整部民法的制定。其所制定之民法五篇，共计一千二百二十五条……这不能不归功于胡先生的指导。”〔40〕这种评价极其客观，胡汉民的务实态度与严谨作风深深地影响着民国民法典的编纂。

当然，其他政法精英们的贡献也不小。有学者认为：“王宠惠、胡汉民、史尚宽、郑毓秀等接受过西方法律训练后归国的中国学者对民法典制定工作的直接参与，对起草一部符合民法新潮流，借鉴视野广阔的民法典起了不可忽视的作用。”〔41〕这里，在《民国民律草案》制定中起重要作用的王宠惠不得不再次提及，也正是鉴于王宠惠在《民国民律草案》制定中的贡献及经验，1928年，他又被国民政府任命为《中华民国民法》的顾问及起草小组的首席专家，继续参与民国民法典的编纂工作。正因如此，《中华民国民法》文本才打上了王宠惠的烙印。美籍华人学者黄宗智先生指出：“1929年至1930年的民国民法典和它的主要原型1900年的德国民法典一样，从各种抽象化的权利出发，并将它们确立为普遍性的原则。事实上，民国民法典无论在法律原则、结构还是语言方面都对德国民法典亦步亦趋。”〔42〕这皆是因为王宠惠专门研究翻译过《德国民法典》，且最权威的英译本出自他手。

总之，“国民政府组织了其大部分政治精英和法律精英投入到民法典的起草和编纂工作之中，在不到两年的时间内迅速完成了民法典的编纂，这在中国近代立法史上是空前的一次”。〔43〕通过这些精英人才的努力，民国民法典编纂得到了技术上的强大支持，民法典的编纂工作极为顺利。截至1931年1月24日，在为期不到4年的时间里制定并颁布了民法总则、债、物权、亲属及继承五编，外加各编的《施行法》，真是民国立法史上的盛事。“至此，中国历史上第一部正式的民法典遂告完成并颁布实施了，从此中国的民法向法典化迈开了历史性的第一步。”〔44〕从《大清民律草案》到《民国民律草案》，再到《中华民国民法》，均为五编：总则、债（权）、

---

〔39〕 前引〔36〕，韩久龙文。

〔40〕 前引〔38〕，成台生书，第58页。

〔41〕 前引〔20〕，刘宝东文。

〔42〕 ［美］黄宗智：《清代以来民事法律的表达与实践》，法律出版社2014年版，第141页。

〔43〕 前引〔20〕，刘宝东文。

〔44〕 前引〔6〕，余洪法文。

物权、亲属、继承五编,只是章节、条款上有所增减,维护的阶级利益因时代的变迁有所侧重。[45] 这种体例是当时参与民法典编纂的精英们经过慎重选择的结果,凸显了他们的专业水准和聪明才智。

在立法技术上,民国民法典编纂体现了历史的进步精神,这种进步正是源于法界、政界精英的贡献。有学者做了精辟的总结,认为"从清末参与立法者理论水平较低、司法经验匮乏的中日法律家,到北洋政府时期具有合理知识结构和丰富实务经验的起草人员,到南京国民政府时期参与民法典编纂的高层次立法者,最终实现了人员层次上的飞跃"。[46] 尤其"国民政府将其大部分政治骨干和高层的法律家都投入到民法典的编纂工作中了,这在中国近代立法史上是空前的一次"。[47] 还有"在编纂法典的过程中,法律家是主导者,法律家世代相继发展成熟的私法理论是构建民法典的基本素材"。[48] 历史的开拓者永远值得被铭记,民国民法典之所以能够出台,它发轫于清末《大清民律草案》的基础范本,经过民国前期《民国民律草案》的初步改造,才有了民国后期民法典进一步提升的可能。然而,前文已述,《大清民律草案》与《民国民律草案》的背后同样渗透了无数政法精英的汗水与心血。可以说,在清末民国政法精英的共同开拓与努力之下,民国民法典编纂的任务才终告完成。

五、结语

民国民法典的编纂,表面上只花费了短短的3年时间,实际却经历了漫长的20余年,汇集了自清末民初以来整个民国时期众多政法精英的智慧,倾注了无数有识之士的汗水。民国政法精英们的励精图治精神,值得当下继续传承和弘扬,也为正在进行的新中国民法典编纂带来一些启示,那就是一部民法典的编纂必须密切关注历史的经验,重视立法者的素质,紧紧把握时代的脉搏。

(责任编辑:李俊)

---

〔45〕 参见前引〔6〕,余洪法文。
〔46〕 前引〔33〕,张生、李彤文。
〔47〕 前引〔33〕,张生、李彤文。
〔48〕 前引〔34〕,张生书,第21页。

《民法总则》决议行为规则之解释适用*

徐银波**

目　次

一、问题的提出

传统法律行为规则主要规制民事主体外部交易行为,但伴随各类社团的出现,私法还需规制社团内部决议行为。为此,较之《民法通则》,《民法总则》增设了决议行为规则。接踵而至的问题是如何适用相关规则,主要有以下 4 个问题。

第一,如何界定决议行为规则的调整对象?《民法总则》共设置了 3 条决议行为规则:一是在第 2 章“法人”中以第 85 条、第 94 条分别规定,营利法人、捐助法人的权力机构、执行机构作出决议的会议召集程序、表决方式违反法律、行政法规、法人章程,或决议内容违反章程的,出资人、捐助人等可请求法院撤销决议,但法人依据该决议与善意相对人形成的民事法律关系不受影响。二是在第 6 章“民事法律行为”中以第 134 条第 2 款规定,法人、非法人组织依照法律或章程规定的议事方式和

---

* 本文为国家社科基金 2015 年青年项目“社团自治与团体性决议行为的私法规制研究”(项目号:15CFX062)的研究成果。

** 徐银波,西南政法大学副教授、硕士研究生导师。

表决程序作出决议的,决议行为成立。依循字面解释,仅法人、非法人组织作出决议的行为适用前述规定。就此,诸如业主委员会、破产程序中债权人会议等非民事主体作出决议的行为是否适用前述规则?另有学者认为共有人内部决议行为亦可参照适用前述规定,又是否合理?[1]

第二,如何厘定决议行为的效力体系?[2] 我国《民法总则》仅于第85条、第94条规定了营利法人、捐助法人的决议可撤销事由;与之类似,《物权法》第63条、第78条仅设置了集体经济组织、业主大会及业主委员会的决议可撤销事由。但《公司法》第22条规定了股东会、董事会决议的可撤销及无效事由,《最高人民法院关于适用〈中华人民共和国公司法〉若干问题的规定(四)》更区分规定了决议不成立、[3]可撤销及无效事由。当前立法对决议行为效力的规定看似不一致。但制定《民法总则》旨在统率民商事规范,应如何准确地整体解释相关规范,为决议行为提供统一的一般规则?

第三,如何具体适用决议行为规则?一方面,为避免行为效力悬而未决,权利人行使撤销权应受除斥期间限制,而《民法总则》第85条、第94条仅授予撤销权,如何界定除斥期间?另一方面,倘如前述,应对决议行为规则作整体解释,既然《民法总则》第134条第2款规定法人、非法人组织按照法律或章程规定的议事方式和表决程序作出的决议依法成立,按反面解释方法,法人、非法人组织未依法律或章程规定的议事方式和表决程序作出决议的,决议不成立。而前述第85条、第94条又规定程序瑕疵导致决议可撤销。就此,程序瑕疵何时导致决议不成立,何时导致决议可撤销?

第四,如何认定决议被撤销的法律后果?[4] 一方面需解决对世效力问题:根据民事诉讼当事人主义理论,获得充分诉讼权利的诉讼参与人,应对基于由他们提供的诉讼材料形成的判决结果负责,应受判决约束,而非诉讼参与人对诉讼并不知情,原则上不受判决约束。[5] 但决议行为效力认定涉及众多成员利益,在法院对某一成员提起的决议效力诉讼作出判决后,其他成员可否另行起诉?另一方面需

---

〔1〕 参见陈甦主编:《民法总则评注(下册)》,法律出版社2017年版,第960页;周江洪:《〈民法总则〉学习笔记》,载搜狐网:http://www.sohu.com/a/135101702_657048,最后访问日期:2017年12月18日。

〔2〕 为便于阐述,本文将决议不成立亦纳入决议效力体系中讨论。

〔3〕 最高人民法院公布的征求意见稿曾区分规定"决议不存在"与"未形成有效决议",两者实质相同,均为认定决议不成立。

〔4〕 如前所述,若采用整体解释方法,决议瑕疵还包括不成立、无效,此处仅为避免冗赘而予简略表述。

〔5〕 参见谢文哲:《股东会决议撤销之诉研究》,载《金陵法律评论》2007年春季卷。

解决更复杂的溯及力问题：通说认为法律行为无效系自始无效，法律行为被撤销溯及至行为成立时自始无效。但决议行为主体常常基于决议后续从事法律行为，若一概认定决议溯及既往的丧失效力，可能导致在判决形成前以决议有效为前提构建起来的法律关系，随着判决的确定而被颠覆，带来以决议有效为前提的法律关系一时崩溃的严重问题。[6] 故《民法总则》第85条、第94条规定，撤销营利法人、捐助法人的决议，不影响其依据该决议与善意相对人形成的民事法律关系。但如学者所述，决议旨在构筑社团成员共同的权利领域，[7] 原则上不对团体外部产生效力，[8] 前述规则仅消极规定决议被撤销不得对抗善意相对人，并未解决前提性问题——社团内部决议瑕疵何以及如何影响外部行为效力？导致其无效、可撤销抑或效力待定？规则依据何在？理论对此并无探讨，如杨立新教授仅认为，在相对人知道或应当知道捐助法人的决定违反法人章程时，其与该法人形成的民事法律关系应归于无效，而未说明理由。[9] 实践更是裁判不一，如就对业主委员会基于瑕疵决议签订的《物业服务合同》的效力认定，至少存在三种做法。一是认定合同效力不受影响。如"李学海、钱士明等与射阳县双龙兴村第二届业主代表大会业主委员会业主撤销权纠纷"[10]"何少茜与重庆市江北区海尔路金科廊桥水岸业主委员会业主撤销权纠纷"[11]等案判决认为，撤销业主委员会决议与撤销物业服务合同在性质、主体、内容上均不同，业主仅有权撤销业主大会或业主委员会的决议，而无权撤销合同。二是认定合同可撤销。即认为若不允许业主撤销物业服务合同，授予其撤销业主大会决议之撤销权将毫无意义，故认可将《物权法》第78条规定的撤销权适用对象扩大解释为包括基于可撤销决议后续签订的物业服务合同。[12] 三是认定合同无效。"梁中泽等与佛山市汇银奥林匹克花园第一届业主委员会等业主撤销权纠纷上诉案"等案判决未说明裁判依据，而仅认为"因本院已撤销案涉业主大会决议，故第一届业委会基于第二次业主大会决议与元海物业公司签订的物业服务合同应为无效。无效合同自始无效，不存在撤销的必要。"[13]"北京东盛

---

〔6〕［日］由比宏忠：「株主総会決議を対象（訴訟の目的）とする各訴えにおける判決の効力」、『國士舘法學』，1971年第3期。

〔7〕参见［德］卡尔·拉伦茨：《德国民法通论》（下册），王晓晔译，法律出版社2003年版，第433页。

〔8〕参见朱庆育：《民法总论》，北京大学出版社2013年版，第133页。

〔9〕参见杨立新主编：《中华人民共和国民法总则要义与案例解读》，中国法制出版社2017年版，第351页。

〔10〕参见江苏省盐城市中级人民法院（2016）苏09民终1705号民事判决书。

〔11〕参见重庆市江北区人民法院（2014）江法民初字第05385号民事判决书。

〔12〕参见赵克、刘德宝：《业主撤销权适用范围的界定》，载《人民法院报》2015年11月12日。

〔13〕参见广东省佛山市中级人民法院（2016）粤06民终4177号民事判决书。

巨鑫环保供热科技开发有限公司上诉杨周道等确认合同无效纠纷案”等案判决则认为,《物权法》规定由业主共同决定选聘和解聘物业服务企业,在业主大会决议被撤销时,业主委员会与物业服务企业签订的合同违反法律强制性规定,应属无效。[14]

唯深刻洞悉决议行为本质,方可清晰回答前述问题。故下文将在探讨决议行为性质后,就前述问题逐一展开分析。

二、决议行为性质之认知与调整对象之界定

(一)关于决议行为性质之理论争议

就决议行为性质,当前主要存在共同行为说、特殊法律行为说、意思形成行为说三种不同主张。前两者认为决议行为系法律行为,主张将其置于法律行为中加以规定,仅对其是否属于共同行为存在分歧;后者则认为决议行为并非法律行为,主张将其置于法人机关中加以规定。

1. 共同行为说。大陆法系早期法学家著述仅区分单方与双方行为,并未探及决议行为。[15] 为明确决议行为性质,德国孔策教授于1892年提出共同行为概念,认为共同行为系方向相同的两个以上意思表示合致成立的行为。[16] 该观点此后为基尔克及其他诸多学者所接受。[17] 受此影响,日本、我国台湾地区的学者大多认为决议行为系共同行为。如我妻荣、山本敬三、近江幸治等日本学者将法律行为区分为单方行为、契约与共同行为,认为决议行为是由多个当事人所作出的,内容和方向都相同的多个意思表示合致而成立的共同行为。[18] 王泽鉴、黄立、刘得宽等学者认为,社团决议行为是依相平行之意思表示趋于一致而成立的共同法律行为,[19] 有如下特征:第一,意思表示不是向其他社员为之,而是向社团为之;第二,

---

〔14〕 参见北京市第三中级人民法院(2016)京03民终7837号民事判决书。

〔15〕 如富井政章指出,“近世学者,或于一方行为及双方行为外,更认一种共同行为,是亦可以研究之一问题也。”参见[日]富井政章:《民法原论》,陈海瀛、陈海超译,中国政法大学出版社2003年版,第228页。

〔16〕 参见孔策:《共同行为:一个新的法学概念》,载《奥托·米勒纪念文集》,1892年,第27页。转引自[德]维尔纳·弗卢梅:《法律行为论》,迟颖译,法律出版社2013年版,第721页。

〔17〕 Paul Oertmann, kommentar zum bürgerlichen Gesetzbuch, 5. Aufl. 1928, §21. 转引自[日]我妻荣:《新订民法总则》,于敏译,中国法制出版社2008年版,第229页。

〔18〕 参见前引〔17〕,我妻荣书,第229页;[日]山本敬三:《民法讲义Ⅰ·总则》,解亘译,北京大学出版社2012年版,第71页;[日]近江幸治:《民法讲义Ⅰ·民法总则》,渠涛等译,北京大学出版社2015年版,第151页。

〔19〕 参见刘得宽:《民法总则》,中国政法大学出版社2006年版,第166页。

采多数决，对不同意者亦具拘束力；[20]第三，不能因一个投票人意思表示瑕疵，而对决议为撤销之主张。[21] 许中缘等少数大陆地区学者也认为决议行为属于共同行为。[22]

2. 特殊法律行为说。该说认为决议行为系有别于共同行为的特殊法律行为。如拉伦茨、梅迪库斯、弗卢梅等德国学者将法律行为区分为单方行为、双方行为、共同行为及决议行为，认为决议行为有别于共同行为，无须意思表示一致，对未投赞成票者亦具约束力，且并不调整参与制定决议的人们之间的关系，而是旨在构筑他们共同的权利领域或他们所代表的法人的权利领域。[23] 史尚宽、姚瑞光等我国台湾地区学者认为，在决议表决之意思表示向同一方向及须达多数一致之点，决议行为酷似共同行为，但共同行为人的意思表示不失其独立性，共同行为仍系意思表示人之行为；而在形成决议时，各表意人意思失其独立性，成为有别于个体的团体意思，决议行为系团体之合成行为。[24] 我国大陆地区大多数学者主张将决议行为视为一种独立类型的法律行为，[25]认为其不同于共同行为，系根据程序正义的要求采取多数决的意思表示形成机制，[26]以团体或其机关为意思表示受领人，原则上不对外发生效力。[27]

3. 意思形成行为说。伴随大陆地区学者对决议行为的深入研究，陈醇等认为，决议行为系意思形成行为，而法律行为系意思表示行为，二者存在重大区别，决议行为不适用法律行为理论。理由在于：第一，法律行为系引起民事法律关系产生、变更、消灭的意思表示行为。而诸多决议行为仅形成社团内部意思，并不形成民事法律关系。第二，比照意思表示行为之构成，决议行为并非完整的意思表示行为，仅相当于形成效果意思。如公司作出为股东提供担保之决议，仅形成意欲签订担保合同之效果意思，需通过法定代表人或代理人将该意思表示于外，方构成意思表

---

〔20〕 参见王泽鉴：《民法总则》，北京大学出版社 2009 年版，第 242 页。

〔21〕 参见黄立：《民法总则》，中国法制出版社 2002 年版，第 198 页。

〔22〕 参见许中缘：《论意思表示瑕疵的共同法律行为——以社团决议撤销为研究视角》，载《中国法学》2013 年第 6 期。

〔23〕 参见[德]卡尔·拉伦茨：《德国民法通论》（下册），王晓晔译，法律出版社 2003 年版，第 432 页；[德]迪特尔·梅迪库斯：《德国民法总论》，邵建东译，法律出版社 2000 年版，第 167 页；前引〔16〕，维尔纳·弗卢梅书，第 160 页。

〔24〕 参见史尚宽：《民法总论》，中国政法大学出版社 2000 年版，第 311 页；姚瑞光：《民法总则论》，中国政法大学出版社 2011 年版，第 164 页。

〔25〕 参见龙卫球：《民法总论》，中国法制出版社 2001 年版，第 490 页。

〔26〕 参见王雷：《论民法中的决议行为——从农民集体决议、业主管理规约到公司决议》，载《中外法学》2015 年第 1 期。

〔27〕 参见前引〔8〕，朱庆育书，第 133 页。

示行为。[28]

(二)决议行为性质及调整对象之界定

1. 决议行为并非共同行为或特殊的多方法律行为,而系社团个体行为。因有众多成员参与表决,导致学者将决议行为误读为多方法律行为,然而两者存在本质区别:

(1)行为主体不同。多方法律行为以多个行为人名义共同作出,如合伙人签订合伙协议、设立人签订发起设立公司协议。相反,决议以社团而非多个成员的名义作出,决议行为系社团个体行为,而非多个成员的多方法律行为。[29] 如下分析可继续证成这一差异:第一,因行为人不同,权利义务主体随之不同。因多方法律行为由多个行为人作出,故在行为人之间形成权利义务关系,如在签订发起设立公司协议后,任一出资人均可请求其他出资人履行出资义务。相反,决议以社团名义作出,并不在表决者之间,而在权利人与社团之间,形成权利义务关系,如当公司作出分配利润决议后,股东仅能请求公司履行义务。并且,因多方法律行为系多个行为人的行为,故仅对行为人发生拘束力;而决议系社团行为,对整个社团发生拘束力。学者从决议对反对者亦具约束力的视角,论证决议行为与多方法律行为之不同,并未洞察两者的差异。因为2/3以上按份共有人的共同决定,对反对者亦具拘束力。两者真正的区别是,决议不仅对有表决权的成员有拘束力,而且对整个社团有拘束力。如股东会决议不仅可拘束持反对意见的股东,而且对董事、经理、员工有拘束力。第二,因行为人不同,在发生纠纷时的诉讼主体随之不同。就多方法律行为发生纠纷时,以行为人为被告,如若出资人违反协议、共有人违反约定,以违反协议的出资人、共有人为被告。相反,在就决议效力发生争议时,以社团而非参与表决的成员为被告。如在"姚远龙等诉袁顺春等业主撤销权纠纷纠纷案"中,法院认为业主行使撤销权的对象是业主大会或业主委员会作出的决定,应以业主大会或业主委员会为被告,原告以业主为被告提起撤销权诉讼,系属被告不适格,依法应予驳回。[30]

(2)多个成员参与表决的行为与多个行为人意思表示行为存在本质区别。在签订合伙协议、发起设立公司协议时,多个行为人之间存在要约、反要约之磋商,行为人以其个人名义参与其中,处分的系其个人权益。相反,在形成决议过程中,并无要约、反要约之磋商,参与表决者仅对提案进行表决,其非以个人名义而以成员

---

〔28〕 参见陈醇:《意思形成与意思表示的区别:决议的独立性初探》,载《比较法研究》2008年第6期。

〔29〕 参见吴高臣:《团体法的基本原则研究》,载《法学杂志》2017年第1期。

〔30〕 参见重庆市永川区人民法院(2015)永法民初字第07320号民事判决书。

之身份参与其中，行使的是团体表决权，而非对个人权益的处分权。即多方法律行为是各自独立的私权协同行权行为；决议行为系社团成员基于“共益权”所为之公共管理的行为。[31] 正因如此，任一多方行为人意思表示不真实，均可适用法律行为规则而诉请撤销行为；而参与表决者意思表示不真实，仅可撤销其表决行为，无权撤销决议行为。

2. 决议行为并非与单方、双方、共同行为相并列的一类法律行为，而是与传统意思表示之法律行为相并列的特殊法律行为。诚如决议行为并非法律行为的学者所述，我国《民法总则》第 133 条规定，“民事法律行为是民事主体通过意思表示设立、变更、终止民事法律关系的行为”，而诸多决议行为并不导致民事法律关系的产生、变更或消灭，且仅形成社团意欲从事某行为之效果意思，并非完整的意思表示行为。笔者亦曾基于前述理由而认为决议行为并非法律行为，并主张将其置于“法人”中而非“法律行为”中加以规定。[32]《民法总则》起草者认为鉴于决议可撤销事由的特殊性，而且属于法人内部事项，属于组织法的范畴，从而将其置于法人而非法律行为一章中规定，[33]亦似乎体现了决议行为有别于法律行为之观点。但在《民法总则》于民事法律行为一章中以第 134 条第 2 款规定决议行为后，必须尊重法律权威，认定决议行为系法律行为，只不过其并非传统的意思表示行为：

（1）决议行为系法律行为。按照当前理论对行为的划分，行为包括法律行为与事实行为，两者的区别在于依据当事人意思还是法律规定而产生法律后果。决议行为基于当事人意思而非法律规定产生法律后果，只可能属于法律行为，而非事实行为。进言之，理论之所以作如此划分，是因为区别于事实行为，法律行为之所以产生法律后果，皆因行为人希冀其发生，其本质在于法律制度以承认意思方式而于法律世界中实现行为人欲然的法律判断。[34] 即法律行为的本质并非意思表示，而是意思自治，系民事主体实现自治之工具。决议行为系依据社团自由决定而发生法律后果，仍系社团实现意思自治之工具，故属法律行为。

（2）决议行为有别于传统意思表示之法律行为。法律行为的本意系依据行为人自主之意思表示产生特定法律效果。[35] 私法分为个人法和团体法，而近代私法

---

〔31〕 参见吴飞飞：《决议行为归属与团体法“私法评价体系”构建研究》，载《政治与法律》2016 年第 6 期。

〔32〕 参见徐银波：《决议行为效力规则之构造》，载《法学研究》2015 年第 4 期。

〔33〕 参见李适时主编：《中华人民共和国民法总则释义》，法律出版社 2017 年版，第 293 页。

〔34〕 参见前引〔23〕，迪特尔 · 梅迪库斯书，第 143 页。

〔35〕 参见前引〔16〕，维尔纳 · 弗卢梅书，第 160 页。

主要为个人法,[36]就个人自治而言,因自然人内心决策即能形成效果意思,故传统法律行为制度规制重心在于个人于外部如何与他人缔结民事法律关系,为此,《民法总则》将法律行为旨在引起"特定法律效果"狭窄地界定为设立、变更、终止民事法律关系。而社团系拟制主体,需首先依赖管理机关形成社团意思,然后依据该社团意思对外缔结民事法律关系,即需结合内部决议行为与外部意思表示行为,方可实现意思自治。区别于外部意思表示行为旨在设立、变更、终止民事法律关系,通过内部决议行为形成社团意思引起的"特定法律效果",仅系形成对社团及其成员的拘束力,即社团及成员必须受决议内容之约束,但该决议并不必然形成民事法律关系。决议的拘束力又有两种可能:一是当就社团内部治理事项形成决议时,如选举董事、决定利润或剩余资产的分配、通过规章制度,如同实施单方法律行为,一经作出即设定内部行为准则,且可能在社团与成员间形成权利义务关系。二是当就外部交易行为作出决议时,如决定对外投资、提供担保、公司合并,如同形成对外从事交易行为之效果意思,仅设定社团及成员对外实施行为之权限,使社团必须按决议内容从事外部交易行为,需法定代表人或代理人将该效果意思表示于外,且与相对人意思表示一致,方形成民事法律关系。

经前述分析,可明确决议行为的两个核心特征:一是由社团成员基于成员权之身份按一定程序和方式行使共益权参与表决而形成决议;二是以社团名义作出决议。由此可明确,决议行为规则应调整社团公共管理机关的成员基于成员权之身份参与表决、以社团名义作出决议之行为。诸如业主委员会、破产程序中债权人会议等非民事主体作出决议的行为符合前述特征,同样适用《民法总则》第85条、第94条、第134条就法人、非法人组织设立的决议行为规则。但是,共有人以其独立人格参与表决且以共有人名义共同作出决议,不适用决议行为规则,而适用意思表示之一般法律行为规则。[37] 另外,因决议行为虽系法律行为,但不同于传统意思表示行为,故并不完全适用《民法总则》以意思表示行为为对象建构的法律行为规则,尤其是围绕意思表示不真实设置的效力规则。[38] 而且,可基于决议产生拘束力之法律效果分析,探讨决议被撤销的溯及力等问题。

---

〔36〕 参见叶林:《私法权利的转型——一个团体法视角的观察》,载《法学家》2010年第4期。

〔37〕《民法总则》第85条、第94条规定程序性瑕疵导致决议可撤销,而并无法律、章程对共有人协商决策设定程序性要求,不存在适用空间。更重要的是,当共有人被欺诈参与表决时,有权撤销整个决议,而非其表决行为。

〔38〕 需区分成员行使表决权行为与社团决议行为,前者适用意思表示之法律行为规则,如成员在受欺诈作出表决时,可撤销其表决行为。但是,仅当撤销表决导致表决权不足比例要求时,方才导致决议不成立。

三、决议行为效力之认定

(一)决议行为之瑕疵类型

虽然我国《民法总则》仅于第85条、第94条规定了决议可撤销事由,但决议瑕疵包括不成立、可撤销与无效三种情形。

1. 系整体解释之结论。(1)《民法总则》第134条第2款规定,"法人、非法人组织依照法律或者章程规定的议事方式和表决程序作出决议的,该决议行为成立"。按反面解释方法,当法人、非法人组织未依照法律或者章程规定的议事方式和表决程序作出决议,如在未召开会议或表决人数未达比例要求时伪造决议,应认定决议不成立。(2)《民法总则》第153条规定,"违反法律、行政法规的强制性规定的民事法律行为无效,但是该强制性规定不导致该民事法律行为无效的除外。违背公序良俗的民事法律行为无效"。当决议内容违法、违背公序良俗时,应适用前述规定而认定其无效。第一,法律行为的核心是意思自治,但无论私人自治抑或社团自治都不应毫无边界,都不可损害公共秩序、公共利益。违法行为无效规则系现代民法据以限制民事主体滥用意思自治,维护国家政治经济基本制度、财政税收金融治安等秩序、公平竞争秩序、市场交易秩序、社会核心价值观、伦理道德基准等国家重大核心利益的最强有力的法律手段。[39] 作为实现团体意思自治工具的决议行为,虽不能完全适用针对意思表示行为设置的一般法律行为规则,但应适用《民法总则》第153条之规定。第二,《民法总则》第85条、第94条仅规定存在程序瑕疵或内容违反章程的决议可撤销,并未规定内容违法的决议效力。这源于内容违法决议可适用第153条之一般规定,无须重复规定。[40]

2. 系实践之客观需求。(1)认定决议不成立之必要性在于:第一,认定决议成立与否属于事实判断问题,认定决议可否撤销属于对已成立的决议的价值判断问题。撤销决议的前提是存在多数决之决议,而若根本未召开会议或未表决形成决议,无检讨决议是否可撤销之必要。[41] 第二,可撤销行为在被撤销之前有效,故若仅认可决议可撤销之瑕疵类型,那么即使公司、业主委员会未经召开会议而伪造决议,亦仅可认定该决议可撤销,即认定伪造的决议在被撤销前合法有效,极为荒谬!第三,可撤销行为需经撤销方才无效,且撤销权受除斥期间限制。如此,若仅认可

---

〔39〕 参见梁慧星:《恢复民法总则(三审稿)第一百五十五条的紧急建议》,载中国法学网:http://www.iolaw.org.cn/showArticle.aspx? id=5118,最后访问日期:2017年12月28日。

〔40〕 参见前引〔33〕,李适时书,第292页。

〔41〕 参见柯芳枝:《公司法论》(上),台北三民书局2002年版,第272页。

决议可撤销之瑕疵类型,将导致伪造的决议需被撤销方才无效,且经除斥期间届满而确定有效,同样荒谬!相反,认定决议不成立不仅符合理论认知,而且由此认定决议自始不成立、不受除斥期间限制,符合实践需求。如"广州市恒隆房地产投资有限公司与李燕晖等业主撤销权纠纷上诉案"判决认为,业主大会会议至今并未作出通过《业主大会议事规则》和《业主公约》的决定,不存在可被撤销的对象,不适用《最高人民法院关于审理建筑物区分所有权纠纷案件具体应用法律若干问题的解释》第12条就业主撤销权所设定的1年除斥期间的规定。[42]"原告张某某与被告江苏万某工贸发展有限公司、万某、吴某某、毛某某等股东权纠纷案"判决认为,本案所谓股东会决议系公司控制人万某所虚构,实际并不存在,股东会决议不成立。[43](2)同理,无效行为系自始无效、当然无效,倘若将一个本无效的决议认定为可撤销,将导致无效的决议在撤销之前有效且经除斥期间届满而确定有效,有违常识,也有违实践需求!

准确地整体解释决议行为效力规则,可指导公正裁判案件。一是可以为各类决议行为提供统一的一般规则。如我国《物权法》第78条、《最高人民法院关于审理建筑物区分所有权纠纷案件具体应用法律若干问题的解释》第12条仅规定了业主大会、业主委员会决议可撤销事由,依据《民法总则》的一般规定,充实决议不成立、决议无效确认之诉,有助于充分保护业主合法权益。[44]二是可以指导准确适用《公司法》之规定。《公司法》第22条第1款仅规定,"公司股东会或者股东大会、董事会的决议内容违反法律、行政法规的无效"。但法律、行政法规的规定包括任意性规范与强制性规范,强制性规范又包括管理性规范与效力性规范,并非所有内容违反法律、行政法规的决议都应被认定为无效。遵循整体解释,立足《民法总则》第153条一般规定之趣旨,可指导准确适用《公司法》第22条第1款。

(二)决议行为规则的具体适用

1. 程序瑕疵对决议之影响

按照对《民法总则》第134条第2款的反面解释以及《民法总则》第85条、第94条的规定,程序性瑕疵既可能导致决议不成立,亦可能导致决议可撤销。就此,可以明确的是,当社团在未曾召开会议或所作表决未达比例要求时伪造决议,应认定决议不成立。具体包括如下情形:(1)未经召开会议而伪造决议。如在前述"原

---

〔42〕参见广东省广州市中级人民法院(2016)粤01民终16227号民事判决书。

〔43〕参见《中华人民共和国最高人民法院公报》2007年第9期。

〔44〕徐海燕:《业主大会决议瑕疵的司法救济——兼析〈物权法〉第78条第2款》,载《北京大学学报》(哲学社会科学版)2009年第4期。

告张某某与被告江苏万某工贸发展有限公司、万某、吴某某、毛某某等股东权纠纷案”“招商银行股份有限公司大连东港支行与大连振邦氟涂料股份有限公司、大连振邦集团有限公司借款合同纠纷案”等案中,[45] 应认定公司控制人伪造的股东会决议不成立。(2)出席会议人数或出席成员所持表决权不符合法律或章程的规定。如若公司章程规定,“公司转让主要财产,应有代表已发行股份总数 2/3 以上股东出席股东大会,经出席股东表决权过半数同意”,若出席股东大会的股东人数不足要求,即使经出席股东所持表决权过半数同意,决议亦不成立。因为主体的存在是行为的成立要件,当出席会议的成员人数不足时,并不存在法律或章程规定的决议行为主体,决议应不成立,而非可撤销。诸如我国台湾地区“最高法院”1974 年台上字第 965 号判决曾认为,出席股东未符合法律或章程所定比例,为股东会之决议方法违法,属于可撤销之情形。[46] 但台湾地区“最高法院”2014 年第 11 次民事庭会议明确不再援用前述判例,认为“如法律规定其决议必须有一定数额以上股份之股东出席,此一定数额以上股份之股东出席,为该法律行为成立之要件。欠缺此项要件,股东会决议即属不成立,尚非单纯之决议方法违法问题”。[47] 理论通说亦认为,满足法律或章程规定要求的成员出席会议,系决议行为成立要件,出席社员数不足要求,纵经全数出席社员同意,决议亦不成立。[48] 《最高人民法院关于适用〈中华人民共和国公司法〉若干问题的规定(四)》第 5 条亦规定,在出席会议的人数或者股东所持表决权不符合公司章程的规定时,法院可认定未形成有效决议。(3)虽曾召开会议但未作表决而伪造决议。(4)表决比例未达法律或章程规定之要求,通过伪造成员签名而作出决议。

与之对应,除前述情形外,在社团召开会议且有满足法律或章程规定的成员出席会议,作出达到法律或章程规定比例的表决的情形下,其他程序性瑕疵应导致决议可撤销。如发布会议通知、确定提案和议程、会议讨论等存在程序瑕疵或表决方式违反法律、章程的规定等情形。

其中,有争议的是,当无召集权人召集召开会议并作出满足多数决要求的决议时,应认定该决议成立但因召集程序违法而可撤销?抑或认定其不成立?学者对

---

〔45〕 参见最高人民法院(2012)民提字第 156 号民事判决书。

〔46〕 参见林国全:《未符合“定足数”门槛之股东会决议》,载《月旦法学教室》2015 年第 155 期。

〔47〕 林大洋:《股东会未达定额数决议之效力——“最高法院”103 年度第 11 次民事庭会议决议评论》,载《法令月刊》2014 年第 65 卷第 11 期。

〔48〕 参见廖大颖、姜世明:《论出席不足法定人数之股东会决议与民事救济——兼评“最高法院”九十一年度台上字第二一八三号民事判决》,载《月旦法学杂志》2004 年第 105 期;姚志明:《股东代表股份总数不足法定最低额所为之股东会特别决议效力》,载《月旦法学教室》2015 年第 152 期。

此摇摆不定,如施天涛教授同时认为无召集权人召集会议可导致决议可撤销与不成立。[49]《最高人民法院关于适用〈中华人民共和国公司法〉若干问题的规定(四)》并未将此情形列举规定为认定决议不成立之事由,似乎将其认定为可撤销事由。在比较法上,日本理论与实践认为决议不成立不仅包括无召开会议或作成决议之事实而伪造决议之情形,而且包括程序有显著瑕疵导致法律难以承认决议存在之情形。[50] 我国台湾地区"最高法院"2014年台上字第1644号民事判决亦认为,"决议不成立系指自决议之成立过程观之,显然违反法令,在法律上不能认为有股东会召开或有决议成立之情形而言"。[51] 为此,比较法多将未由合法召集权人召集会议与单纯的程序违法相区别,认为前者导致决议不成立。如日本有判例认为董事未经董事会决议而召集召开股东会所作决议不成立。[52] 我国台湾地区1993年台再字第3号判决认为,"无召集权人召集之股东会,欠缺股东会决议之成立要件,其所为之决议,自不生法律上之效力"。2003年台上字第2517号判决认为,"惟区分所有权人会议如系由无召集权人所召集而召开……属依法提起确认该会议决议不存在之诉以资救济之范畴,而非在撤销会议决议之列"。[53] 如同前文就出席会议的成员不足要求对决议效力影响之分析所述,无召集权人召集召开会议形式上是程序违法问题,实质上是主体瑕疵问题。社团系拟制主体,依赖其机关形成社团意思,而无召集权人召集召开的会议并非合法成立的社团意思机关,虽存在召开会议之表象,但在法律上不能认为曾召开会议。[54] 既无会议,主体尚欠缺成立要件,其后之决议自无所附存,自无成立余地,无所谓撤销与否问题。[55] 因此,应认定无召集权人召集召开会议所作决议不成立,而非可撤销。

2. 行使撤销权的除斥期间

就权利人行使撤销权的除斥期间:(1)在特别法有规定时,适用其规定。我国《公司法》第22条规定,股东可以自决议作出之日起60日内,请求人民法院撤销股东会、董事会决议;《最高人民法院关于审理建筑物区分所有权纠纷案件具体应用法律若干问题的解释》第12条规定,业主应当在知道或者应当知道业主大会或者

---

〔49〕 参见施天涛:《公司法论》,法律出版社2014年版,第387、389页。

〔50〕 [日]竹内昭夫等編集:『新版注釈会社法〈5〉株式会社の機関〈1〉』、有斐閣、1986、頁389。

〔51〕 林诚二:《社团总会决议之不成立与撤销》,载《月旦法学教室》2015年第11期。

〔52〕 [日]江頭憲治郎:『株式会社法』、有斐閣、2008、頁346。

〔53〕 许朕翔:《论股东会决议之效力——以决议瑕疵类型之探讨为核心》,台湾政治大学2010年硕士学位论文,第250页。

〔54〕 [日]大隅健一郎、今井宏:『会社法論中巻』、有斐閣、1991、頁141。

〔55〕 参见林丽香:《董事长未经董事会决议召集股东会决议效力》,载《台湾法学杂志》2014年第2期。

业主委员会作出决定之日起1年内行使撤销权。因此,撤销股东会、董事会决议的除斥期间为60日,且自决议作出之日起算;撤销业主大会、业主委员会决议的除斥期间为1年,且从业主知道或者应当知道业主大会、业主委员会作出决议之日起算。(2)在无特别规定时,应区分营利与非营利组织的决议行为,分别参照适用《公司法》第22条之规定与适用《民法总则》第152条之规定。即虽然《民法总则》第152条一般性规定行使撤销权的除斥期间为"当事人自知道或者应当知道撤销事由之日起一年",《民法总则》第134条亦明确决议行为属于法律行为,但权利人撤销决议行为的除斥期间不应一概适用该一般规定。就营利性组织作出的决议,如合伙企业、破产程序中债权人会议作出的决议,因应效率价值之要求,参照适用《公司法》第22条,适用短期的60日除斥期间,且自决议作出之日起算。相反,就非营利性组织作出的决议,如捐助法人所作决定,应更加平衡对成员权益与行为效率之保护,适用《民法总则》第152条之规定,适用1年除斥期间,且从权利人知道或者应当知道撤销事由之日起算。

四、决议被撤销的法律后果

(一)决议被撤销的对世力与溯及力

1. 有关决议效力诉讼之判决的对世力

应区分判决结果而认定法院就决议效力诉讼所作判决是否具有对世效力。若法院支持原告的诉请,判决撤销决议或认定决议不成立、无效,则应赋予判决对世力,其他利害关系人不可另行起诉。(1)已生效的民事判决具有既判力,在法院已查明决议行为存在瑕疵而判决撤销决议或认定决议不成立、无效时,当事人不可能再行起诉,提出相反主张,诉请确认决议有效。如《德国股份法》第248条第1款规定,"只要决议被具有法律效力的判决宣布为无效,判决即对所有赞成或反对的股东以及董事会和监事会成员生效,即使他们不是诉讼当事人"。(2)因决议涉及多数人利益,必须确保社团法律关系的整齐划一。当法院已判决撤销决议或认定决议不成立、无效时,不可能再允许其他利害关系人另行诉请确认决议有效,否则将导致该决议对部分人有效、对部分人无效,引起团体法上法律关系的混乱。[56]

相反,若法院判决驳回原告诉请,该败诉判决并不当然具有对世力。如若仅因原告不具有诉讼主体资格而驳回起诉,法院并未实质审查决议效力,判决对其他利害关系人自无约束力,当然不影响适格原告提起诉讼。即使法院已对决议是否存

---

〔56〕 钱玉林:《论可撤销的股东大会决议》,载《法学》2006年第11期。

在瑕疵进行了实质审查进而判决原告败诉,其亦仅对决议行为是否存在原告所述之瑕疵展开审查,判决的既判力亦仅限于不允许适格原告基于同一理由提起诉讼,并不影响其基于不同的瑕疵事由提起诉讼。为此,虽然我国台湾地区有学者主张有关决议效力之判决均具有对世力,[57]但实务界认为胜诉判决及于他人,败诉判决不及于其他人。[58]

2. 决议被撤销的溯及力

决议不成立系自始从未成立,决议无效系自始无效。决议被撤销亦应溯及自决议成立时自始无效,因为瑕疵事由自始存在、自始即影响行为效力,不可能就同一违法行为区别认定效力,认定其在被撤销这一时间点之前是有效的、在此之后是无效的。但决议被撤销的溯及力仅导致决议溯及自始无效,并不当然导致社团依据该瑕疵决议后续所从事行为亦随之溯及无效。就社团依据不成立、被撤销、无效决议后续从事的行为是否随之溯及无效问题,应结合前文对决议行为性质及其法律效果之分析而展开讨论。(1)当社团就内部事项作出决议时,如选举董事、决定利润的分配,因其类似实施单方法律行为,一经做出即在社团与成员间发生效力,故若决议被撤销、被认定为无效或不成立,基于该决议形成的法律关系亦随之溯及无效。如当分配利润等决议被撤销时,公司或利害关系人可请求股东返还基于该决议而取得的财产。(2)当社团就从事对外交易行为作出决议时,如决定对外投资、提供担保,因其仅形成从事外部交易行为之效果意思,需法定代表人或代理人将该意思表示于外,并与相对人意思表示一致,方可形成民事法律关系,则需考量内部决议瑕疵是否影响外部行为效力?

(二)外部交易行为效力认定

1. 认定外部行为效力的可能路径

我国《民法总则》第85条、第94条仅消极规定决议被撤销不得对抗善意相对人,并未解决前提性问题——社团内部决议瑕疵如何影响外部行为效力?即使相对人明知决议存在瑕疵,依据何规则否定行为效力,认定其无效、可撤销抑或效力待定?就此,存在如下可能:

(1)适用诚实信用原则。按内外区分原则,决议行为仅是社团内部意思形成机制,原则上不影响外部交易行为效力。如"绵阳市红日实业有限公司、蒋洋诉绵阳高新区科创实业有限公司股东会决议效力及公司增资纠纷案"判决认为,公司

---

〔57〕 参见姚瑞光:《类似必要共同诉讼问题之研究》,载我国台湾地区民事诉讼法研究会编:《民事诉讼法之研讨(一)》,台北三民书局1987年版,第267页。

〔58〕 参见柯芳枝:《公司法论》,中国政法大学出版社2004年版,第277页。

实施法律行为的过程可分为两个阶段:一是内部的意思形成阶段,通常表现为股东会或董事会决议;二是对外作出意思表示的阶段,通常表现为对外签订合同。在内部意思形成过程存在瑕疵的情况下,只要对外的表示行为不存在无效情形,公司就应受其表示行为的约束。[59] 但诚实信用原则是私法的"帝王条款",任何民事主体从事民事活动均应遵循诚实信用原则之要求。即使内部决议行为不影响外部行为效力,但若第三人明知社团决议存在瑕疵仍与之交易,有违诚信,亦应例外认定行为无效。

(2)参照适用真意保留规则。如前所述,类比意思表示行为,决议行为仅形成社团意欲对外从事交易行为之效果意思。故有学者认为,意思表示行为需有效果意思的存在,社团在未经决议或决议无效、被撤销时对外从事交易行为,相当于缺乏效果意思,行为无效。[60] 但相对人难以查明自然人或社团内部效果意思形成的过程,绝对地认定行为无效,有损交易安全。为此,大陆法系国家大多设置了真意保留规则。如《德国民法典》第 116 条规定,"表意人对于表示事项内心保留有不愿的意思的,其意思表示并不因此而无效。但是如果对于另一方作出意思表示且另一方知其有保留时,其意思表示无效"。《日本民法典》第 93 条规定,"意思表示,不因表意人知非其真意而妨碍其效力。但相对人已知或可得知该意思表示并非表意人真意时,该意思表示无效。前款但书规定的意思表示无效,不得对抗善意第三人"。参照真意保留之法理,即使决议不成立、无效或被撤销,亦仅在相对人知道或应当知道决议存在瑕疵时,交易行为方才无效。如日本最高裁判所 1965 年 9 月 22 日判决认为,在决议无效时,社团外部交易行为仅缺乏内部意思决定,适用《日本民法总则》第 93 条,仅在相对人已知或可得知决议无效时,行为方才无效。[61]

(3)适用越权代表或无权代理规则。社团依赖于法定代表人代表或代理人代理实施法律行为,但法定代表人、代理人应取得授权,而社团决议即旨在决策对外交易之权限,并依此授予法定代表人或代理人权限。如我国《公司法》第 16 条规定,公司为股东或实际控制人提供担保的,必须经股东会或股东大会决议。我国《物权法》第 76 条规定,由业主大会决定选聘和解聘物业服务企业。股东会形成愿为股东提供担保之决议、业主大会形成选聘物业服务企业之决议,即授予公司法定代表人或代理人、业主委员会对外签订担保合同、物业服务合同之权限。当法定

〔59〕 参见最高人民法院(2010)民提字第 48 号民事判决书。

〔60〕 参见李哲松:《韩国公司法》,吴日焕译,中国政法大学出版社 2000 年版,第 349 页。

〔61〕 最判昭和 40・9・22 民集 19 卷 6 号 1656 頁。

代表人或代理人、业主委员会依据可撤销、无效或伪造的决议对外签订合同时，实未取得授权，属于实施越权代表、无权代理行为。如有学者认为，法人的意思表示分为内部和外部意思表示，法定代表人或代理人在向第三人为外部意思表示时，应以法人内部意思表示为基础，这与一般代理关系中代理人在代理委托人向第三人为意思表示之情形并无本质区别，可类推代理制度的相关规定。[62] 为此，与依据诚实信用原则、参照真意保留规则认定行为无效不同，适用《民法总则》第61条第3款、第170条第2款之越权代表、无权代理规则，将认定外部交易行为对社团效力待定，即未经其追认，对其不发生效力。

2. 应结合瑕疵决议的内容认定外部行为效力

（1）不能依据诚实信用原则、参照真意保留规则认定外部行为效力。原因有以下三点：第一，适用诚实信用原则、参照真意保留规则，都会在相对人恶意时，认定行为无效。而法律之所以最为严厉地否认行为效力而不授予任何治愈机会，源于该行为产生外部性，损害第三人合法权益、公共利益。而决议不成立、被撤销、无效，可能仅影响社团及其成员之权益，不应武断认定行为无效。并且，即使决议不成立、被撤销，若社团重新作出内容相同的有效决议，外部行为效力即可获补正，而认定行为无效，将剥夺补正机会。第二，适用诚实信用原则，仅在相对人明知决议存在效力瑕疵时，方可否定行为效力。即使相对人未尽审查义务，在应当知道决议瑕疵而过失未查明时，如股东会决议加盖的法人股东公章名称与登记的股东名称不一致，亦不能否定行为效力，否则会显失公平！第三，代表或代理社团从事交易行为的法定代表人或代理人，在行为过程中意思表示真实，内心并无保留，不能参照适用真意保留规则。

（2）应基于瑕疵决议的内容而结合越权代表、无权代理规则认定外部行为效力。第一，决议仅决定社团对外实施法律行为之效果意思，法定代表人、代理人需按此意思确定之权限对外为意思表示，因此，即使决议不成立、无效、被撤销，亦仅系法定代表人越权代表、代理人无权代理实施行为，适用越权代表、无权代理规则，认定行为对于社团效力待定。第二，《公司法》等特别法并未规定社团从事外部交易行为，都必须经内部决议，故还应基于瑕疵决议的内容而认定外部行为效力。其一，若特别法并未规定社团从事某行为必须经权力机关、执行机关特别决议，此时法定代表人或委托代理人从事该行为无需特别的决议授权，交易相对人有理由相信法定代表人或获得一般委托授权的代理人享有代表或代理社团从事该行为之权

〔62〕 参见石纪虎：《法人意思表示的区分、本质及其瑕疵》，载《重庆社会科学》2008年第9期。

限,故在磋商缔约时无须要求法定代表人或委托代理人出具决议,在法定代表人或委托代理人出具决议时亦无审查其真实性、合法性之义务。故决议瑕疵原则不影响外部交易行为效力,仅当社团证明相对人明知决议瑕疵从而明知法定代表人或委托代理人无权限时,方才认定该行为对其效力待定。其二,若特别法明确规定社团从事某行为必须经权力机关、执行机关特别决议,如前述《公司法》第16条、《物权法》第76条之规定,因法律规定社团从事该行为须经特别决议,相对人无理由相信法定代表人或委托代理人享有代表或代理社团从事该行为之权限。相反,相对人明知法定代表人或委托代理人无特别权限,应适用无权代理规则,仅当其证明法定代表人或委托代理人在磋商缔约时出具了决议,存在特别授权之表象,且不知道亦不应当知道决议存在瑕疵,构成表见代理,行为方才对社团当然发生效力。即应结合瑕疵决议的内容,具体认定相对人是否构成《民法总则》第85条、第94条规定的善意相对人,并结合越权代表、无权代理规则认定社团与恶意相对人从事的行为效力。

（责任编辑:陆剑）

我国《民法总则》个人信息保护规则的完善

李明桓*

目　　次

一、《民法总则》个人信息保护规则的理解

第十二届全国人民代表大会审议通过了《民法总则》，该法适应了互联网和大数据时代的发展需要，对个人信息加以保护，第111条规定："自然人的个人信息受法律保护。任何组织和个人需要获取他人个人信息的，应当依法取得并确保信息安全，不得非法收集、使用、加工、传输他人个人信息，不得非法买卖、提供或者公开他人个人信息。"该条明确了个人信息受法律保护的规则，同时为行为人收集、利用个人信息确立了两项义务，即个人信息的依法取得义务与保障个人信息安全的义务，这也为人民法院审理个人信息侵权案件提供了依据。〔1〕

---

* 李明桓，郑州大学法学院。

〔1〕 参见梁慧星：《〈民法总则〉重要条文的理解与适用》，载《四川大学学报》（哲学社会科学版）2017年第2期。

(一)肯定了个人信息的人格利益属性

所谓个人信息(personal information),是指与特定个体相关联的符号系统,即能够显示个体特征,并能够识别主体身份的信息,包括个人身份、工作、家庭、财产、健康等方面的信息。[2] 《民法总则》颁行前,关于个人信息的法律属性,学界存在不同观点。一种观点认为,个人信息属于财产权的客体。此种观点主张,个人信息不仅与个人的人格权益有紧密联系,也关系到个人所具有的财产、商业价值,"法律应该对一切个人信息都予以财产权保护"。[3] 另一种观点认为,个人信息在法律性质上属于人格权的客体,当失去了个人身份的特殊性,个人信息也就随着失去了作为独立人格权利的立足之地,所以应将个人信息认定为一种人格利益而非财产利益。在司法实践中多数个人信息与个人隐私存在相互重叠的部分,因此对个人信息的保护也体现着人格尊严的平等性。[4]

《民法总则》第5章对各项民事权利作出了规定,将个人信息规定在人身权部分,而非财产权部分,从立法角度肯定了个人信息作为人格利益的属性。笔者认为,这一基本立场值得赞同。一方面,可识别的个人信息反映了个人特征。虽然信息资源具有重要的经济价值,但它仍然承载着人格利益。大多数个人信息都可以直接或间接与其他信息联系后指明个人身份、指向特定主体,如个人的姓名、肖像、性别等。因此,应当肯定个人信息的人格权益属性。[5] 在开发和利用个人信息时,应尽量防止侵犯人格利益。[6] 另一方面,从侵害个人信息的后果来看,如果只是把个人信息认定为一种纯粹的无形财产,可能产生许多问题,如因为每个人的职业、收入都不尽相同,对个人信息所受侵害的计量标准无法制定一个统一的标准,也因此在遭到损害时就很难估量出实际的损害赔偿数额。而且某些机构或组织收集个人信息,可能是为了公共利益或者其他的非财产目的考虑,而不是为了发挥个人信息的经济效用,不应将个人信息视为纯粹的财产。[7] 此外,个人信息也难以有效地融入财产权的体系之中,因为个人信息相关权利既不是物权,也不能划归入债权,充其量只能被认定为无形财产权。但无形财产权自身就存在一定瑕疵,其概

---

〔2〕 参见王利明:《论个人信息权在人格权法中的地位》,载《现代法学》2013年第4期。

〔3〕 刘德良:《网络时代的民商法理论与实践》,人民法院出版社2008年版,第184页。

〔4〕 参见王利明:《论民法总则不宜全面规定人格权制度——兼论人格权独立成编》,载《现代法学》2015年第3期。

〔5〕 前引〔4〕,王利明文。

〔6〕 齐爱民:《个人信息保护法研究》,载《河北法学》2008年第4期。

〔7〕 比如,民政部门基于社会管理或公共利益的需要,普查、收集人口信息;医生或律师等因执业需要,收集服务对象的相关个人信息等。

念太过广泛,如果将个人信息权也划归为无形财产权的范围中,会导致其失去无形财产权的确定性。[8] 虽然有学者提出可以将去身份化处理后的个人信息视为数据,[9]但这一过程是收集数据人在收集个人信息后处理的,而从最初个人信息的收集阶段,就不能将个人信息归为数据一类。个人信息与个人的身份、名誉等各方面息息相关,是一项重要的人格权制度。虽然个人信息在法律属性上具有多重复杂的属性,但就认定来说仍应被认定为一项人格权。

(二)从民事基本法的层面强化了个人信息的保护

《民法总则》颁行前,我国相关法律、法规、司法解释等规范性文件虽然也对个人信息保护作出了规定,但此种保护具有碎片化、法律层级低、保护范围有限等弊端,难以充分保护个人信息,具体而言有以下三点。

首先,个人信息保护碎片化。个人信息的相关法律规定只在部门法的某些具体条款中有所提及,是从部门法的角度对个人信息安全进行保护的。例如,《网络安全法》从个人信息的网络收集、利用角度完善了个人信息保护的规则。其中,第22条、第41条和第44条对个人信息的保护做出了明确规定,在收集个人信息时,应当遵循个人信息收集的明示和获准原则。《网络安全法》加大了打击网上重复欺诈等违法行为的力度,相关内容以打击欺诈和泄露个人信息、关键内容等乱象为主。[10]《身份证法》第6条第3款中的限制条款,[11]从公共权力的角度预防个人信息侵害行为的发生。《民法总则》第111条对个人信息缺乏法律保护的现状作出了改变,同时也改善了各个法律部门缺乏协调造成法律规范碎片化的问题,对个人信息的保护作出了积极回应。

其次,规范层次低。国家在出台的民事基本法中没有针对个人信息保护作出规定,而只是在部门法、规范性文件和司法实践中对个人信息保护有所提及。这也使个人信息保护只能在小范围内或具体某几项具体犯罪措施中进行,这不符合个人信息作为民事权利客体的属性。同时,还存在涉及个人信息的立法规范效力层次低、系统性差,且相互间缺乏协调配合的问题。[12] 例如,前文所提到的《身份证

[8] 参见王利明:《论个人信息权在人格权法中的地位》,载《现代法学》2013年第4期。

[9] 参见金耀:《个人信息去身份的法理基础与规范重塑》,载《法学评论》2017年第3期。

[10] 《网络安全法》第44条规定:"任何个人和组织不得窃取或者以其他非法方式获取个人信息,不得非法出售或者非法向他人提供个人信息"。

[11] 《身份证法》第6条第3款规定:"公安机关及其人民警察对因制作、发放、查验、扣押居民身份证而知悉的个人信息应当予以保密。"

[12] 参见刘琼、郭建军:《西方个人信息保护立法的价值取向及借鉴》,载《河南科技学院学报》2011年第3期。

法》第6条第3款的规定，只针对公权力进行限制——不能将个人信息泄露，而其他法律未提及个人是否享有对个人信息的支配权，这是现行立法存在的不足。个人信息作为人格权的一种，是自然人享有的一项基本权利，而现有的法律规范中，对于个人信息主要是消极的保护。例如，规定不得非法利用个人信息，而对于个人应如何积极使用个人信息，同时不受侵害，仍是有待解决的重要问题。由此可见，现行的法律规范暂时不能使个人完整地享有个人信息的相关权利。

最后，保护范围有限。现行保护个人信息的法律规范虽然多，但是并不全面。例如，《网络安全法》第21条、第22条从个人信息的网络收集、利用的角度出发，规范了个人信息收集行为，明确应当遵循的个人信息收集明示和获准原则。从公共权力侵犯个人信息的角度来看，《身份证法》规定政府的公共权力应该为个人信息保密，即个人身份证的制造、发放和扣押都受到法律监管。而对于个人信息的合法收集、利用没有作出明确规定。对于因私获取的个人信息如何保护也没有进行明确规定。《民法总则》的出台在一定程度上改变了既有对个人信息保护的松散立法状态，明确个人信息作为民事权利客体的法律地位，同时对非法收集、利用个人信息进行了限制，填补了民事基本法层面个人信息保护条例存在的不足，也为个人信息保护立法的完善提供民事基本法的依据。

（三）《民法总则》规定之不足

《民法总则》对个人信息的保护存在不全面的问题。《民法总则》第111条只规定了个人信息的消极效力，但如何通过合理、合法地使用个人信息来实现其价值没有作出相关规定。[13] 具体而言，对于个人信息的自主价值、使用价值以及利用价值没有作出相关规定。[14] 当前，我国在实践中主要通过隐私权相关规定对个人信息进行保护，但也造成了法律规范不全面的问题，暂时无法保护因个人信息商业使用而产生的商业价值。[15] 同时，《民法总则》第111条明确提出获得个人信息的前提条件是应当依法取得并保证信息安全，不得非法取得、利用他人个人信息，但没有具体阐明什么行为应认定为非法、什么行为是合法积极利用，导致非法与合法的界限不明确。这既不利于权利人主张个人信息权益，也不利于准确认定侵害个人信息的责任。

同时，从《民法总则》的规定来看，其并没有将个人信息规定在第110条，也没

〔13〕 参见张素华：《〈民法总则草案〉（三审稿）的进步与不足》，载《理论前沿》2017年第2期。

〔14〕 参见谢远扬：《信息论视角下个人信息的价值兼对隐私权保护模式的检讨》，载《清华法学》2015年第3期。

〔15〕 参见李延舜：《个人信息保护的法经济学分析及其限制》，载《法学论坛》2015年第3期。

有将个人信息规定为一项具体人格权,而是单列第111条对个人信息保护规则作出了规定。从该条规定来看,其只是将个人信息作为消极保护的对象,从消极层面规定个人信息的保护问题,而没有通过积极确权的方式保护个人信息权利。《民法总则》消极保护个人信息权利的方式,也使个人信息权利并没有真正成为一项主观权利,无法彰显该权利的积极利用权能。

二、非法利用个人信息的认定

《民法总则》第111条规定禁止非法使用个人信息,个人信息应当依法获得,但现有法律条文中对于"非法"的认定和范围没有具体规定。"非法""合法"的划分不明确,一方面不利于准确认定何种行为属于侵害个人信息权、应该承担法律责任。对于禁止相关主体非法取得与利用个人信息的情况,如果相关主体是依法取得与利用个人信息,则法律不应限制,行为人也无须承担责任。〔16〕 从实践来看,第111条虽然属于禁止性强制规定,但"非法"与"合法"的界限并不明确,这就造成人民法院在裁判个人信息案件时对于应如何认定侵害个人信息权利的责任没有明确可以依据的法令,可能会产生相似案件判决相差较大,当事人难以接受的问题。另一方面,规定的不明确会影响个人信息的有效利用。大数据时代,数据分析的快速发展使精细处理和分析技术上有了飞跃,云计算技术正在提升个人信息的价值被挖掘和利用的空间。〔17〕 所以,个人信息利用的合法性认定不仅关系到个人信息权利的保护,更影响着个人信息数据的有效利用,这就迫使法律需要作出更为明确的界定。在司法实践中,2017年7月19日,山东省临沂市中级人民法院根据《关于办理侵犯公民个人信息刑事案件适用法律若干问题的解释》的规定,认定"徐玉玉被电信诈骗案"中被告人陈文辉以非法方式获取公民个人信息的行为,构成侵犯公民个人信息罪。

《民法总则》第111条所称"非法"意味着公民个人信息已被系统完整地保护于法律之下。违反了该法的规定,应当受到法律的制裁。〔18〕 梳理个人信息保护的法律法规,除《民法总则》第111条明确对个人信息应该如何保护作出界定并指明个人信息消极保护的具体措施外,其他相关法律规则只从不同侧面对个人信息保护有所规制,但如何判断对个人信息"非法利用"并不明确。例如,《网络安全法》

---

〔16〕 参见高志明:《中国大陆法域个人信息保护的立法进路》,载《南通大学学报》(社会科学版)2013年第6期。

〔17〕 参见付小颖:《大数据时代监控环境下的用户信息安全保护》,载《河南科技》2015年第8期。

〔18〕 参见李珂:《非法获取公民个人信息行为研究》,载《法学研究》2017年第5期。

第41条规定，个人信息保护应遵循知情同意原则、特定目的原则，并遵循收集过程中的透明度原则，同时收集到的个人信息应该由用户自主决定是否被使用。第42条强调收集他人信息需要被收集者的同意。《最高人民法院、最高人民检察院关于办理侵犯公民个人信息刑事案件适用法律若干问题的解释》第3条[19]、第4条[20]规定违反国家有关规定，无论是通过私人途径还是公权力获取的公民个人信息都属于"非法获取、提供公民个人信息"。可见，在我国现有立法中，被收集者同意是获取、利用个人信息的前提，而对于其他获取、利用个人信息的行为没有进行相关法律规定。[21] 有学者认为，私密性是个人信息的关键，因此只要没有对第三人进行未经授权的事实披露，就应该证明该行为构成侵权。[22] 但笔者认为，我国未来立法不宜一概将被收集者同意作为个人信息收集与利用行为合法性的必要条件，主要理由在于以下两方面。

一方面，在大数据时代，以获得被收集者同意为必要条件可能会不当影响个人信息的有效利用。有形的社会价值创造转型为无形信息价值创造，是社会发展进入信息时代的标志。在信息数据成为重要资源的今天，随之出现了大量以利用、销售信息为工作的人。[23] 为了立足于当前时代，不仅传统行业的运营商需要收集、处理和分析大量的个人信息，学习最新的市场需求，从而提高市场的响应速度，并且还出现了新兴的专门以收集处理和销售信息为主要业务的信息服务提供者。现在，个人信息的利用已发展成为一种政治、商业模式。"获得被收集者同意"无疑是一个繁杂的过程，并且这一过程不能被取消或者简化，因为只有这样才能保证应获得授权的个人信息具有价值。但如果所有的个人信息都需要得到同意，则不符合信息社会的要求，可能使个人信息的收集与利用变得极为困难。这将从源头上

---

〔19〕《最高人民法院、最高人民检察院关于办理侵犯公民个人信息刑事案件适用法律若干问题的解释》第3条的规定："向特定人提供公民个人信息，以及通过信息网络或者其他途径发布公民个人信息的，应当认定为刑法第二百五十三条之一规定的'提供公民个人信息'。未经被收集者同意，将合法收集的公民个人信息向他人提供的，属于刑法第二百五十三条之一规定的'提供公民个人信息'，但是经过处理无法识别特定个人且不能复原的除外。"

〔20〕《最高人民法院、最高人民检察院关于办理侵犯公民个人信息刑事案件适用法律若干问题的解释》第4条规定："违反国家有关规定，通过购买、收受、交换等方式获取公民个人信息，或者在履行职责、提供服务过程中收集公民个人信息的，属于刑法第二百五十三条之一第三款规定的'以其他方法非法获取公民个人信息'。"

〔21〕《身份证法》第6条第3款规定："公安机关及其人民警察对因制作、发放、查验、扣押居民身份证而知悉的个人信息应当予以保密"。该条只规定了不得利用、行使公共权力侵犯个人信息。

〔22〕参见张礼洪：《隐私权的中国命运——司法判例和法律文化的分析》，载《法学论坛》2014年第1期。

〔23〕参见张新宝：《从隐私到个人信息：利益再衡量的理论与制度安排》，载《中国法学》2015年第3期。

减少可供分析的信息数量,从而造成所谓“信息孤岛”现象,[24]影响大数据技术的有效运用。同时,要求所有个人信息的收集与利用都经过被收集者同意,也会增加个人信息收集与利用的成本,影响个人信息的利用效率。

另一方面,要求所有个人信息的收集与利用都需要取得被收集者同意的正当性不足。个人隐私和个人信息存在交叉的部分,一些个人信息属于个人隐私,一些因高度公开而不属于隐私。[25] 对不涉及隐私的个人信息要求取得被收集者同意的正当性不足。更为重要的是,此种做法也不符合个人信息立法的发展趋势。例如,在个人信息牵涉国家安全时,涉及成千上万人的个人信息并且关系到许多人的敏感信息,为了公共利益,必须限制和规范个人信息的收集、利用和传播。为了维护国家安全,国家机关需要在特定时刻对公民个人信息进行必要的收集、监查等。[26] 所以,据学者研究发现,近年来,至少26个国家的法律放宽了对个人信息的检查、监视和使用限制。再如,大陆法系具有代表性的欧洲法模式,即制定统一的个人信息保护法,与分散个人信息保护立法为特点的美国法模式有明显区别,但两种模式的共同特点是个人信息的收集和使用不是所有都需要经过被收集者同意。[27]

有学者提出,在大数据时代,个人隐私保护与数据利用之间的矛盾不断凸显,可以采用个人信息去身份的方式以实现二者的平衡。[28] 个人信息去身份是对个人身份信息的去除或改变,包括直接标识符的去除或准标识符的判断。去身份特殊性是信息有序流动的需要,它是信息再利用的前提。通过分离数据中的隐私和数据,可以降低数据的隐私风险。但个人信息的去身份化处理不能完全解决这一问题,主要因为去身份化处理的过程是在收集个人信息之后所进行的,而不能解决收集个人信息的合法性问题。同时,在个人信息的去身份化处理过程中,可能会出现行为的不当影响个人信息经济效用的发挥。个人信息的利用主要为两种,一种是“一对一”的利用,即针对特定信息主体利用个人信息;另一种是对大量的个人信息数据进行分析,得出相关的分析结论,以做进一步的利用。而当个人信息去身

---

[24] 参见唐平秋、蒋晓飞:《论“信息孤岛”对政府组织发展的制约与对策——基于学习型组织理论的视角》,载《治理现代化》2015年第5期。

[25] 参见张新宝:《从隐私到个人信息:利益再衡量的理论与制度安排》,载《中国法学》2015年第3期。

[26] 参见王利明:《论个人信息的法律保护——以个人信息与隐私权的界分为中心》,载《现代法学》2013年第4期。

[27] 参见王利明:《论个人信息的法律保护——以个人信息与隐私权的界分为中心》,载《现代法学》2013年第4期。

[28] 参见高富平、王文祥:《出售或提供公民个人信息入罪的边界——以侵犯公民个人信息罪所保护的法益为视角》,载《经济刑法》2017年第2期。

份化后,将严重影响针对特定主体利用个人信息的行为。

首先,个人信息的去身份化处理无法调整个人信息的收集问题。去身份化处理的前提是收集个人信息,但收集个人信息应遵循的规则尚未制定也无依据,在收集阶段如何保护个人信息的隐私并不明确。其次,可能出现去身份化处理过程中某种行为的不当影响个人信息经济效用的发挥。迈克尔·费蒂克(Michael Fertik)在《信誉经济:大数据时代的个人信息价值与商业变革》一书中提出,在信誉经济下,个人数据可以准确快速地集成和分析。数字声誉比金钱更有价值。个人信息的去身份化,会影响"一对一"利用个人信息,这在面临特定信息时表现得尤为突出。[29] 最后,去身份化处理难以从根本上消除个人信息流通、利用中的隐私风险。目前,世界各主要组织和国家的隐私相关法律都把保护个人信息作为隐私保护的核心内容,如欧盟2016年《一般数据保护条例》中明确将隐私保护规范的保护对象界定为"个人信息"(personal information)或"个人数数据"(personal data),即指所有与可识别的个人有关的信息,包括任何能够连接到个人或者是能够直接或间接识别出个人的信息。[30] 即使在去身份化处理后,完全的匿名化、将危险降至零也是不可能的。[31]

所以,针对个人信息的收集与利用应该在未来立法中进一步完善。《民法总则》第一次以民法基本法形式确认了个人信息的保护,明确了个人信息的人格利益属性,体现了人格尊严的平等。其出台这一规定也是为了适应当下时代的发展变化,为之后民法典编纂中相关具体人格权的保护打下基础。个人信息是近些年新出现的一种人格权,仅凭现有的司法解释、部门法中的零星几条规定是不符合未来实践需要的。总之,不应以"被收集者同意"和"去身份化"作为所有合法利用个人信息的前提,需要进一步明确个人信息利用的判断标准,具体的合法性标准应考虑有关个人信息的相关纠纷、司法实践、学界观点来予以确定,在未来立法中发展积极利用个人信息的权能。

三、个人信息积极利用权能的肯认及其实现

按照《民法总则》第111条的规定,尽管宣称个人信息是法律保护的基本权利之一,但主要还是从被动保护的角度规定个人信息权,强调行为人不得非法获得个

〔29〕 参见张新宝:《从隐私到个人信息:利益再衡量的理论与制度安排》,载《中国法学》2015年第3期。

〔30〕 参见何颖:《数据共享背景下的金融隐私保护》,载《东南大学学报》(哲学社会科学版)2017年第1期。

〔31〕 参见《欧盟〈一般数据保护条例〉前言》(26)。

人信息。也就是说,该条只是宣示了个人信息受法律保护的规则,而没有对个人信息的具体内涵和效力作出规定。从这一意义上说,个人信息作为民事基本权利,《民法总则》只是对其进行了初步确权,但没有真正完成完全确权的任务。从实践来看,侵害个人信息,主要表现为非法收集、非法利用或非法倒卖个人信息等行为形态。[32] 所以《民法总则》中所规定的禁止非法收集、利用个人信息行为是符合实际情况的。但其并没有从积极利用的层面对个人信息权利作出规定,个人信息权利在性质上并没有真正被确认为一项主观权利。我国未来民法典分则中人格权编应当在肯定个人信息权的基础上,对个人信息权的内涵和效力作出规定,尤其是肯认个人积极利用其个人信息的权利。具体应注意以下两方面。

首先,肯定个人信息权中所具有的经济价值。挖掘、利用和保护人格权中所具有的经济价值是人格权制度未来发展的方向。[33] 传统观点认为,人格权作为一种纯粹精神权利,不包括经济价值,在发生个人权利的侵害行为时,一般只能请求精神损害赔偿的责任,而无权主张财产所受损害。但随着经济和社会的发展,特别是商业实践中人格权的发展,人格权的经济价值得到了法律的肯定和保护,一般认为人格权大多包括经济价值。个人信息权也同样如此,个人信息的利用能够产生巨大的经济利益。个人信息指向个人,反映个人在某一方面的具体情况,因此具有一定的价值。如果这个价值被积累到一定程度,那么必然有些人愿意通过一定的经济利益来交换取得。其中最具有代表性的就是名人对自己信息的披露。[34] 从我国《民法总则》第111条的规定来看,其规定行为人"不得非法收集、使用、加工、传输他人个人信息,不得非法买卖、提供或者公开他人个人信息",在一定程度上肯定了个人信息中包含了经济价值,但其毕竟是从消极保护的层面所作出的规定,而没有从正面肯定个人信息中包含经济价值。因此,民法典分则应当顺应人格权制度的发展趋势,肯定个人信息中包含经济价值。

其次,肯定个人信息权利的积极利用权能。现代民法发展由过去局限于只确认和保护权利,发展到现今的注重利用权利。这种变化主要归因于资源的有限性和稀缺性在现代社会得到了改善。资源利用率的提高也需要民法典适应时代的发

---

[32] 参见王利明:《论个人信息的法律保护——以个人信息与隐私权的界分为中心》,载《现代法学》2013年第4期。

[33] 参见王叶刚:《人格权中经济价值"可让与性"之反思——以人格尊严的保护为视角》,载《广东社会科学》2014年第2期。

[34] 参见谢远扬:《信息论视角下个人信息的价值兼对隐私权保护模式的检讨》,载《清华法学》2015年第3期。

展而做出相应改善，从而为权利的有效利用创造条件。[35] 在人格权领域，传统的做法是通过侵权行为法的相关规定来保护人格权。在这方面，许多学者认为，侵权请求权主要适用于损害赔偿的情况，如果人格权并不是受到实际损害，而仅仅面对危险，就不能依靠侵权法保护物权了，所以只有建立更为完整的人格权请求权制度，人格权才能够得到应有的保护。[36] 随着商业中人格权使用的日益增多，例如，名人肖像经常出现在各种商业广告中，以吸引消费者购买。这固然是一种商品质量认可的表现，也有助于提高产品的知名度。然而，在大数据时代，个人信息权利的行使应该与保护同时被重点关注。否则，个人信息的保护只是对个人信息使用的又一个限制。[37] 我国《民法总则》第 111 条并没有肯定个人信息权利的积极利用权能，没有建立一个完整的人格权制度；将来的民法典分则应当对此作出规定，尤其是肯定个人有权通过许可或使用合同许可他人利用其个人信息。此外，在肯定对个人信息权利积极利用的基础上，还应完善侵犯个人信息权利的侵权责任，特别是财产损害赔偿责任。可以考虑引入法定赔偿额、惩罚性赔偿、获利返还请求权等，以完善侵害个人信息权利的侵权责任制度。

四、结语

随着互联网和大数据技术的发展，个人信息的经济效用将日益凸显，我国《民法总则》仅从消极保护的层面对个人信息权利作出规定，并没有凸显个人信息权利主观权利的属性，立法理念略显保守；而且该法在规定个人信息收集、利用行为时，并没有对合法、非法的标准作出规定，这也会影响相关产业实践的开展。我国民法典人格权编应当在肯定个人信息权具体人格权地位的同时，对其内涵、效力以及与相关权利的关系等作出细化规定，以更好地完善个人信息保护规则。

（责任编辑：陆剑）

〔35〕 参见王利明：《全面深化改革中的民法典编纂》，载《中国法学·民法典立法研究》2015 年第 4 期。

〔36〕 参见解维克：《从独立请求权出发的人格权法律保护》，载《法学杂志》2015 年第 7 期。

〔37〕 参见王利明：《论民法总则不宜全面规定人格权制度——兼论人格权独立成编》，载《现代法学》2015 年第 3 期。

“宗教活动场所”法人化与民法典的路向选择*

——解读《民法总则》第92条第2款

吴昭军**

目　　次

一、问题的提出

加快推进宗教工作法治化进程，完善宗教立法，是落实依法治国理念的重要举措。关于宗教活动场所法人化的立法工作也在不断探索和推进中，《民法总则》和新《宗教事务条例》[1]对宗

* 本文系中国民法学研究会2017年青年学者研究项目“我国宗教财产权属问题研究”（2017MFXH007）、重庆市科研创新项目“民法视域中的宗教财产权利限制问题研究”（CYB16075）中期研究成果，并得到2015年西南政法大学博士研究生校级项目资助。

** 吴昭军，西南政法大学民商法学博士研究生，西南政法大学中国不动产研究中心研究员。

〔1〕《宗教事务条例》经2017年6月14日国务院第176次常务会议修订通过，自2018年2月1日起施行。

教活动场所法人进行了尝试性规定。在之前的法律框架下,各类宗教协会等团体尚可依据民法之社会团体法人制度予以调整,数量众多的寺庙宫观等活动场所却难以在民法主体地位中觅得栖身之地。在民法典编纂和新《宗教事务条例》颁行之际,为此设立相应主体制度实为必要。但是目前学界对宗教活动场所法人化的理论论证与实现路径建构仍然存有欠缺。

民法作为调整主体制度的基本法律,为其他法律法规提供依据。《民法总则》第92条第2款就宗教活动场所法人资格取得进行了原则性规定,顺应了实践发展需要,凸显了此次民法典编纂的时代性和进步性。但于学理层面尚有疑惑待解,于规范层面尚须深入解读,主要有四方面:

1. 宗教活动场所究为民事客体抑或民事主体?《民法总则》将之规定为民事主体,其依据为何?根据《宗教事务条例》和《宗教活动场所设立审批和登记办法》,宗教活动场所系指寺观教堂和其他固定宗教活动场所,供宗教活动之用。[2] 宗教活动场所以"场所"落脚,似为一系列动产、不动产所组成的空间。以《宗教事务条例》的规范措辞来看,第22条之"宗教活动场所经批准筹备并建设完工"、第34条之"以宗教活动场所为主要游览内容"等表述乃将宗教活动场所作为客体,而第26条之"宗教活动场所应当加强内部管理"、第57条之"宗教活动场所可以按照国家有关规定接受境内外组织和个人的捐赠,用于与其宗旨相符的活动"等表述又意味着宗教活动场所为法律上之主体。有学者指出,宗教活动场所有两个意义上的指称,经由1994年《宗教活动场所管理条例》到2005年《宗教事务条例》,宗教活动场所已经不再被视为单纯的财产集合和法律客体,其法律主体地位得到进一步强化。[3]

2. 未来立法应建构宗教法人还是宗教活动场所法人?就理论层面和比较法层面而言,关于宗教活动场所的法律地位,主要有两种思路。一种思路是建立宗教活动场所法人,宗教活动场所可取得主体地位。[4] 如此一来,在我国宗教组织中,宗教团体可依法取得社会团体法人资格,宗教活动场所可依法取得宗教活动场所法人资格,宗教院校则依据相关规定为事业单位法人。另一种思路是借鉴日本《宗教法人法》,将宗教组织统一建构为区别于财团法人和社团法人的新类型法人——宗教法人。此种观点乃基于宗教组织同时兼具人的集合性和财产的集合性,与普通财团法人和社团法人差异较大;且我国各宗教的教义、组织形式、人员管理、财务管理等制度上各有不

---

〔2〕 新《宗教事务条例》第19条。

〔3〕 参见仲崇玉、王燕:《我国宗教法人制度评析》,载《中共青岛市委党校 青岛行政学院学报》2015年第6期。

〔4〕 参见广东省宗教活动场所法人资格调研课题组:《宗教活动场所法人资格调研与思考——以广东省为例》,载《中国宗教》2013年第10期;冯玉军:《中国宗教财产的范围和归属问题研究》,载《中国法学》2012年第6期。

同,宜建立新类型之宗教法人,并单独立法予以调整。[5] 也有学者主张在民法典总则中总括性规定宗教组织可以取得法人资格,避免划分法人类别,采取模糊登记方法。[6]

3. 宗教活动场所法人登记程序设计尚需补足。《民法总则》于非营利法人中下列事业单位法人、社会团体法人和捐助法人,在前两者的登记程序中均规定有"依法不需要办理法人登记的,从成立之日起,具有法人资格",而对宗教活动场所法人的登记程序则无此规定。宗教活动场所登记和宗教活动场所法人登记不同。宗教活动场所的合法设立须依《宗教事务条例》和《宗教活动场所设立审批和登记办法》,经宗教事务部门审批后登记成立,这是宗教活动场所的成立登记,登记机关为宗教事务部门。经此实质性合法性审查后,是否尚需民政部门予以法人登记不无疑问。

4. 立法确立宗教活动场所法人之类型,其兼具礼拜设施等动产、不动产以及神职人员,在学理上究竟属于社团法人抑或财团法人也不无疑问。

笔者以《民法总则》第92条第2款为立足点,分析其先进与不足,解读条文精义,提出完善构想。

二、宗教活动场所法人化的制度目的与价值定位

关于宗教活动场所法人的建构,须重点考察作为规范对象的某种宗教活动场所是否必须进行法人化。在民事主体内部的类型选择上,将宗教活动场所定位为法人,比将其界定为民法上的非法人组织或者任其处于主体不明的状态之中,更能定分止争。宗教活动场所若栖身于非法人组织,则参与民事活动、承担责任义务在现行法上已无障碍,但宗教活动场所与僧尼信徒之间的财产权属界分终存疑问;若其始终处于主体地位不明之状态,则实难参与民事活动,而实践已倒逼民法对宗教活动场所进行主体界定,难容不明之状态继续存在。[7] 在当前情势下,宗教活动

---

〔5〕 参见仲崇玉:《宗教法人制度论纲》,载《中共青岛市委党校 青岛行政学院学报》2013年第3期;华热·多杰:《宗教组织法人化探析》,载《青海民族学院学报》(社会科学版)2006年第1期;林本炫:《试论"宗教法人"的属性和定位》,载《宗教论述专辑》(第7辑),台北,台湾地区"内政部"编印,2005年,第51页。

〔6〕 参见吴才毓:《民法典中宗教组织的法人化类型》,载《政治与法律》2015年第10期。

〔7〕 实践中存在大量关于宗教活动场所的民事纠纷案件,如"玉溪灵照寺方丈遗产纠纷案"、"敦化市大石头镇河北基督教堂与国网吉林敦化市供电有限公司财产损害赔偿纠纷案"[吉林省高级人民法院(2014)吉民申字第874号民事裁定书]、"西安市大兴善寺与西安歌舞剧院等房地产纠纷案"[最高人民法院(1998)民终字第162号民事裁定书]、"重庆市九龙坡区华岩寺与陆某等著作权侵权纠纷上诉案"[重庆市高级人民法院(2007)渝高法民终字第256号民事判决书]、"上海静安寺与恒源祥(集团)有限公司等名称、名誉权纠纷上诉案"[上海市高级人民法院(2004)沪高民三(知)终字第134号民事判决书]等。

场所法人化有其制度价值。

(一)遏制宗教财产乱象的客观需要

宗教活动场所法人化有利于明晰财产权属,定分止争。宗教活动场所客观上集中了大量的动产、不动产及其他财产权利。即便在佛教经义中,"富贵虽乐,一切无常,五家共有,令人心散,轻泆不定",〔8〕但是僧侣生存、供奉"三宝"、修行弘法、教派发展等客观上均离不开各种动产、不动产。财产虽于宗教教义中不具有终极意义,但是却也并非被完全排斥和否定。〔9〕然而,由于宗教活动场所的民法主体地位不明,无法取得法人资格,那么其占有下的大量财产便存在权属不清的问题,权属不清则生宗教财产侵占问题。在我国对宗教活动场所管理多头行政的模式下,虽然很多寺观教堂的房产等在文革时期被政府征收后陆续返还,但是依旧由于寺庙宫观不具备主体地位而将产权登记在宗教协会、房管部门、园林部门、文物部门、旅游管理部门等,而广大农村地区则更加混乱。如北京法源寺,截至19世纪50年代,其拥有大量的房地产物业;经历"文化大革命"之后,在恢复性政策下北京市多个部门返还其财产,但至今仍有近万平方米的房产被房管部门占据,或已悄然被过户于其名下进行租赁、拆改等。〔10〕同时,赋予宗教活动场所民事主体地位,使财产确权定分止争,能够有效遏制商业组织通过建造寺观教堂、插手宗教活动场所运营等借机敛财的行为。此外,法人化有利于厘清宗教财产与僧尼信徒之财产。由于宗教活动场所目前难以取得独立主体地位,寺庙宫观财产和僧尼信徒财产经常难以界分。如僧侣的日常经营行为所获利益,究竟属于其个人所得还是归属于寺院所有,尚难区分。

(二)维系民众信仰的内在需求

宗教活动场所法人化有利于保障宗教物的妥善保管与适当使用、维系宗教神圣性、满足民众信仰和精神寄托的需要。神圣是宗教的根基,"任何一种宗教的真正核心处都活跃着这种东西,没有这种东西,宗教就不称其为宗教。"〔11〕民众的精神寄托和彼岸愿景与宗教神圣性实现耦合,这既是现世物质界固有局限性所导致的,也是人类属灵面向所决定的,所以宗教伴随人类生活至今。神圣与客观物质界的属性不同,其乃超世俗的、超经验的、超自然的存在,超越人类有限理性达致无限,所谓"道可道,非常道""不可说,非法,非非法"。虽然神圣不可言喻,但人类从

---

〔8〕 龙树菩萨:《大智度论》(卷十一),鸠摩罗什译。

〔9〕 参见杨计国:《当代佛教寺院与寺院财产研究》,载《贵州文史丛刊》2013年第1期。

〔10〕 参见冯玉军:《中国宗教财产的范围和归属问题研究》,载《中国法学》2012年第6期。

〔11〕 [美]托马斯·F.奥戴:《宗教社会学》,刘润忠等译,中国社会科学出版社1990年版,第7页。

未放弃体验、接触神圣,宗教为人们提供这一路径。这一过程需要借助世俗的事物作为中介,于是这种中介就成为神圣的表征,即显圣物。〔12〕 显圣物在此具备了双重面向,其既是世俗的、有限的,同时又是神圣的、无限的。宗教活动场所的场域内包含的建筑物、神职人员、法器圣物等,抑或宗教活动场之整体性,都具备超越其世俗性、物质性、有限性的特质,成为神圣者,融通彼岸与现世、无限与有限、超自然与自然。〔13〕 宗教活动场所也便具备了凝聚信众、维系信仰、寄托心灵之功能。

宗教活动场所的这一功能与面向,决定了不能依据世俗性规则处分其物质存在。其虽表现为世俗的动产不动产,但是不能根据普通财产法调整其法权关系。古罗马特为此敬奉"神法物","属于神法范围的东西,不构成任何人的财产"。〔14〕 "神圣物指大祭司向神隆重奉献的东西,如专供礼拜上帝的神圣建筑物以及奉献物",具备神圣性的器物及建筑物,不得出售或质押。〔15〕 "圣地是官方组织献祭的地方,圣殿却是放置神用物的地方。"〔16〕器物和建筑经由神圣性赋予而成为整体性的显圣物,正与宗教活动场所集动产、不动产、神职人员、宗教性于一体同符合契。这也是本文之所以将宗教活动场所作为分析对象,而非宗教团体的原因。

宗教活动场所是人与物结合的集合体。根据我国《宗教事务条例》,宗教活动应在宗教活动场所进行。于是在我国,开展宗教活动就与作为显圣物的宗教活动场所相密切结合,宗教活动场所成为世俗社会中神圣事务的集中场域。宗教活动的正常有序开展、宗教财产的日常管理与使用,也均聚焦于宗教活动场所。宗教活动场所法人化便具有维系社会秩序稳定的公法职能与保障宗教财产的妥当管理、使用的私法职能,并经由此种路径达致维系民众信仰之功效。

三、宗教活动场所之体系定位——总则抑或物权编

前文已述宗教活动场所法人化之必要与制度价值,然而在制度落地和具体立法设计时,仍需进一步考量宗教活动场所的法律属性。究竟是作为客体还是主体,直接关系到宗教活动场所在民法典中的位置,也即是列于民法总则还是民法物权编。

民法上对建筑物、礼拜设施、法物一般采取"物"的处理方式,通过物权制度予

---

〔12〕 参见[罗马尼亚]米尔恰·伊利亚德:《神圣与世俗》,王建光译,华夏出版社2002年版,第2页。

〔13〕 参见李小艳:《宗教的神圣与世俗》,载《东南大学学报》(哲学社会科学版)2012年第4期。

〔14〕 [古罗马]查士丁尼:《法学总论》,张企泰译,商务印书馆2009年版,第48页。

〔15〕 参见[古罗马]查士丁尼:《法学总论》,张企泰译,商务印书馆2009年版,第49页。

〔16〕 [意]桑德罗·斯奇巴尼选编:《物与物权》,范怀俊、费安玲译,中国政法大学出版社2009年版,第7~11页。

以调整。古罗马法于万物中撷取具有神圣性的物,称之为"神法物",不属于任何人,排除于交易之外,包括神圣物、神息物、神护物。[17] 神圣物主要包括祭祀物品、寺院、寺院区等,特殊情形下才得以转让或典当。[18]

欧洲中世纪教会法学的兴起摧毁了古罗马法的团体理论,引入了"教会"概念,并将其视为"基督的奥体"(*corpus mysticum Christi*),在法律上成为具有超越之目的性的存在。[19] 以古罗马法不存在的财团之资格,与其财产、成员一同进入法律,成为权利主体。英国中世纪曾就教堂之法律地位及其地产进行丰富的讨论,或有以堂区主持牧师为"独体法人"而对教堂地产享有非限嗣继承地产权,或在主体化的同时考虑客体化,指出教堂乃是可供利用的财产,所具有的客体性远比其主体性更为显著,"教区教堂只能被视为不能接受赠与或不能被授予封地的由石头、墙和屋顶构成的房屋"。[20] 这些争议在《天主教法典》以"所有归属于普世教会,宗座,和其他在教会内公法人的财产,皆属教会财产"[21]的方式予以化解。可见教堂和聚会点的财产并非民法上主体,而仅是归属于教会所有的客体。

然此种种终为欧洲教会法人模式。我国新《宗教事务条例》延续以往的调整模式,区分宗教团体和宗教活动场所予以分别引导,与欧洲教会法人模式差异相比较大,不宜直接照搬。宗教活动场所性质的探究需符合我国国情。我国《民法总则》将宗教活动场所明确为法律主体而非客体,列于法人章节,依据有三方面。

(一)本体构成层面

宗教活动场所内在的"人""物"结合特质决定了其并非民法上之物,而是一种组织体,宗教属性与人的要素甚或远超"场所"的物之意义。

我国法律规范中对于宗教活动场所未予明确界定,但多罗列设立条件,如新《宗教事务条例》第20条。又如《重庆市宗教事务条例》第16条规定:"宗教活动场所中具备下列条件的为寺观教堂:(一)有符合本宗教传统规制的、相对独立的建筑物和相关设施;(二)有经宗教团体认定和人民政府宗教事务部门备案的宗教教职人员主持宗教活动。"可见其主要强调"物"和"人"。我国有学者指出,宗教活动场所须具备三个要件:一是人的实质要件,二是物的实质要件,三是登记的程序

---

〔17〕 参见[古罗马]优士丁尼:《法学阶梯》,徐国栋译,中国政法大学出版社2005年版,第113页。

〔18〕 参见[意]彼德罗·彭梵得:《罗马法教科书》,黄风译,中国政法大学出版社2005年版,第142页。

〔19〕 参见吴宗谋:《再访法人论争——一个概念的考掘》,台湾大学法律学研究所2004年硕士学位论文,第14页。

〔20〕 [英]F. W. 梅特兰:《国家、信托与法人》,樊安译,北京大学出版社2008年版,第25页。

〔21〕 《天主教法典》第1257条第1项,载天主教辽宁教区官网:http://www.lnjq.org/Fadian.aspx,最后访问日期:2018年2月23日。

要件。[22] 此观点殊值赞同。我国台湾地区"行政院"版"宗教团体法草案"第7条规定:"寺院、宫庙、教会指有住持、神职人员或其他管理人主持,为宗教之目的,有实际提供宗教活动之合法建筑物,并取得土地及建筑物所有权或使用同意书之宗教团体。"日本《宗教法人法》第2条和第3条表明立法着眼于宗教团体,将僧院、堂等视为宗教团体之境内建筑物,寺庙、神社等礼拜设施与人结合成为宗教团体,物之要素与人之要素均不可缺失。故而,笔者认为,就宗教活动场所的组织属性而言,场所的礼拜设施为外观,人的联合体为内理,是一种人与财产的特殊组织团体。这种结合,也必然直接关系到宗教活动场所的组织属性界定问题。

(二)公法层面

第一,以宗教活动场所为民事主体,便于公法对宗教事务的引导与调整。我国根据具体国情,积极引导宗教与社会主义社会相适应。习近平总书记在2016年全国宗教工作会议上指出,要遵循宗教和宗教工作规律,结合我国宗教发展变化和宗教工作实际。我国与西方国家在宗教政治领域具有明显区别,自封建帝制时代时就已不存在政权与宗教神权的历史纠葛,甚至可以说宗教几乎始终处于皇权管控之下,为封建帝制服务。[23] 或出于经济原因,或基于政权稳定,或基于维持赋税徭役,历代王朝多不同程度地限制宗教发展。加之在我国存续久远的佛教和道教以超凡脱俗为精神追求,远离世俗、静修参悟、讲禅论法的修行方式导致宗教活动以寺庙宫观为核心,依赖一定的场所。这在很大程度上影响了我国其他宗教的活动方式。基于此种宗教实践,我国《宗教事务条例》将宗教活动场所作为国家引导宗教事务的"单位",对其中的财产使用、场所管理、人员行为进行集约化和一体化调整。根据我国《宗教事务条例》第40条的规定,"集体宗教活动,一般应当在宗教活动场所内举行"。以宗教活动场所为主体,能够与公法对宗教事务的引导调整相衔接匹配。

第二,在公法上,宗教活动场所具有与宗教团体不同的特质,系独立的组织体。宗教团体是我国信教群众联合的爱国团体,为典型的人合组织,得依据《民法通则》《宗教事务条例》《社会团体登记管理条例》取得社会团体法人资格,其成立条件和变更注销等亦依据《社会团体登记管理条例》。而宗教活动场所的设立、变更、消灭则由《宗教事务条例》和《宗教活动场所设立审批和登记办法》予以专门规定,成立条件更是不同于宗教团体。这些均表明宗教活动场所是区别于宗教团体

〔22〕 参见张建文:《宗教活动场所登记的法律性质与法律意义》,载《中国宗教》2016年第5期。

〔23〕 参见杜鹃:《论宗教治理中的政教分离原则——基于中西实践经验的对比研究》,载《统一战线学研究》2017年第4期。

而独立存在，二者无法兼容合一。

（三）私法层面

第一，若将宗教活动场所定位为物、客体，必然面临主体为何的问题。天主教、基督教很早便采用信托制度、法人制度解决财产权属问题，在我国以“财产归中国教会”的政策指引下，教堂财产权属也并无法律问题。但是佛教、道教、伊斯兰教的宗教活动场所归属则存在问题。国发〔1980〕188 号文件中的“信教群众集体所有”和“社会所有”并非严格意义上的法律概念和术语，而且外延无法界定，最终导致宗教活动场所的财产权属难以确定。将此财产简单归于宗教团体亦不合理。事实上，宗教活动场所有其独立的设立程序和管理方式，也与宗教团体相异。

第二，若将宗教活动场所定性为物、客体，则无法实现立法调整目的。目前存在的实践问题是宗教活动场所主体地位不明，无法参与民事活动，因而宗教财产的权属也难以界定。未来民法典对宗教活动场所进行规定，应围绕明确法律地位和确权止争这一调整目的而展开。那么究竟采用“客体说”还是“主体说”、立法定位于物权编还是总则部分，也需要以这一目的来予以审视考量、检讨。若将宗教活动场所定性为物，则在民法总则中无须专门规定“宗教活动场所”，直接在物权编中规定“宗教财产”即可。但如此立法，仍未解决宗教活动场所参与民事活动的身份问题，亦须另行解决宗教财产的权属问题，徒增烦琐。故而，宜在总则规定宗教活动场所法人，在物权编规定宗教财产之管理使用处分等问题。

四、我国宗教活动场所法人化路径解读

（一）建构宗教活动场所法人而非宗教法人

虽然《民法总则》已规定宗教活动场所可以取得捐助法人资格，但是并不代表理论争议得到释清。围绕宗教活动场所法人化主要存在两种方案，也是学界争议最大的两种方案。第一种方案，借鉴《日本宗教法人法》和我国台湾地区“宗教团体法草案”，创设新类型法人——宗教法人，进行单独规制；第二种方案，明确宗教活动场所可取得法人资格，将其纳入财团法人和非营利性法人之中。

对此，笔者作如下剖析。

首先，第一种方案实施难度较大。

我国台湾地区的宗教团体可以分为三类，其一是未进行立案登记的宗教场所，如神坛；其二是不具备法人资格的宗教团体；其三是具备法人资格的宗教团体。第三类又可分为社团法人之宗教团体、财团法人之寺庙等。我国台湾地区“行政院”2002 年 3 月 22 日函送“立法院”审议的“宗教团体法草案”采用“宗教法人”的称谓，指出基于宗教团体之特殊属性，参照日本立法例，区别于民法上的社团与财团，

设立新类型法人。虽然三类宗教团体(寺院、宫观、教会;宗教社会团体;宗教基金会)均为宗教法人,但是设立程序、设立条件、组织管理方式等均区别规定。其效仿的日本《宗教法人法》即采取统一规范宗教法人的模式,主要包括两种类型:一种是具备宗教设施的寺院、神社等团体,该类又被称为单立性宗教法人;另一种是宗教教派、教团等团体,其又被称为"包含宗教团体"。[24]

其次,我国未来民法典没有必要仿效宗教法人的立法路径。

其一,我国台湾地区"宗教团体法草案"虽创设宗教法人这一新类型,但是其中包含的三类宗教团体差异较大,仍需单独就设立条件、设立程序、组织管理方式、监管等内容进行规定。如台湾地区"行政院"版"宗教团体法草案"第2章专门规定"寺院、宫庙、教会",第3章和第4章分别规定"宗教社会团体"和"宗教基金会"。可以说,宗教法人内部逻辑并不严谨统一,仅因具备宗教性质而糅合于一起,尚欠缺充分之理由。

其二,我国目前宜保留"宗教活动场所"之概念。此概念虽易生歧义,但在法律和学理上明确界定之后便可解决内涵模糊问题。我国台湾地区使用的"寺庙"(如"监督寺庙条例")或"寺院、宫庙、教会"之概念,在表述和外延上更为烦琐模糊。鉴于拥有礼拜设施的宗教团体和无礼拜设施的宗教团体差异巨大,日本和我国台湾地区均将拥有礼拜设施之宗教团体予以特别规定,可见"宗教活动场所"用以指称拥有礼拜设施等动产、不动产的组织,具有法律上的必要性。

其三,有学者指出,宗教活动场所兼具人和财产,宗教法人之新法人类型可跨越财团法人与社团法人之藩篱,有效解决宗教活动场所的法人地位问题。[25] 其实并无此创设新类型法人之必要。从某种意义上说,但凡法人均具人和财产的二重性,在逻辑上严格区分人的组合和财产的组合多属学理探讨,实践中已演化出类型多样的法人组织模式,如一人公司。有成员之财团法人并不鲜见,如红十字会、中华慈善总会等,兼具社团法人和财团法人之特征。[26] 财团法人与社团法人二元模式的缺陷并非需要创设一个个新类型法人来予以补足。

其四,日本《宗教法人法》和我国台湾地区"宗教团体法草案"并非主要解决宗教团体之民事地位,而是主要用于规范宗教事务,侧重于公法调控、引导与管理。我国目前已制定有《宗教事务条例》等一系列中央、地方规范文件,若采用宗教法

---

〔24〕 参见徐玉成:《日本〈宗教法人法〉管窥》(下),载《法音》2001年第12期。

〔25〕 参见林本炫:《试论"宗教法人"的属性和定位》,台北,台湾"内政部"编印,《宗教论述专辑》(第7辑),2005年,第51页。

〔26〕 参见王雪琴:《论社团法人和财团法人划分的局限性及改良》,载《法学杂志》2010年第4期。

人之方案,尚需废除《宗教事务条例》等法律规范,制定新的立法,实施难度大。

相较之下,第二种方案切实可行,《民法总则》便采此方案。

这种方案尊重了宗教活动场所的多样性和自主性。佛教、道教活动场所可依据法律规定取得财团法人或非营利性法人之资格,同时法律也为其他宗教活动场所留下多种选择,其可在其他组织(非法人组织)、社团法人、社会团体法人、财团法人、非营利性法人等多维管道中自愿申请设立。至于宗教活动场所的财务监督与财产管理,可于未来修订《宗教事务条例》时进行补充完善,也可在未来制定《非营利性法人法》时,就财产使用、组织管理、财务监督等详细规定。

（二）宗教活动场所法人类型定位

1. 宗教活动场所法人属于财团法人

虽然,传统大陆民法学说多认为寺院教堂为财团法人,[27]但此乃以西方基督教天主教为着眼点,与我国佛教、道教等具有组织差异。以佛教为例,其产生初期便是以僧团之人合团体形式,修建寺庙乃是僧团修行方式转变和佛教发展所致。故有学者认为所谓寺院宫观实质上是指僧侣信徒之团体,应将宗教活动场所塑造为社团法人。[28]

财团法人乃财产的集合,有学者指出,其为以具有一定目的的独立财产为核心,并且具有一定组织的法人。[29] 我国将寺庙等宗教活动场所作为财团法人调整的做法可溯至民国初期,如大理院民四上字第 2372 号中载到:"公立寺庙可认为财团法人";民四上字第 2039 号载到:"公立寺庙之财产,经施主以一定目的捐助之后,其所有权即不属于原施主,而属于寺庙。"内政部礼字第 194 号令载明:"查寺庙乃财团法人之一种,自有其独立之人格其所有财产与私人之财产受同一之保护,除应依监督寺庙条例第 10 条之规定兴办公益及慈善事业而外,任何人不能强其出款或提取财产,纵令住持有不轨行动只能依法惩办,亦不得逞行处分其财产(参照司法院院字第 357 号之解释)。"就理论层面证成财团法人,理由有三:第一,历史原因。在罗马法上就存在将宗教作为一种团体人格的萌芽的做法,而教会法学家则真正从罗马法团体人格中发展出了与社团相对应的财团。财团法人的产生与发展与宗教密切相关。第二,宗教活动场所的财产主要来源于捐赠。虽然我国实行宗教自养政策,并逐渐实现了财产来源的多元化,但捐赠依然为最主要的经济来

---

〔27〕 参见梁慧星:《民法总论》,法律出版社 2007 年版,第 120 页。

〔28〕 参见徐国栋:《绿色民法典》,社会科学文献出版社 2004 年版,第 181 页;仲崇玉:《宗教法人制度论纲》,载《中共青岛市委党校　青岛行政学院学报》2013 年第 3 期。

〔29〕 参见史尚宽:《民法总论》,中国政法大学出版社 2000 年版,第 229 页。

源。第三,宗教活动场所的财产具有目的性。我国《宗教事务条例》在宗教财产一章中规定了捐赠财产应用于“与其宗旨相符的活动”,表明了寺院财产的目的性。拉伦茨教授曾指出,对财团的许可与“财团是否在一定范围内从事经济活动无关”,其“可以经营一个经济性的企业”,“只是要把经营的收益用来实现另一个为大众谋福利的目的”。[30]

因宗教活动场所亦有人之要素,而有社团法人说之主张,或有因兼具人和财产双重属性而另建宗教法人之新类型,笔者以为皆不足为取。我国属典型大陆法系国家,法人理论采社团法人—财团法人二元结构,作为一种理论抽象与逻辑生成的人之集合、财产之集合二元模式,在其诞生之初,即有着先天性不足——不可能在实务中将相应团体或未来、可能之组织无可置疑地划归其中一元,进而产生逻辑与价值方面的双重缺失。具体而微,财团、社团二元分离虽然有利于实现法人构建之体系化、程序化、客观化,但此类区分仅限于一种学理假设与逻辑构造,难以涵括、界定现实生活中所有团体组织及其所生法律关系。类似者如不动产租赁权、股权等,在大陆法系物权—债权二元模式下亦难归于一元,债权物权化、物权债权化、混合权利说等在近年来日趋常见,以此弥补二元模式之不足。但这些观点看似左右圆通且具实效,实则分裂物权—债权之逻辑基座和价值基础。[31] 且据我国台湾地区学者考证,欧陆民法最初的财团包括两种,一种是今日所称之营造物,另一种为基金会。第一种财团中尚包含人与财产之组合,第二种财团则完全无视成员。前者之典型代表便为教会,教会作为上帝所设的“目的财产”、不如人间之信众改变,可以说是教会于法人理论的最大特色。[32]

立法就宗教活动场所法人进行建构,宜于大陆法系经典体系下界定,不必拘泥于其兼具人和财产双重属性,概因很多法人实际上均已突破单纯的人之集合或财产之集合,如红十字会、一人公司等;亦无须再翻新词,创设新型法人(如宗教法人),徒增困扰。笔者主张采用“创设目的—运作方式”为分析路径,认为宗教活动场所法人无论是其制度创设,还是其活动范围和运作方式,均旨在就集合之财产进行主体化、独立化,并予以保障防止流失和滥用,故而应认定为财团法人。

2. 宗教活动场所法人属于非营利性法人

非营利性法人多指不以营利为目的,排斥利润分配请求权的法人组织体。[33]

---

〔30〕［德］卡尔·拉伦茨:《德国民法通论》,王晓晔等译,法律出版社2003年版,第249页。

〔31〕参见刘云生:《物权法》,华中科技大学出版社2014年版,第6页。

〔32〕参见吴宗谋:《再访法人论争——一个概念的考掘》,台湾大学法律学研究所2004年硕士学位论文,第18页。

〔33〕参见税兵:《非营利法人概念疏议》,载《安徽大学学报》(哲学社会科学版)2010年第2期。

其中的"非营利"并非以其是否从事经营性行为进行划分,而是以其营利是否在成员间分配为标准。[34] 非营利性法人并不禁止从事营利性获得,其可以在一定范围内进行投资经营,但不得将利润分配给其成员。宗教活动场所之特性符合非营利性法人要件,其具有宗教性、非营利性,不以营利为目的,虽然部分宗教活动场所开展自养事业,进行生产经营活动,但这也是服务于其宗教活动的目的,而且所得利润不得在教职人员或僧侣中进行分配。在域外立法层面,部分国家便采用非营利法人制度规范宗教团体,如《韩国文化公报部所管非营利法人有关设立和监督的规定》《美国非营利法人示范法》等。这种性质定位更加契合宗教活动场所特质与立法调整需要,宗教活动场所的财产之所以在使用处分等方面需受到法律限制,需要接受主管部门监督管理,很大程度上正是由于其具有非营利性。

（三）强调宗教活动场所法人的特殊性

《民法总则》第92条第2款较之前草案增加一句,"法律、行政法规对宗教活动场所有规定的,依照其规定"。该补充体现了我国民法典编纂的进步性,尊重宗教活动场所的组织机构、法定代表人等特殊差异,明确法律另有规定的依其规定,实值赞同。

因为宗教活动场所既有千年传承而形成的特定仪轨与管理方式,又因不同宗教派别之间差异迥然,与普通世俗团体存有较大区别。如宗教活动场所法人之法定代表人的产生,必须要考虑到宗教活动场所功能的特殊性、各类宗教的教义教规和历史传承,不能搞"一刀切"。[35] 故而宗教活动场所的法定代表人,应当依照宗教活动场所法人章程的规定由理事长等主要负责人来担任;章程未规定的,依照宗教教义和宗教习惯产生。而且,为了保证宗教活动场所法定代表人对外能依法代表宗教活动场所,切实维护宗教活动场所的合法权益,依法开展宗教活动事务,有必要明确宗教活动场所法定代表人的任职资格条件、任期、职权,这些内容的确定亦需要考虑不同宗教的特殊性。如此种种,难以依据普通非营利法人之规定进行适用。我国目前对宗教活动场所的调整主要依靠《宗教事务条例》《宗教活动场所设立审批和登记办法》等一系列规范,这些规范予以针对性专门化的规定,可与《民法总则》第92条第2款相衔接与补充。

（四）民法典—单行立法—宗教自治规范之三维规范体系

我国目前主要以《宗教事务条例》对宗教活动场所进行调整,但规则尚过于简略,于未来可修订《宗教事务条例》或制定《宗教事务法》时,可设"宗教活动场所"

---

〔34〕 参见吴珊:《民法典法人分类模式之选择》,载《研究生法学》2015年第3期。

〔35〕 参见杨志刚、钟芳源、舒修明:《宗教活动场所法人管理模式再探》,载《中国宗教》2015年第8期。

专章,在其中就宗教活动场所法人之登记、设立条件、组织机构等予以专门具体规定。

如上所述,宗教活动场所的设立、登记程序、组织机构、法定代表人,财产管理、使用、处分等都具有特殊性;若要予以立法规定,则条文数量众多,是未来民法典总则之法人章节所无法容纳的,也不宜在民法典总则中详细规定,而是需要单行立法予以规定。从而形成民法典—单行立法—宗教自治规范之三维规范体系。民法典总则提供抽象原则性之规定,明确宗教活动场所法人化之渠道。宗教活动场所法人化之具体实现须由单行立法予以明确,包括设立、变更、消灭、罚则等全部内容。宗教自治规范不得违反法律强制性规范,就法人自治的具体问题进行规范,如宗教活动场所法人之法定代表人的产生、宗教财产的管理使用等内容,可依照宗教教义和宗教习惯。

五、完善建议:单行法增设无须登记而自动取得法人资格之规定

法人制度具有私法属性。法人制度系私法主体制度重要组成部分,为人的联合体或者财产组织体进入民事领域参与民事活动、取得权利和承担义务提供了渠道。民法所调整的对象是平等主体之间的人身财产关系,是私的界域。所以宗教活动场所法人化独立于宗教活动场所设立登记与管理制度;后者系公法上的制度,前者系私法上的制度。公法强调不平等的服从关系,具有强制性,宗教活动场所的设立与登记均须依照法律规定,达到法定条件才能够设立,不得排除、不得违反。私法强调意思自治,法人的设立与类型均可由当事人自由安排。

例如,我国台湾地区在规范佛道教寺庙宫观上主要沿袭南京国民政府时期制定和颁布的“监督寺庙条例”。该条例采用财团法人的路径调整寺庙财产和主体地位。[36] 当局也鼓励引导寺庙根据“业务财团法人监督准则”等规则进行财团法人登记。同时,根据我国台湾地区“人民团体法”等规定,宗教组织也可以在满足法定条件的情况下进行社团法人登记。此外,尚有部分寺庙未进行法人登记。所以从民事主体的角度来看,立法上提供了三种路径,可由寺庙自主选择是否进行法人登记,自主选择通过何种路径登记为何种类型的法人。

宗教活动场所法人化为宗教活动场所进入民事领域、参与民事活动设置通道,是一个民法制度问题,涉及的是正常宗教事务和民事活动,立法应尊重此中的意思自治。虽然法人制度有利于对宗教活动场所的财务进行监督,但是对宗教活动场

---

〔36〕 参见史尚宽:《民法总论》,中国政法大学出版社2000年版,第230页。

所加强监管并非一定要通过法人制度。在未来立法中可建立一种或多种法人类型（如财团法人、非营利法人、宗教活动场所法人等），使符合条件的宗教活动场所"可以"登记为法人，而不是"必须"，由其自主决定是否登记为法人，以及登记为何种法人。具体而言，如上述天主教、基督教、伊斯兰教等之宗教活动场所，可根据自身需要与特点，在符合法律相关规定的情况下选择是否进行法人登记、登记为何种法人。

此外，在自愿申请登记的路径之外，尚须建立无须登记自动成为法人的路径。抛却法人本质之学说争议，所有团体必须于成立前获得公权力之核准，为近现代国家立法所广泛采纳并坚持。时至今日，法人之成立需要主管机关核准与国家之特许的唯一理由仅是公法上的、治安的原因。[37] 若特定团体不会产生公法上的政治治安问题，则登记或可免除，如1907年制定并于1912年生效的《瑞士民法典》将公法上的社团与财团、目的活动不具经济性的社团，以及教会与家庭财团，都免除登记义务，即可取得法人地位。我国《民法通则》第50条和《民法总则》第88条、第90条均规定有"依法不需要办理法人登记的，从成立之日起，具有……法人资格"。可见，在我国，法人的成立并非均须办理法人登记。

笔者认为，部分宗教活动场所的成立无须进行法人申请登记而即可动取得法人资格。例如，佛教道教宗教活动场所具有法人化的必要性与紧迫性，概因其财产主要源于四方捐助，僧尼财产与寺庙宫观之财产难以界分，为明确财产权属，保护宗教财产不受侵害，定分止争，有必要将佛教道教宗教活动场所进行法人化。而且，我国《宗教活动场所设立审批和登记办法》对设立宗教活动场所的条件要求，已经高于《民法通则》关于法人设立的条件，故而佛教道教宗教活动场所具备法人资格并不构成要件上的阻碍。我国宗教活动场所成立登记和法人登记系属两种性质的登记。前者针对宗教活动场所的合法性，由宗教事务部门依据公法予以实质性审查，此登记解决宗教活动场所是否合法成立的问题。后者针对民事主体地位的取得问题，由民政部门依据民事法律予以审查和登记。这就导致我国宗教活动场所法人资格的取得需要进行双重审查和双重登记。

以佛教、道教之寺庙宫观为例，其具有高度的目的财产性。若经双重登记才能获得法人资格，那么无疑将导致大量已取得宗教活动场所登记但未进行宗教活动场所法人登记的寺庙宫观仍处于民事主体地位不明的状态，难以实现保障宗教财产的制度目的。

---

〔37〕 参见吴宗谋：《再访法人论争——一个概念的考掘》，台湾大学法律学研究所2004年硕士学位论文，第18页。

无独有偶,我国台湾地区“行政院”版“宗教团体法草案”第6条规定:“依本法完成登记或设立之宗教团体,由主管机关发给宗教法人登记证书及图记。”并在理由中指明无须进行法人登记,自设立之时便具有法人资格。此种模式有利于简化手续,最大化地、最便捷地保障佛道教宗教活动场所的权益。

需要说明的是,这种区分建构并不会造成宗教不平等;恰恰相反,这种区分建构植根于不同宗教的实际差异,正是对实质平等的体现。具体何种宗教活动场所得以无须登记便具有法人资格,因我国系多宗教的国家,应尊重不同宗教派别之间的差异,进行大量调研之后根据具体情况予以确定,不宜“一刀切”。待充分调研确定后可由相关法律予以规定。实际上,区分不同宗教进行立法的模式在立法例中多有存在。譬如德国将基督教、天主教教派规定为公法人,而其他宗教则为私法人;[38]我国台湾地区则对佛教道教施行“监督寺庙条例”,其他宗教则适用“人民团体法”“民法”等规范。

部分宗教活动场所具有特殊性,在进行合法性之宗教活动场所成立登记后无须再进行法人登记便可直接取得法人资格,简化程序,符合其组织特征,亦可实现宗教活动场所法人化的制度目的。故而宜参照我国《民法总则》中事业单位法人与社会团体法人,对宗教活动场所法人增设无须登记而自动取得法人资格之规定。

《民法总则》才颁布不久,应尊重立法的权威性和确定性,不宜轻易改动。鉴于《民法总则》第92条第2款规定有“法律、行政法规对宗教活动场所有规定的,依照其规定”,可于其他法律法规中予以补充规定;可行路径为修订《宗教事务条例》或未来制定《宗教事务法》,其中于“宗教活动场所”章节中明确规定,特定宗教活动场所无须进行法人登记,自成立之日起,取得法人资格。具体何种宗教活动场所不需办理法人登记,须经调研我国广大宗教活动场所,根据其现实情况予以确定,并于单行法中予以规定。

(责任编辑:李俊)

[38]　参见陈新民:《宪法宗教自由的立法界限——评“宗教团体法”草案的立法方式》,载《军法专刊》第52卷第5期。

瑞士新成年人意定照顾制度研究及其启示

陈　苇　陈　钊*

目　次

一、引言

第二次世界大战结束以来，随着1945年《联合国宪章》的诞生和1948年联合国《世界人权宣言》的颁布，促进人权保护思想逐年发展，推进了现代成年人监护制度立法理念的革新。进入21世纪后，基于"尊重本人自我决定权""重视人身上的照顾""活用剩余能力""公力的适当介入"等最新成年人监护制度的立法理念，许多国家对本国的成年人意定监护制度进行了改革。[1] 在这一改革潮流下，瑞士对《瑞士民法典》中未成年人和成年人的监护制度进行了修订。尤其值得注意的是，该法

---

* 陈苇，西南政法大学外国家庭法及妇女理论研究中心主任、民商法学院教授、博士生导师；陈钊，西南政法大学民商法学院博士研究生。

〔1〕 由此产生了1999年日本颁布的《关于任意监护制度的法律》、2005年英国公布的《意思能力法》、2006年美国起草的《统一代理权法》、2011年韩国通过的任意监护制度等。

将成年人监护制度设立专门的第三分编,更名为成年人保护制度,〔2〕该部分已于2013年1月1日生效。除对名称进行更改外,其自我照顾安排制度〔3〕的具体措施尤具特色,值得深入研究。笔者认为,在21世纪我国民法典正在编纂的过程中,最需要改革抑或是完善的制度就包括成年人意定监护制度。其原因有三:一是我国《民法通则》对成年人的意定监护规定存在立法空白;二是2015年《老年人权益保障法》之老年人意定监护制度不能满足现实需要;三是2017年3月15日公布的《民法总则》的规定仍需增补细化。由此,笔者拟根据现代成年人监护制度的立法新理念,对《瑞士民法典》修订后的新成年人意定照顾制度进行研究,汲取其立法改革经验,从我国实际出发,提出我国"民法典婚姻家庭编"之增补细化成年人意定监护制度的立法构想。

二、瑞士新成年人意定照顾制度之立法现状考察

在《瑞士民法典》中,其"意定监护"被称为"自我照顾安排",其制度内容包括预先照顾指令和患者指令两种类型,以下从立法体例和立法内容进行考察。

(一)瑞士新成年人意定照顾制度的立法体例

从瑞士成年人意定照顾制度的外部立法体例(其在《瑞士民法典》中的位置)看,瑞士成年人意定照顾制度被置于《瑞士民法典》第二编"亲属法"第三部分"成年人保护制度"第十章"自我照顾安排与法定措施"第一节"自我照顾安排"(第360条至第373条,共计14个条文)之中。除意定照顾制度外,瑞士成年人保护制度还包括两个主要制度:一是法定措施;二是官方措施。意定照顾制度处于三个制度的首位,其外部体例示意图如下(见图1):

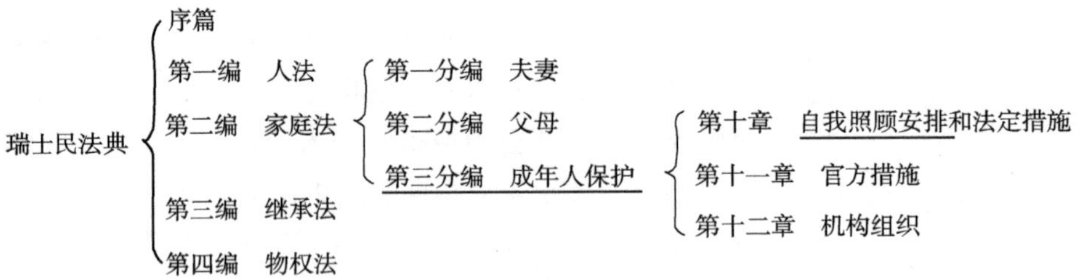

图1 瑞士新成年人意定照顾制度的外部立法体例

〔2〕 本文主要内容源于《瑞士民法典》2016年1月1日的最新一次修订的英文版(Swiss Civil Code),载瑞士联邦政府官方网站:https://www.admin.ch/opc/en/classified-compilation/19070042/201604010000/210.pdf,最后访问日期:2016年3月1日。

〔3〕 瑞士成年人保护制度的自我照顾安排制度即通常意义上的意定监护制度,以下简称成年人意定照顾制度。

从瑞士成年人意定照顾制度的内部立法体例来看，成年人意定照顾制度分为两种类型，即预先照顾指令和患者指令，每个指令之中包括主体及权利义务、设立形式、生效时间、变动和公力介入等规定。其内部体例示意图如下（见图2）：

- 成年人保护制度之自我照顾安排
  - 预先照顾指令
    - 主体资格
    - 各主体的权利义务
    - 指令的设立形式及内容要求
    - 指令的变动
    - 公力介入
  - 患者指令
    - 主体资格
    - 各主体的权利义务
    - 指令的设立形式及内容要求
    - 指令的撤回
    - 公力介入

图2　瑞士新成年人意定照顾制度的内部立法体例

（二）瑞士新成年人意定照顾制度的立法内容

瑞士将成年人意定照顾制度单独设节规定，并分目规定了预先照顾指令与患者指令，以下分别考察这两项措施的具体内容。

1. 预先照顾指令（一般措施）[4]

预先照顾指令是指凡具有民事行为能力的人，可以书面或公证形式设立委托，委托一名自然人或法人承担其不再具有判断能力时的个人照顾或管理其财产，或在与他人的法律关系中作为其代理人。

（1）预先照顾指令的主体。委托人为具有民事行为能力的人；受托人为委托人选定的自然人或法人。

（2）预先照顾指令中各主体的权利义务。第一，委托人的权利。委托人有设定预先照顾指令的权利，可以对未来的照顾安排设置符合其意愿的内容，并可以预先指定在受托人不适合某项工作或不能接受委托或委托结束时的替代人。第二，受托人的权利义务。受托人的权利，包括领取适当报酬和对托管事务费用支出报销的权利。受托人的义务是依照指令完成被委托的事务；当出现超出委托范围的事务而又必须被执行，或者受托人与委托人之间存在利益冲突时，其必须及时通知成年人保护机构。

〔4〕《瑞士民法典》（英文版）第360～369条。

(3)预先照顾指令的设立形式、内容及其要求。设立形式即指令必须手写或经过公证,手写指令必须是从头至尾由委托人亲笔书写并注明日期和本人签名。根据申请,户籍登记机关应当将委托人已经设立预先照顾指令的事实以及其备案的地点登记在中央数据库。设立内容要求必须被委托人准确指出,其范围可以是对其的个人照顾、管理其财产,或是在与他人的法律关系中作为其代理人。

(4)预先照顾指令的生效时间。当某人丧失判断能力时,指令开始生效。

(5)预先照顾指令的变动。第一,委托的撤回和变更。对于预先照顾指令,委托人可随时以任一法定方式撤回;或通过销毁公文来撤回。如果委托人没有明确撤销前一指令而设立一个新的预先照顾指令,除新指令确实只是对前一指令进行补充外,后一指令将取代前一指令。第二,预先照顾指令的终止及效力。终止的情形分为三种:其一,受托人与委托人之间存在利益冲突时,该受托人的权利依法终止,但在其终止前受托人应及时通知成年人保护机构,由成年人保护机构介入处理。其二,受托人可以提前2个月随时以书面形式通知成年人保护机构终止该指令;但出于正当理由,受托人可以在没有通知的情形下,终止该指令。其三,委托人恢复判断能力。此时,为防止终止指令会损害委托人的利益,要求受托人必须继续执行指令直至委托人可以保障自身利益为止。但受托人在知晓该指令已终止适用前,其仍要受制于该指令所规定的事务。

(6)预先照顾指令中的公力介入。第一,成年人保护机构的职责。其一,解释说明的职责,即受托人对权利义务不明确时,其可以请求成年人保护机构予以解释。其二,对报酬标准的补充制定。即如果指令中没有报酬的内容,成年人保护机构应当根据委托事宜的具体情况,或对受托人的付出按照通常的标准来确定适当的报酬;且所有支出的报酬和管理费用的报销均由委托人承担。其三,核实和审核的职责。即成年人保护机构得知某人已经不再具有判断能力,但是不确定该人是否有预先照顾指令的,其应当在户籍登记机关查询。如果存在预先照顾指令,其应当核实该指令是否符合下述内容:指令是否已经被妥善执行;指令的生效条件是否都已具备;受托人是否适合其工作;成年人保护的其他措施是否被需要。同时,成年人保护机构应当告知受托人其法定义务,[5]并且发布确认其权利的正式文件。第二,成年人保护机关的介入。如果委托人利益受到威胁或不处于被保护下,成年人保护机构可以依职权或应某关系密切人(a closely associated person)的请求后采取必要的措施。成年人保护机构可以向受托人公布特别命令,指定受托人将财产

[5] 如果受托人接受委托,成年人保护机构应当告知其《瑞士债法典》有关委托合同中规定的义务。

清单、定期财产账目和报告归档或是撤销其全部或部分权利。

2. 患者指令(医疗措施)[6]

患者指令是指凡具有判断能力的人可以预先为本人的医疗事项设定的措施,即在患者指令中指出同意或者不同意在其丧失判断能力下的各项医疗事项,抑或者指定一名自然人,在其不具有判断能力时,该自然人应与医生讨论医疗事项并根据委托人的利益作出决定。

(1)患者指令的主体。委托人须为具有判断能力的人;受托人为委托人指定的自然人。必须注意,这里的设立人也可以不指定受托人。

(2)患者指令中各主体的权利义务。第一,委托人的权利。其有设定患者指令的权利;可以向受托人作出指示,也可以就受托人不适合履职、不接受委任或者终止委任的事由作出替代指示。第二,受托人的权利义务。委托人在指定受托人的情况下,受托人应在委托人不再具有判断能力时与主治医生讨论医疗事项,并根据委托人的利益作出决定。其享有的获取报酬等权利参照适用预先照顾指令的规定。第三,医生的权利义务。如果患者丧失判断能力,且不知道其是否有患者指令,主治医生须从其健康保险卡查询(此规定不适用于紧急情况)。医生必须遵从患者指令,除非该指令违反法律规定或是基于对患者自由意志的合理怀疑或是根据已经知道的情况可以推断出该指令不符合患者的意愿。医生应在诊疗记录中记录没有遵从指令的原因。

(3)患者指令的设立形式及内容要求。设立形式即对患者指令,委托人应当书面签署,并注明日期和签字。委托人可以将患者指令及其保存地点输入其健康保险卡里。内容要求即在未指定受托人的情况下,设立人须明确指出同意或者不同意在其丧失判断能力的情况下的医疗事项。

(4)患者指令的撤回,参照预先照顾指令的相关规定。

(5)患者指令中的公力介入。所有与患者关系密切的人都可因下述理由以书面形式请求成年人保护机构介入:该指令没有被遵从;患者的利益受到威胁或不处于被保护之下;该指令不是基于患者的自由意志。其他涉及成年人保护机构介入的规定可比照适用预先照顾指令的相关规定。

三、瑞士新成年人意定照顾制度之立法评析

我国有学者指出,现代国外成年人监护制度改革的三大最新理念是"尊重本人

---

〔6〕《瑞士民法典》(英文版)第370~373条。

的自我决定权”“重视人身照顾”和“活用剩余能力”,其目的是达到“维持本人生活正常化”。[7] 从我们在前面对瑞士成年人意定照顾制度的考察中可见,其具体制度内容都彰显这些理念。此外,它还体现一个重要的立法理念,即“国家公力的适当介入”或者说是“成年人监护的国家责任”理念,形成以“自治为主,国家辅助”的新型成年人意定照顾制度。以下,笔者从立法体例和立法内容两方面对瑞士成年人意定照顾制度进行评析。[8]

(一)立法体例之评析——从外部体例分析

1. 外部立法体例

瑞士新成年人意定照顾制度被置于《瑞士民法典》之亲属编。

被改革后的瑞士成年人意定照顾制度,其外部立法体例属于《瑞士民法典》第二编“亲属法”第三部分成年人保护制度,是该民法典亲属编的重要组成部分。[9] 分析其主要理由:一是从监护人的选任来看,监护人多是从亲属中选择,近亲属往往被作为首选;二是从民众的意愿来看,一般是愿意优先选择关系亲近的人作为其监护人;三是从结构体例的完整性来看,监护应当分为未成年人监护与成年人监护,而未成年人监护是在父母的亲权无法履行后由非父母担任监护人才产生的。所以,瑞士将父母对未成年子女的“亲权”规定在“家庭法”的“父母”这一分编之中,内容包括亲权和未成年人监护制度;同时,在下一分编专门规定“成年人保护制度”即监护。可见,其未成年人监护和成年人监护制度(包括意定监护制度)被规定在《瑞士民法典》亲属编是具有合理性的。

---

〔7〕 参见李霞:《意定监护制度论纲》,载《法学》2011年第4期;马忆南:《成年监护制度与残障人士权益保护——以民法视角观察》,载《残疾人研究》2012年第4期;陈苇、李欣:《私法自治、国家义务与社会责任——成年监护制度的立法趋势与中国启示》,载《学术界》2012年第1期;焦富民:《民法总则编纂视野中的成年监护制度》,载《政法论丛》2015年第6期。

〔8〕 在下面的部分制度评析中,我们将以日本任意监护制度为例与瑞士成年人意定照顾制度的规定进行比较,其主要原因是:我国部分学者曾对日本的任意监护制度进行介绍,并建议我国立法应当对其进行借鉴。所以,将瑞士的部分制度与日本的相关制度进行比较评析具有一定的参考价值。对日本任意监护制度考察并评析的文章,如刘金霞:《德国、日本成年监护改革的借鉴意义》,载《中国青年政治学院学报》2012年第5期;李昊:《大陆法系国家(地区)成年人监护制度改革简论》,载《环球法律评论》2013年第1期;李霞:《成年监护制度的现代转向》,载《中国法学》2015年第2期。

〔9〕 1996年的《瑞士民法典》中监护制度同样被规定于此,但是在内容上,并没有专门规定成年人意定监护措施,仅在第372条规定:成年人经证明因年老体衰或其他疾病,或无经验不能处理自己的事务时,经自己申请后可为其安排监护。第392条规定成年人因疾病、缺席或类似紧急情况的发生,既不能由本人行为,也不能指定代理人时可申请监护官厅选任辅佐人。但这两条都不属于意定监护制度。

2. 内部立法体例

瑞士的成年人意定照顾措施与成年人法定监护措施，两者并列予以规定，前者优先于后者适用，该意定照顾措施包括一般措施和医疗措施。

第一，从瑞士成年人保护制度的内部体例看，包含意定照顾（自我照顾安排）和法定监护（针对无判断能力人的法定措施和官方措施），且意定照顾的适用具有优先性。这种优先性体现在，首先，其被规定在成年人保护制度的首位；其次，根据成年人保护制度中“法定措施”和“官方措施”的适用条件[10]可以推出只有在意定照顾措施不足时才得以适用。这充分反映了对现代成年人监护理念之“尊重当事人意思自治”的遵循以及私法自治原则的贯彻。同时，瑞士还将意定照顾与法定监护并列，各自独立规定，因为两者措施的内容各有不同，这样分别规定更具针对性和可操作性。

第二，根据照顾内容的不同，瑞士法将成年人意定照顾划分为一般措施与医疗措施。两者是一般与特殊的关系。一般措施可以涵盖委托人日常生活的所有事项，其功能是解决成年人日常的照顾需要和财产管理等问题；而医疗措施仅涵盖委托人对本人医疗事项的指定事项，其功能主要是为了解决成年人对其未来的医疗事项的安排问题。目前瑞士将医疗事项单列为一个措施，这种分类独树一帜，凸显了现代成年人监护制度“重视人身上照顾”之监护理念，充分考虑了成年人，特别是老年人最为重视的医疗事务的自我决定和自我保障，也为受托人和医生提供操作指引，更便于实际操作运用。

（二）立法内容之评析——从一般措施与医疗措施的比较切入

1. 一般措施与医疗措施在设立主体和设立内容上的比较评析

（1）一般措施与医疗措施在设立主体与内容上的共性

在设立主体资格上，两者均可以由具有行为能力的成年人设立。因为具有行为能力的成年人所作出的指令是可以确信其符合本人的真实意愿且符合自身利益的安排，应当予以尊重和遵从。

在委托内容上，两者有两点共性。一是两者都可以在协议中同时指定先位受托人与后位受托人（替代受托人），当受托人出现法定事由无法继续履职时，由替代受托人接替受托人继续履职。如此授权性的规定有利于实现委托人意愿，体现了对委托人意思自治的尊重，使其指令的安排可以不因先位受托人的履行不能而无法继续执行。二是在医疗措施未设定受托人时，其委托内容与一般措施一样，均

---

〔10〕 根据《瑞士民法典》第374条、第377条、第389条的规定，法定代理措施与法定医疗代理措施、官方代理措施均在意定照顾措施不足时才能被适用。

要求委托人要指出同意他人为或不为的事项范围。我们认为此项要求很有必要,主要理由是:其一,便于受托人在委托人丧失判断能力后能够准确地按照其意愿履行职责,实现委托人指定的照顾事项;其二,法律的重要作用之一即指引作用,做此要求有利于引导委托人明确委托内容,提高意定照顾制度的实现率;其三,委托人指定其本人可为哪些行为及由受托人代为哪些行为(医疗措施中是指定同意或不同意各项医疗措施),其中可为的行为就是为其自己保留一定的权利由其自由支配,也是充分体现了"尊重本人意愿""活用剩余能力",以实现"维持本人生活正常化"的立法理念。

(2)一般措施与医疗措施在设立主体与内容上的区别

首先,两者设立主体的资格不同。一般措施的设立主体仅限具有民事行为能力的人;而医疗措施的设立主体除具有行为能力人外,还包括具有判断能力而无行为能力人。[11] 医疗事务涉及自身的生命权、健康权,属于与自身密切相关的权利,所以赋予有判断能力但被禁止行使权利的人享有对自己医疗事务的设立权,这符合"重视人身照顾"的理念。

其次,若需要指定受托人,则两者对委托内容的要求不同。一般措施在委托内容上,要求委托人必须准确地指定受托人的工作内容。但医疗措施的委托人则是可以对受托人作出指示而非必须;如此区别主要是由医疗事务的特殊性决定的:由于疾病的复杂性可能导致医疗措施的内容较难指明,所以委托人有作出指示的,按其指示履行;没有指示的,则由受托人根据委托人的利益与医生协商确定医疗措施。此种细节的设计值得我国参考借鉴。

2. 一般措施与医疗措施在执行主体范围及其权利义务上的比较评析

(1)一般措施与医疗措施在执行主体的范围、权利与职责上的共性

一般措施与医疗措施的共性之处有三点。一是两者的受托人都可以为自然人。二是两者的受托人都可享有获得报酬和对履职中相关费用支出报销等权利,这是权利义务相对应的体现。三是两者的执行主体都是根据委托人的安排和利益履职,体现了以"保护被监护人利益与尊重被监护人意愿"相结合的21世纪成年人监护制度的立法基本理念。[12] 即受托人须最大限度地尊重委托人的真实意愿,

---

〔11〕 在瑞士,具有判断能力人与具有行为能力人的范围有所不同,该国规定上有一种特殊的情形,即有判断能力但被禁止行使民事权利的人。根据《瑞士民法典》第17条的一般规定,无判断能力人、一般型代理关系中被禁止本人行使权利的被代理人为无民事行为能力人。同时第19c条规定,除法律要求须经法定代理人同意的情况外,有判断能力但被禁止行使权利的人可以自主行使与自身密切相关的权利。

〔12〕 参见陈苇:《中国婚姻家庭法立法研究》(第2版),群众出版社2010年版,第37页。

按照最有利于委托人利益的原则履行职责;同时,对委托人仍有能力独立处理的事务,其不得干涉。

(2)一般措施与医疗措施在执行主体的范围、职责与权利上的区别

首先,在执行主体的范围上,两者有两点区别。其一,对法人组织是否能够担任受托人的规定不同,一般措施中受托人除自然人可以担任外,法人组织也可以担任。而医疗措施中受托人不能由法人组织担任,因为医疗人身事务上的复杂性,在没有委托人指示时对受托人的自主性要求较高,受托人需要根据委托人的意愿及其利益与医生协商;且医疗事项涉及委托人的生命权健康权,委托人一般会选择委托自己最为信任的人而非组织。所以,医疗措施未将法人组织纳入医疗措施受托人的范围是合理的。其二,在医疗措施中除受托人外,医生实际上是履行措施的主体之一。其原因有二,一是委托人设立医疗措施可以不指定受托人,而直接指明本人同意或不同意实施的医疗措施,在其丧失判断能力后,由医生作为执行主体履行医疗措施即可;二是在医疗措施中已指定受托人的情况下,受托人在为委托人作出医疗措施决定前须与医生协商,医生实际是医疗措施中的执行主体。如此规定是合理的,有利于避免医生对委托人真实医疗意愿的违背,从而保障委托人涉及医疗事项的措施实现。

其次,在执行主体的职责上,一般措施与医疗措施也有两点区别。其一,受托人的职责不同。一般措施的受托人职责的主要内容是人身保护、财产管理,以及民事行为代理、诉讼代理等日常生活中的一般事项;医疗措施的受托职责的主要内容仅针对委托人的医疗事项,即根据委托人其本人指示和利益与医生协商治疗措施。其二,医疗措施除对受托人的职责规定外,还对医生的职责进行详细的规定,即要求其严格遵从患者指令,以及未遵从时的处置等内容。因人身事务尤其是医疗事务对于委托人自身十分重要,在此对医生的治疗行为进行约束,要求其必须按照患者意愿进行治疗,这是“尊重其自我安排决定权”理念之体现。

3. 一般措施与医疗措施在监督主体范围及其职责上的比较评析

在瑞士意定照顾制度中,“国家公力介入”的理念主要体现在两个方面:一是在当事人有意定措施的情况下,成年人保护机构应当充分尊重当事人的自我照顾安排并起辅助其实现的作用;二是如有委托人已经丧失判断能力,当其意定措施存在不足时,成年人保护机构应当介入对其进行保护。即国家公力介入的目的就是保障意定照顾委托人的意思自治,实现其真实之意思表示,因为保障实现成年人保

护即监护也是一项国家责任。[13]

(1)一般措施与医疗措施在监督主体范围及其职责上的共性

第一,在监督主体的范围上,两者的公力和私力监督主体范围均相同,即两者的公力介入机关均为成年人保护机构;[14]两者的私力监督人为关系密切人。此外,《瑞士民法典》第443条规定执行公务的人也有通知的义务,即在发现有需要设立保护措施的成年人时,应当通知成年人保护机构;同时,除执行公务的人外,第三人也有通知义务,但其是可以通知而不是必须性的。可见,瑞士的监督主体是非常广泛的,包括一个专门的公力机关即成年人保护机构、所有执行公务的公力机构人员、关系密切的私力监督人以及其他可能发现当事人需要设立保护措施的第三人,这基本上包括了所有可以进行监督的主体。从其他国家的立法来看,有学者认为日本的任意监护制度在日本的实际利用率并不高,其最重要的理由是缺少国家公权力直接监督的规定,其任意监护监督人也是个人,所以任意监护人与监护监督人可能暗中通谋侵害被监护人利益的危险性使日本民众对此种监护方式的利用率始终不高。[15] 还有学者指出,美国持续性代理权的基础是委托人丧失行为能力,而代理权的基础却是委托人具有监督代理人的能力,这就意味着持续性代理权让老人处于被人操纵和欺诈的弱势地位,所以美国最近的有关立法都在加强改进监督机制,但仍不尽如人意。[16] 而瑞士此种公力与私力的结合监督模式,可以尽可能避免意定监护的委托人利益受损,此种在尊重当事人意愿的前提下必要地加强公力介入的做法是现代成年人监护制度的发展趋势。

第二,在监督主体的职责上,两者私力监督人的职责相同,均可以因被照顾人利益受威胁或不处于被保护之下而请求成年人保护机构采取必要措施。因为私力监督人与被照顾人关系密切,比较容易了解其被照顾情况,当发生侵害被照顾委托人权益的法定情形时,私力监督人可以请求公力救济以保障被照顾人的利益。

---

〔13〕 参见陈苇、李欣:《私法自治、国家义务与社会责任——成年监护制度的立法趋势与中国启示》,载《学术界》2012年第1期。

〔14〕 成年人保护机构在《瑞士民法典》第440条中有所规定,其为由州任命专门从事成年人和儿童保护工作的机构。

〔15〕 参见方勇男:《日本成年监护制度研究》,吉林大学法学院2012年博士学位论文,第59页。

〔16〕 参见[美]Jennifer L. Rhein:《无人负责:持续性代理权及对丧失行为能力人保护的失败》,张虹译,载王竹青主编:《美国持续性代理权和成年人监护制度立法及法律适用》,知识产权出版社2016年版,第132页。

(2)一般措施与医疗措施在监督主体范围及其职责上的区别

第一,查询指令的责任主体有所不同。一般措施承担查询指令的责任主体是成年人保护机构;医疗措施查询指令的责任主体为医生。我们认为,一般措施如需要开始的情形已发生且已被他人知晓,为保护当事人的利益,该知晓者首先应当将该信息通知给主管机构(成年人保护机构),所以由成年人保护机构承担查询指令是否存在的责任,方可决定是否设立法定监护,这是其作为主管公力机关要保障丧失判断能力人得到照顾的职责所在,体现了国家公力介入的辅助原则与比例原则。[17] 而患者指令的查询责任主体是医生,这主要是考虑到医生作为贯彻执行指令和最先会接触医疗措施的主体,其需要确定是否存在医疗措施,以便根据被照顾人的意愿对其进行相应治疗,由其承担查询的职责更经济、更便捷,体现了效率原则。所以,此种查询责任主体的区别规定是合理的。

第二,成年人保护机构的职责不同。一般措施中较为详细地规定了成年人保护机构的职责;而在医疗措施规定中,除成年人保护机构的介入外,其他都未规定。[18] 我们分析有两种可能:一是从该法有关措施的变动、成年人保护机构的介入规定可以看出,在医疗措施规定不明时可以参照一般措施的规定,这里成年人保护机构的职责亦是如此;二是比照一般措施,医疗措施涉及委托人的人身,其隐私性更强,推测委托人不希望其疾病或者是人身上的缺陷等隐私被他人知晓,所以仅在其权利受损时才让公力机关得知并介入即事后介入。

第三,成年人保护机构的介入情形和方式不同。其一,介入的情形,一般措施仅概括式规定在被照顾人权利将要或已受损时该公力机构介入;医疗措施采用的是列举加概括的方式,列举了三种法定情形,一是措施未被遵从,二是措施不是基于患者的意愿,三是被照顾人利益受威胁。其二,介入的方式,一般措施中发生法定情形时,成年人保护机构可依职权介入;而医疗措施中只能依申请介入。经分析,这两点区别规定的原因可能是,成年人保护机构在医疗措施中仅有发生问题时的介入职责,所以区别规定以强调对医疗措施当事人的保护以及弥补成年人保护机构未有事中介入的空白。此种具体的细节规定凸显瑞士立法对成年人的人身保护上,尤其是医疗保护上的重视。

---

〔17〕《瑞士民法典》第389条规定了成年人保护机构介入的辅助性原则和比例原则,即在意定照顾措施存在不足的情况下介入;所设立的照顾措施必须是必要的且适当的。

〔18〕在成年人保护机构的职责上,一般措施中成年人保护机构的职责包括查询并审核、解释说明、发布证明文件、补充设定报酬标准、被保护人利益受损时的介入等。而医疗措施中成年人保护机构仅明确规定被保护人利益受损时的介入职责,其他涉及成年人保护机构介入的规定可比照适用预先照顾指令的相关规定。

4. 一般措施与医疗措施的设立形式及生效时间的比较评析

(1)一般措施与医疗措施的设立形式及生效时间的共性

第一,两者的设立形式都由当事人自行决定是否登记或保存。有外国学者认为这种规定不妥,应当必须登记或保存。[19] 但我们认为,一般措施的登记确实有利于公力机关查询并对其监督,但是从尊重当事人意思自治的原则出发,同时也是出于对委托人隐私权的保护,是否登记可以由委托人进行选择。但是,因医疗措施中涉及当事人的人身重大利益,如有些人选择不使用呼吸机或不进行抢救或安乐死等涉及生命权的指示,其被准确认定是否出于真实意愿就尤为重要,所以应当登记,以便登记机关确认其医疗措施是出于真实意愿。因此,瑞士一般措施采取自愿选择登记较为合理,但医疗措施我们认为采取强制性登记更为妥当。

其中,瑞士成年人意定照顾措施中在一般措施和医疗措施中都规定,联邦委员会应当对登记或保存的措施信息的查询条件进行规定,以防止信息泄露。这样的规定在重视人权保护的当今社会,对于丧失判断能力人隐私权的保护,尊重其人格以及避免被他人歧视均有积极意义。所以,此种意定照顾措施的查询条件规定对我国具有一定的立法参考价值。

第二,一般措施和医疗措施的生效时间相同。两者的生效时间都是始于当事人丧失判断能力之时。而我国有学者论及日本任意监护制度的生效规定看,日本目前的任意监护以任意监护监督人的选任作为任意监护合同生效的要件。[20] 相比较这两种生效时间,我们认为,瑞士的丧失判断能力即生效的规定较为合理。一是瑞士此种规定可以使得照顾措施在委托人丧失判断能力之时立即得以适用,及时保障其生存权益,这是"重视人身上照顾"理念的体现;二是是否选任监护监督人、选谁担任是当事人自己的权利。首先应当由委托人决定,以体现意思自治原则,如果有些被监护人确需设立监护监督人而其自己已不能表达意思的,可由近亲属或利害关系人申请法院指定。也就是说,如果委托人没有设立专门的监护监督人,抑或是利害关系人认为意定监护尚未发生损害被监护人利益的情况,也没有设立监护监督人之必要,就可以不设立监护监督人。这也反映了国家公力的介入应当是有条件的。由此我们认为瑞士法的规定相比较日本法的规定较为合理。

---

〔19〕 See Ingeborg Schwenzer and Tomie Keller, "Switzerland: A New Law for the Protection of Adults", in Int1 Surv. Fam. L, 2013.

〔20〕 日本的任意监护合同需经本人、配偶、四亲等以内的亲属或者被委托任意监护的人的请求,由家庭法院选任监护监督人后,才能发生合同的效力。参见刘金霞:《德国、日本成年监护改革的借鉴意义》,载《中国青年政治学院学报》2012年第5期。

(2)一般措施与医疗措施的设立形式与生效时间的区别

两者的设立形式不同,主要体现在是否需要从头至尾手写、是否可以适用公证方式。瑞士成年人意定照顾制度对一般措施的设立要求较高,需要委托人从头至尾亲笔手写,并可以公证方式设立;而对医疗措施设立要求较低,未有上述两项规定。

从这样的规定可以得出:一是医疗措施必须被单独设立,以凸显对人身照顾的重视;二是医疗措施没有规定公证的方式,这可能是出于对被照顾人隐私权保护的考虑。从世界上其他国家的立法来看,日本的任意监护无论内容如何,都要求形式上必须以公证书的形式作出;法国则采取双轨制,要求委托书应以公证文书或私署文书为之。〔21〕 笔者认为,日本立法虽有利于保证是出于本人的真实意愿,同时有利于公力机关查询并监督,但是根据我国《继承法》规定的遗嘱订立方式,同样是出于本人的真实意愿,设立遗嘱可以采用自书、代书、公证的方式,未经公证的遗嘱并不影响其效力,在发生争议时亦可向公力机关寻求救济,也同样能起到公力介入监督之效。笔者认为,意定监护相关措施的设立形式可以包括自书、公证等多种方式,所以瑞士的医疗措施仅规定采用自书一种方式设立存在局限性。

5. 瑞士新成年人意定照顾措施的变动之评析

从两类措施的变动来看,一般措施根据行使的主体及发生时间的不同,分为三种情形,即生效前委托人对指令的撤回和变更、生效后的相对终止与绝对终止。由于医疗措施中仅明确规定措施的撤回参照一般措施的规定,对其他变动未予规定。因此,以下我们主要评析一般措施的变动规定。

(1)措施的撤回和变更方式之评析

对一般措施的撤销,委托人可以任一法定方式予以撤销,即可以采用自书方式撤销公证方式已设立的措施。笔者认为,这一规定合理,因为公证的方式虽然能够更好地确保是出于当事人的真实意愿,但是此方式程序比较烦琐且可能需要花费一定的费用,所以笔者认为只要是出于真实意愿的自书,尤其是瑞士法对于自书的方式要求较高,需要从头至尾亲笔手写,这就可以保障是出于真实意愿,其当然可以成为撤销或变更公证方式设立的一般措施。这体现了对委托人意思自治的尊重,彰显了"尊重人格尊严和私人生活自主决定权"的现代成年人监护制度的新理念。〔22〕

---

〔21〕《法国民法典》第477条。参见《法国民法典》,罗结珍译,北京大学出版社2010年版,第153页。

〔22〕参见陈苇:《中国婚姻家庭法立法研究》(第2版),群众出版社2010年版,第37页。

(2)措施的相对终止情形之评析

一般措施的规定中对相对终止规定了三种情形:一是受托人的辞任;二是受托人与委托人之间存在利益冲突;三是受托人的全部职权被成年人保护机构撤销。且除第一种情形外,当其他情形发生时都规定了后续处理规定,即由成年人保护机构介入处理,以便及时保障被照顾人的权益。

我们认为,上述规定存在两个问题,一是观之其他国家的规定,日本任意监护合同终止的情形包括任意监护人的死亡;任意监护人因故丧失履职能力。而《法国民法典》对于执行中的委托,其相对终止情形除监护法官依请求解除委托外,还包括委托代理人死亡的情形。[23] 所以,瑞士法未明确规定监护人死亡或丧失履职能力是否属于这种意定照顾的相对终止情形。二是在第一种情形中,受托人有正当理由时不通知成年人保护机构即可辞任。笔者认为,这种单方面的解除有可能造成被照顾人无法得到应有的照顾而利益受损。观之其他国家,法国和日本均要求受托人的辞任需要通过法院的许可后方可,以保障委托人的权益。所以,笔者主张受托人的辞任应当经过公力机构的审查同意方可。

(3)措施的绝对终止情形之评析

一般措施的绝对终止仅规定了委托人恢复判断能力这一种情形。反观日本和法国,日本法规定本人死亡,任意监护合同终止;而《法国民法典》中委托的绝对终止情形包括受保护人恢复判断能力、受保护人死亡的情形。所以,我们认为瑞士法此处规定的绝对终止情形有所缺漏,缺少委托人死亡的情形。但一般措施规定了因委托人恢复判断能力而终止时产生的效力,[24] 此种对受托人的限制性规定可以很好地保障委托人的权益,值得我国参考。

综上所述,2013年1月1日生效的修订后的《瑞士民法典》的新成年人保护制度之意定照顾制度,各项措施内容十分详细,且补足了1996年《瑞士民法典》未涉及成年人意定监护的缺漏。其一般措施和医疗措施的依意定设立,体现了"尊重本人的自我决定权"理念;一般措施和医疗措施的划分及其具体内容体现了"重视人身上的照顾"与"活用当事人剩余能力"的理念;国家公力对意定措施履行的辅助并适当介入体现了"国家公力适当介入"的理念,有利于实现维持本人生活正常化的目的。这既符合现代社会人权保护理念的要求,也体现了保护成年人利益的国

---

〔23〕《法国民法典》第483条。参见《法国民法典》,罗结珍译,北京大学出版社2010年版,第154~155页。

〔24〕除措施依法终止外,受托人应当继续执行指定的任务,直到委托人可以自行保障自己的利益;受托人在知晓措施已终止适用前,其仍要受制于该指令所规定的事务。

家责任,值得我国参考和借鉴。

四、我国成年人意定监护制度立法现状及瑞士法对我国的启示

在我国,1986年《民法通则》及1988年《最高人民法院关于贯彻执行〈中华人民共和国民法通则〉若干问题的意见(试行)》(以下简称《民通意见》)对成年人意定监护制度尚无规定,2015年修订的《老年人权益保障法》于第26条新增规定了老年人协议委托监护,填补了我国成年人意定监护制度的立法空白。2017年3月15日通过的《民法总则》在前述老年人协议委托监护立法的基础上,补充完善了成年人意定监护制度,体现了"尊重成年人本人自我决定权"这一现代成年人监护制度改革的最新立法理念,践行了我国作为联合国人权公约缔约国尊重和保护人权的承诺。但因《民法总则》在民法典中统领全局的地位,其对成年人意定监护制度的规定较为抽象和原则,所以仍需在"民法典婚姻家庭编"中对该制度予以细化补充,以增加可操作性。前述瑞士成年人意定监护制度的改革值得我国借鉴并参考,其主要理由有二:一是其改革对本国成年人意定监护制度改革具有创新性;二是其改革的理念,即"自治为主,国家辅助"与我国"以家庭监护为基础、社会监护为补充、国家监护为兜底"[25]的立法精神相符。以下笔者借鉴前述瑞士立法经验,对我国目前意定监护制度的立法体例和立法内容进行考察与评析。

(一)我国成年人意定监护制度之立法现状

1. 我国成年人意定监护制度之立法体例

2017年3月,我国《民法总则》公布前,我国成年人监护包括"精神病人的法定监护"和"老年人的意定监护"两部分,前者被分散规定于1986年《民法通则》第2章"自然人"第2节及1988年《民通意见》、2012年《精神卫生法》等法律法规及司法解释之中;后者被规定于2015年修正后的《老年人权益保障法》之中。[26]《民法总则》公布后,成年人监护制度被规定在其第2章"自然人"第2节"监护"中,即以专节设立监护制度,将"成年人法定监护"和"成年人意定监护"整合在一起加以规定,改变了原来分散规定的立法结构(见图3)。

---

〔25〕 这是此次《民法总则》细化监护制度的立法基础,同时也是《国家人权行动计划(2016—2020年)》中的要求。参见吴海波:《构建我国民事法律制度的基本框架》,载中央人民广播电台:http://news.cnr.cn/native/gd/20170301/t20170301_523627451.shtml,最后访问日期:2017年4月12日。

〔26〕 1986年通过的《民法通则》第14~19条、1988年颁布的《民通意见》第10~23条、2012年颁布的《精神卫生法》、2015年修正的《老年人权益保障法》第26条。

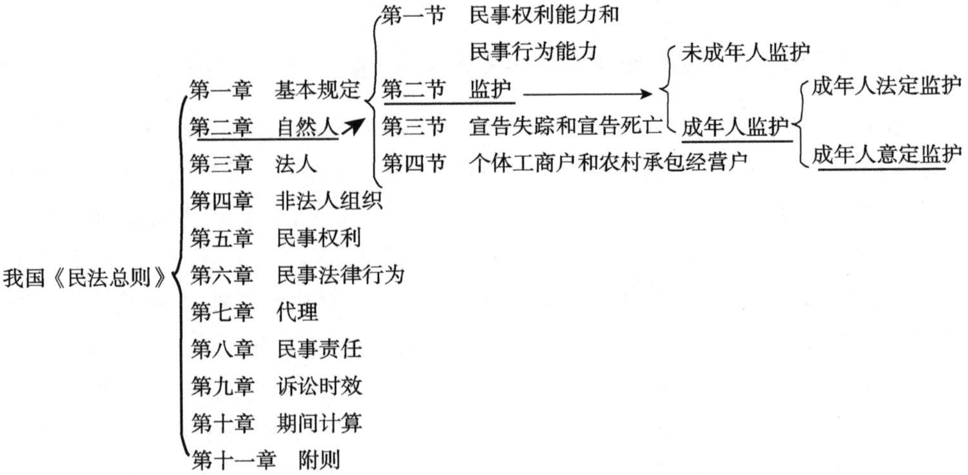

图3　我国《民法总则》之成年人监护制度立法体例

值得注意的是,目前我国成年人意定监护制度被置于民法典的何位置在学术界仍存在争议,主要存在三种观点:第一种观点是,我国多数学者认为监护制度(包括成年人意定监护制度)应当被规定在民法典的亲属编之中;[27] 第二种观点是,有学者认为监护制度应当被规定在民法典的总则之中;[28] 第三种观点是,有学者提出应当将监护的一般规则规定在总则之中,监护制度中的具体规则置于婚姻家庭法之中。[29] 笔者赞同第三种观点,主要理由在于:其一,监护制度被作为补足民事行为能力的制度于1986年被规定在我国《民法通则》中,至今已有30多年,并被广大民众所接受。其二,民法总则中的主体制度体现的是民法规范的一般性、原则性、体系性,而处于民法分则的亲属法规定的是以上一般性权利如何实现、如何保护的具体法律规则。所以,民法总则不宜对监护制度做细化规定,加之监护制度与亲属关系制度是密不可分的关系,故将监护制度的具体内容规定于婚姻家庭编之中是合理的。[30] 其三,此次我国《民法总则》已经将成年人监护制度规定其中,且其内容多属一般性、抽象性规则,所以在"民法典婚姻家庭编"的编纂中,应当补

〔27〕 参见李洪祥:《我国民法典立法之亲属法体系研究》,中国法制出版社2014年版,第274页;陶源:《浅论现代民法的发展趋势》,载《商业研究》2004年第14期;赵虎、张继承:《成年人监护制度之反思》,载《武汉大学学报》2011年第2期。

〔28〕 参见李永军主编:《中国民法典总则编草案建议稿及理由》(中国政法大学版),中国政法大学出版社2016年版。

〔29〕 参见王利明:《民法典体系研究》(第2版),中国人民大学出版社2012年版,第489页。

〔30〕 参见陈苇、李艳:《中国民法典之监护制度立法体系构建研究》,载《西南政法大学学报》2017年第2期。

充细化成年人监护制度的具体规定，以增加可操作性。故笔者认为，我国《民法总则》继续沿用《民法通则》的立法体例是合理的，而不应照搬瑞士成年人意定照顾制度的立法体例。[31]

综上所述，笔者建议：一方面坚持我国《民法总则》现有的成年人意定监护制度的立法体例及原则性规定；另一方面将其具体的、细化的内容规定于民法分则之"婚姻家庭编"之中。同时，吸收《瑞士民法典》成年人保护制度之意定照顾措施的内部立法结构，分别规定成年人意定监护和成年人法定监护，并将我国成年人意定监护制度分为委托照顾措施（一般措施）和意定医疗措施（医疗措施）两部分，且每个部分中依据总则规定予以细化内容，以彰显现代成年人照顾制度之"重视人身上照顾"的立法理念。其体例示意如下（见图4）：

我国未来"民法典之婚姻家庭编"
- 第一章　通则
- 第二章　结婚
- 第三章　夫妻人身关系、夫妻财产制度外财产关系
- 第四章　夫妻财产制度
- 第五章　离婚
- 第六章　亲子关系
- 第七章　收养
- 第八章　监护
  - 第一节　未成年人监护
  - 第二节　成年人监护
    - 第一目　成年人意定监护
      - 委托照顾措施（一般措施）
      - 意定医疗措施（医疗措施）
    - 第二目　成年人法定监护

图4　我国未来民法典之婚姻家庭编中成年人意定监护体例示意

2. 我国成年人意定监护制度之立法内容

我国现行《老年人权益保障法》中"老年人意定监护制度"内容仅包括委托人与受托人的范围及生效时间。为了实现内容的完整性、增强可操作性，2017年通过的我国《民法总则》中成年人意定监护制度的主要内容包括：主体范围、生效时间、监护人的履职原则、监督主体范围及职责、人民法院的撤销、意定监护终止等内容。

（1）成年人意定委托人的主体范围

在我国，依据现行《老年人权益保障法》第26条的规定，委托人的范围为具有完全民事行为能力的老年人，但对于具有完全行为能力的其他成年人是否享有此项权利无规定。为了弥补这一缺憾，2017年3月通过的我国《民法总则》第33条已经将其主体范围加以扩充，即凡具有完全行为能力的成年人均享有设立意定监

---

〔31〕 瑞士成年人照顾制度的立法体例即其将成年人照顾制度规定在《瑞士民法典》的"亲属编"之中。

护措施的权利;这与瑞士对于意定照顾设立主体资格要求是基本一致的。然而,瑞士针对不同的意定监护措施,其设立的主体范围有所不同。[32] 笔者认为,此区别规定不适合我国,因为我国并不存在瑞士所规定的有判断能力但无行为能力的此类成年人的特殊情形。

(2)成年人意定监护人的范围及履职原则

关于意定监护人的范围,我国《民法总则》第33条规定为意定监护委托人的近亲属、其他愿意担任监护人的个人或组织,笔者认为其理由有四:一是实际上我国《民法总则》第18条的规定已经对监护人的资格作出了规定,即监护人应当为完全行为能力人;二是意定监护制度的首要立法理念就是"尊重其本人的自主决定权",意定监护人的范围较广,则委托人可以自主地决定受托人为何人;三是意定监护开始实施后,如监护人出现履职不能或损害被监护人利益的情形,我国《民法总则》第36条第2款规定的监督主体即可向法院申请撤销监护人资格,为被监护人另行指定新的监护人,这可以保障被监护人的利益;四是瑞士也是仅概括式地规定受托人可以为自然人或法人。因此,我国《民法总则》采取概括式规定受托人的范围而未设定具体的监护人资格。

关于意定监护人的履职原则,我国《民法总则》第35条第3款明确规定,监护人的履职原则是要最大限度地尊重被监护人的真实意愿,保障并协助被监护人独立实施与其智力、精神健康状况相适应的民事法律行为。这体现了"尊重本人自我决定权""活用当事人的剩余能力"等现代成年人监护立法的新理念。

(3)成年人意定监护的生效时间

根据我国《民法总则》第33条规定,意定监护的委托人可以与受托人协商确定生效时间,即由当事人自己选择意定监护是在本人部分丧失民事行为能力或完全丧失时适用。而瑞士法规定当事人需完全丧失才可以适用意定监护。那么意定监护究竟是必须在完全丧失能力后才可适用还是部分丧失即可适用呢?

笔者认为,我国《民法总则》的规定较为合理,如患有阿尔茨海默病(AD)或称老年痴呆症的老年人,此种疾病是一种起病隐匿的进行性发展的神经系统退行性疾病。其主要表现为认知功能下降、精神症状和行为障碍、日常生活能力的逐渐下降。即患者并不是在发病即完全丧失行为能力,是一个逐渐发展的过程。如果意定监护仅在完全丧失行为能力时才能适用,那么在其老年痴呆症发病的初期,老年人又如何维护自身的权益呢?所以,我们认为《民法总则》规定由当事人自己可选

〔32〕 如前所述,其一般措施要求设立主体为完全行为能力人;医疗措施要求设立主体为具有判断能力的人。

择意定监护在其部分丧失行为能力时即可适用是合理的。

(4)成年人意定监护的监督机制

我国有学者指出,由于无人监督、公力救济措施欠缺,公权力的缺席导致了监护人的失职推诿,各种障碍者流浪乞讨或露宿街头的现象随处可见,这与监护监督人的缺失不无关联。[33] 从我国《民法总则》在第36条第2、3款规定的监护监督机制来看,我国采用公力监督(我国的民政部门、居委会、村委会等机构监督)与私力监督(其他具有监护资格的自然人监督)相结合的方式,与瑞士成年人意定照顾制度规定相同。其立法理由是,若仅设立专门的自然人或机构作为监护监督主体,可能会有监督不到位的情况发生。而两者同时设立,可以相辅相成,共同保护被监护人的利益。

(5)成年人意定监护的私力监督主体范围及其权利的行使

关于意定私力监督主体的范围,根据我国《民法总则》第36条第2款的规定,为有关个人,即其他具有监护资格的人,其有向法院申请撤销监护人的权利。瑞士将私力监督主体规定为关系密切人,在出现法定情形时,私力监督人可向有管辖权的成年人保护机构寻求救济。可见,我国和瑞士在私力监督主体的监督权利行使上的规定基本相同,但是在私力监督主体的范围,瑞士的私力监督主体范围较我国更广,值得我国借鉴。

(6)成年人意定监护的公力监督主体及其权利义务的范围

关于我国公力监督主体,为民政部门、居委会、村委会、被监护人住所地的学校、医疗卫生机构、妇女联合会、残疾人联合会、依法设立的老年人组织等,而未像瑞士专门设置一个成年人保护机构。其主要原因是:第一,专门设置成年人保护机构在我国并不现实,容易造成不同机关的职责重叠。第二,这些公力主体与民众生活联系密切,更容易考察和得知被监护人的被照顾情况。所以,他们足以承担监督与其他公力介入的职责。第三,采用列举式的方式规定上述主体均有监督权,与《瑞士民法典》第443条规定[34]类似,基本涵盖了所有可以接触到被监护人的公力主体,且又不局限于所被列举的公力机构,以形成全社会的监督,保障被监护人权益。第四,目前,我国仅将部分监督职责交给法院履行,即依申请审理监护人选任、监护撤销等纠纷,其余监护、监督职责,则由前述监护监督人或机构承担,这是符合

---

〔33〕 参见杨立新:《民法总则重大疑难问题研究》,中国法制出版社2011年版,第58页。

〔34〕《瑞士民法典》第443条规定,执行公务的人也有通知的义务,即在发现有需要保护措施的成年人时,应当通知成年人保护机构;同时,除执行公务的人外,第三人也有通知义务,但其是可以通知而不是必须性的。

我国目前的司法实际情况的。[35]

上述公力机关作为公力监督主体有权向人民法院申请撤销监护人的资格,同时为了防止民政部门以外的监督人不履职,我国《民法总则》第36条第3款还专门规定民政部门申请撤销监护人资格的法定义务。[36] 此外,民政部门、居委会、村委会还承担担任临时监护人的职责。[37] 此规定填补了当监护人资格存在争议或监护被撤销时被监护人无人照管的漏洞,充分体现了监护中的"国家责任"理念。

(7)成年人意定监护撤销与终止的法定情形

首先,关于公力机关对意定监护的撤销,根据我国《民法总则》第36条的规定,法院撤销监护人有三种法定情形。[38] 我国将严重损害被监护人身心健康的行为作为监护撤销的法定情形之一,这体现了对于被监护人人身照顾的重视,且相比于瑞士的概括式规定(仅规定被照顾人利益受到威胁或不处于被保护之下),我国列举加概括式的规定可操作性更强。

其次,对于意定监护的终止,我国《民法总则》第39条规定为四种情形。[39] 其基本涵盖了监护关系的绝对终止和相对终止的全部情形,且相比较于瑞士成年人一般措施中关于措施终止的规定,我国的规定更为全面。

(二)我国"民法典婚姻家庭编"增补细化成年人意定监护制度的构想

我国《民法总则》的成年人监护制度包括法定监护和意定监护,但未将两者以单独的结构单位即单独分"目"予以规定。目前,我国《民法总则》成年人意定监护制度独有的立法内容仅包括主体、生效时间,其余关于监护人的职责范围及履职原则和法律责任、私力监督与公力监督的主体及职责、人民法院的撤销、终止等内容都是与法定监护共同适用的通则性规定。相比之下,瑞士成年人意定照顾制度的

---

〔35〕 据统计,2015年我国法院新收民商事案件上升明显。新收民商事一审、二审、再审案件11 044 739件,上升21.8%。参见周斌:《最高法发布2015年全国法院审理执行案件统计数据》,载法律资讯网:http://www.dyzxw.org/html/article/201603/18/213756.shtml,最后访问日期:2016年12月25日。

〔36〕 我国《民法总则》第36条第2款规定,个人和民政部门以外的组织未及时向人民法院申请撤销监护人资格的,民政部门应当向人民法院申请撤销监护人的资格,以保障被监护人的利益。

〔37〕 我国《民法总则》第32条规定,没有依法具有监护资格的人的,监护人由民政部门担任,也可以由具备履行监护职责条件的被监护人住所地的居民委员会、村民委员会担任。

〔38〕 我国《民法总则》第36条规定,法院撤销监护人的三种法定情形,包括监护人实施严重损害被监护人身心健康行为的;监护人怠于履行监护职责,或者无法履行监护职责并且拒绝将监护职责部分或者全部委托给他人,导致被监护人处于危困状态的;监护人实施严重侵害被监护人合法权益的其他行为的。

〔39〕 四种情形分别是:被监护人取得或者恢复完全民事行为能力;监护人丧失监护能力;被监护人或者监护人死亡;人民法院认定监护关系终止的其他情形时,监护关系终止。

规定更为全面系统，其体现在：第一，瑞士将意定监护设专目单独规定，更有针对性和可操作性；第二，其制度的类型包括意定一般措施与意定医疗措施，专门设立医疗措施，反映对人身照顾的重视；第三，其制度内容较为全面。以下，笔者从我国实际出发，汲取瑞士成年人意定照顾制度的立法经验，提出我国"民法典婚姻家庭编"之成年人意定监护制度之增补细化的立法构想。

1. 立法体例——成年人意定监护分为一般措施和医疗措施两种类型

在意定监护措施类型上，我国《民法总则》已经规定了成年人的委托监护，其与瑞士的一般意定照顾措施相似，并且成年人的委托监护内容当然也可以包括医疗事项的措施。但笔者认为，瑞士法将医疗事务作为特殊措施单列出来，可以更加彰显"重视人身上的照顾"这一理念。所以，建议在编纂我国"民法典婚姻家庭编"时应当细化成年人委托监护措施的内容，增补医疗措施这一类型，以凸显对成年人生命权、健康权的重视，指引成年人可以根据自己的意愿指出自身丧失或部分丧失行为能力后同意或不同意的医疗事项，以保障实现成年人自身未来医疗措施上的个人意愿。具体内容可部分参照瑞士意定医疗措施的规定制定。

2. 立法内容——分别对一般措施和医疗措施的内容进行增补细化规定

(1)一般措施之增补细化构想

第一，补充一般措施设立内容的指引规定。关于法定监护与意定监护的职责范围，因前者是依法律规定确定其职责范围，后者是依委托人的授权确定其职责范围，所以两者的范围可能存在不同。目前，我国《民法总则》仅在第34条对法定监护人的职责范围进行规定，只有当委托监护概括性授权时才可推定适用，即包括被监护人的人身权利、财产权利以及其他合法权益等全部范围。如要求委托监护协议明确授权职责，则有待我国在成年人意定监护制度中增加设定意定监护内容的指引性规定。如前所述，瑞士成年人意定照顾制度中的此种规定，一是委托人应当具体指明受托人职责内容；二是委托人可以指定受托人履行不能时的替代人。前者有利于指引委托人设立具体可行的意定照顾措施，以便于委托人丧失判断能力后受托人可以据此实际执行；后者可以引导委托人对受托人履行不能时作出预先安排，在前位受托人不能履行时可由替代人继续履行其意定安排而不适用法定监护。所以，建议我国对此予以借鉴，补充一般措施内容的指引规定。

第二，补充一般措施的设立形式要件。我国《民法总则》第33条中规定意定监护协议须以"书面形式"设立，书面形式包括自书、代书、打印等方式，但对于代书和打印的方式是否需要无利害关系的见证人在场、是否可以适用公证的方式均未规定。瑞士成年人意定照顾制度规定委托人可以以自书或公证的方式设立一般措施，对于自书的方式又做详细要求，但其没有规定代书、打印等方式。笔者认为，可以为委托人提供多种方式设立意定监护协议,明确书面形式包括自书(必须由委托人亲笔书写、签名,注明年、月、日)、有条件的以代书或打印方式(需有两名无利害关系人担任见证人),同时增加公证的设立方式。

第三,确立意定监护人享有报酬权的条件。我国《民法总则》第34条第2款规定监护人依法履行监护职责享有的权利,受法律保护。我们建议应当增补规定意定监护人有条件地享有报酬权。瑞士成年人意定照顾制度中明确规定受托人的报酬权,若指令中没有规定报酬,则可由成年人保护机构根据委托事宜的具体情况或受托人的付出按照通常的标准来确定适当的报酬。我们认为,应当依据委托监护协议,监护人的身份是否为负有法定扶养义务的近亲属,以及监护事务的多少、履行等情况,确定监护人是否享有报酬请求权。即首先应当按照委托照顾协议的内容确定;若协议中未涉及报酬的内容,则应当根据受托人的身份而区别对待,如果受托人本身是对被监护人具有扶养义务的配偶或有赡养义务的子女或其他近亲属,其就不应享有报酬权;如果受托人是对被监护人不具有扶养义务或赡养义务的第三人,可由法院根据受托人的职责范围和其他情况确定给予报酬的标准。

第四,明确意定监护人对费用支出的报销权。我国目前未明确规定监护人是否享有为监护事务履行而支出费用的报销权。瑞士成年人意定照顾制度中规定受托人可享有对费用报销的权利,即使指令中没有委托人对报销的指示,受托人也应当然享有,而无需成年人保护机构的设定。这主要是考虑到受托人作为承担意定照顾职责的主体,为履行委托人所要求的事项而支出费用,其应当享有对所支出费用的报销权。所以,在我国立法中,应当明确监护人是否享有此项权利,以符合权利义务相一致的原则。我们认为,不论何种监护人,应一律享有此报销权,此类管理监护事务产生的费用,应从被监护人财产中报销,正如遗产管理所生共益费用应从遗产中首先支付一样。

第五,增补意定监护的变动情形。其一,对意定监护生效前的变动,我国《民法总则》未规定委托人对意定监护协议的撤回和变更权,即在被监护人仍具有完全行为能力时,其应当有权以法定方式变更或撤销意定监护协议。根据"尊重被监护人自主决定权"理念,我们建议可借鉴瑞士法的规定,明确规定委托人有以任意法定方式变更意定监护措施的权利,即可以自书方式撤回或更改由公证方式设立的措施。其二,对意定监护生效后的相对终止,意定监护人在具备法定事由时可向法院提出辞任的情形可以包含在我国《民法总则》规定的人民法院认定监护关系终止的其他情形之中,但是将此种情形指明更利于提高可操作性。所以,建议对此在"民法典婚姻家庭编"中予以增补。此处不宜借鉴瑞士法关于受托人在有正当理由时可不通知成年人保护机构而直接辞任的规定,这样不利于保障委托人的利益。

我们建议当受托人出现无法履职或其他正当理由的情况时，赋予其可经诉讼程序向人民法院请求辞任的权利，由人民法院审查批准同意。此外，瑞士成年人意定照顾措施的终止情形中，对于被照顾人恢复行为能力的情形详细规定了发生此情形时受托人的义务，即受托人应当继续执行指定的任务，直到委托人可以自行保障自己的利益。若欠缺此规定，当委托人恢复行为能力但仍无法保障自身权益时，可能会因终止意定监护关系而造成其利益受损，所以我国可借鉴此立法内容予以增补。

第六，扩大私力监督主体的范围。针对我国目前私力监督主体的范围仅限于其他具有监护资格的人，笔者建议借鉴瑞士立法，将其范围扩大至所有关系密切的人，即包括其他具有监护资格的人、利害关系人等，以更全面地保护被监护人的权益。

第七，补充公力介入监护监督的措施。我国《民法总则》的成年人意定监护对设立形式、设立要求等属于事前的公力介入；民政部门、居委会、村委会对监护人履职情况的监督属于事中的公力介入；法院根据有关个人或机构的申请对意定监护措施的撤销属于事后的公力介入，从而形成了一个较为完整的公力介入体系。但根据瑞士法对我国的启示，笔者认为仍须在“民法典婚姻家庭编”增加下述内容：

其一，增加强制登记程序。我国《民法总则》中未规定意定监护措施是否需要登记；观之瑞士是选择性登记，日本则是强制性登记。我们认为，结合我国社会实际，即人口基数大而容易造成监督不能，且意定照顾的内容涉及被监护人的人身、财产之重大利益，不能随意处置。所以，笔者建议意定监护措施都应当进行登记，“合意加登记”的方式体现了尊重本人自我决定权与国家公力适当介入的有机结合，能更好地实现成年人的自我安排并保障其利益受损的可能性降到最低。如委托人的意定监护措施不登记，可能会出现公权力无从知晓当事人的意定监护措施而使其无法得到公力保护，从而造成其利益受损的情况发生。而且，强制登记有利于审查和确认委托人对于其个人安排是出于自己的真实意愿。笔者建议，由户籍部门担任委托照顾措施负责登记的主体，因为户籍行政管理是户籍部门的重要职责，而委托照顾措施之设立涉及当事人的人身、财产保护之重要信息且其信息管理全国联网便于查询。由户籍部门根据当事人的申请，将这一信息登记在公民身份证的电子信息中，便于委托人的近亲属及利害关系人及公力监督机关及时查询委托协议的有无，有利于保护委托人的合法权益。同时借鉴瑞士的规定，为保护当事人的隐私权，对该信息应当专门予以保护并对信息的查询设定准入条件的规定。

其二，增加意定监护开始的审查。如对于成年人监护开始后，公力机关的审查职责，包括委托人、受托人的资格审查，委托照顾书的真伪及授权范围等在我国《民法总则》中未体现。反观瑞士成年人意定照顾制度的规定，其规定成年人保护机构在得知某人丧失判断能力且查询其存在一般措施时,对该措施有审核职责,并具体规定审核的事项,审核通过且受托人接受委托后,告知其有关义务并发布规定其权限的正式文件;这些都体现国家公权力对被照顾人的保护和对被照顾人自我安排实现的辅助作用。所以,我国应当对此予以借鉴。笔者建议,应赋予被监护人所在地的村委会、居委会或民政部门此项权利,并借鉴瑞士法的规定,在得知某人可能丧失或部分丧失行为能力时由上述机关在户籍部门全国联网的系统中查询该人是否存在意定监护措施,若存在该措施则对如下内容进行审核:一是措施的设立是否符合法律规定;二是被监护人是否确已丧失或部分丧失行为能力;三是监护人是否具备履行能力;四是措施内容是否能够保障被监护人利益等。其主要理由有三:一是这些机关与群众联系较为密切,易得知所管辖范围公民的情况;二是如将审查一律诉诸法院,会增加法院的工作压力;三是如有利害关系人对该审查的结果不服,可请求法院介入处理。此处对于监护人能力的认定,可将1988年《民通意见》第11条[40]上升为法律规定于此,以便于公力机关实际操作。

其三,增加强制申请撤销意定监护人的义务主体。针对目前我国《民法总则》仅规定民政部门是承担强制申请撤销义务的义务主体,笔者建议,为了更好地防止监护人的不适格或不履职而造成被监护人利益受损,应当在"民法典婚姻家庭编"中新增加居委会和村委会作为此义务的主体,因为他们与群众生活关系较为密切,更易得知所在地居民的情况,适合承担此项职责。

其四,补充监护撤销后意定监护人的相关义务。目前,我国《民法总则》第36条第1款规定法院依申请可以撤销监护人资格,安排必要的临时监护措施,并按照最有利于被监护人的原则依法指定监护人。其中,临时监护措施是为了及时保障被监护人的人身和财产方面权益,但是对于监护人被撤销资格后的财产报告及移交义务等未予规定。观之瑞士成年人意定照顾制度的规定,成年人保护机构在介入时可以指定受托人将财产清单、定期财产账目和报告归档。这样便于审查原监护人是否有损害被监护人的财产权益的行为,并有利于新监护人接替原监护人对被监护人财产进行保管,有利于充分保障被监护人的财产权益。所以,应当在"民法典婚姻家庭编"予以细化规定,人民法院在撤销监护人资格时可以指定监护人提交被监护人的财产清单;在委托照顾终止时向被监护人提交定期财产账目、财产清单和财产管理报告。

---

〔40〕 我国《民通意见》第11条规定,认定监护人的监护能力,应当根据监护人的身体健康状况、经济条件,以及与被监护人在生活上的联系状况等因素确定。

（2）意定医疗措施之设立构想

第一，确立医疗措施的主体及内容。凡具有民事行为能力的成年人可以根据本人意愿设立医疗措施，并指出在其丧失或部分丧失行为能力时，同意或者不同意的医疗事项；也可以指定一名自然人作为受托人，在委托人丧失或部分丧失行为能力的情况下，由该受托人与医生协商，根据委托人的利益决定相关医疗措施。因为医疗措施的特殊性而有的很难指明，所以建议借鉴瑞士医疗措施中的规定即规定委托人"可以"指明同意或不同意的医疗事项，而非像一般措施那样"应当"指明。

第二，明确医疗措施的设立形式。笔者建议意定医疗安排除可以自书外，也可以通过公证、代书的方式设立，而不宜借鉴瑞士仅允许自书设立的规定。这主要是出于意定医疗安排的特殊性，一般情况下设立医疗安排的当事人，多数应该是已经身患疾病或是有身患疾病的风险的人，若只规定自书一种设立方式，可能当事人难以实际执行，所以我国不宜借鉴。

第三，医疗措施的强制登记。主要理由是出于医疗事项对生命权的影响之大考虑，要求当事人登记有利于审查确认委托人对于其健康权生命权的处分是否是出于自己真实的意愿，也便于医生在治疗时查询其是否具有意定医疗措施安排，并根据该安排选择符合患者自身意愿的医疗救治措施。为便于医疗机关查询和医生实际执行，我们建议，由当地的医保管理机关担任登记机关，负责登记并储存至当事人的医疗保险卡中。

第四，医生查询和履行医疗措施的职责。如果患者丧失或部分丧失行为能力，医生须从其医疗保险卡查询是否存在意定医疗安排，紧急情况时除外。除意定医疗安排违反法律规定或医生对该安排有合理的怀疑外，医生必须按照意定医疗安排的内容进行医疗救治。如果医生未遵从意定医疗安排的，应在患者病例中记录其原因。

第五，医疗措施的其他规定。凡医疗措施中没有规定的，参照一般措施的规定；如一般措施没有规定的，则适用法定监护的相关规定。

（责任编辑：陆剑）

债权让与的法律构成*

——以解释论的选择为中心

雷秋玉**

目　　次

对《合同法》第79条第1句以及第80条第1款的法律解释，学术界至今仍未达成共识。争议主要集中在债权让与的权利变动模式上，由此延伸至对通知债务人行为的效力确定等问题。对于债权让与的权利变动，有三种解释论：债权意思主义；准物权形式主义；二元意思主义。对通知债务人行为的效力，则有两种学术主张：对抗要件说和生效要件说。对抗要件说对应着债权意思主义与二元意思主义，生效要件说则对应着准物权形式主义。涉及二元意思主义与准物权形式主义，则还要解决有因性与无因性的问题。

学术争论虽然未必需要一枝独秀，但是各种解释论的优劣

* 本文为国家社科基金一般项目“物债二分下的中间权利状态研究”（项目号：14BFX171）的研究成果。

** 雷秋玉，昆明理工大学法学院副教授，法学博士。

之分显然存在。可以以是否符合民法解释的准则、是否具有合逻辑性与合体系性,以及是否富有解释力作为解释论优劣评价的标准。其中,合逻辑性可分解为合形式逻辑与合事理逻辑;合体系性可分解为合外在体系与合内在体系;富有解释力则主要依赖对所解释领域的解释涵盖力。

一、文献回顾:三种解释论

债权意思主义的主要代表为崔建远先生,他主张:一个统一的债权意思,即可同时发生债权让与的效力。对于债权让与,无须单独具备对于债权处分的意思。[1] 虽然崔建远先生曾强调其所说的、作为引起债权让与权利变动结果的债权让与合同并非"债权合同",但是事实上却将债权让与合同作为确立债权债务关系的合同,故将其所说的债权让与合同理解为一个统一的债权意思应无错误。债权意思主义法律构造由四个关键节点组成:第一,在债权让与的权利变动的解释论上,以债权意思引导债权让与权利变动的发生,不承认独立的权利处分合意的法律意义。用以连接债权意思与权利变动结果的,应是法律规范的强行介入,即将权利变动的结果通过法律规范与债权意思强行扭合在一起。虽然债权意思主义一般性地主张,债权意思包含着两个效果意思,即债权效果意思与债权让与意思。但是债权让与的权利变动与债权让与意思并无内在关联。第二,依债权意思发生债权让与的结果,无需外在的形式。在债权意思主义下,不仅债权让与的处分意思不重要,外在的形式也不重要,重要的是在逻辑上,债权由处分人让渡至受让人的"运动",即债权意思主义所称的"逻辑上的一秒"。这种逻辑上的"运动"并不具有行为的外观,是一种单纯的、不以"意思"为主导的运动,故它是一个事实行为。很显然,崔建远先生试图以这一事实行为发生作为债权让与生效的外在形式,建立起债权形式主义的解释论框架。第三,由于以一种意思统合两种效果意思,债权意思中包含债权让与意思;债权意思无效,则债权让与的意思亦应随之无效;故债权意思主义对债权让与采有因主义。然而,相当吊诡的是,债权意思既然包括债权效果意思与债权让与意思,为何不会出现债权效果意思无效或者被撤销之后的债权让与意思有效的情形?在有因与无因这一问题的分析上,债权意思主义将债权效果意思与债权意思等同起来。第四,通知债务人为债权让与的对抗要件,而非生效要件。

将物权形式主义的解释论类推适用于债权让与领域——学术界一般称为准物

---

〔1〕 参见崔建远、韩海光:《债权让与的法律构成论》,载《法学》2003 年第 7 期;崔建远:《债权让与的法律构成》,载《债权:借鉴与发展》,中国人民大学出版社 2012 年版,第 85 页。

权形式主义，可能早在2003年已经开始，[2]中国知网上检索的结果表明，这一解释论始于申建平，而暂时终于尹飞。根据准物权形式主义的观点：第一，债权让与行为包括债权让与的负担行为与债权让与的处分行为，债权让与的权利变动是债权让与的处分行为的结果，而非债权让与的负担行为的结果。第二，债权让与的权利变动，作为准物权行为，应有其外在的形式，这一外在形式为对债务人的通知行为。通知不仅是债权让与权利变动的对抗要件，也是其生效要件。[3] 在准物权形式主义之下，通知债务人的行为既非观念通知，亦非事实行为，而是债权人处分其债权的单方法律行为。这样解释的好处，在于可以避免债权让与采用其他解释方法可能带来的不稳定性。[4] 第三，准物权形式主义对于债权让与的负担行为与债权让与的处分行为的因果关联采用无因规则。准物权形式主义与债权意思主义可谓针锋相对。

债权让与二元意思主义的提出者为韩世远先生。二元意思主义本质在于债权意思主义与准物权形式主义的折中。第一，与债权意思主义相同，将债权让与的内在法律构造区分为债权让与意思与债权效果意思。但是在二元意思主义之中，这两种意思并不隶属于债权意思，而是隶属于债权让与交易。在债权让与的权利变动的解释论上，以债权让与意思引导债权让与的法律效力，这与准物权形式主义以债权让与的处分行为引导债权让与法律效力的解释模式相似。第二，二元意思主义认为，以债权让与意思引导债权让与的法律效力时，这种意思无须外在的形式，仅有债权让与意思便已足够。第三，在债权效果意思与债权让与意思之间采用有因规则。在债权让与的有因性与无因性问题上，债权意思主义、二元意思主义都认为，除证券化债权——如票据——基于流通性的需要采用无因性原则外，一般的指名债权应统一采用有因性原则。[5] 第四，通知债务人并非债权让与生效的要件，而仅为其对抗要件。[6]

债权让与二元意思主义的这种折中的立场，较早地存在于对物权行为理论的研究中。[7] 物权行为理论研究中的二元意思主义，认为意思主义或者债权形式主

---

〔2〕 参见其木提：《债权让与通知的效力——最高人民法院（2004）民二终字第212号民事判决评释》，载《交大法学》2010年第1卷。

〔3〕 参见申建平：《债权让与通知论》，载《求是学刊》2005年第4期。

〔4〕 参见尹飞：《论债权让与中债权移转的依据》，载《法学家》2015年第4期。

〔5〕 参见申建平：《债权让与无因性之探讨》，载《学术交流》2007年第7期；韩世远：《合同法总论》（第3版），法律出版社2011年版，第464页；前引〔1〕，崔建远书，第83～84页。

〔6〕 参见前引〔5〕，韩世远书，第460～462页；庄加园《〈合同法〉第79条（债权让与）评注》，载《法学家》2017年第3期。

〔7〕 参见葛云松：《物权行为理论研究》，载《中外法学》2004年第6期。

义的物权变动模式中,事实上隐含着物权意思或者物权合意,而并非仅仅只有债权意思,从而否弃了一般民法教科书中单纯地把意思主义或者债权形式主义限定为债权意思的观点。这种折中为将各种不同的物权变动模式统一至物权合意提供了理论基础,间接促成了债权让与的二元意思主义的解释论的形成。

前述三种解释论之间很少正面交锋,直接论争仅存在于二元意思主义与债权意思主义之间。二元意思主义对债权意思主义的批判有二:一是债权意思主义所称的债权让与的事实行为根本无迹可循;二是以债权意思包括债权效果意思与债权让与意思存在逻辑上以偏概全的问题。[8] 这一批判后来遭到了崔建远先生洋洋洒洒近十九页纸的反驳,反驳不可谓不全面、不强烈。主要的反驳论点有六:[9] 第一,批评者张冠李戴。债权意思主义系将处于结果位置的债权变动界定为事实行为,而批评者认为其将作为债权变动的原因行为作为事实行为。第二,批评者双重标准。批评者一方面承认诸如占有改定、指示交付等场合下的物权变动的交付行为,另一方面却对债权让与这一同样形态的"逻辑运动"(事实行为)视而不见,横加鞭挞。第三,债权意思主义区分债权让与合同(债权行为)与债权让与(事实行为)乃被物权行为论者逼上梁山的自救行动。第四,债权意思主义实际上并未将处分行为纳入债权行为,而是将债权效果意思与债权让与意思纳入债权让与合同。第五,对于二元意思主义所批判的"以偏概全"之说,辩称只是语词使用的问题,其将债权让与合同称为"债权合同"乃权宜之计,其本意并非是以"债权合同"包含债权效果意思与债权让与意思,而是以"合同"(无论其系何种合同)包含上述两种意思。第六,二元意思主义者坚持债权让与作为处分行为(物权行为)的观点,可谓利大于弊,此处不予展开。

二、基于排除法对解释论的初步选择:二元意思主义

首先,可基于民法解释学准则排除准物权行为主义的解释适用。

《合同法》第 79 条的大量留白,是民法学介入并形成诸多解释论的规范基础。《合同法》第 79 条的留白,主要是指该条第 1 句的前半句"债权人可以将合同的权利全部或者部分转让给第三人"规定的框架性。这半句话对于债权人以何种权利模式将其债权的全部或者部分转让给第三人,完全没有规定。在司法实务上,这种并不清晰的表达,搭配上《合同法》第 80 条第 1 款,基本可以形成一个完整的规范体系,且在第 80 条第 1 款的语意足够清晰的情况下,债权人以何种模式让渡其债

〔8〕 参见前引〔5〕,韩世远书,第 461 页。
〔9〕 参见前引〔1〕,崔建远书,第 84 ~ 102 页。

权,对于适用法律并不存在障碍;也就是说,第79条第1句的前半句所揭示的究竟为何种权利变动的主义或者模式,在司法实务上是没有意义的。这恰如崔建远先生所说的那样:“理论上虽然如此,但是在外观上,只要当事人没有特别约定,那么,他们一经签订完毕债权让与合同,债权就发生转移……这更促使我们思考,在债权让与场合,区分债权行为和准物权行为的价值到底如何?在这里,所谓债权意思主义和债权形式主义的区分,也失去了有形的意义。”[10] 然而,若是法学完全附庸于司法实务,而无视其建构体系化知识,并为法律的正当性提供法理上的必要支援的意义的话,那么法学也就丧失其存在的基本前提。当探寻规范的具体意义没有实务意义时,司法实践或许可以忽略对法律规范意义的执著探寻,而一心只关注事实问题的解决,法学却不能仅停留在这一层次上。

狭义的民法学解释,王利明先生认为,可依文义解释、论理解释(含体系解释、目的解释、历史解释、合宪性解释等)、社会学解释的顺序进行。[11] 依此解释顺序,民法解释最基本的方法是文义解释。在对《合同法》第79条第1句前半句的解释中,由于这半句的大量留白,直接获取其基本的文义的可能性并不存在。而第80条第1款的文义却并非不可探寻。“债权人转让权利的,应当通知债务人。未经通知,该转让对债务人不发生效力”的表述,虽然前一句留下进一步解释的空间,但是后一句的意思却相当直白明确:债权人转让债权无须债务人同意,即可生效;但若要对债务人生效,则须以通知债务人为条件。在这种直露的文义之下,无法得出债权转让的通知为债权转让生效要件的解读,否则就可能扭曲该款的文义,创造出超出文义射程的意义,这违背文义解释的基本准则。故自文义解释的结果来看,“通知债务人”当为债权让与的对抗要件,且仅为对抗债务人而非其他人的要件,而不应当作为债权让与的生效要件。从这一角度来看,准物权形式主义将通知债务人视为债权让与的生效要件,违背文义解释所得出的基本规范意义。基于对第80条第1款的文义解释所得结论,可以依体系解释方法运用于对《合同法》第79条第1句前半句的意义解释,至少可以由此得出它不能容纳准物权形式主义的结论。

当然,若不是从民法解释的角度出发,而是从解构主义的目的出发,可提出该条规范的解构与重建的问题;但若如此,则非解释论上的问题,而系立法论上的问题。准物权形式主义并非自立法论角度出发阐释其解构及重建的观点,而是从解释论的角度出发,探究“通知债务人”究系对抗要件还是生效要件的问题,于是对

---

〔10〕 前引〔1〕,崔建远书,第79页。

〔11〕 参见王利明:《法律解释学导论:为民法为视角》,法律出版社2009年版,第613页。

“通知债务人”的意义解释问题自然落入文义解释与体系解释的范围，而自此种解释结果来看，无法得出“通知债务人”为生效要件的意义。在扩展的意义上，我国还有学者将“对债务人不生效力”这一对抗效力问题，进一步延展至债权多重转让中的受让人保护效力方面，[12]这恐怕也非“对债务人不生效力”的文义所能承担，而系漏洞补充范围内的事情。

历史解释的方法对于《合同法》第79条第1句前半句的解释没有可适用性，因为欠缺具体可有效使用的立法历史文献。也许正是因为这一原因，上述解释论都不约而同地走向了以比较法解释为辅助的法意解释方法，即类推适用物权变动模式的解释论来阐释债权让与的规范结构，毕竟两者具有法律构造上的相似性。

事实上，在依文义解释方法阐明《合同法》第80条第1款的意义在于确立“通知债务人”的对抗效力规则后，准物权形式主义已然无用武之地。因为既然已经摒弃“通知债务人”作为债权让与的外在形式，而依通说，债权证书以及其他证明或者说明债权的文书资料的交付，又均不能作为债权让与的外在形式，[13]则债权让与的准物权形式主义的解释论实际上已经无效。此时对《合同法》第79条第1句前半句的解释，应当在债权意思主义与二元意思主义之间做选择了。

其次，可基于合逻辑性与合体系性标准排除债权意思主义的解释适用。

为完成上述选择，必须清理业已存在的债权形式主义的干扰问题。在法学文献的表述中，即便物权形式主义已然失效，至少还应存在意思主义（含债权意思主义与二元意思主义）与债权形式主义两种不同的解释论。然而，债权形式主义的债权让与解释论也无法适用。在解释论上否决准物权形式主义时，由于同时确立了“通知债务人”系债权让与的对抗要件，故“通知债务人”也无法成为债权形式主义所要求的、导致债权让与发生的事实行为。学理上也一般认为，债权证书的交付以及其他用来证明或者说明债权的文书资料的交付不能作为债权让与发生效力的要件。故要维系债权形式主义的解释架构，必须另寻其他可以充当导致债权让与得以发生的事实行为的因素。如上所述，崔建远先生试图以债权在债权人与受让人之间的抽象的逻辑运动充当债权形式主义的外在形式即事实行为，但是这种事实行为实际上并不存在。即便想将之与动产交付方式中的占有改定、简易交付等拟制的交付方式类比，也无法说明这种“事实行为”的存在，因为动产占有改定、简易交付等拟制交付方式，重在交付后面隐含的物权变动的意思，它们是表意行为，其

---

〔12〕 参见方新军：《合同法第80条的解释论问题——债权让与通知的主体、方式及法律效力》，载《苏州大学学报》2013年第4期。

〔13〕 参见雷秋玉、陈兴华：《应收款债权担保制度研究》，云南大学出版社2016年版，第87～95页。

意义的重点不在体现为交付的、内部的逻辑运动,即并非事实行为。所以后辈学者一般将崔建远先生的解释论称为债权意思主义,[14]而并非债权形式主义。于是对解释论的评析最终集中于对债权意思主义与二元意思主义的选择问题上来。

债权意思主义在合逻辑性与合体系性方面存在无法圆通的弊病,分别阐述如下:

第一,二元意思主义所批判的逻辑概念上的以偏概全的弊病的确存在。尽管债权意思主义对来自二元意思主义的批判进行了十分全面的反驳,甚至也提出了其用以涵盖债权效果意思与债权让与意思的债权让与合同并非"债权合同"的辩驳。然而,债权意思主义界域内的债权让与合同仍是创设债权债务关系的合同,即使免除"债权合同"之名,也难以掩盖"债权合同"之实。在这一背景下,以债权让与合同去涵盖债权效果意思与债权让与的意思,其实质就是以债权意思去统合债权效果意思与债权让与意思(处分意思),这非以偏概全而何?在逻辑上,债权意思不可能同时包含着债权的效果意思与债权转移的效果意思,而只能包含债权效果意思本身。

第二,逻辑上相互矛盾。这主要体现在对债权让与合同的履行不能法律效力的解析上。崔建远先生将上述履行不能区别为自始不能与嗣后不能:自始不能导致债权让与合同无效,嗣后不能并不导致债权让与合同无效。[15] 自始不能导致合同无效的结论正确性仍有待考证,此处暂不拟深究。嗣后不能并不导致债权让与合同无效这一结论的效力构造,却有进一步考证的必要。按照债权意思主义,债权让与法律关系涉及两个合同和一个事实行为。两个合同是指基础合同与债权让与合同:基础合同的意义在于产生债权;债权让与合同的意义在于让渡债权,它包括两个效果意思,一是债权效果意思,二是债权让与的效果意思。一个事实行为,乃指债权让与。债权让与在债权意思主义之中,如前所言,乃一种权利运动,是"逻辑上的一秒",它是债权让与合同的自然而然的结果。如果基础合同被解除或者被撤销,或者未被追认,而使债权嗣后不存在的话,那么债权让与合同将面临着嗣后履行不能的情形,让与人应承担违约责任。按照债权意思主义,在这一情形下,债权让与合同是有效合同。但是似乎不应当如此做粗线条地勾画,而应当进一步追问:债权让与合同有效,是仅指其中的债权意思有效,还是债权效果意思与债权让与的效果意思一并有效?如果选择债权意思有效,无疑将否定债权让与作为事实行为的先在判断,因为债权让与意思与债权让与结果的同时无效只能导向一个结

〔14〕 参见前引〔2〕其木提文。

〔15〕 参见前引〔1〕,崔建远书,第82页。

论,那就是债权让与是债权让与意思的结果;假如这样的话,债权让与就不应是事实行为,也不是可以脱离处分权的行为,而应是表意行为、处分行为。这与债权意思主义的内在理论逻辑相悖。如果选择两者同时有效的话,那么按照债权意思主义,则债权让与已然让与。在债权让与作为事实行为,仅为"逻辑上的一秒"的情况下,根本无须采取实际的履行行为,就已经发生——这与一般实物交易毕竟存在本质的区别,则何由得发生违约的事情?当然,这与嗣后履行不能的条件存在明显的逻辑矛盾。

第三,债权意思主义也违背了民法体系强制的要求。王轶先生曾就民法制度性研究中存在自说自话、无法交流融通的问题提出一种共识性的达成的标准,也就是民法制度研究的体系强制。在最低标准的限度内,民法研究应当遵循体系强制的要求,这是以比较法解释方法采取拿来主义姿态的前提。这种体系性要求包括两个方面:[16]一方面是遵循实质意义上体系强制的要求。即维持法律制度间价值取向的和谐。此要求有两条要求:其一,如无足够充分的理由,应当坚持强式平等;其二,如无充分及正当的理由,不得主张对民事主体的自由进行限制。另一方面遵循形式意义上的体系强制的要求。此要求也有两条要求:一是遵守形式逻辑概念体系的科层制强制;二是遵守以民法制度的逻辑相关性为基础形成的体系强制。债权让与交易中的债权意思主义解释论事实上剥夺了债权人通过债权让与合同进行债权让与的具体模式配置权。例如,在债权意思主义之下,债权人无法通过将债权效果与权利变动效果分离的方式,创设对其更为有利的交易模式,如债权人无法在承担债务负担的同时,通过债权保留的方式,以确保在受让人支付全部价款之后始进行债权的移转。因为按照债权意思主义,债权让与的结果依法律规定在债权让与合同生效时发生,无当事人进行协商的余地,这显然违背了民法的内在强制中"如无充分及正当的理由,不得主张对民事主体的自由进行限制"的要求。

假如要在债权意思主义、准物权形式主义与二元意思主义之中三选一的话,在排除了前两者的合理性之后,可以初步判定,融合和扬弃了债权意思主义与物权形式主义优缺点的二元意思主义的解释论,较能契合和有效阐释债权让与的法律构造。

三、二元意思主义解释论的合理性证成

二元意思主义先是在物权行为理论的研究中完整地得到阐释。在二元意思主

〔16〕 参见王轶:《对中国民法学学术路向的初步思考——过分侧重制度性研究的缺陷及其克服》,载《民法原理与民法学方法》,法律出版社2009年版,第12~16页。

义看来,物权行为理论的核心要素,是以物权变动的意思作为物权变动的要件,且该物权变动的意思,是物权行为的核心;并进一步认为,物权行为理论有四种基本的组合模式:有因与无因的意思主义;有因与无因的物权形式主义。[17] 这一理论架构至少阐明了两件重要的事情:一是物权行为不仅存在于物权形式主义之中,也存在于意思主义之中;二是物权形式主义并不必然意味着无因,在具体的组合模式中存在有因与无因的区别。这一理论打破了学术界将物权形式主义与无因性强制捆绑的学术思维,也打破了经典民法教科书将意思主义直接等同于债权意思主义的一贯思维。

为了中和物权形式主义与意思主义之间的矛盾张力,二元意思主义试图在同一法律行为的框架内同时又有区别地纳入债权意思与物权意思。在意思主义之下,以买卖合同为例,经典民法教科书的思路是将物权变动处理为买卖合同的法定效力,而非独立的物权行为的意定结果;但是二元意思主义则试图将买卖合同界定为一个具有“混合性质”的法律行为,其中不仅包含着发生债权的效果意思,也包含着以物权变动为目的的物权合意。也就是说,即使在意思主义的立法模式之下,只要承认物权与债权的严格区分,在逻辑上便不可回避以物权合意作为物权变动的要件这一问题。在具体的规则设计方面,可以推定债权意思完成的同时,物权合意便已达成;在当事人的意思与法律推定相反的情况下,也可以承认在时间上相对独立的物权合意的存在。故此,二元意思主义认为,将法国民法上的意思主义理解为债权意思主义是错误的,意思主义并不排斥物权行为理论。[18] 二元意思主义的最终目的是,在将物权行为浓缩为物权合意的基础上,把依法律行为发生的物权变动,均毫无例外地归因于物权变动的合意。

从逻辑的自洽性、合体系性的角度来看,二元意思主义是较债权意思主义或者债权形式主义更为合理的解释论。二元意思主义将依法律行为发生的物权变动均在原因上归属于物权合意的做法,逻辑上完全可以自洽。如果要改变这一事理逻辑,使债权变动的意思直接导致物权变动的结果,则需要其他力量的介入,即依立法的强力改变自然的逻辑过程,依法而非依据债权变动的意思使物权变动发生。当然,这就变成了债权意思主义或者债权形式主义的逻辑。民法解释论应当遵循一定的体系强制的要求,应当可以确立这样一条规则,即在可以依私法自治原则予以阐释得当的情况下,不应当寻求从立法的国家强力这一角度阐释民法规则的可

---

〔17〕 参见前引〔7〕葛云松文。

〔18〕 参见前引〔7〕葛云松文。

能性。[19] 虽然说在物权法的界域内,物权法定仍是物权法中最具体系性的核心原则,但是物权法并不排斥私法自治;相反,它处于私法自治这一大的界域之内。在物权变动的关键环节,承认权利人意思自治对于物权变动的意义,不仅符合逻辑现实,也具有重要的体系意义。在二元意思主义对逻辑因果律的符合仍是基于民法之体系强制性的要求之意义上,二元意思主义的解释论也就为现行民法规则的正当性提供了支撑,它在某个局部印证了民法私法自治原则的普遍性。

以上只是从应然的角度论证,目的在于说明,如果不采用物权形式主义,那么自二元意思主义出发,可以给予物权变动以较为合理的阐释。单纯从实证规范体系的角度来看,二元意思主义并不排斥物权形式主义,这与我国物权立法创设的物权变动的规范体系群具有深度的融合性。我国物权立法所形成的物权变动的规范体系群中,不独只有物权形式主义的规范,亦存有若干基于物权意思主义的物权变动规范,例如,地役权的设立规范与土地承包经营权的设立规范等,均以意思主义为核心。虽然二元意思主义在我国物权法规范体系并不占据显要地位,但是它所呈现出来的体系意义是巨大的,即物权合意或者物权变动的意思,普遍地存在物权法之中,而非只存在于采用物权形式主义的物权规范部分,从而也就在较为普遍的意义上承认了私法自治原则的实存性。

对物权变动领域内的二元意思主义的合理性证成的两个结论,即具有逻辑上的自洽性与合体系性,可以适用债权让与的二元意思主义解释论。除此之外,因债权让与的特殊性,仍有如下几点需要说明:

第一,基于债权让与和物权变动的规范构造的同质性,将用以阐释物权行为理论的二元意思主义移用于债权让与的法律构成的阐释,可以保证民法规范体系的一致性,这是民法解释合体系性的一部分。债权让与和物权的移转,在权利构造上具有同质性。这种同质性主要表现为,它们都是支配权行使的结果。传统的支配权概念,是权利分类法的结果,即将物权、知识产权等立法形成的权利类型称为支配权,且往往与请求权、形成权、抗辩权等不同的权利或者权能类型形成对照。基于权利分类法形成的支配权概念,忽视了支配权的层次性。支配权既可以是对物的支配权,也应当可以是对权利的支配权。权利移转,是对权利的支配权行使的结果,而非源于某种具体权利本身的运行,例如,所有权的移转,是权利人行使对所有权的支配权的结果,而非所有权本身行使的结果;一般认为,所有权的权能包括占有、使用、收益和处分,且一般性地认为,所有权的处分权能包括对所有权为法律上

〔19〕 参见前引〔16〕,王轶书,第12~16页。

的处分的权能。然而,这种观点是错误的。在逻辑上,所有权本身不可能包含对自身的处分权能。要移转所有权,所依据的绝非所有权自身,而是基于对所有权的支配权。所有权的变动,可以基于对所有权的支配权,例如,在不动产所有权之上设定抵押权,或者移转所有权;也可以基于所有权的权能,如将不动产所有权的权能予以分离,设定用益物权,或者通过租赁合同的方式,设定对不动产的用益债权。债权虽为请求权,但是权利人对债权有支配权,故可基于支配权而让与债权。总之,在对权利的支配权这一角度上,债权让与和物权的移转具有同质性,对之适用相同或相似的规范是可行的,也是必然的。

第二,显示二元意思主义具有合体系性的另一特点,体现在其采用有因性可以占据中庸之道且能消除体系矛盾。二元意思主义的解释论承认债权让与的有因性,[20]一方面,这是一个折中的立场,淡化了物权形式主义的移用可能对债权意思主义的学术观念及法律现状的冲击;另一方面,也的确契合了债权让与这一特殊的情景,消解了采用无因性原则可能造成的“债权”作为“不当得利”返还的不伦不类的现象出现的可能性,在债务人已向受让人履行而原因行为无效或被撤销等情形下,可以置换为金钱等利益的不当得利向债务人返还。同时,采用二元意思主义,在履行不能尤其是嗣后履行不能的情况下,可以避免对当事人所订合同效力的追问,也可以顺畅违约责任的处理,避免逻辑上相互矛盾状态的出现。

第三,二元意思主义的采用,在狭义的民法解释学范畴内,包含在目的解释本身所蕴含的意义之中。在债权让与方面适用二元意思主义,并非刻意要与物权行为理论的二元意思主义部分的规范保持一致,它是由债权让与规范的目的所决定的。债权让与规范的主要目的在于促进债权的流动性,其次是保证其流动的安全性。[21] 流动性的促进,以交易的即时、迅捷为其外在特征,基于此目的,依债权人与债权受让人之间的合意流转债权乃是最合于目的的流转机制。以保证安全性为主要目的的物权形式主义难以契合这一法目的,故不应类推适用于债权让与,从而也就相应地不应当以“通知债务人”作为债权让与的生效要件。事实上,如果要确保债权让与的交易安全,更为安全的交易机制是采用登记要件主义。就我国目前的非证券类指名债权的债权让与规范现状来看,应收账款这种商事性的债权让与,已经采用登记生效要件主义,但是对于普通的指名债权,法律并未限定其采用登记生效要件主义;采用二元意思主义在解释论上是更为合目的的选择。

---

〔20〕 参见前引〔5〕,韩世远书,第464页。

〔21〕 参见前引〔2〕其木提文。

四、进一步的讨论：改良的二元意思主义是否为合理的解释论

除上述三种解释论之外，还有学者进行其他尝试，[22]基于其特殊的解释路径，可称之为改良的二元意思主义解释论。改良的二元意思主义将债权让与类型化为交易型的债权让与和支付型的债权让与。对交易型的债权让与，主张根据交易类型的区别，类推适用《合同法》分则的相关规则；只探讨让与债权发生的基础合同与债权让与的因果关联。例如，对于买卖型与互易型，可以类推适用买卖合同的相关规则；而对于赠与型的债权让与，则应当类推适用赠与合同的相关规则；只探讨被买卖或者赠与债权发生的基础合同与债权让与（买卖、赠与行为）的因果关联。对于支付型的债权让与，改良的二元意思主义避开债权让与合同与债权让与之间的有因性与无因性问题，而专谈债权让与行为所依附的主合同与债权让与行为的因果关联关系，以此替代对有因性与无因性问题的探讨。

改良的二元意思主义的理论基础乃是债权让与行为的抽取。按照改良的二元意思主义的说法，对债权让与行为的抽取，是将债权让与行为自债权让与合同中单独抽取出来，作为单方行为，或者也可以作为受让人纯获益的合同。尽管该文强调该思路来自于英美法，但是事实上这种思路在德国民法学中不仅存在，且十分典型。[23]基于对债权让与行为的抽取，改良的二元意思主义与二元意思主义保持了一致性。但是，由于这种二元意思主义并不探求甚至于有意避开探求债权让与合同（债权行为）与债权让与行为（处分行为或者权利变动的意思）之间的有因性与无因性问题，而是探求其他的因果关联，想以上述两种因果关联替代有因性或者无因性的关联，故又与二元意思主义区别开来。改良的二元意思主义必以其替代方案的成功，方可证成其存在的合理性。

首先要予以回应的问题是：对基础合同与债权让与行为的因果关联探讨能否替代对债权让与合同与债权让与行为的有因性或者无因性问题的探讨？

改良的二元意思主义对基础合同与债权让与行为的因果关联的探讨，集中在一个问题上，即基础合同无效或者失效，债权让与行为的效力将受何影响？这一情况肯定无法类推适用《合同法》第9章（第142条）或者第11章（第189条）中的标的物灭失风险转移规则条款，毕竟债权不是物。它更多地应与合同履行不能问题相关。我国学术界近二十年的学术观点，在解释履行不能效力方面，不区分自始履行不能与嗣后履行不能已经成为通说，只有极少数学者持区分说。韩世远先生指

---

〔22〕 参见谢潇：《债权让与性质斟酌及其类型化尝试》，载《政治与法律》2015年第3期。

〔23〕 参见陈卫佐：《德国民法总论》，法律出版社2007年版，第256～257页。

出,从立法趋势看,联合国国际货物销售合同公约(CISG)不承认履行不能的分类,而将不同类型的履行不能赋予同一法律效果,即无论何种履行不能,均不影响合同的效力。我国既然早已经批准加入CISG,这表明我国基本上全面接受了CISG的销售合同规范体系。与这一趋势相呼应,无须再鼓吹"自始不能合同无效"观点,而应以"自始不能合同有效"为基础,构造中国的履行障碍规范体系。[24] 在不区分自始不能与嗣后不能,且履行不能不影响合同效力的共识基础上,可以得出一个初步的结论:对于交易型债权让与,基础合同无效或失效所造成的履行不能并不影响以基础合同所生债权为标的之交易型合同的效力。然而问题是,此处的交易型合同究竟是指债权让与合同,还是指债权让与行为(单方行为或者让与合意)。改良的二元意思主义试图将基础合同与债权让与行为直接关联起来,故初步结论中所指的,应是债权让与行为。由此将得出一个很荒谬的结果:欠缺处分标的债权让与行为居然可以发生法律效力。

由此可见,在上述情况下将合同履行不能的规范类推适用于交易型债权让与是不可行的。较为直接的方法,就是根据处分行为有效的规则,将基础合同有效作为债权处分行为的有效要件之一,仍将上述初步结论中的交易型合同确定为债权让与行为,则基础合同无效或者失效,处分行为将因欠缺客体而不能生效。[25] 可以探讨另一种方案的可能性,即改弦易辙,将上述初步结论中的交易型合同确定为债权让与合同或者合意,从而肯定债权让与合同或合意在作为让与债权发生的基础合同无效或者失效的情况下,仍然可以发生法律效力的现实,在此基础上,再来探讨债权让与行为与债权让与合同的法律上的因果关联,此时便有讨论有因性与无因性之余地。但是事实上,无论采有因性,还是采用无因性的说法,都没有办法根据此种关联确定债权让与行为的效力,不可能按照这种逻辑进行推衍:债权让与合同有效,故债权让与行为有效。此处仍必须将基础合同有效作为债权让与行为的有效要件。故在基础合同无效或者失效的情况下,如要讨论其因果关联,则只有一种方案据以确定债权让与行为的效力,即将债权让与行为与基础合同直接关联起来。

然而,如果基础合同有效,则将是另一番情形。由基础合同有效,并不直接推断出债权让与行为有效。于此情形下,如果债权让与合同无效,根据债权让与有因性的通说,债权让与行为无效。也就是说,在这种情形下的因果关联,是债权让与

〔24〕 参见前引〔5〕,韩世远书,第411~412页。

〔25〕 参见谢鸿飞:《论法律行为生效的"适法规范"——公法对法律行为效力的影响及其限度》,载《中国社会科学》2007年第6期。

合同与债权让与行为之间的因果关联。只要还承认债权让与合同与债权让与行为之间的区分,或者承认债权让与行为(或者合意)的独立性,这种法律上的因果关联就是不可否定的。据此,对基础合同与债权让与行为的因果关联探讨能否替代对债权让与合同与债权让与行为的有因性或者无因性的探讨这一问题,可以给出一个否定的答案。

其次要予以回应的问题是:对主合同与从合同的因果关联探讨能否替代对债权让与合同与债权让与行为的有因性或者无因性问题的探讨?

改良的二元意思主义将从合同确定为债权让与行为。在支付型债权让与的界域内,主合同与从合同之间关联之所以发生,是因为主合同将债权让与作为其价款的支付方式。在主合同无效或失效的情况下,作为主合同之组成条款的价款支付方式亦随之无效或失效。这种逻辑推论仍有不够完善的地方,强行将主合同与债权让与行为在因果关联的角度直接联系起来,认为主合同无效,债权让与行为随之失效,逻辑上仍嫌不够周延。在主合同与债权让与行为之间,应有一个中间环节。将从合同界定为债权让与行为显得过于牵强,若将债权让与合同嵌入主合同与债权让与行为之间,作为从合同,可以克服这种逻辑上的缺陷。此时的逻辑推论过程应是:主合同无效导致作为支付条款的具体实现方式的债权让与合同无效,而根据无因性规则,债权让与合同无效进一步导致债权让与行为无效。在主合同有效的情况下,有探讨其他因果关联的可能性,如基础合同与债权让与行为的因果关联,债权让与合同与债权让与行为的因果关联;这些情形下的因果关联与交易型的因果关联是相同的。综上所述,无论主合同是否有效,对主合同与从合同的因果关联探讨不能替代对债权让与合同与债权让与行为的有因性或者无因性问题的探讨,这应是确定无疑的。

改良的二元意思主义将基础合同、主合同与债权让与之间的因果关联引入学术讨论的视野,这是其思考较为严密的地方。但是试图以基础合同、主合同与债权让与之间的因果关联替代债权让与行为与债权让与之间的因果关联的探讨,则显得涵盖力不足、解释力不够。学术讨论一般应当有其相对固有的界域,试图将某一界域中的结论普适于另一界域内的问题,恐怕不是一种好的解释论。但是不可否认的是,改良的二元意思主义可作为二元意思主义的补充,将基础合同与债权让与行为、主合同与从合同考虑进来的二元意思主义,至少可以明了二元意思主义有解释上可能遭遇的“瓶颈”,即在解释论上,二元意思主义仍将不时遭遇基础合同与债权让与行为因果关联、主合同与作为从合同的因果关联所造成的解释障碍,毕竟它所处理的债权让与合同与债权让与行为之间的因果关联问题,并不是处在一个真空之中,而是处于与其他法律关系、相关规范普遍联系的语境之中。

五、结语

当年韩世远先生对债权形式主义的批判,引起崔建远先生强力的反击,[26]这种学术争论的盛况似乎犹在眼前。现在学术争论的气氛相对淡化,搁置争议的、自说自话式的学术讨论似乎占据主流。但是随着债权让与各类解释论的相继呈现,对它们予以相对客观的评价成为必要。在学术评价中,抑扬并用、批判与证成仍是必要的手段。但是手段为次,重要的是确立学术评价的标准,避免相关评价失之主观偏颇。

以对解释论的评价选择为使命,即无可避免地坠入王轶先生所说的纯粹民法学上的解释选择问题范畴。在这一角度上,应当结合民法的解释方法并在遵守民法解释的规则的前提下,从相关解释论是否具有逻辑自洽性、富有学术解释力,可否完成知识梳理、形成合理的知识体系建构,能否为民法规则的正当性提供技术支撑(合体系性)等方面,展开评价。[27]

在对债权让与法律构造的三种解释论的评价中,依民法解释学的基本规则对《合同法》第79条与第80条进行解释时,准物权形式主义违背文义解释的明确结论,应首先予以淘汰。而在合逻辑性、合体系性上,二元意思主义明显要优越于债权意思主义。由此可以断言,二元意思主义是较为优越的、适于阐释债权让与法律构造的解释论。但是二元意思主义也面临着改良的二元意思主义的挑战,改良的二元意思主义标识了二元意思主义的解释力之限度,然而本身的解释涵盖力不足。在对债权让与的法律构造进行解释时,应结合二元意思主义与改良的二元意思主义,以求得较为圆满的解释结果。

(责任编辑:李俊)

〔26〕　参见前引〔1〕,崔建远书,第84~102页。

〔27〕　参见王轶:《论民事法律事实的类型区分》,载《中国法学》2013年第1期。

私法研究 22 第二十二卷

委托合同任意解除权的基础及限制

蒋佳艺*

目　次

一、问题的提出

我国《合同法》第410条规定了委托合同当事人的任意解除权，当事人可以行使任意解除权，解除方承担损害赔偿责任，有不可归责的事由除外。任意解除权构成契约严守原则(*pacta sunt servanda*)的例外情形，如何合理限制任意解除权是解释适用该条文的核心。

任意解除权的限制方式在制度设计上可分为绝对限制和相对限制。绝对限制直接否认任意解除权行使的效力，合同关系仍然存在；相对限制承认任意解除发生的法律效力，合同关系面向将来消灭，解除方承担损害赔偿责任，以弥补相对人的损失。[1]《合同法》第410条肯定了当事人行使任意解除权的

---

* 蒋佳艺，意大利罗马第二大学法学博士。

〔1〕 参见崔建远、龙俊：《委托合同的任意解除权及其限制——“上海盘起诉盘起工业案”判决的评释》，载《法学研究》2008年第6期。

效力,并规定解除方的损害赔偿责任,属于相对限制。

选择合理的限制方式需要结合其制度基础。我国通说认为,委托合同任意解除权的理论基础在于当事人之间的信任关系,立法者赋予合同双方在信赖基础动摇之时,能及时从合同中解脱出来的权利。〔2〕有学者认为,应当根据有偿委托与无偿委托之分,对当事人的任意解除权做出区别限制。〔3〕还有学者考量委托合同之利益安排,阐释了当事人行使任意解除权的合理性:委托人撤销委托可能基于收回事务处理之考量,或基于事务处理本身对其已无利益,或因事先不了解处理事项而以此作为一种救济手段;受托人放弃委托,既可能因为无偿委托的义务弱化,也可能因为行为义务之不可强制的问题。〔4〕

单一的信赖基础说已经无法包容日益复杂、涉及多方利益的委托合同实践,因为无论何种合同债权债务关系,均有信任原理作用之空间。〔5〕因此,为《合同法》第410条寻找更加准确的参照系,重新审视任意解除权的信赖基础及其限制方式,需要从以下几个方面着手研究:第一,区分行使任意解除权与故意毁约,探究任意解除权究竟有何特殊的制度价值;第二,如何处理受托人、第三人因处理事务可得之利益;第三,当事人特约抛弃任意解除权具有何种效力。

本文从私法史和教义学的角度,追溯罗马法上委托合同的道德起源及其信任关系在私法史上的演变,重新认识任意解除权的理论基础,为合理限制任意解除权提供思路。

二、罗马法中委托合同的任意解除权

(一)委托人撤销委托及其限制

委托合同的信赖基础源自委任人与受任人之间的友谊(*amicitia*)。在古典法中,保罗在《学说汇纂》D.17.1.1.4中阐述到,“非无偿的委任无效,因为委任契约起源于义务和友谊,因此报酬与义务相对立。实际上,如果介入了金钱,毋宁说涉

---

〔2〕 参见王利明、房绍坤、王轶:《合同法》,中国人民大学出版社2009年版,第432页;王利明:《合同法研究》(第3卷),中国人民大学出版社2012年版,第738页以下;胡康生等:《合同法释义》,法律出版社2013年版,第629~630页;梁慧星主编:《中国民法典草案建议稿附理由:合同编》(下册),法律出版社2013年版,第717页;崔建远主编:《合同法》,法律出版社2015年版,第449页以下。

〔3〕 参见吕巧珍:《委托合同中任意解除权的限制》,载《法学》2006年第9期;前引〔1〕,崔建远、龙俊文,第84页。

〔4〕 参见周江洪:《委托合同任意解除的损害赔偿》,载《法学研究》2017年第3期。

〔5〕 前引〔4〕,周江洪文,第75页以下。

及的是租赁的情形”。[6] 基于朋友之间的信任,委托人交由受托人代其处理事务;基于义务(*officium*)的观念,受托人主动接受委托,为实现委托人的利益处理事务。友谊与义务不得以金钱衡量,如果合同中约定了报酬,则不能成立委托合同,而成立租赁合同。后世罗马法学家从双方的友谊、义务出发,承认委托合同具有“对人的考虑”(*intuitus personae*)的特征,并以实质无偿为原则。

委托合同的功能体现在委托人无法亲自处理事务时,由受托人代为处理,从而实现委托人的利益。盖尤斯最早在其《法学阶梯》3.159 中确认委任人可以撤销委托。[7] 委托人单方解除的重要前提是必须于“事务发生变化前”(*res integra*)撤销;委托人在其他时间撤销,不使委托合同自动终止。

盖尤斯还在《日常事务》第 2 卷中(D. 17. 1. 2. pr.),根据不同的利益考量区分了五种类型的委任:“我们之间缔结委任,我委任你要么只为了我自己,要么只为了他人,要么为了我自己和他人,要么为了我自己和你,要么为了你和他人。但如果我只为了你而委任你,这种委任是多余的,因此从中不产生任何债务。”[8]由此可见,缔结委托合同可以是为了委托人利益、第三人利益、委托人和第三人的利益、委托人和受托人的利益、受托人和第三人的利益。唯独单纯为了实现受托人利益的委托无效,正如盖尤斯在《法学阶梯》3. 156 所言,为受托人利益的委任(*mandatuma tua gratia*)无效(*supervacuum*),因这种委任更像是建议,不具有债的约束力[9]。上述利益结构亦为优士丁尼《法学阶梯》I. 3. 26 所延续。

在典型的委托合同中,委托合同以实现委托人利益为中心,委托人是唯一的利益享有者,其意愿决定了委托合同的存续。也就是说,法律意义上的“合作”概念意味着委托人自始至终对委托事务的决定权和控制权,委托人因而被称为主人(*dominus*),决定是否以及如何实现事务之处理、取得处理之成果。根据《学说汇纂》D. 17. 1. 12. 16,“如果我委任[某人]收回欠款,此后我改变了主意,是否存在对我或我的继承人的委任之诉? 马尔切勒说,不存在委任之诉,因为意愿终止时委

---

[6] [古罗马]优士丁尼:《学说汇纂(第 17 卷):委任与合伙》,李飞译,中国政法大学出版社 2014 年版,第 2 ~ 3 页。

[7] 《法学阶梯》3. 159:“一个已合法实行的委托,如果在事情尚未变化时被撤销,则丧失其效力。”参见[古罗马]盖尤斯:《法学阶梯》,黄风译,中国政法大学出版社 2008 年版,第 185 页。

[8] 前引[6],优士丁尼书,第 4 ~ 5 页。

[9] 为受托人利益的委任是否有效是古罗马法学家争议的一个重要问题。在《法学阶梯》3. 162 中,塞尔维否认这种委任的效力,但萨宾却承认其效力。为受托人利益的委任逐步发展为如今的信用委任,因为委托实质无偿,需从利益安排上做出调整以商业实践中担保的需要。

任消灭。但如果你委任[某人]收回欠款,此后你禁止他这么做,但接受了所收回的钱款的,债务人的债务解除”。[10] 马尔切勒承认意愿存续原则(*permanentia voluntatis*)决定了委托人撤销委托之正当性与合理性。

当委托合同旨在实现受托人、第三人利益时,即为自己事务的委托(*mandatum in rem propriam*),罗马法学家并没有深入探讨委托人能否撤销为自己事务委托的问题。不过在优士丁尼《法典》C. 4. 10. 1 中,为自己事务的委托构成了委托人死亡导致委任消灭之例外。据该片段所载,委托人甲请求受托人乙为甲之债务人丙清偿,受托人乙通过清偿成为丙的债权人。随后委托人甲死亡且没有继承人,受托人乙可对丙提出用益之诉(*actio utili*)要求清偿。受托人对委托合同亦享有利益,委托人死亡并不当然使委任终止。

(二)受托人放弃委托及其限制

相对于委任人撤销,受任人放弃委任的权利直到塞维鲁时期才得到承认。盖尤斯在《法学阶梯》中并未提及受托人放弃委任的情形,但是他在《行省告示评注》第9卷指出受托人一般情况下不得放弃履行职责,在特殊情况下需尽快通知委托人以便其作出其他安排,否则将在委托人的利益范围内承担赔偿责任。[11]

直到古典法晚期,受托人具有正当原因(*iusta causa*)者得于“事物发生变化前”放弃委任。其中,正当原因可分为主观原因和客观原因。主观原因与委托合同“对人的考虑”相关,包括受托人身体不适、双方友谊破裂。根据 D. 17. 1. 23 记载,赫尔摩格尼在《法摘要》第2卷指出受托人“[没有执行委任是]由于身体不适或[相对人的]极其不友好”,可以放弃委托。客观原因则与处理事务性质有关,包括处理事务徒劳无用。根据 D. 17. 1. 24 记载,保罗《论点集》第2卷指出“或由于相关的诉讼徒劳无益”。此外,受托人具备其他正当理由,也可以放弃委托。根据 D. 17. 1. 25 记载,赫尔摩格尼还在《法摘要》第2卷指出“或由于提出作为辩解的其他正当理由,必须被听取”。[12] 直到优士丁尼时期,优士丁尼《法学阶梯》遵循

---

〔10〕 前引〔6〕,优士丁尼书,第36~37页。

〔11〕 D. 17.1.27.2:“受任人如果能够履行委任,就不得放弃所允诺的职责,否则将在委任人的利益范围内被判罚。但如果他知道自己不能履行该职责,必须尽快将之通知委任人,以便委任人——如果他愿意的话——可以使用他人的劳务。但如果他能够通知却没有通知,他将在委任人的利益范围内承担责任;如果由于某种原因他不能做出通知,他将安然无恙。”前引〔6〕,优士丁尼书,第52~53页。

〔12〕 前引〔6〕,优士丁尼书,第48~49页。

古典法学家观点,确认了委任人撤销与受任人放弃并存。[13]

(三)小结

从前文委托合同的罗马法基础分析可见,第一,“友谊”与“义务”的起源使委托合同具有“对人的考虑”这一特征,并与广义上的信赖产生了联系。第二,委托合同旨在实现委托人利益,委托人的意愿决定委托合同的存续。受托人一般不得放弃,或者其放弃应以事务以其他方式得到处理为条件,否则应承担损害赔偿责任。第三,没有足够的证据表明委任之实质无偿削弱了债的约束力,因此,无偿性对单方解除制度的形成并未产生决定作用。综上所述,委任的道德起源及其“对人的考虑”特征,与委托人意愿存续原则一同构成了任意解除权的罗马法基础。

三、委托合同信赖基础的现代转型与任意解除权之限制

(一)大陆法系传统中委托合同信赖基础之延续

中世纪的委托合同以无偿为原则,区别于其他类似的典型合同,如租赁合同;[14]委托人的撤销与受托人的放弃亦得到保留。[15] 在《法国民法典》制定之前,[16]波蒂埃(Robert Joseph Pothier)将委托归为慷慨合同,委托人得撤销委任,受托人在处理事务前得抛弃委任。波蒂埃重申委托合同起源于友谊,一旦友谊破裂,委任应当终止。在当事人之间产生严重的敌意或者具有其他正当原因之时,受托人的履行义务得以免除。[17] 多玛(Jean Domat)则从委托人意志的变化来解释撤销委托的行为,委托人可以随时撤销对受托人的委任。受托人在没有处理事务之

---

〔13〕 I. 3.26.9:“正当缔结的委任,如在被委任之事尚未进行之际被撤销,失效”;I. 3.26.11:“人们可自由地不接受委任。然而,如果人们接受了委任,必须完成之,要么必须尽快拒绝,以便委任人可或通过他自己,或通过他人执行同一事物。事实上,除非辞却以为委任人保留了迅速处理同一事务的完全可能的方式作出;除非就不辞却,或不及时辞却发生了正当的原因,仍发生委任之诉。”徐国栋:《优士丁尼〈法学阶梯〉评注》,北京大学出版社2011年版,第449~450页。

〔14〕 Cfr. G. Provera, voce *Mandato(negozio giuridico):storia*, in *Enciclopedia del diritto*, XXV, Milano, 1975, 318 s.

〔15〕 12世纪的比萨习惯法(*Constitutum usus di Pisa*)特别记载了委托合同双方的任意解除权,即委托人的撤销与受托人的放弃,解除方需支付费用、赔偿损失。“在事务发生变化前”不再成为时间限制,即使受托人已经着手处理事务,委托人仍得以单方解除合同。Cfr. F. Schupfer, *Il diritto delle obbligazioni in Italia nell'età del risorgimento*, Vol. III, Milano, Torino, Roma, 1921, 18 s.

〔16〕 Cfr. F. Cagninacci, *Le mandat dans la doctrine français de l' ancien régime. XIIIe-XVIIIe siècles*, Nancy, 1962, 185 ss.

〔17〕 Cfr. R.G. Pothier, *Trattati dei contratti di beneficenza del Signor Pothier. Nuova versione italiana. Corredata di note indicanti i cambiamenti fatti dal codice francese e dal codice austriaco*, trad. it. da F. Foramiti, Vol. II, Venezia, 1836, 29 ss. e 40 ss.

前可以放弃委任,以便委托人自行处理或者另行委任他人;在开始履行后放弃的,需承担损害赔偿责任。[18]

受到法国学派的影响,1804 年《法国民法典》突破了委托实质无偿的原则,允许当事人约定报酬,[19]并规定了任意解除权。一方面,委托人的意志在合同中占主导地位,决定合同的存续,其考量包括对受托人的信任程度及其人身因素、经济状况等因素,这反映出法国的传统做法:“当受托人的情况恶化时,委任当然撤销”(*Mandatum ipso jure revocatum intelligis, ubi deterioris conditionis mandatarius effectus exstitit*);另一方面,对于受托人而言,委任是一项义务(*office*),在事务发生变化前可以放弃委任。当放弃不利于委托人时,受托人应赔偿损失。[20]

1900 年《德国民法典》也遵循罗马法传统,规定委托合同实质无偿,并且将无偿性作为任意解除权的理论基础。当事人可随时终止委托,因为“结束无偿合同相对而言应当比较容易”。[21] 格鲁克(Christian Friedrich von Glück)认为,委托的前提包括两个方面:友谊和提供服务的意愿,以及当事人之间的信任。委托的人格属性决定了委托不得继承,合同稳定性受制于当事人的意愿。[22] 然而,格鲁克认为委托人在下列情形不能撤销委托:一是委托同时涉及受托人利益;二是受托人作为诉讼代理人。受托人放弃委托须在处理事务之前,有正当原因的除外。但是《德国商法典》则规定在以有偿为原则的商事委托中,如果合同期限未定,当事人仍享有任意解除权,其行使需按照法定期间提前预告通知。[23]

(二)信赖基础的现代转型

直到 19 世纪,受工业革命的影响,“合作”现象在法律意义上展现出新的维度。其征兆表现为强化信任关系的本质,逐渐抛弃意愿存续原则。委托合同“对人的考虑”不断淡化,其订立逐渐摆脱友谊与义务的道德因素,从最初朋友之间的委任行为发展到陌生人之间的委托合同在履行合同时,当事人都应遵守诚信原则。

---

〔18〕 Cfr. J. Domat, *Le leggi civili disposte nel loro ordine naturale*, trad. it., Firenze, 1834, Tomo III, 41 s.

〔19〕 参见《法国民法典》第 1986 条。

〔20〕 参见《法国民法典》第 2004 条至第 2007 条。Cfr. R. T. Troplong, *Commentaire du mandat*, Bruxelles, 1847, 233 s.

〔21〕 [德]梅迪库斯:《德国债法分论》,杜景林、卢谌译,法律出版社 2007 年版,第 344～350 页。

〔22〕 Cfr. F. Glück, *Commentario alle pandette*, Libro XVII, trad. it. da G. Pacchioni e S. Cugia, Milano, 1904, 92 ss.

〔23〕《德国商法典》第 89 条第 1 款规定:“不定期缔结的合同关系,合同关系在合同期的第一年,可以 1 个月的期间终止;在第二年,可以 2 个月的期间终止;在第三年至第五年,可以 3 个月的期间终止。在五年的合同期之后,合同关系可以 6 个月的期间终止。只准许自一个历月结束时起终止,另有约定的除外。”《德国商法典》,杜景林、卢谌译,中国政法大学出版社 2000 年版,第 37 页。

以意大利法典的前后变化为例,1865 年《意大利民法典》与 1882 年《意大利商法典》区分了民事委托和商事委托。立法者对任意解除权采取相对限制的措施。在民事委托中,委托人撤销委托不承担损害赔偿责任,受托人放弃委托承担损害赔偿责任。在商事委托中,当事人任意解除商事委托应承担损害赔偿责任,有正当原因除外。[24] "正当原因"由法官在具体审判实践中行使裁量权确定。在缺乏正当原因时,赔偿范围应与造成的损害成比例,并根据共同法的规则,以委托人寻找、获得其他服务而损失的利益为基础。[25]

进入 20 世纪后,越来越多的学者开始质疑委托合同"对人的考虑"作为任意解除权的理论基础。[26] 在重构合同信赖基础时,意大利理论界和实务界借鉴了德国学者的信任说。该学说主要包括两种理论:"对人的信任"(vertrauensmann),即在选任缔约方时对他人产生的信任;以及"对关系的信任"(vertrauensverhältnis),即以他人合作为特征的关系的信任。基于两种信任理论来考察合同中的主体错误、不可替代给付、人身债务的不得移转等问题,并进而将信任关系划分为三个阶段:主观阶段(又称心理阶段),客观阶段,产生法律效力的阶段。前一阶段是后一阶段发生的条件。因此,委托合同当事人行使任意解除权被解释为三个步骤:第一,主观层面当事人一方对另一方失去了信任,即合同信赖基础动摇;第二,作出撤销或者放弃委托之行为;第三,委托合同在通知到达对方时终止。[27]

信任关系并非一个严格意义上的法律概念,合同订立的动机("对人的信任")难以落入法律调整的范围,如委托人基于友谊或者对受托人专业能力的信任等因素,交由其代为处理事务。当涉及合同履行、终止时("对关系的信任"),立法者赋予信任关系以法律内涵的表现之一就是,规定当事人任意解除权和损害赔偿责任。这主要基于以下考虑:第一,信任关系具有不稳定性,随当事人意志之转变而转变;第二,为了防止一方滥用另一方信任的情形,并确保守信一方能采取有效、可诉的救济方式。[28] 可见,法律不再规范是否存在以及何种程度上存在信任关系,而是根据信任关系全新的法律内涵及其产生的规则,赋予任意解除权以否认失信行为的功能,从而确保当事人能够及时从合同中解脱出来的利益,构成契约严守原则的

---

〔24〕 1865 年《意大利民法典》第 1758 ~ 1761 条;1882 年《意大利商法典》第 366 条第 1 款。

〔25〕 Cfr. F. M. Dominedò, voce *Mandato commerciale*, in *Novissimo digesto italiano* (a cura di A. Azara e E. Eula), 3 ed., X, Torino, 1957, 95 – 96 ss.

〔26〕 Cfr. A. Galasso, *La rilevanza della persona nei rapporti privati*, Napoli, 1974, 296 s.; A. Luminoso, *Il mandato*, Torino, rist. 2010, 161 s.

〔27〕 Cfr. A. Galasso, *La rilevanza*, cit., 296 ss.

〔28〕 Cfr. A. Galasso, *La rilevanza*, cit., 304 s.

例外。

"对人的考虑"经重新解读之后,仅在有限的情形中才构成实在法的基础;任意解除权的规范重心不再停留在维持信任之上,而转向了合同效力不稳定时的损害赔偿。因而,在考察任意解除权的制度设计时,需要将注意力从对人格价值的考量转移到对委托合同结构的研究之上。这种转变为1942年《意大利民法典》第1723条所确立。该法典统一规定民事委托与商事委托,推定委托合同有偿(第1709条),并规定了委托人的撤销与受托人的放弃;在未确定期限的代理商合同中,当事人可预告解除。[29]

四、合同利益考量与任意解除之限制

(一)合同利益与委托人任意解除之限制

大陆法系传统上典型的委托合同以委托人利益为中心,正是属于他的委托事务构成合同客体,具体表现为意愿存续原则。首先,委托人有着"主人"的意志,考量履行合同是否对其有利,决定是否收回事务之处理;其次,在其认为不利的情况下,可以自由地撤销合同;最后,委托人的任意解除可作为对其事先不了解受托人情况的救济。

当委托合同涉及受托人利益时,又称"为自己事务的委托"(mandato *in rem propriam*),为保护受托人报酬之外的其他经济利益,应限制委托人任意解除权。在涉及受托人利益的委托中,对委托人的任意解除权采取绝对限制,这一实践最早是在法国得到理论化的。波蒂埃以民事合伙为例,认为合伙人根据合伙章程任命的合伙管理人,在没有正当原因的条件下不得撤销此种委托,因为此时委托的订立乃是合伙契约条件的一部分。[30] 1804年《法国民法典》最初没有区分委托与代理,因此,关于涉及受托人利益的委托人之绝对不可撤销性并非代理的问题,而是着眼于委托合同本身。根据《法国民法典》第1856条,当委托涉及受托人利益、作为复杂的利益结合体时,委托人不得撤销委托。[31] 由此,法国立法者确立了委托

---

〔29〕 参见《意大利民法典》第1709条,第1722条第2款、第3款,第1723～1727条以及第1750条。

〔30〕 Cfr. R. G. Pothier, *Trattato del contratto di società*, in *Opere*, II, 721 ss. Vd. altresì in L. Nanni, *Dell' estinzione del mandato*, in *Commentario del codice civile Scialoja-Branca*, a cura di F. Galgano, *Libro IV: Obbligazione art.* 1722－1730, Bologna, Roma, 1994, 97－98 ss.

〔31〕 Cfr. R. T. Troplong, *Commentaire*, cit., 223 ss.

人不得撤销具有共同利益的委托的原则。[32]

德国民法针对该问题则转向日耳曼法的代理制度寻找答案。[33] 拉班德重构委托与代理关系,其出发点就是解决代理人处理事务也涉及其自身利益的问题。德国民法承认在代理涉及代理人、第三人利益之时,代理绝对不可撤销;在双方约定不可撤销之时,则仅是相对不可撤销。代理人通过合同取得一项真实的权利,并以被代理人的名义处理事务,被代理人不可撤销代理。

在现行《意大利民法典》制定过程中,对涉及受托人利益之委托采取绝对限制,主要受到实践中两种类型案例的推动:[34] 第一,在回收债权的委托(mandato all' incasso)中,甲委托乙回收对第三人的债权,并从回收的债权中扣除甲、乙先前在其他合同关系中的另一债权,此时受托人乙对于处理事务具有债的保全利益,甲不得任意解除委托;第二,在共有关系中,一名共有人受其他共有人之托管理共有财产,其他共有人不得任意解除委托。受托人的利益是指报酬以外的其他经济利益,包括合同持续的利益,[35] 还包括受托人在专业或商业领域的声誉。[36]

当委托合同为第三人利益,或者以受托人与第三人的共同利益为目的之时,委托人的撤销不使合同终止。例如,一名父亲委托他人管理其赠与给子女的财产。父亲作为委托人,受托人管理委托人赠与给其子女的财产。该委托以实现委托人和第三人(即子女)的利益为目的。可见,保护受托人、第三人利益具有重要意义,不同主体的利益构成利益共同体,委托人单方面的任意解除行为不生效。[37]

受托人、第三人的利益应与事务处理直接相关,且必须是具体的经济利益。现行《意大利民法典》第 1723 条第 2 款对委托人任意解除涉及受托人、第三人利益委托的绝对限制,即受托人、第三人对于事务处理存有利益时,委托人撤销委托不导致合同消灭。不同于《意大利民法典》第 1726 条所规定的共同委托之撤销,委托人的任意解除并非不产生任何法律效果。若受托人、第三人同样愿意终止履行,双方即得从合同中解脱出来。如果委托涉及受托人之利益,受托人可以反对撤销;如

---

〔32〕 意大利通过 1971 年第 71 - 579 号法案,其中规定了工程业主与房地产开发商签订的合同为具有共同利益的委托(un mandat d' intérêt commun),委托人不得撤销。参见《法国民法典》,罗结珍译,北京大学出版社 2009 年版,第 421 页。

〔33〕 Cfr. R. Quadrato, voce *Rappresentanza*(*diritto romano*), in *Enciclopedia del diritto*, XXXVIII, Milano, 1987, 425 s.

〔34〕 尽管 1865 年《意大利民法典》及 1882 年《意大利商法典》均未规定为自己事务的委托,但当时的理论界和实务界均承认涉及受托人、第三人利益的委托,委托人任意解除委托不产生效力。

〔35〕 参见《意大利民法典》第 1725 条。

〔36〕 Cfr. L. Nanni, *Dell' estinzione del mandato*, cit., 64 - 65 ss.

〔37〕 Cfr. L. Nanni, *Dell' estinzione del mandato*, cit., 95 s.

果涉及第三人利益,受托人不得反对,因为他始终处于合同利益关系之外。可见,立法者此时更看重当事人之间的合意,而非一味地承认委托人的任意解除权。[38]

不同于德国民法在一般意义上赋予当事人任意解除权,而仅规定不可撤销之代理;也不同于法国民法笼统承认共同利益委托的做法,意大利民法从合同利益的角度对委托人的任意解除作出相对和绝对限制。[39] 通过限制委托人任意解除的自由,实际上保护了受托人或第三人对因处理事务所得利益之合法期待,如委托他人将自己的财产捐赠给第三人,或者委托他人为第三人的利益而在委托人的财产上设立物的担保,或者委托他人向自己的债权人清偿等。[40]《欧洲示范民法典草案》第IV. D－1:105条亦规定了不可撤销的委托。[41]

(二)合同利益与受托人任意解除之限制

典型的委托合同以实现委托人利益为中心,受托人行使任意解除权,合同关系终止,委托人利益无法实现。即使存在受托人、第三人的利益,受托人同样应当对委托人承担损害赔偿责任。所以,一般对受托人放弃委托采取相对限制的措施,即受托人可以放弃委托,并承担损害赔偿责任;受托人应尽量为完成事务处理考虑,应在合理时间、以合理方式通知委托人,以便委托人自行处理或者另行委托他人。[42]

受托人之所以得放弃委托,其理论基础在于以下三点:第一,当事人之间的信任关系。受托人一旦失去对委托人的信任,不再具有继续履行的意愿,可以放弃委

---

〔38〕《意大利民法典》第1723条:"委托人可以撤回委托(1724、1725、1726);约定不可撤回的,应当承担损害赔偿责任,有正当理由撤回的(1722、1734、1738、2227、2237)除外。除非有不同的约定或有撤回的正当理由(2259),委托涉及受托人或第三人利益的,委托人撤回委托不导致委托契约消灭;委托人的死亡或突然发生的无能力,也不导致委托撤回(1722)。"《意大利民法典》,费安玲等译,中国政法大学出版社2004年版,第411页。

〔39〕在意大利民法中,关于受托人放弃的制度设计,不存在绝对不可放弃的情形。《意大利民法典》第1727条规定:"无正当理由放弃委托的受托人,应当对委托人承担损害赔偿责任。委托未确定期间的,无正当理由放弃委托的受托人,在未适当预先通知的情况下承担赔偿责任。在任何情况下,做出放弃的方式和时间应当以委托人可以采取措施为限,但是受托人严重不履约的情况,不在此限。"前引〔38〕,费安玲等译文,第411页。

〔40〕《意大利民法典》第1723条第2款规定,"除非有不同的约定或有撤回的正当理由,委托涉及受托人或第三人利益的,委托人撤回委托不导致委托契约消灭;委托人的死亡或突然发生的无能力,也不导致委托撤回"。前引〔38〕,费安玲等译文,第411页。

〔41〕[德]巴尔、[英]克莱夫主编:《欧洲私法的原则、定义与示范规则:欧洲示范民法典草案:全译本》(第4卷),于庆生等译,法律出版社2014年版,第736页。

〔42〕参见《德国民法典》第671条;《意大利民法典》第1727条。

托。[43] 第二，民法传统上以无偿委托为原则。在法国、德国民法中，受托人放弃委托可归因于无偿合同的义务弱化。[44] 第三，行为之债(*facere*)具有不可强制性，即受托人不愿意继续处理事务，委托人亦不得强制其履行，如意大利对受托人放弃委托所做规定。[45]

五、委托合同的类型化处理与合理限制手段

(一)有偿委托、无偿委托以及民事委托、商事委托

我国《合同法》第410条采相对限制措施，以损害赔偿责任来约束可归责的解除方对他方造成损害的行为。特殊的委托合同，如行纪合同和居间合同，也适用委托合同任意解除权的规定。前者依据《合同法》第423条，后者被认为是特殊的委托合同，准用任意解除权的规定。[46]

在解释《合同法》第410条以合理限制任意解除权时，有学者主张进行类型化处理：区分有偿委托与无偿委托、民事委托与商事委托，对民事委托合同适用《合同法》第410条，对商事委托合同则不应承认当事人的任意解除权。[47] 理由是民事委托合同大多无偿、不要式，其信任主要指向的是受托人的品质及办事能力，受托人无偿为委托人提供帮助。即便委托人行使任意解除权，对受托人也难以造成经济损失。而商事委托一般为有偿、要式合同，信赖基础建立在受托人的商誉和经营能力之上。受托人为处理委托人的事务付出机会成本、投入资源，委托人一旦行使任意解除权，将使其遭受损失。[48]

然而，民事委托与商事委托之区分并非单纯依据有偿与否的标准，究竟是以主体论还是以客体论来区分，学界尚未达成共识。因而论及有偿委托与无偿委托、民事委托与商事委托，存在界定模糊的问题。这类观点虽然顾及了被解除方的利益，但忽视了解除方在非出于债务不履行的因素中从委托中解脱出来的利益。尽管委

---

〔43〕 Cfr. G. Gabrielli e F. Padovini, voce *Recesso* (*diritto privato*), in *Enciclopedia del diritto*, XXXIX, 1988, 38 s.

〔44〕 参见《法国民法典》第2007条；《德国民法典》第671条。

〔45〕 参见《意大利民法典》第1727条。

〔46〕 参见隋彭生：《居间合同委托人的任意解除权及"跳单"——以最高人民法院〈指导案例〉1号为例》，载《江淮论坛》2012年第4期。

〔47〕 参见张谷：《中国民法商法化举隅》，载《金融法苑》2005年第1期；前引〔3〕，吕巧珍文，第79页；前引〔2〕，王利明书，第739～740页；崔建远：《编纂民法典必须摆正几对关系》，载《清华法学》2014年第6期；李建伟：《我国民法典合同法编分则的重大立法问题研究》，载《政治与法律》2017年第7期。

〔48〕 前引〔1〕，崔建远、龙俊文，第83页以下。

托合同在大陆法系历史沿革和立法传统上以无偿为原则、以有偿为例外,但是无偿性并非必然是任意解除制度的理论基础。无偿性造成委托合同拘束力较弱、得以任意解除的问题主要见诸于规定委托合同为无偿合同的立法例中,如德国民法之规定。然而,任意解除权的制度价值恰恰在于保护当事人在失去对合同关系的信任之后,从合同中解脱出来的利益,通过损害赔偿来修正任意解除对相对方所造成的损失。

所以,目前较为可取的方案是结合意思自治原则,区分民商事委托,通过约定损害赔偿范围来对任意解除权进行相对限制,使“赔偿损失”中的损失应当包括一方可预期的利益,至少不应该完全排除“可得利益”。〔49〕

(二)涉及不同合同利益类型的委托

当委托合同还旨在实现受托人或者第三人的利益时,委托人的利益不再居于委托合同的中心,他不能再凭个人意志左右委托合同的存续。对于《合同法》第410条是否适用于为受托人或者第三人利益的委托、受托人或第三人的利益是否属于委托合同的内容,仍需作出解释。

在“上海盘起贸易有限公司与盘起工业(大连)有限公司委托合同纠纷案”中,大连盘起委托上海盘起销售其生产经营的产品,销售机构和渠道的建设、管理、运营等费用均由受托人上海盘起负责,但大连盘起不需要向上海盘起支付报酬。〔50〕根据《合同法》第396条,该委托销售协议构成“受托人处理委托人事务的合同”,法院将大连盘起与上海盘起之间认定为委托合同,并适用《合同法》第410条的规定。但这种委托销售协议具有特殊性,因为其中既没有约定报酬,也没有让委托人承担《合同法》第398条规定的事务处理费用。

通过追求该案当事人的原意,此处委托人不支付报酬,受托人通过自身努力在

---

〔49〕 参见马忠法、冯凯:《委托合同任意解除权的赔偿责任》,载《东方法学》2009年第3期。

〔50〕 参见“上海盘起贸易有限公司与盘起工业(大连)有限公司委托合同纠纷案”,载《中华人民共和国最高人民法院公报》2006年第4期。2000年8月上海盘起与大连盘起签订《业务协议书》,就大连盘起委托上海盘起在中国地区(不含台湾地区、港澳特区)的销售事宜约定如下:“双方相互确认系盘起集团成员,在盘起工业的事业上有共同的利益和责任;大连盘起作为盘起集团在中国的制造基地,有责任按照盘起集团的标准,按质、按时、按量地供给上海盘起所需产品;上海盘起作为盘起集团在中国地区的销售代表机构,有责任开拓、发展盘起集团和大连盘起产品在中国地区的市场;大连盘起委托上海盘起在中国地区销售其生产经营的产品,不再委托、建立其他销售机构和渠道,如有必要须事前与上海盘起建立协议;上海盘起负责建设、管理、运营销售机构和渠道,根据客户需求可自行购买其他厂商产品进行销售活动;大连盘起将以最优惠的价格供给产品,并无偿提供、转让给上海盘起在中国地区的销售权、商标使用权及其他无形资产,上海盘起保证正确使用其销售权、商标及无形资产等。”本文所引案例如无特别说明,均参考自北大法宝司法案例数据库。

经营业绩中获利，这种利益不同于委托人的报酬给付，与受托人处理事务之间不构成对待给付关系。[51] 换句话说，受托人对处理事务本身存有利益，此等利益与对方当事人履行给付义务之结果不同，与原定给付的不履行或者不完全履行并非处于同一层面。上海盘起虽然不从大连盘起处收受报酬，但是仍能通过执行委托销售合同，实现报酬之外的利益，如从第三人处赚取销售差价。因此，此种受托人的利益不同于《合同法》第405条规定的报酬。

有学者反对在此处适用《合同法》第410条，因为“与其说是为了受托人的利益或是第三任的利益而不允许委托人任意解除委托合同，倒不如说是因为委托合同中加入了其他类型合同的要素，为了保护这些其他类型合同所要保护的利益，不得不限制委托人的任意解除权”，并进而将该条解释为：“当委托合同不仅仅是委托合同，而且加入了其他类型合同的要素，构成了无名合同时，为了保护其他类型合同所要保护的利益，当事人不得行使任意解除权”。[52]

受托人利益应当被解释在委托合同内容之中，而不应作为另一种合同类型的元素，尽管有学者认为委托合同不得仅为受托人利益而为之。[53] 受托人利益虽然不能使任意解除权受到绝对限制，但是在确定解除方损害赔偿范围时，法院应考虑受托人报酬以外的利益，不应一概认定为直接损失。

当委托存在特殊利益，如公共利益或者人身权利时，当事人任意解除委托的自由将受到限制。在实务中，法官将物业服务合同、医疗服务合同认定为委托合同时，不应适用任意解除权：物业服务合同涉及所有业主的利益，具有一定程度的公益性；[54] 而医疗服务合同直接影响到患者生命健康，因此不能适用《合同法》第410条。[55]

（三）当事人对任意解除权的意定限制

与合理限制任意解除权密切相关的，还有当事人约定放弃任意解除权的效力问题。对此学界尚未形成定论。一般认为该特约是否有效取决于对《合同法》第410条是否属于强制性规范的认定。[56] 有学者认为预先抛弃任意解除权的特约一

---

〔51〕 前引〔4〕，周江洪文，第80页。

〔52〕 前引〔1〕，崔建远、龙俊文，第80～81页。

〔53〕 参见邱聪智：《新订债法各论》（中），中国人民大学出版社2006年版，第139页以下。

〔54〕 参见陈文：《物业服务合同若干法律问题研究》，载《现代法学》2004年第2期；睢素利：《物业服务合同的法律分析与相关问题的法律适用》，载《法律适用》2007年第5期。

〔55〕 参见陈璐、代贞奎：《以患者拖欠医疗费为由解除住院医疗服务合同的条件及法律后果》，载《人民司法（案例）》2011年第12期。

〔56〕 参见陈自强：《民法讲义Ⅱ契约之内容与消灭》，法律出版社2004年版，第210页；参见前引〔53〕，邱聪智书，第182页。

般无效,因为有违委托合同的性质;唯独委托合同亦涉及受托人利益时,应例外认为该特约有效。[57] 有学者认为,如果抛弃任意解除权使债权关系发生永久存续之结果,则有悖于公序良俗原则,其抛弃为无效。[58]

有学者认为,此种抛弃一般有效,但是在特殊情况下,即使抛弃仍得终止合同。[59] 有学者主张对意定限制进行类型化处理。在无偿委托中,约束当事人的只有信赖关系。一旦信赖基础动摇,没有理由勉强维持合同关系;所以,应当认为在无偿委托的情形下,解除权抛弃特约无效。在有偿委托中,为了保护受托人获得报酬的权利,出于对意思自治原则的尊重,应当认为抛弃特约原则上有效,除非有违公序良俗,或者出现了法定解除的其他情形(《合同法》第94条前4款的规定)。[60]

在商事委托中,委托人选择受托人更多地关注受托人的商誉及经营能力,而非民事委托中所重视之人身信赖关系。受托人为完成委托事务通常要投入大量的人力和物力来开拓市场、联系客户等,为了防止对方行使任意解除权带来的不确定风险,故对解除条件作出特别约定以排除任意解除权的适用,是双方当事人对合同履行风险所作出的特殊安排,体现了意思自治原则,且也不损害国家利益、社会公共利益以及第三人的合法利益。在此情况下,如仍允许委托人行使任意解除权,就会给受托人带来重大损失;且由于经营可得利益的不确定性,解除合同后受托人所能获得的损害赔偿,往往与继续履行合同所能获得收益相差悬殊,这一结果显然有悖公平原则。因此,鉴于商事委托的特殊性,当双方当事人对合同解除权的行使作出特别约定时,应当认定《合同法》第410条关于任意解除权的约定已经被排除适用。以实践中广泛存在的商品房委托销售合同为例,受托人为委托人销售房屋,要进行大量前期工作,如开设所涉楼盘的销售处、进行销售广告等的设计与宣传工作。在处理委托事务时,还需投入大量的人力和物力来开拓市场、联系客户。基于风险分担的经济考量,应允许双方约定排除委托人的任意解除权。[61]

在实务中,法官一般认可当事人排除任意解除权特约的效力,理由在于:第一,现行法律并未明文禁止该种特约的适用,《合同法》第410条并非强制性规范,当事人可以选择排除。第二,从当事人意思自治的角度来看,当事人充分考虑了解除

---

〔57〕 参见史尚宽:《债法各论》,中国政法大学出版社2000年版,第408页。

〔58〕 参见郑玉波:《民法债编总论》(修订2版),中国政法大学出版社2003年版,第344页。

〔59〕 参见黄立:《民法债编各论》(下),中国政法大学出版社2003年版,第527页。

〔60〕 前引〔1〕,崔建远、龙俊文,第85~86页。

〔61〕 参见“盐城金美地置业有限公司与苏州信丰行房地产投资咨询有限公司商品房委托代理销售合同纠纷案”,参见江苏省高级人民法院(2012)苏民终字第0046号民事判决书,转引自潘军锋:《商品房买卖合同案件审判疑难问题研究》,载《法律适用》2014年第2期。

成本，于缔约之时或者履行过程中放弃任意解除权在本质上并无不同，既然法律不禁止当事人在履约过程中放弃任意解除权，当然不应当限制订约时先行放弃该权利。[62] 第三，从合同利益角度来看，当委托在信赖利益之外还存在涉及受托人的利益时，当事人特约排除任意解除权的适用具有合理性。[63] 约定限制任意解除权适用的条款并不影响当事人行使法定解除权。

关于放弃任意解除权的方式，当事人一般在合同中写明相关条款，如"非有重大理由不得终止或者解除"。[64] 在实务中，有法官将禁止转委托的条款认定为排除任意解除权的适用。[65] 值得注意的是，当事人此时应尽到提示义务，特别是在特约作为格式条款的情况下。[66] 其次，约定合同期限并不能排除任意解除权的适用。[67] 特约排除的法律效果表现为：非因法定或约定事由，任何一方不得解除合同。法官依据系争合同或者《合同法》第 94 条判断是否存在解除的情形，而不再《合同法》适用第 410 条。[68] 在约定了不可任意解除条款的委托合同中，一方仍然行使任意解除权，则构成违约，即违反《合同法》第 8 条的规定，解除方应承担违约损害赔偿责任。[69]

六、结论

罗马法中的委托合同起源于友谊与义务，"对人的考虑"之特征塑造了最初的

---

〔62〕 参见"北京捷成行房地产经纪有限责任公司诉北京嘉海房地产开发有限责任公司委托合同案"；"上海市海华永泰律师事务所诉杨雄伟法律服务合同纠纷案"；"成都中美联城房地产营销有限公司、四川省天府房地产开发有限公司与中核四川环保工程有限责任公司因商品房委托代理销售合同纠纷案"。

〔63〕 在"成都和信致远地产顾问有限责任公司与四川省南部县金利房地产开发有限公司委托合同纠纷案"中，和信致远公司与金利公司签订合同除了基于当事人之间的特殊信赖关系之外，还具有利益关系。法院基于诚实信用和民事活动公平的原则，判决金利公司不得擅自解除合同。

〔64〕 前引〔3〕，吕巧珍文，第 80 页。

〔65〕 参见"湖南康帅房地产开发有限公司诉深圳天骜投资策划有限公司委托合同纠纷案"。

〔66〕 参见"邹受恩与上海吴和派纳房地产经纪有限公司委托合同纠纷上诉案"。

〔67〕 在"上海盘起贸易有限公司与盘起工业（大连）有限公司委托合同纠纷案"中，《业务协议书》中约定："本协议书有效期为 20 年。自 2000 年 9 月 1 日至 2020 年 8 月 31 日。其间，双方可协商修改。"上海盘起由此主张双方在协议书中已经通过预先约定合同的有效期限的方式，放弃了单方面任意解除权。该上诉主张未获最高人民法院认可。

〔68〕 参见"大连世达集团有限公司与大商股份有限公司其他合同纠纷案"；"新疆鹏程投资有限责任公司与新疆普瑞铭房地产开发有限责任公司及克拉玛依市广丞房地产经纪有限公司委托代理合同纠纷案"。

〔69〕 参见"南京岩欣房地产经纪有限公司与南京昌厦置业有限公司、江西昌厦建设工程集团公司商品房委托代理销售合同纠纷案"；"厦门航空开发股份有限公司与北京南钢金易贸易有限公司、厦门市东方龙金属材料有限公司买卖合同纠纷案"。

信任关系。典型的委任以委托人利益为中心,委托人的意愿可以决定委任之存续。委托实质无偿最初并未直接影响任意解除权制度的形成。委任的道德起源、由此产生的"对人的考虑"特征,以及委托人意愿存续原则,共同构成了任意解除权的制度基础。

在大陆法系传统中,委托合同逐渐弱化"对人的考虑"特征,从朋友之间的行为扩展到陌生人之间的行为。委托合同任意解除权制度得以保留,其信赖基础的现代转型体现在否认失信行为规范意义。立法者赋予委托双方在信赖基础动摇时,能及时从合同中解脱出来的权利。随着社会实践日渐复杂,更为复杂的合同利益类型提出了新的规制要求,即平衡契约严守的利益与当事人从信赖基础动摇时解脱出来的利益。

在解释《合同法》第410条时,首先,需要考虑委托合同类型化的问题,不应一概排除有偿委托、商事委托中当事人的任意解除权。而是应该尊重当事人意思自治,区分民商事委托,并通过约定损害赔偿范围来对任意解除权进行相对限制。

其次,信赖基础经过现代转型,规制任意解除权的重点在于平衡当事人解除合同的利益与处理事务所实现的多种利益之间的关系。受托人、第三人与处理事务不构成对待给付的其他经济利益应当被解释为委托合同的内容。此时委托人仍享有任意解除权,但是在确定损害赔偿范围时,应考虑受托人、第三人相关的具体经济利益。在涉及特殊利益的委托中,委托合同则不能被任意解除。

最后,应承认当事人特约排除任意解除权的法律效力,即非因法定或约定事由,任何一方不得解除合同。当事人在特约排除之后仍行使任意解除权,应承担违约损害赔偿责任。

(责任编辑:陈晓敏)

论普通法中的私法拟制：故步自封与柔性损益的结合

谢　潇*

目　次

一、问题的提出

对于普通法而言，法律拟制系其独具特色之法律现象。与欧陆法相比，普通法较少具有体系色彩，其在流变过程中常常借助法律拟制实现法律自身之革故鼎新。尽管早在梅因写就其皇皇巨著《古代法》时，其便认为"我们不应再运用这种粗糙的工具［法律拟制］去达到一个公认的有益目标，我不能承认任何变异都是无可指摘的，因为这种变异使法律既难以理解，又难以被整合进一个和谐的体系中去。法律拟制是对称分类的最大障碍"；更遑论边沁曾掷地有声地痛斥法律拟制乃"最致命

* 谢潇，重庆大学法学院讲师，法学博士。

和最卑劣的一种谎言”,[1]似乎法律拟制在普通法中乃声名狼藉之物,不值一提。不过,倘若理性地审视普通法中法律拟制之历史,也许应当大胆地承认,普通法之所以会以现在之面貌存续于世,绝大多数缘由均可溯及法律拟制之上。而对普通法中法律拟制之探究,不仅能够对法律拟制予以素材化与历史性的诠释,更为重要的,乃是能够理解普通法本身。同时,须予以提示的是,囿于研究素材之择取,本文所研究之普通法法律拟制乃私法(private law)范畴中的法律拟制,即私法拟制。当然,须予以释明的是,私法本身是一个带有浓厚罗马法及欧陆法色彩的术语,普通法在历史演进的过程中本身并未注重私法与公法的区分,但就理念性的角度而言,普通法中的合同法、不当得利法、侵权法、财产法,[2]以及家庭法理应属于私法之列,[3]故而本文所研究的普通法私法拟制,也基本以此范畴为限。

二、普通法私法拟制的根本制度缘由:令状制度

尽管以现代普通法的视角而观之,直至1875年,大部分令状已经被废止,[4]但由于“诉讼形式的历史就是整个英国私法的历史”,[5]而“在法院发展的孩提时代,诉讼法的支配地位是如此之大,以至于实体法首先是从程序的缝隙中逐渐渗透出来的”,[6]因此,对于普通法私法拟制的探究离不开对普通法历史上诉讼形式的分析。就此而言,令状可以说是普通法史上最为重要的诉讼形式,恰如梅特兰,“诉讼形式制度或者说令状制度是英国中世纪法律最重要的特征”,[7]而在令状制度中,我们也确乎能够发现最具普通法特色的私法拟制现象。

与罗马法中通过裁判官与皇帝之私法拟制而推动私法发展相比,普通法中的私法拟制则主要由法官借助令状中要件之拟制而实现私法的嬗变。何为令状？令

〔1〕 Jeremy Bentham, *The Works of Jeremy Bentham*, in John Bowring ed., Vol. Ⅵ, Edinburgh, William Tait, 107, Prince's Street; Simpkin, Marshall, & Co., London, 1843, p. 582.

〔2〕 William Lucy, *Philosophy of Private Law*, Oxford, Oxford University Press, 2007, p. 13; James Gordley, *Foundations of Private Law*, Oxford, Oxford University Press, 2006, p. 3.

〔3〕 Sanford N. Katz, *Family Law in America*, New York, Oxford University Press, 2003, p. 7.

〔4〕 参见屈文生:《普通法令状制度研究》,商务印书馆2011年版,第31页。

〔5〕 [英]梅特兰:《普通法的诉讼形式》,王云霞、马海峰、彭蕾译,商务印书馆2010年版,第17页。

〔6〕 前引〔5〕,梅特兰书,第18页。

〔7〕 前引〔5〕,梅特兰书,第18页。

状在普通法中的对应术语为"writ"〔8〕，据我国权威的英美法辞书《元照英美法词典》的解释，所谓令状，在英格兰法上乃是指"由文秘署[Chancery]以国王的名义签发给郡长，或者法庭或政府官员要求接收令状的人作为或不作为的命令。起初为了行政管理和司法的目的而签发，后仅为司法目的而签发"；〔9〕而《韦氏法律词典》则认为令状具有两种涵义，即"第一，自盎格鲁—撒克逊时代以来，以国王名义发出的宣称自身权利、请求以及命令的信件；第二，以主权者、法庭或者司法官员名义作出的，要求某人作出某种行为或者禁止其作出某种行为的命令"；〔10〕而英美法学界最为权威的《布莱克法律词典》则将令状更为概括性地解释为"以国家或者其他具有法定资格的法律权威的名义所作出的，要求接收者作出或者禁止作出特定行为的法庭书面命令"。〔11〕比较三大权威词典关于令状的定义可知，令状本身只是一项书面性的命令，但随着普通法的发展，令状逐渐成为司法上的一项专业术语。

就令状制度的起源而言，尽管其最早可以追溯至"盎格鲁—撒克逊"法时期，但严格意义上的司法令状，则是自诺曼征服之后，随着王权的上升，而逐渐产生的一件事物。根据学者的考证，在诺曼征服之后，诺曼国王们常会认为领地法院(feudal court)〔12〕的司法裁判既软弱又不公正，遂经常运用"盎格鲁—撒克逊"法之先例，并将之拉丁语化，转变为"盎格鲁—诺曼"令状，从而介入司法之中。〔13〕令状本身可以径行被定义为英格兰国王的纯粹书面命令，并且通常并无解释与判断的内容。〔14〕早期的令状并无太多司法性格，其并非法院司法管辖权之声张，毋宁说

---

〔8〕须予以提示的是，在术语方面，可被翻译为令状的英语词汇除了"writ"之外，还有"warrant"，在《元照英美法词典》中，"warrant"一词除了令状之意思外，也有授权书、金钱支付令以及保证和担保的意思。因此可以说，"writ"与"warrant"存在概念上的交叉。鉴于此，也有学者认为除极个别情况以外，"warrant"其实应当被翻译为"手令"或者"授权状"，并且在语义学上，"warrant"的外延小于"writ"，其仅仅只是指令或者授权某人完成某一行为的令状，尤其是指令执法人员逮捕、搜查或者或者扣押的令状，因此应当认为"warrant"系属"writ"的下位概念。[参见薛波主编：《元照英美法词典》(缩印版)，北京大学出版社2013年版，第1413页；前引〔4〕，屈文生书，第67～68页。]

〔9〕薛波主编：《元照英美法词典》(缩印版)，北京大学出版社2013年版，第1424～1425页。

〔10〕*Merriam-Webster Dictionary of Law*, Merriam-Webster, Incorporated, Springfield. Massachusetts, 2011, p. 532.

〔11〕Bryan A. Garner, *Black's Law Dictionary*, Ninth Edition, Thomson Reuters, 2008, p. 1747.

〔12〕参见薛波主编：《元照英美法词典》(缩印版)，北京大学出版社2013年版，第546页。

〔13〕Theodore F. T. Plucknett, *A Concise History of the Common Law*, Liberty Fund, 2010, p. 355.

〔14〕John H. Langbeim, Renée Lettow Lerner, Bruce P. Smith, *History of the Common Law: the Development of Anglo-American Legal Institutions*, Wolters Kluwer, Law & Business, Aspen Publishers, 2009, p. 90.

只是皇室尝试性地将某些纠纷的司法审判权力授予了法院。[15] 以著名的安茹王朝亨利二世的权利令状(Breve de recto)为例,其示范性书面形式如下:

> 国王向K(主教、男爵或其他封建主)致意。朕命令你即刻授予A对位于特龙平顿的一所住宅及其附属物的完全权利,A主张通过自由役务(以每年交纳什一税的方式)从你处获得对该地产的占有,但后来X驱逐了他。如果你不服从命令,那么剑桥郡的郡长将会执行此命令,以便朕因此不会再听到由于丧失权利而发出的怨诉。[16]

从上述普通法令状的文本来看,其具有如下特点:第一,普通法令状与司法裁决不同,毋宁说其更加类似于强制执行令,只是这项命令是由国王对下级封建主所发出的。第二,尤其应当注意的是,在普通法令状中,国王对下级封建主发出令状,并非为自身利益,而系为他人而为之。第三,令状虽然本身并未蕴含司法的因素,但封建主在获得国王令状之后尽管必须执行国王的命令,但在实质上,其所应当做的却与一般意义上的命令有所差异,毋宁说受领令状的封建主只是依国王之命而必须在A与X之间作出有利于A的裁判,并加以执行。因此在此意义上,普通法令状不同于普通的命令,其主要特点在于授予特定人司法权以及给予特定人司法救济。第四,值得注意的是,该令状的末尾,国王声明,"如果你不服从命令,那么剑桥郡的郡长将会执行此命令,以便朕因此不会再听到由于丧失权利而发出的怨诉";换言之,受领令状的封建主倘若不服从命令,那么A亦可凭此令状诉求郡长代为审判其与X之间的纠纷。权利令状中蕴含的隐藏性司法管辖权移转条款使越来越多的案件得以从领主的私人法院转移至郡法院,进而转移至王室的中央法院,从而实现司法上的中央集权。[17]

不过,同时也是在亨利二世时期,英格兰进行了宏伟的司法改革,国王一方面创制了一批新的令状,以增强中央权力;[18] 另一方面也推动普通法令状实现司法化与程式化,甚至使其成为具有约束力的先例。[19] 以亨利二世时期的格兰威尔法官于1187年至1189年所记录的司法令状为例:

> 国王向郡长致意。N.向我控告R.,言谓R.在我上次于诺曼底旅行期间,不公

---

〔15〕 Theodore F. T. Plucknett, *A Concise History of the Common Law*, Liberty Fund, 2010, p. 356.

〔16〕 其拉丁语原版形式、英译以及汉译皆参见前引〔5〕,梅特兰书,第127~128页。

〔17〕 参见前引〔4〕,屈文生书,第89页。

〔18〕 Joseph Biancalana, "For Want of Justice: Legal Reforms of Henry II", *Columbia Law Review* 88, 1988, p. 534.

〔19〕 参见前引〔4〕,屈文生书,第89页。

正且未经审判地侵占了其位于某村庄的某处自由保有地(free tenement)。因此,我命令你,倘若N.能够为其诉请提供担保,那么你务必将R.自该土地所获得的动产(chattels)恢复为附属于该土地的状态,然后将该土地及其动产和平地保全至复活节之后的星期天。同时,你还须指定12名自由而守法的邻居查验该土地,并令他们在令状上签上自己的名字。嗣后,由适格的召集人于复活节的星期天之日将他们召集至我或者我的法官们面前,请做好此项确认。在具备合适抵押品及保证人的基础上,传唤R.或者在R.无法寻到之时,传唤其所在地区的行政官员,然后进行审理。当然,应具有传唤者、该令状、提供担保者的姓名,以及证人。[20]

与之前所提及的权利令状相比,这一令状尽管也包含命令的因素,但从令状内容来看,这项命令绝非通常意义上的国王命令,毋宁是国王在对特定诉讼标的之司法救济程序为特定的立法。尽管在学术认知上,英格兰令状时代的普通法大多还属于不成文法(Lex non Scripta)的范畴,[21]与通常被作为成文法的国王正式立法与议会立法相比,令状显然拥有形式灵活与效力强大的优点,不过与之相应的是,也容易遭到滥用。[22] 正因如此,由于国王滥用令状干预司法的行为受到领主与其他贵族的长期普遍反对,故而安茹王朝的爱德华一世颁布了《威斯敏斯特条例Ⅱ》作出了让步;根据该条例的规定,国王授予令状的权力受到了限制,倘若国王意欲创制与旧令状所涉案件不同的新案件之令状,则必须经由国会同意才可签发。[23]不过,这一举措也具有矫枉过正的负面影响:国王令状创制权的受限使普通法体系这一原本高效且有力的司法体系常常难以实现其内在目标,与之相伴的是,令状制度也随之变得愈加保守与固定,关于起诉、审判以及证据的规定均日趋受限于固有的令状;[24]最终,令状蜕变为具有浓厚形式主义色彩与先例性质的诉讼形式,成为的普通法基础实体的起源;在形式化的令状制度下,每一项特定的请求与主张都被视为拥有与其相契合的令状,一旦兴诉,则须适用特定令状中的形式化证据要求与

〔20〕 See Harold J. Berman, *Law and Revolution: The Formation of the Western Legal Tradition*, Harvard University Press, 1983, pp. 447 – 448.

〔21〕 See Matthew Hale, *The History of the Common Law of England*, 3rd ed., In the Savoy, Printed by E. and R. Nutt, and R. Gosling, 1739, p. 3.

〔22〕 See Geoffrey C. Hazard, "The Early Evolution of the Common Law Writs: A Sketch", *The American Journal of Legal History* 6, 1962, p. 118.

〔23〕 参见前引〔4〕,屈文生书,第91~100页。

〔24〕 See Thomas O. Main, "Traditional Equity and Contemporary Procedure", *Washington Law Review* 78, 2003, pp. 439 – 440.

争讼流程。[25] 这种高度形式化的令状制度使诉讼形式的重要性甚至压倒了诉求本身的正义性,由此,自布拉克顿时代伊始,普通法便奉行“没有令状,任何人都不得起诉”(*Non posttest quis sine brevi agere*)的原则。[26] 申言之,倘若原告并未选择合适的令状(甚至根本没有合适的令状供其适用!),那么纵然其诉求具有正当性,也会遭遇败诉;[27] 而与之相伴随的结果便是,许多正当利益也无法通过既定的古老令状获得救济。

至此,令状在某种程度上甚至转变为了实质意义上的形式化的诉讼成文法,而在嗣后的历史进程中,作为诉讼形式的令状渐失灵活性,其作为先例亦渐趋盲目。[28] 令状制度的僵化与机械使其无法适应实务上的需求。不过,法律形式主义一时大行其道,但普通法法官们也并未彻底墨守成规,亦步亦趋地机械服从令状制度。普通法的法官们常常在既有令状的基础上,运用精巧的拟制,使原告符合令状要求,从而获得特定案件的管辖权,进而为原告提供司法救济。而在对令状设置拟制的过程中,僵硬的令状制度与诉讼形式得到了缓和,普通法本身也在拟制的推动下获得了实质性的发展与进步。

三、普通法中的私法令状拟制:类型择取与文本评析

在普通法私法令状的历史演变进程中,常常出现一些极为繁芜复杂的、令人眼花缭乱的拟制,甚至与罗马法中精致而谦抑的私法拟制相比,普通法中的私法令状拟制更像拙劣而幼稚的谎言。兹对私法令状拟制中最为著名的逐出租地令状拟制、简约令状拟制与非法占有动产令状拟制作一番分析与评论,以便得窥普通法令状拟制之一斑。

(一)逐出租地令状拟制

在普通法上,通常而言,自由地产保有人主要通过权利诉讼与占有诉讼的方式恢复自己对土地的占有,例如,自由地产保有人在遭遇侵权而丧失对土地的占有时,可以凭借恢复新近被占土地令状(Assia Novae Disseisinae)而向法院寻求救济。该令状的典型形式与内容如下:

---

〔25〕 See S. F. C. Mlisom, *A Natural History of the Common Law*, New York, Columbia University Press, 2003, p. 30.

〔26〕 前引〔5〕,梅特兰书,第22~23页。

〔27〕 See H. A. Hollond, “Writs and Bills”, *The Cambridge Law Journal* 8, 1942 - 1944, p. 19.

〔28〕 See Frederick Pollock, *The Genius of the Common Law*, New York, The Columbia University Press, 1912, p. 65.

国王向郡长致意。A已向朕起诉X在(朕最后一次从布列塔尼回到英格兰)之后非法且未经审判地占有了本该属于他的在特龙平顿自由保有[29]的土地。因此朕命令你,如果原告A为执行自己的诉讼请求对你提供担保,你要让他重新占有保有产以及附属其上的动产,并使同一保有产在朕的法官第一次巡回审判中接手它们前处于和平状态。同时,你应召集审判地附近12名自由守法的臣民来现场勘验此保有产,并在令状上签名。随后,派能干的送达吏召集他们参加原告A的巡回审判,并准备具结作保。且通过质押担保保证被告X,或者如果他未被抓获,他的管家(bailiff)[30]届时会到场听取上述查证。朕命你派遣送达吏并执行此令,特谕。[31]

恢复新近被占土地令状属于比较典型的烦琐普通法诉讼程序。不过,公正地说,作为1166年亨利二世时期所创制的令状,恢复新近被占土地令状甫一诞生便风靡一时,乃因其可以为原告提供高效迅捷的回复土地占有之司法救济。[32] 恢复新近被占土地令状较之于原有的权利令状而言,具有便捷、高效与

〔29〕“自由保有”系英格兰土地法中的特有法律术语,其属于英格兰法,尤其是古英格兰法中地产权(estate)的一种形式,包括继承的自由保有(freehold estates, of inheritance)与非继承的自由保有(freehold estates, not of inheritance),前者系指土地保有人可以将土地自由保有授予自己继承人的一种土地财产权,后者系土地保有人不能将保有授予自己继承人,保有只在自己生命存续期间存在的一种土地财产权。用布莱克斯通的话来说,自由保有乃系权利人对特定土地所享有的一种“地位”(status)。(See WM. Blackstone, *Commentaries on the Law of England*, *Book The Second*, Portland, Thomas B. Wait, co. 1807, pp. 103 - 139.)早期自由保有的地产权重包含着十分浓厚的人身依附性内容,土地的自由保有人对领主承担着诸多人身性义务,不过在嗣后的历史进程中,其人身依附性内容逐渐衰落,自有保有制土地的司法管辖权也逐渐由封建领主法庭转移到王室法院,土地的自由保有最终于13世纪末转变为一项私法意义上的财产权,即地产权(estate),并分化出自由继承地产(estate in fee simple)、限定继承地产(estate in tail)、终身地产(estate for life)等多种类型。1925年的英国《财产法》进一步对地产权予以现代化改造,并规定“地产权中可得存续与转让,并且可以依法设立的是:第一,占有型自由继承地产权(an estate in fee simple absolute in possession);第二,固定期限地产权(a term of years absolute)”,前者近乎于大陆法系中的土地所有权,后者则类似于大陆法系中的用益物权。(参见咸鸿昌:《英国土地法律史——以保有权为视角的考察》,北京大学出版社2009年版,第67、85、126～129页;See Peter Sparkes, *A New Land Law*, 2nd ed., Oxford and Portland, Oregon, Hart Publishing, 2003, pp. 33 - 34.)

〔30〕原文翻译为“百户长”,不过从令状内容来看,似乎翻译为“管家”更为合适,即意指可以代理被告出庭之人。参见前引〔29〕,咸鸿昌书,第91页。

〔31〕参见前引〔5〕,梅特兰书,第129～131页。

〔32〕See Cases of Novel Disseisin in the Eyre of London 1321, 1 Helen Cam, Law-Finders and Law-Makers in Medieval England; Collected Studies in Legal and Constitutional History 96(1962).

价格低廉的优点。[33] 例如,在恢复新近被占土地令状中,倘若被告拒绝原告的诉求,那么将立即成立以12个适格主体为单位的陪审团,[34] 而不必等至开庭之时;而令状签发后,土地权属状况的调查程序也会立即启动,而不必如权利令状那样另行通过签发专门的调查令状而展开调查,从而省略了程序,节省了诉讼时间且提高了司法效率。[35] 同时,在恢复新近被占土地令状中,被告不得以不出庭的方式逃避诉讼;倘若其拒不出庭,则法院可以监禁他或者他的管家;[36] 而从经济方面考虑,恢复新近被占土地令状较之于权利令状而言,也确实更为便宜。[37] 另外,倘若恢复新近被占土地令状中的原告败诉,其尚有再行起诉的机会,而权利令状却实行一审终局原则,对当事人具有终局性效力。[38]

尽管恢复新近被占土地令状在早期拥有诸多优点,不过随着时间的推移,其也不可避免地走向僵化与不合时宜。由文本与前述分析可知,这一令状所规定的诉讼程序须适用陪审团制度,原告若意欲通过恢复新近被占土地令状而主张恢复对自己土地的占有,则必须由12名自由守法的英国臣民组成陪审团对案件事实进行审理。尽管布莱克斯通赞誉陪审团审判制度乃“大不列颠自由的守护神,英格兰法的荣光,任何人都喜爱且希冀的最为卓越的特权”,[39] 但在实务运作中,适用陪审团程序的案件均不同程度地具有拖沓与烦琐的弊端,而古老的土地占有诉讼原始、粗鄙且僵硬,其限定陪审员只能回答事实问题,并针对原告设定了一系列充满陷阱的高度技术化的诉答制度。[40] 由此导致的结果便是自由地产保有人并不愿意使用恢复新近被占土地令状等占有令状以回复自己对土地的占有。相比之下,令状制度中保护土地承租人利益的逐出租地令状(De ejection firmae)则具有程式简易、司法效率高的特点。逐出租地令状的典型内容与形式如下:

国王向郡长致意。如果A向你提出担保,那么要让X出庭受审。说明他为何

---

〔33〕 恢复新近被占土地令状是自权利令状演变而来的新令状,其早期附属于权利令状,不过后来发展成为较权利令状而言更为优越的土地令状形式。(参见前引〔29〕,咸鸿昌书,第90~92页;See Theodore F. T. Plucknett, *A Concise History of the Common Law*, Liberty Fund, 2010, pp. 358-359。)

〔34〕 参见前引〔29〕,咸鸿昌书,第92页;前引〔5〕,梅特兰书,第24页。

〔35〕 参见前引〔29〕,咸鸿昌书,第92~93页。

〔36〕 参见前引〔29〕,咸鸿昌书,第93页。

〔37〕 See R. C. van Caenegem, *Royal Writs in England from the Conquest to Glanville*, London, Bernard Quaritch, 1959, pp. 231-232,转引自前引〔29〕,咸鸿昌书,第93页。

〔38〕 前引〔29〕,咸鸿昌书,第93页。

〔39〕 See C. E. Green, Jury Injustice, 20 Jurid. Rev. 134(1908-1909).

〔40〕 参见前引〔5〕,梅特兰书,第129~131页。

要使用暴力和武器侵入M有期出租给前述A且尚未到期的特龙平顿的住宅,并将他从其前述的宅地驱逐出来,外加其他给A造成重大损失并违反朕的安宁的行为。朕命你暂收此保证物、执行此令,特谕。〔41〕

逐出租地令状是一项保护普通法土地承租人(leaseholder)利益的司法令状。在传统的普通法土地法体系中,通常形成"领主(landlord)—佃户(tenant)"的土地所有与利用关系,即领主将土地租予佃户,佃户作为土地承租人而使用土地;而在漫长的普通法演进过程中,土地承租人逐渐获得了来自普通法与衡平法的双重保护,土地租赁权(leasehold)逐渐成长为一项特定主体对特定土地享有法律或者衡平利益的地产权。〔42〕英国1925年《财产法》颁行之后,土地租赁权获得了固定期限(for a term certain)内的排他性占有权(exclusive possession),〔43〕甚至在美国,土地租赁权已然可以用于抵押。〔44〕故而将普通法上的土地租赁权与大陆法系土地法做一简单比较,则会发现,普通法上的土地租赁权更加类似大陆法系土地法上的用益物权。〔45〕不过,在早期普通法中,土地租赁权最初只是一项具有相对效力的权利,系属效力逊于自由保有的地产权(estates less than freehold),〔46〕或者用大陆法系的术语来说,其只是一项纯粹的债权。在早期普通法中,领主对其领地(seignory)享有领主权(lordship),佃户则享有对租地的普通法意义上的所有权(ownership),而在普通法理念中,这两项权利其实均是可以自土地抽离出来的"无体物"(incorporeal things);〔47〕就两者关系而言,早期普通法认为,土地承租人的普通法所有权,或者说租赁权[其中世纪的准确术语为佃租权(villeinage)]从属于领

〔41〕参见前引〔5〕,梅特兰书,第139~140页。

〔42〕See Martin Dixon, *Modern Land Law*, London and New York, Routledge, 2010, p. 203.

〔43〕See Martin Dixon, *Principles of Land Law*, London & Sydney, Cavendish Publishing Limited, 2002, pp. 183-190.

〔44〕See Henry Allen Mark, "Leasehold Mortgages-Some Practical Considerations", *Columbia Business Law Review* 14, 1958-1959, p. 609.

〔45〕参见前引〔29〕,咸鸿昌书,第28~29、248页;沈汉:《英国土地制度史》,学林出版社2005年版,第1~2页;吴一鸣:《英美物权法——一个体系的发现》,上海人民出版社2011年版,第301、303~304页;[美]罗杰·H. 伯恩哈特、[美]安·M. 伯克哈特:《不动产》,钟书峰译,法律出版社2005年版,第38页;See Samantha J. Hepburn, *Principles of Property Law*, Sydney & London, Cavendish Publishing, 2001, p. 41; See Jill E. Martin, *Modern Equity*, Sweet & Maxwell, 2012, pp. 8-13。

〔46〕See WM. Blackstone, *Commentaries on the Law of England*, Book the Second, Portland, Thomas B. Wait, 1807, p. 140.

〔47〕See Frederick Pollock, Frederic William Maitland, *The History of English Law before the Time of Edward Ⅰ*, Volume Ⅱ, Liberty Fund, 2010, pp. 3-4.

主的土地权利,[48]倘若佃户的土地租赁权遭受侵害,如其所承租的土地遭遇他人的侵占,则其只能请求其领主帮助自己恢复对土地的占有;[49]王室法院通常也认为倘若土地租赁人所承租的土地被他人所侵占,那么并非是该土地租赁人,而是该土地的领主遭遇了侵占。[50] 不过伴随13世纪直接侵害令状的流行,[51]土地租赁人的不利法律地位获得改善,其得以凭借直接侵害之诉而获得救济;嗣后,直接侵害令状中又分化出侵占租约地令状(trespass de ejectione firmae),以便对土地租赁人进行更为具有针对性的救济,不过侵占租约地之诉只能请求金钱损害赔偿;而在侵占租约地令状的基础之上,逐出租地令状登上了历史舞台,较之于侵占租约地令状而言,逐出租地令状的最大优点乃原告得以主张恢复对土地的占有,而非仅仅获得金钱赔偿。[52]

至此,借由上述细致的历史沿革阐述,得以发现,由于保护土地租赁人的逐出租地令状与保护自由地产保有人的恢复新近被占土地令状最终都具有同质性的恢复对土地之占有的救济功能,且恰如前述所言,恢复新近被占土地令状等占有令状较逐出租地令状而言存在诸多劣势,因此,自由地产保有人便倾向于运用逐出租地令状以维护自身权益;自由地产保有人的这一需求逐渐为法院所承认,而为了维持既定令状制度的稳定性,在自由地产保有人运用逐出租地令状进入诉讼程序的进程中,法院作出了十分繁芜的、令人眼花缭乱的拟制。

为了使自由地产保有人得以通过逐出租地令状获得恢复土地占有之救济,法院进行了如下拟制:第一,倘若A(自由地产保有人)对B(土地的现实占有人)通过逐出租地令状提起了诉讼,并要求恢复对土地之占有,那么法院将拟制出一位事实上并不存在的土地租赁人John Rogers;而在拟制意义上,John Rogers无疑是与A订立了一份土地租赁契约并且从A处取得了土地租赁权。第二,法院在前述拟制的基础之上,会再拟制出一位并不存在的,名为William Stiles的驱逐原因制造者(causal ejector),并且拟制William Stiles以暴力驱逐了John Rogers;由此,法院进一步在诉因方面得出结论,即该当案件所涉事实为William Stiles以暴力将John

[48] See Theodore F. T. Plucknett, *A Concise History of the Common Law*, Liberty Fund, 2010, p. 538.

[49] 参见前引[5],梅特兰书,第87页。

[50] 参见前引[5],梅特兰书,第87页。

[51] 参见前引[5],梅特兰书,第87页;See F. W. Maitland, "History of the Register of Original Writs", *Harvard Law Review* 3, 1889 – 1890, pp. 177 – 179; Thomas Atkins Street, *The Foundations of Legal Liability: A Presentation of the Theory and Development of the Common Law*, Vol. Ⅲ, Common-Law Actions, Edward Thompson Company, Northport, Long Island, N. Y., 1906, pp. 223 – 244.

[52] 参见前引[5],梅特兰书,第87~90页。

Rogers 驱逐出其自 A 处承租的土地。第三,依据逐出租地令状,John Rogers 对 William Stiles 享有主张恢复租期内对土地之占有以及向 William Stiles 请求赔偿损失的权利。第四,法院基于前述拟制,径行将 A(事实上的原告)对 B(事实上的被告)的诉讼置换为 John Rogers(形式上的原告)对 William Stiles(形式上的被告)的诉讼,并且判决 John Rogers 因遭受来自 William Stiles 的未经审判且不正当的驱逐,而有权恢复对土地之占有并请求 William Stiles 赔偿损失。第五,John Rogers 在裁判上所获得的利益将由法院归给 A,而 William Stiles 所应承担的义务则由 B 所履行——至此,作为自由地产保有人的 A 便借由拟制而通过逐出租地令状得以恢复对土地之占有。[53]

根据上述略微烦琐的阐述,我们会惊奇地发现普通法私法令状拟制的夸张与随意。在逐出租地令状拟制中,至少涉及以下几个方面的拟制:第一,在主体方面,拟制了 John Rogers 与 William Stiles 两位并不存在的当事人;第二,在法律事实方面,拟制了 A 与 John Rogers 之间订立土地租赁契约的事实和 William Stiles 驱逐 John Rogers 的事实;第三,在法律效果的归属方面,John Rogers 所获得的裁判利益被拟制为归 A 所有,而 William Stiles 所承担的义务则被拟制为应由 B 来履行。尽管在创造性适用逐出租地令状的过程中,各种超乎想象的拟制层出不穷,不过仔细考察便可发现这一系列拟制的精细之处。对于通常的拟制而言,其实只需要遵循"倘若 α,则 γ;β 与 α 相似,β 可以视为 α;因此倘若 β,则 γ"的逻辑;因此,对于逐出租地令状拟制而言,最为简单的拟制路径乃是径行将自由地产保有人视为土地租赁人即可。不过,这一路径在普通法上存在一定障碍,因为即使是拟制,但直接将自有地产保有人拟制为土地租赁人似乎在普通法程序上也并不存在可供操作的空间。就此而言,普通法法官们的自由裁量权似乎较罗马法上的裁判官而言显得更狭窄一些。对于逐出租地令状拟制而言,普通法法官们乃通过以下逻辑实现法律形式主义之下的拟制性超越的:首先,法院拟制出了事实上并不存在的土地租赁人 John Rogers 与驱逐人 William Stiles,并且拟制出了 William Stiles 驱逐 John Rogers 的事实。其次,法院隐含性地认为,John Rogers 将诉讼权利让渡给了自由地产保有人 A,而 William Stiles 则事实上乃受命于 B 将 John Rogers 驱逐出了其自 A 处承租的土地;换言之,William Stiles 系 B 的代理人。最后,最为关键性的一步乃发生于证据法与诉讼法意义上的质证阶段,即一旦法院作出了相关拟制,这些拟制

---

〔53〕 See WM. Blackstone, *Commentaries on the Law of England*, Book the Third, Portland, Thomas B. Wait, 1807, pp. 201 - 205.

将立即产生实际效用(utility)[54]:被告B将会被剥夺通过举证予以反驳的权利;[55]换言之,在被告B举证不能的情况下,法院所拟制的一切则经由程序而转变为“法律上的事实”,此即梅特兰所言之“假定未发生的事实为已发生的事实来简化诉讼程序”;[56]而在此基础上,法院便可以作出相关裁判并决定一定法律效果之归属。不过一旦深究,则会发现,逐出租地令状拟制中一系列繁复的拟制其实只是思维的表象,真正具有实益的思维乃普通法的法官们认为自由地产保有人与土地租赁人在“事物本质”意义上具有相似性;具体而言,便是自由地产保有人与土地租赁人均系地产权的享有者,且在救济方面均具有恢复对土地之占有的现实需求,倘若法律给予土地租赁人逐出租地令状那样方便而高效的私法救济,那么基于正义与衡平之观念,自由地产保有人自然也有理由获得相同的保护与救济。换言之,自由地产保有人与土地租赁人之间具有可类推性,自由地产保有人之利益类推适用土地租赁人的相关令状获得保护在类推上具有正当性。故而逐出租地令状拟制的真实逻辑其实很简单,即自由地产保有人被视为土地租赁人而获得了普通法上的救济;只是较之于将自由地产保有人直接拟制为土地租赁人的思维路径而言,逐出租地令状拟制的路径更加精致与复杂,但同时也对既定的令状体系与法律程式冲击最小,因为在私法与诉讼意义上,是作为土地租赁人的John Rogers与作为驱逐者的William Stiles之间的逐出租地纠纷,于形式而言,自由地产保有人甚至都不能算是原告。尽管自由地产保有人是事实上的原告,且被视为土地租赁人获得了保护,但具体的拟制性操作却避开了此关键性的一步,而以迂回的方式实现了自由地产保有人与土地租赁人之间事实上的类推与拟制。逐出租地令状拟制与罗马法上的普布利奇安之诉有异曲同工之妙,只是更为复杂。而在这一系列复杂的拟制进程中,普通法法官们竟然在基本没有违反普通法固有的令状程式的前提下,完成了对自由地产保有人的救济,这实在有些叫人拍案叫绝,尽管也许在边沁看来,这样的私法拟制乃是“最致命和最

---

〔54〕 See Lon L. Fuller, *Legal Fiction*, Stanford, Stanford University Press, 1967, p. 9.

〔55〕 就此而言,在诉辩意义上,此处的普通法拟制与罗马法上的程式拟制具有同质性,其体现为,在诉讼中,原告所提出的虚伪证言(其实是法院或者裁判官作出的拟制)一旦为法院或者裁判官承因拟制而被承认为真实,那么被告便无权通过举证将之推翻。(See Henry James Summer Maine, *Ancient Law: Its Connection to the History of Early Society*, Introduction by J. H. Morgan, BiblioBazaar, 2008, pp. 41 – 42.)

〔56〕 前引〔5〕,梅特兰书,第92页。

卑劣的一种谎言",[57]"它[拟制]除了带来坏影响之外毫无建树"。[58] 但对于自由地产保有人而言,能够获得土地租赁人般的救济与保护,无疑是法律的恩赐;而对于创设逐出租地令状拟制的普通法法官而言,无疑,这样的私法拟制也是法律在应然意义上所应当蕴含的正义、道德与良心之展现。

(二)简约令状拟制

简约令状拟制在普通法历史上占据着极为重要的地位。现代普通法中的合同法主要自古典侵权法分离演变而来,而这一历史演变过程则是由一系列具有类推性格的私法拟制以循序渐进与细致入微的方式完成的。这一过程集中体现于简约令状拟制之中。

早期普通法体系中存在契约令状(the writ of covenant)与简约令状(the writ of assumpsit)之分。契约令状是王座法院中最为古老的诉讼形式之一,[59] 其典型形式与内容如下:

国王向郡长致意。兹命令 X 公正且不迟延履行 A 及(前述的父亲 S)与 X 之间就(一所房屋)订立的协议。如果他不履约,则传唤他出庭。[60]

在某种意义上,契约(covenant)与现代普通法上的合同(contract)具有高度一致性,即两者都属于协议(agreement)的范畴。[61] 不过与合同相比,古典普通法中的契约则具有自身的一系列特点。首先,在历史沿革意义上,"契约"一词具有鲜明的宗教渊源性格,在《圣经》的英文版本中,神与人所订立的协议在用语上均使用"契约"一词予以表述;换言之,契约这一概念富有神圣性。[62] 其次,契约系属盖印合同(contracts under seal),而盖印(seal)这一法律形式是契约成立与生效的必备要件;[63] 在某种意义上,诉诸盖印的做法使契约具有一项证明其效力的强有力

[57] See Jeremy Bentham, *The Works of Jeremy Bentham*, edited by John Bowring, Vol. Ⅵ, Edinburgh, William Tait, 107, Prince's Street; Simpkin, Marshall, & Co., London, 1843, p. 582.

[58] Ibid., p. 77.

[59] See A. W. B. Simpson, *A History of the Common Law of Contract: The Rise of the Action of Assumpsit*, Oxford, Clarendon Press, 1975, pp. 9 – 10.

[60] 参见前引[5],梅特兰书,第 145 页。

[61] See Kevin M. Teeven, *A History of the Anglo-American Common Law of Contract*, New York, Westport & Connecticut, London, Greenwood Press, 1990, pp. 6 – 7.

[62] See Margaret Brinig, Steven Nock, "Covenant and Contract", *Regent University Law Review* 12, 1999 – 2000, p. 9.

[63] See Samuel Williston, *The Law of Contracts*, In Four Volumes, Volume, New York, Baker, Voorhis & Co., 1920, p. 6.

的见证。[64] 不过即使是盖印契约,也并不意味着标的物权利的即时移转,对于以移转不动产权利为目的而订立的盖印契约而言,仍需要制作契据(deed)交付给受让人,[65]才可实现权利的即时移转。[66] 盖印本身所赋予的,乃是在私法意义上的可强制性,一项具有盖印的契约意味着该契约中的允诺可以获得法律上的强制执行力;[67]而在早期普通法中,一项不具备盖印形式的协议(简约),无法获得王座法院的救济,[68]因此,获得盖印这一形式对于契约而言至关重要。再次,普通法上的契约具有浓厚的形式主义倾向,在契约形式与当事人合意的关系问题上,契约形式具有优越地位,恰如Bromley法官在"Reade诉Bullocke案"中的判决书中所写道的那样,"每一项契约都意味着合意的存在",[69]契约不仅必须以书面形式记载于纸张或者羊皮纸之上(甚至不能记载于木板之上),[70]且一旦获得盖印形式,那么具备书面与盖印形式的契约将表明当事人之间郑重地达成了合意;至于其间是否存在错误或者重大误解、是否存在合理对价等问题,在所不论,[71]恰如霍姆斯所言,"即使盖章之时并未取得当事人的同意,其也受盖章之约束"。[72] 最后,普通法上的契约具有双重性质,契约中的权利人既可能凭借契约提起对物诉讼,[73]也可能凭借契约提起合同性的对人诉讼,故而在普通法意义上,契约令状既可适用于财产

[64] See Joseph Chitty, *A Practical Treatise on the Law of Contacts: Not under Seal and upon the Usual Defences to Actions thereon*, Springfield, G. and C. Merriam, 1839, p. 3.

[65] See D. E. C. Yale, "The Delivery of a Deed", *The Cambridge Law Journal* 28, 1970, pp. 52 – 74.

[66] See Joseph Chitty, *A Practical Treatise on the Law of Contacts: Not under Seal and upon the Usual Defences to Actions thereon*, Springfield, G. and C. Merriam, 1839, p. 3.

[67] 参见[美]E.艾伦·范斯沃思:《美国合同法》,葛云松、丁春艳译,中国政法大学出版社2004年版,第13页。

[68] See Frederick Pollock, *Principles of Contract: Being a Treatise on the General Principles Concerning the Validity of Agreements in the Law of England*, London, Stevens and Sons, 119, Chancery Lane, Law Publishers and Booksellers, 1881, p. 153.

[69] See A. W. B. Simpson, *A History of the Common Law of Contract: The Rise of the Action of Assumpsit*, Oxford, Clarendon Press, 1975, p. 18.

[70] See Joel Prentiss Bishop, *The Doctrines of the Law of Contracts in Their Principal Outlines*, ST. Louis, F. H. Thomas and Company, 1878, pp. 6 – 7.

[71] See Joseph Biancalana, "Actions of Covenant, 1200 – 1330", *Law and History Review* 20, 2002, p. 2.

[72] See Oliver Wendell Holmes, *The Common Law*, Introduction by G. Edward White, Cambridge, Massachusetts, and London, England, The Belknap Press of Harvard University Press, 2009, p. 246.

[73] See Frederick Pollock, Frederic William Maitland, *The History of English Law before the Time of Edward* Ⅰ, Volume Ⅱ, Liberty Fund, 2010, pp. 225 – 226.

法领域,也可适用于合同法领域。[74] 而与契约相比,简约(assumpsit, *nudum pactum*)在形式上更为灵活,属于非要式合同,只是在早期普通法上,简约并没有契约那样的法律效力,当事人之间倘若只达成了简约意义上的合意,而没有将简约上升为契约形式,那么一旦发生纠纷,则受损方无法提起诉讼以获得法律救济,因为在早期普通法上,"简约无法产生诉权"(*Ex nudo pacto non oritur actio*),当事人没有合适的令状供其选择以便维护自己的权益。[75] 尽管在早期普通法上,也存在债务令状(the writ of debt)这样对要式要求并不那么严格的合同性令状,不过由于债务令状主要应用于金钱债务给付领域,其适用范围较为狭窄,无法涵盖各种各样的违约形态,[76]因此在契约与债务令状之外,出于灵活性、便利性乃至私密性的考虑,简约大量出现;不过随着而来的问题便是:一旦发生纠纷,法院是否应当对当事人因相对人违反简约而受损提供救济?如前所述,在早期普通法中,简约无法获得普通法上的保护;不过自14世纪伊始,法院却逐步创制并发展了简约令状,甚至在美国法学家范斯沃思看来,由于诉讼形式的桎梏,契约令状与债务令状均未成为现代合同法一般规则的起源,而现代合同法的基础,乃是建立在简约令状的发展之上——普通法法院在16世纪成功地将简约令状塑造成为强制执行允诺的一般基础。[77] 简约令状与由中世纪式的严格与相对简单向自由、灵活与复杂嬗变的英国社会生活相契合,[78]而在这一进程中,法院所作出的关于简约令状的私法拟制则扮演了至关重要的角色。

比较耐人寻味的是,简约令状没有以契约令状为原型展开拟制,而是自直接侵害令状(the writ of trespass)所发展而来的一项相对契约令状而言更为年轻的令状。[79] 从普通法的学说系谱来看,直接侵害令状甚至更适合被纳入古典侵权法的领域,其乃普通法上侵权法(torts)的直接渊源。[80] 而早期的简约令状,便是在具有

---

〔74〕 See Joseph Biancalana, "Actions of Covenant, 1200 – 1330", *Law and History Review* 20, 2002, p. 4.

〔75〕 See Thomas Atkins Street, *The History and Theory of English Contract Law*, Washington D. C., Beard Books, 1999, p. 36.

〔76〕 See A. W. B. Simpson, *A History of the Common Law of Contract: The Rise of the Action of Assumpsit*, Oxford, Clarendon Press, 1975, p. 53.

〔77〕 参见前引〔67〕,E. 艾伦·范斯沃思书,第13～19页。

〔78〕 See Charles W. Fornoff, "Actions in General Assumpsit", *Ohio St. Law Journal* 23, 1962, p. 401.

〔79〕 See A. W. B. Simpson, *A History of the Common Law of Contract: The Rise of the Action of Assumpsit*, Oxford, Clarendon Press, 1975, pp. 199 – 218.

〔80〕 See Kevin M. Teeven, *A History of the Anglo-American Common Law of Contract*, New York, Westport & Connecticut, London, Greenwood Press, 1990, p. 103.

浓厚侵权法性格的直接侵害令状之中,逐步通过拟制而获得成长的。

1.暴力侵害令状拟制:简约令状的萌芽

在简约令状作为一项独立的令状登上历史舞台之前,普通法的法官们便尝试通过对直接侵害令状中的一些要件为拟制的方式为简约提供救济。最先得以创造性适用的令状是系属直接侵害令状范畴的暴力侵害令状(trespass *vi et armis*)。暴力侵害令状的典型形式与内容如下:

国王向郡长致意。如果A就执行他的诉讼请求提供了担保,那么通过出庭保证人保证X将出庭并在某某日说明:

(企图伤害和殴击令状)他为何使用暴力和武器对位于特龙平顿的A实施侮辱、殴打和虐待,以致A对自己的生命感到绝望。

(非法拘禁令状)他为何使用暴力和武器对位于特龙平顿的A实施侮辱、殴打和虐待。

(侵入土地令状)他为何使用暴力和武器侵入A位于特龙平顿的磨盘,价值10英镑,并抢夺和拿走了他的动产以及具有相当价值的财产。

(驱逐令状)他为何使用暴力和武器侵入M附期限出租给前述A且租期未满的位于特龙平顿的房屋,并将A本人从前述宅地里驱逐出来,外加其他给A造成重大损失并违反朕的安宁的行为。朕命你暂收此保证物、执行此令。特谕。[81]

从暴力侵害令状的内容可知,该令状所规制的乃是故意侵权行为,且仅就令状内容本身而言,似乎与简约并无直接关联。不过在1348年的"亨伯河摆渡人案"(the case of the Humber Ferryman)中,法院却创造性地通过设置拟制而将暴力侵害令状适用于此案,从而实现了对简约之救济;此案也被视为简约令状之滥觞。[82]"亨伯河摆渡人案"的案情其实相当简单:原告委托作为摆渡人的被告将他的马运过亨伯河,但由于被告想多运一些货物,所以导致渡船超载,以至于最终船倾覆于河中,而致原告的马死亡。原告据此向约克郡的王座法院提起了诉讼,不过法院在受理此案后却陷入了困境。毋庸置疑的是,法官们仅凭朴素的正义感与道德观便能判断得出一项结论,即原告的确因被告的行为而受损,且被告确实存在过错。然而,仔细分析原告与被告之间的法律关系,法院便陷入了法律形式主义的陷阱之

---

〔81〕 参见前引〔5〕,梅特兰书,第147页。

〔82〕 See A. W. B. Simpson, *A History of the Common Law of Contract: The Rise of the Action of Assumpsit*, Oxford, Clarendon Press, 1975, p. 210.

中:原告与被告之间显然存在一项协议,这项协议的内容是,原告委托被告为其运输马匹,而被告则可以自原告处获得一定数量的金钱,因此,原告与被告之间具有合同法律关系;但是,进一步分析则可知,尽管原告与被告之间存在合同法律关系,然而这项合同却是一项欠缺书面形式与盖印要件的非契约性简约,故而法院无法适用契约令状对原告予以救济。[83] 而本案的被告也的确据此提出抗辩,认为本案实质上是关于违反协议造成损害的案件,那么只能适用契约令状与直接侵害令状(当时直接侵害令状类型还不丰富,主要指暴力侵害令状)。但仔细考察本案事实,一方面,原告与被告之间既不存在盖印的契约关系;另一方面,被告因为超载而致原告马匹死亡的行为也难以被解释为一项故意以暴力或者武器加损害于他人的不当行为(wrongful act)。[84] 仅从法律角度而言,被告的抗辩无疑十分有力,原告与被告之间确实没有契约关系,原告与被告之间只有普通法并不提供救济的简约关系。从法律形式主义的角度来讲,法院不应适用契约令状救济原告;倘若动用契约令状而为救济,那么法院便是公然地违反具有制定法性格的令状制度,这显然是法院不愿意承担的政治性风险。[85] 那么从暴力侵害令状角度切入又如何呢?其实仅作文义解释我们便可得知,适用暴力侵害令状的行为只能是故意侵权行为,而在本案中,被告作为职业摆渡人,其为原告运输马匹只是为了获取原告的运费,被告不可能存在侵害马匹的故意,被告因超载而致原告马匹死亡的事实只能推知被告对于原告马匹死亡而言存在过失而不是故意,因此严格来说,也不能适用暴力侵害令状。在此进退维谷之境,法院只好运用拟制技术以应对法律无法满足正义需求的局面。

当然,普通法法院在设置拟制的问题上极为谨慎。事实上,仅就"事物本质"意义上的比较而言,契约与简约无疑存在巨大的相似性,两者在本质上均为当事人之间的协议,我们甚至可以说简约本质上只是欠缺书面与盖章形式的不完备的契约,因此仅就可类推性而言,将简约类推为契约无疑具有正当性,因为究其实质,法律之所以对简约与契约提供保护,乃是为了保护当事人对相对方所作出的允诺之信赖,而不是保护形式本身,契约形式依其本旨,其实只是强化了这种信赖,并使这

---

〔83〕 See A. W. B. Simpson, *A History of the Common Law of Contract: The Rise of the Action of Assumpsit*, Oxford, Clarendon Press, 1975, p. 211.

〔84〕 See Oliver Wendell Holmes, *The Common Law*, Introduction by G. Edward White, Cambridge, Massachusetts, and London, England, The Belknap Press of Harvard University Press, 2009, p. 249.

〔85〕 在令状时代,国王及其御前大臣所享有的创制令状的权力都受到议会法律的制约,作为司法者的法院更没有权限直接突破议会法律而修正令状。参见前引〔5〕,梅特兰书,第102页。

种信赖在事实探知层面上更为清晰可见罢了。[86] 由是如此,倘若原告在诉讼中证明,尽管自己与被告之间只存在简约关系,但原告与被告之间确乎达致了合意,且相互之间对对方作出的允诺产生了合理信赖,那么将这样的简约视为契约予以保护也就顺理成章。质言之,径行将简约拟制为契约,进而适用契约令状对简约当事人予以救济无疑是最为自然的私法拟制之道。也许罗马裁判官在面临这种情势时会倾向于将简约拟制为契约予以救济,但对于普通法的法官而言,将简约直接拟制为契约却存在巨大障碍。对于普通法的法官而言,令状体系其实是一个庞大而僵化的法律形式主义武器库,法院在进行裁判时,只能在这个武器库中寻找既存的武器,而不能自行锻造武器。法律形式主义认为,"法律并非仅仅是规则的设置以及权力的实施,而是一项与道德判断相关的社会性安排"[87],这种社会性安排具有自治性[所谓"法律的自治性"(the autonomy of law)],且在法律的范畴内具有优于其他安排与判断的至上地位。[88] 法律形式主义要求法院将这种安排贯彻入社会生活之中,从而力图使现实的社会生活与之相契合。[89] 倘若社会层面的事实符合法律的安排,那么将获得奖赏或者救济,否则将招致严厉惩罚或者熟视无睹。对于普通法的法官们而言,他们根本没有权限对令状进行拟制性的修正;换言之,普通法的法官并不具有罗马裁判官那样公开的针对具体事项的司法性立法权,[90] 故而倘若公然将简约视为契约予以救济,则无异于对国王颁布的令状进行了实质性的修正,从而不啻为发布了新的令状,这当然大大超越了普通法法院的权限。[91] 职是之故,尽管在类推意义上,将简约视为契约从而完成拟制无疑更为简便,但囿于具有浓厚形式主义性格的令状制度之束缚,普通法法院不得不放弃自契约令状展开拟制的路径。

在本案中,法院实际上所适用的系暴力侵害令状,即最早的直接侵害令状。直

---

[86] See L. Fuller, William R. Jr. Perdue, "Reliance Interest in Contract Damages: 1", *The Yale Law Journal* 46, 1936 – 1937, pp. 52 – 96.

[87] See Ernest J. Weinrib, "Jurisprudence of Legal Formalism", *Harvard Journal of Law & Public Policy*, 16, 1993, pp. 583 – 584.

[88] See Michael Corrado, "The Place of Formalism in Legal Theory", *North Carolina Law Review* 70, 1991 – 1992, pp. 1545 – 1556.

[89] See Ernest J. Weinrib, "Jurisprudence of Legal Formalism", *Harvard Journal of Law & Public Policy*, 16, 1993, pp. 583 – 584.

[90] Vgl. Franz Wieacker, *Römichen Rechtsgeschichte: Quellenkunde, Rechtsbildung, Jurisprudenz und Rechtsliteratur*, Erster Abschnitt, 1988, S. 451.

[91] See Christopher G. Tiedeman, *A Treatise on Equity Jurisprudence with Particular Reference to the Present Conditions of Jurisprudence in the United States*, St. Louis, The F. H. Thomas Law Book Co., 1893, pp. 6 – 9, 23 – 24, 32 – 34.

接侵害令状并非一项具体的令状的名称,而是一类令状的概称,其在普通法上适用极为频繁,甚至在19世纪早期的美国,2/3的案件都属于直接侵害及其衍生的诉讼类型。[92] 根据布莱克斯通的观点,所谓"直接侵害"(trespass),"在其最大且最宽泛意义上,意味着任何违反法律本旨以及冒犯我们生活于其中的社会与国家的,侵犯他人人身或者财产的行为"。[93] 从前述定义便可知,直接侵害令状在概念内涵方面极为抽象,适用范围亦甚为广泛,这些特点使其嗣后成为普通法历史上赫赫有名的"令状商店"(the writ-shop),后世许多令状均由直接侵害令状衍生而出,[94]包括简约令状本身。[95] 不过在"亨伯河摆渡人案"时代,简约令状尚未正式诞生。前已述及,法院否弃了将契约令状作为原型展开拟制的方案,而将暴力侵害令状纳入考虑范畴之中,但作为一种直接侵害令状的暴力侵害令状的确具有可供使用的价值与优势。仔细考察"亨伯河摆渡人案"可知,倘若忽略当事人之间存在简约这一事实,那么此案可以被简化为一个更为简明的图景,即"摆渡人之行为使委托人受损";因此,如果意欲运用暴力侵害令状保护委托人,那么唯一的障碍便是如何论证摆渡人的行为构成暴力性的不法。不过,法院并未进行细致的论证,而是径行设置了一项私法拟制:法院认为,尽管摆渡人并未直接使用暴力(force),因为马的确是被水淹死的;但毫无疑问的是,马被淹死这一后果乃是由摆渡人的超载等间接行为(remote acts)所造成的,因此摆渡人的超载行为及其嗣后将船推入河中等后续行为合并产生了与暴力等同的效果,故而摆渡人之行为应当被视为暴力行为。[96] 在拟制存在"暴力"的前提下,法院认为,摆渡人的确未能将委托人的马平安送至河对岸,故而摆渡人理应赔偿委托人的损失。

2. 简约令状:一项私法拟制的演进与嬗变

作为最早的直接侵害令状,暴力侵害令状在要件方面其实颇为严苛,当事人倘若意欲运用暴力侵害令状维护自身权益,那么其必须证明其遭遇了"暴力或者武

[92] See George F. Deiser, "The Development of Principle in Trespass", *The Yale Law Journal* 27, 1917 - 1918, p. 220.

[93] See WM. Blackstone, *Commentaries on the Law of England*, Book the Third, Portland, Thomas B. Wait, 1807, p. 208.

[94] See W. V. H. Rogers, *Winfield and Jolowicz on Tort*, Thomson Reuters (legal) Limited, 2010, p. 61.

[95] See A. W. B. Simpson, *A History of the Common Law of Contract: The Rise of the Action of Assumpsit*, Oxford, Clarendon Press, 1975, p. 199.

[96] See Oliver Wendell Holmes, *The Common Law*, Introduction by G. Edward White, Cambridge, Massachusetts, and London, England, The Belknap Press of Harvard University Press, 2009, pp. 249, 251 - 252.

器侵害”(vi et armis)以及这一侵害“有损国王之安宁”(*contra pacem regis*),[97]故而事实上,在暴力侵害令状时代,能够获得国王正义制裁的不法行为其实相当有限。[98] 显然,严格适用暴力侵害令状将导致大量不法行为受害人难以获得救济,因此普通法的法官们也在自己的权限范围内对暴力侵害令状进行了损益。第一个阶段,普通法法官对“暴力或者使用武器”这一要件予以软化处理,通过拟制,甚至忽略的方式逐渐使这一要件形骸化;最终在14世纪50年代,“暴力或者使用武器”这一要件被公开废除,直接侵害令状由原先单一的暴力侵害令状开始向多元化的趋势发展。[99] 在这一过程中,各种各样新型的直接侵害令状开始登上历史舞台,它们被称为“trespass on the case”,即类型化的直接侵害令状、具体的直接侵害令状或者特别的直接侵害令状。[100] 不过,由于在嗣后的普通法历史发展过程中,这些特别的直接侵害令状获得了正式的令状形式,故而为了与传统意义上的直接侵害令状相区别,也有学者将其称为“间接侵害令状”。[101] 间接侵害令状的典型形式与内容如下:

国王向郡长致意。他要像在侵害之诉中一样说明:

为何(在这里陈列起诉事由,比如)他跨过Plim河设置管道而沿着此河,在Humber和Gaunt之间有一个供大小船只通行的公共通道,当载有上述A的30夸脱麦芽的大船通过此通道时不幸沉没,损失了20夸脱价值100先令的麦芽。外加其他具有侵害性质的不法行为。[102]

从该文本中可以得知,间接侵害令状突破了直接侵害令状的一些僵硬性规定,开始将一系列非直接暴力行为所导致的损失纳入司法救济之中。自普通法侵权法的历史谱系而观之,直接侵害令状还只是规制主观上具有故意的不法行为(wrong),而间接侵害令状则将过失行为(negligence)也作为规制对

〔97〕 See Theodore F. T. Plucknett, *A Concise History of the Common Law*, Liberty Fund, 2010, pp. 366－367.

〔98〕 See Kevin M. Teeven, *A History of the Anglo-American Common Law of Contract*, New York, Westport & Connecticut, London, Greenwood Press, 1990, p. 104.

〔99〕 Ibid.

〔100〕 See A. W. B. Simpson, *A History of the Common Law of Contract: The Rise of the Action of Assumpsit*, Oxford, Clarendon Press, 1975, pp. 199－203.

〔101〕 参见前引〔5〕,梅特兰书,第105页。

〔102〕 前引〔5〕,梅特兰书,第148～149页。

象。[103] 而就间接侵害令状文本内容而言,其中所提及的案件其实非常简单,即加害人嗣前在公共通道上安置了管道,而受害人在运输麦芽的过程中显然并不知晓这一情况,而由于管道对行进中船体的阻碍,受害人不仅遭遇了沉船事故,而且损失了价值不菲的货物。在直接侵害令状时代,这一案件的受害人很难获得救济,因为在该案件中,加害人并无任何以暴力或者使用武器直接侵害受害人的事实;不过在间接侵害令状时代,加害人被克加了一项注意义务,[104] 在此,加害人首先被认定为一个理性人,且其必须负担合理预见自身行为是否会造成他人损害的义务;然后一旦加害人的行为在事实上造成了某种损害,且这一损害系加害人违反注意义务所致,[105] 那么在加害人行为与损害之间具有因果关系的前提下,[106] 加害人即使并未直接侵害受害人,其也必须赔偿受害人的损失。从简约令状的历史演进史来看,由直接侵害令状向间接侵害令状的发展具有里程碑式的意义:在法律思维方面,间接侵害令状改变了直接侵害令状时代仅规制具体而可见的直接侵害他人财产或者人身行为之传统,其将因违反注意义务而过失致他人损害的各种抽象的非直接行为也纳入规制范畴,从而为规制违约行为的简约之诉的诞生奠定了基础。不过纵然如此,将简约作为真正意义上的诉因仍然经历了一段时间的发展。例如,在1598年的"Powtuary v. Walton案"中,Walton医生为履行承诺医治好Powtuary的马,法院虽然最终判决被告须承担损害赔偿责任,但同时却认为"他(被告)的过失(negligence),而不是简约(assumpsit),才是本案的诉因",从而将本案作为纯粹的间接侵害之诉予以对待。[107]

不过,简约令状最终仍然成长为了一项独立的间接侵害令状类型。直接侵害令状及其变种间接侵害令状的基本逻辑构造具有清晰而简洁的特点,即一方当事人造成另一方当事人损害,受害人有权向加害人主张给付一定数量的金钱作为赔

---

[103] See John Murphy, Christian Witting, *Street on Torts*, Oxford, Oxford University Press, 2012, pp. 15 – 16; Francis M. Burdick, *The Law of Torts: A Concise Treatise on the Civil Liability at Common Law and Under Modern Statutes for Actionable Wrongs to Person and Property*, Banks & Company, Albany, N. Y., 1913, pp. 1 – 2; 13 – 14; W. V. H. Rogers, *Winfield and Jolowicz on Tort*, Thomson Reuters (legal) Limited, 2010, pp. 59 – 67.

[104] See Michael F. Rutter, "The Tort of Negligence: More Preference than Principle", *Singapore Law Review* 5, 1984, p. 61.

[105] Ibid.

[106] Ibid.

[107] See James Barr Ames, The History of Assumpsit, *Harvard Law Review* 2, 1888 – 1889, pp. 2 – 3.

偿。[108] 而依据这一逻辑构造,简约令状最终作为一项独立的间接侵害令状而得以成型,成为一项"因违反简单合同(simple contract),包括言辞合同与自事实推定的合同,而致损害,从而可以主张赔偿的受认可的诉讼形式"。[109] 简约令状(trespass on the case in assumpsit)的典型形式与内容如下:

国王向郡长致意。他要像在侵害之诉中一样说明:

由于(例如,违法行为[即不法行为,作者注])上述X信誓旦旦、有根有据地承诺在特龙平顿治疗上述A因为意外受伤的右眼,并事先收受了一笔金钱,但上述X疏忽大意且漫不经心地对A的右眼施治,上述A由于X的过错完全丧失了其右眼的视力,A自己声称的损失是20英镑。朕命你执行此令。

由于(例如,不作为)上述X承诺在特龙平顿建造三辆马车将A的粮食在二人商议的日期内运往海滨地区,并事先收受了一笔金钱;上述X由于疏忽没有在商定日期内建造好三辆马车,由此,上述A完全丧失了其货物和动产,价值100马尔克,而这些货物和动产本应由上述马车运到目的地,因此给上述A造成了他声称的巨大损害。朕命你执行此令,特谕。[110]

仔细审视简约令状的文本可以得知,简约令状所适用的情形具体应划分为两种类型。第一种类型是当事人之间存在一项简约,而嗣后在履行简约的过程中,履约一方因自己的履约行为而造成他人损害;第二种类型是当事人之间存在一项简约,而在履约过程中,因当事人于约定的履行期内未为约定的履约行为而致他人损害。用我们熟悉的术语来说,第一种类型系不完全履行;[111] 第二种类型系履行迟滞。[112] 从令状形式来说,须予以注意的是,在简约令状的首段,存在"他要像在侵害之诉中一样说明"之规定,故而尽管我们从文本中所获知的信息均为普通法要对简约提供救济,似乎当事人违反简约的行为受到了规制,但其实在简约令状中,一切违反简约的行为均被拟制为侵害行为(用现代普通法术语来说,就是违约行为被拟制为单纯的侵权行为)而适用古典侵权法的规则,从而实现对受害人之救济。我们进一步比较一下简约令状与契约令状的文本内容。契约令状的典型形式与内容重述如下:

---

〔108〕 See A. W. B. Simpson, *A History of the Common Law of Contract: The Rise of the Action of Assumpsit*, Oxford, Clarendon Press, 1975, p. 200.

〔109〕 See Charles W. Fornoff, "Actions in General Assumpsit", *Ohio State Law Journal* 23, 1962, p. 402.

〔110〕 参见前引〔5〕,梅特兰书,第150~152页。

〔111〕 松岡久和、中田邦博:『新コンメンタール民法(財産法)』、日本評論社、2012、頁788。

〔112〕 中田裕康:『債権総論』、岩波書店、2011年、頁102以下。

国王向郡长致意。兹命令 X 公正且不迟延履行 A 及(前述的父亲 S)与 X(他是其继承人)之间就(一所房屋)订立的协议。如果他不履约,则传唤他出庭。[113]

仔细比较简约令状与契约令状的文本内容可以发现,契约令状所关注的重点系“不履约”之事实,而简约令状所聚焦的中心则系“损害”,因此严格来讲,在契约之诉中,即使履约方的违约行为并未给另一方造成实际损害,非违约方也有权提起契约之诉而要求违约方继续履约;而在简约之诉中,唯有违约方的违约行为造成了实际损害时,受损一方才有权提起简约之诉,向违约方主张金钱损害赔偿。就此而言,在普通法上,即使简约令状已经享有了独立的令状名称,但究其实质,当事人违反简约的行为也并未按照正常的认知习惯纳入违约行为(此处指违反契约的行为)的范畴之中;普通法法院选择了另一条路径,即首先将违反简约的行为与一般侵害行为(古典的侵权行为形态)进行了比较,察觉出二者在“行为致他人人身或者财产损害”具有高度相似性,然后将违反简约的行为依类推思维拟制为侵害行为的一种具体类型,最后实现对简约中受害人的司法救济。同时,我们还必须予以注意的是,在简约令状中出现具有极为重要的一段语句——“事先收受了一笔金钱”,这构成了普通法上最为原始的约因,或者说对价的雏形,[114] 在对价理论的基础上,简约令状逐渐发展为现代普通法上的合同,从而慢慢自侵害之诉的拟制中脱离出来,而成为一个独立的法域,古典的侵害令状体系最终分化为两大分支,即合同法与侵权法。[115] 而简约令状的发展历程在一定程度上也印证了罗斯科·庞德的论断,即“法律史也许会向我们昭彰这么一个道理,即类推与法律拟制,乃法律成长之潜在基础”。[116] 在简约令状的发展历史中,我们能够清晰地见证简约中所蕴含的合同法与侵权法的双重因素,这当然为我们在学理上进行分类带来了困难。不过,很多时候,就事物本质的分析原本便带有某种决断论的色彩,我们在进行分类时只能从事物的主要性质出发为分类,而在此过程中,必然会有意识或者无意识

---

〔113〕 参见前引〔5〕,梅特兰书,第 145 页。

〔114〕 See Joseph Chitty, *A Practical Treatise on the Law of Contacts: not under Seal and upon the Usual Defences to Actions Thereon*, Springfield, G. and C. Merriam, 1839, p. 21; Peter Linzer, “Consider Consideration”, *Saint Louis University Law Journal* 44, 2000, p. 1318; Treitel, Edwin Peel, *The Law of Contract*, Sweet & Maxwell, 2011, p. 72.

〔115〕 See Samuel Williston, *The Law of Contracts*, In four Volumes Volume Ⅰ, New York, Baker, Voorhis & Co., 1920, p. 191; W. V. H. Rogers, *Winfield and Jolowicz on Tort*, Thomson Reuters(legal) Limited, 2010, p. 59ff.

〔116〕 See Roscoe Pound, *The Spirit of The Common Law*, Boston: Marshall Jones Company, 1921, p. 12.

地祛除某事物次要性质的认知,唯其如此,方能实现分类。然而,这种人为的裁剪必然带有缺陷,乃因如简约令状这类事物其实属于合同与侵权之间的“中间形态”,拥有合同与侵权的结构性耦合性格,故对于此类“中间形态”的法律事物而言,为了缓和分类这把“形而上学手术刀”以理念切割历史与社会现实之后必然留下事实残骸这一缺陷,私法拟制常常会介入其中:在简约令状发展为正式的合同制度之前,无论简约多么像契约,普通法之私法拟制均会将之导向侵权法的领域,以便避免因社会变迁所造就的法律系统中分类的不完备性所可能造成的逻辑灾难。

(三)非法占有动产令状拟制

在古典普通法上,权利人丧失动产的占有之后,可以向其他无权占有人主张动产之返还或者损害赔偿;权利人通常会向无权占有人提起盗窃之诉、动产返还之诉或者侵害他人财产之诉,从而借助法庭的力量迫使无权占有人向其返还本属于自己的动产。盗窃之诉主要适用于无权占有人系盗贼的情形,而其他两种诉讼形式则主要适用于无权占有人系动产拾得人等的情形。[117] 不过这两大令状的适用对于自第一性无权占有人处购买该动产的次无权占有人,即相对人权利人与无权占有人之外的因购买动产而介入的第三人而言,似乎并不适宜。在普通法历史上,权利人曾经试图利用侵害他人财产令状以对抗第三人,不过效果并不理想,其缘故有三:第一,侵害他人财产令状系属直接侵害令状之一种,其并非恢复原状性的诉讼形式,在救济效果方面,权利人可以取得金钱赔偿,但却难以恢复对动产之完满支配状态;[118] 第二,侵害他人财产令状系属对人之诉的诉讼形式,第三人与权利人之间并无法律上的直接关联,权利人难以向第三人主张其动产权益;[119] 第三,更为直接的原因在于,作为直接侵害令状的一种具体类型,权利人在适用侵害他人财产令状提起诉讼的过程中,必须证明无权占有人系“以使用暴力或者武器损害了国王之安宁”,然而恰如波洛克与梅特兰所言,自作为侵害人的无权处分人处购买动产的第三人事实上既没有使用暴力或者武器,也难谓损害了国王的安宁,第三人本身乃是以和平的方式获取该当动产的。[120] 故而侵害他人财产令状无法解决权利人向第三人主张动产权益的问题。

---

〔117〕 See Frederick Pollock, Frederic William Maitland, *The History of English Law before the Time of Edward* Ⅰ, Volume Ⅱ, Liberty Fund, 2010, pp. 172 – 174, 180 – 186.

〔118〕 Ibid., p. 174.

〔119〕 See James Barr Ames, “Trespass de Bonis Asportatis”, *Lectures on Legal History* 59, 1913.

〔120〕 See Frederick Pollock, Frederic William Maitland, *The History of English Law before the Time of Edward* Ⅰ, Volume Ⅱ, Liberty Fund, 2010, p. 175.

权利人的另一种权利救济路径是适用动产返还令状。动产返还令状是自债务令状所发展出来的一种令状,[121]其典型形式与内容如下:

国王向郡长致意。命令X即刻公正地交还A:

(返还动产令状)他非法保有的价值100英镑的A的动产。如果他未这样做,且前述的A就执行自己的诉讼请求提供了担保,则通过能干的送达吏传唤X必须在威斯敏斯特(在某某日)出庭并说明他拒绝执行的原因。朕命你派遣送达吏并执行此令,特谕。[122]

动产返还令状是一项效力较为强大的令状,其较之于侵害他人财产令状的最大特点是权利人可凭此令状主张动产之返还,这种恢复性效力在普通法中是极为少见的。[123] 不过与侵害他人财产令状相似的是,动产返还令状本质上仍旧是一项对人(*in personam*)之诉的诉讼形式,设若A将某一动产交付给M,而M又错将该动产赠与、卖予或者交付给X,或者X自M处错误地取得该动产的占有,则A无法对抗X,其只能向M提起动产返还之诉;换言之,动产返还令状尽管具有原物返还的法律效力,但却不能对抗取得动产占有的第三人,因为第三人并非非法(unjustly)保有该动产。[124] 职是之故,动产返还令状也无法解决权利人向无权占有第三人主张动产权益的问题。波洛克与梅特兰甚至在考察了动产返还令之诉与侵害他人财产之诉后无不感慨地叹道:"直接侵害之诉中根本没有适合对抗购买动产的第三人的诉讼形式……[普通法中也]缺乏关于动产的对物之诉的诉讼形式。"[125]

真正在一定程度上解决这一问题的,则是非法占有动产令状(trover)。其典型形式与内容如下:

国王向郡长致意。他要像在侵害之诉中一样说明:

凭此,按照目击证人所言(佐证的日期和地点),上述A此前作为自己的财产合法占有一些货物和动产,如证人看到的,有20张桌子和20张价值不菲的椅子,

---

〔121〕 See Ross Perry, *Common-Law Pleading: Its History and Principles Including Dicey's Rules Concerning Parties to Actions and Stephen's Rules of Pleading*, Boston, Little, Brown, And Company, 1897, p. 55.

〔122〕 参见前引〔5〕,梅特兰书,第143~144页。

〔123〕 直接侵害令状、简约令状乃至非法占有动产令状均只能使原告获得金钱赔偿。(See Ross Perry, *Common-Law Pleading: Its History and Principles Including Dicey's Rules Concerning Parties to Actions and Stephen's Rules of Pleading*, Boston, Little, Brown, And Company, 1897, p. 56.)

〔124〕 See Frederick Pollock, Frederic William Maitland, *The History of English Law before the Time of Edward I*, Volume Ⅱ, Liberty Fund, 2010, pp. 182-183.

〔125〕 Ibid., pp. 174, 183.

证人确认它们的价值等于大不列颠的法定货币英镑若干。

而在对此等物品的此等占有状态中,按照目击证人所讲(作证的日期和地点),A不经意间丧失了置于其占有下的上述货物和动产。

后来按照目击证人所言(作证的日期和地点),经调查它们已为上述X占有。

而上述X非常清楚上述货物和动产属于A所有,当然应属于并归于A,但X算尽心机地、诈欺地、狡猾地和阴险地打算欺骗并诈欺上述A,并未交付上述货物和动产的全部或部分给A(尽管随后A多次请求),但X完全拒绝这样做,现在仍为此等拒绝;而后根据目击证人所言(作证的日期和地点),X为了自己的利益,非法挪用和处分了这些货物和动产。

上述A的损失如他声称的,是若干英镑。朕命你执行此令,特谕。[126]

根据上述文本可知,非法占有动产令状适用于这么一种典型情形:原告原本占有着所有权归属于自己的一项动产,不过嗣后却因为某种原因而丧失了对该动产的占有(如遗失),而后动产为被告所发现并占有,且被告拒绝依原告的请求将该动产归还原告,由此,被告因无正当理由将他人之物供自己使用而致原告损害。[127]仔细分析文本,我们可以发现,较之于侵害他人财产令状与动产返还令状而言,非法占有动产令状具有其自身特点,即尽管非法占有动产令状在分类上仍旧属于对人之诉的范畴,[128]但该令状却既不需要具备被告实施了“以使用暴力或者武器损害了国王之安宁”的侵害行为这一要件,也没有“非法保有”要件的束缚。总体上而言,只要存在“原告丧失动产的占有”与“被告发现并占有了该动产且拒绝将动产归还原告”这两项事实,原告即可对被告提起非法占有动产之诉;如此一来,尽管非法占有动产之诉仍旧系属对人之诉的范畴,但较之于侵害他人财产之诉与动产返还之诉而言,其对人性大为下降,甚至可以说具有类似于对物之诉(real action)[129]的性格:原告之所以得以向被告提起非法占有动产之诉,并非缘于被告占有动产本身存在过错,乃是因为该动产系属原告之物,即对该动产行使权利者应为原告,故而被告对该动产的占有与处分难谓正义,原告因被告占有或者处分动产所受到的损失应由被告填补。不过,仅仅如此仍旧不能使权利人只凭直接适用非

---

〔126〕 参见前引〔5〕,梅特兰书,第155~156页。

〔127〕 See F. B. Ames, "The History of Trover", *Harvard Law Review* 11, 1897-1898, p. 277.

〔128〕 参见薛波主编:《元照英美法词典》,北京大学出版社2013年版,第1048~1049页。

〔129〕 See Henry Roscoe, "Of the Parties to Real Action", *A Treatise on the Law of Actions Relating to Real Property* 1, 1840, pp. 5-8; Ross Perry, *Common-Law Pleading: Its History and Principles Including Dicey's Rules Concerning Parties to Actions and Stephen's Rules of Pleading*, Boston, Little, Brown, And Company, 1897, pp. 40-42; 46-108.

法占有动产令状便可对抗购买动产的第三人,因为自文本中可知,尽管不再强调占有动产被告的过错,但有一项事实性要件却是难以免除的,即原告在丧失对该当动产的占有之后,是被告“发现”(finding)了该动产,并进而予以占有的。[130] 尽管权利人以非法占有动产之诉对抗购买动产的第三人仍然存在一定障碍,不过较之于其他诉讼形式而言,已经足够了。当然,仅仅直接适用非法动产占有令状尚不足以对抗第三人,在该令状的基础上,法院设置了一系列私法拟制,以解决权利人向第三人主张动产权益的问题。

首先,法院会拟制“原告遗失了其动产”这一要件事实的存在。[131] 事实上,原告丧失动产占有的原因很多,如原告将动产出租或者出借予他人,而他人又诈称自己为真正权利人,并将动产出卖给第三人。其次,法院会进一步设置一项拟制,即“被告发现了该动产并予以占有,且拒绝将之归还原告”,[132]不过客观而言,被告其实并不仅仅是拾得人,他也可能是受托人或者侵占人,[133]而且倘若被告系购买动产的第三人,那么其实其大多是自动产拾得人、盗窃人、承租人、受借人等无处分权人处购得该动产。最后,在这两项拟制的基础之上,倘若被告确实因其对动产的占有与处分给原告造成了损失,则原告自可依非法占有动产之诉向被告主张损害赔偿。[134] 此外,较传统普通法而言,美国普通法更是进一步发展了非法占有动产之诉。原本作为对人之诉,非法占有之诉并无恢复效力,原告只能主张损害赔偿,而难以恢复对动产的完满占有,[135]不过美国很多州在传统普通法的基础之上,创造出了一项附加于非法占有动产之诉之上的诉讼形式,即“追回来物之诉”(action of replevin)。在实务中,两项诉讼通常合并审理,从而使原告不仅能够获得损害赔偿,而且也有机会追回原物,故而成为一项极为便利的诉讼手段。[136]

---

[130] See Thomas Atkins Street, *The Foundations of Legal Liability: A Presentation of The Theory and Development of the Common Law*, Vol. Ⅲ Common-Law Actions, Edward Thompson Company, Northport, Long Island, N. Y., 1906, p. 160.

[131] See Lemuel H. Foster, *Foster's First Book of Practice: At Common Law, in Equity and under the Codes*, Detroit, Mich., The Sprague Publishing Company, 1900, p. 122.

[132] Ibid., p. 122.

[133] See F. B. Ames, "The History of Trover", *Harvard Law Review* 11, 1897 - 1898, p. 277.

[134] See Lemuel H. Foster, *Foster's First Book of Practice: At Common Law, in Equity and under the Codes*, Detroit, Mich., The Sprague Publishing Company, January, 1900, p. 122.

[135] See Ross Perry, *Common-Law Pleading: Its History and Principles Including Dicey's Rules Concerning Parties to Actions and Stephen's Rules of Pleading*, Boston, Little, Brown, And Company, 1897, p. 56.

[136] See Lemuel H. Foster, *Foster's First Book of Practice: At Common Law, in Equity and under the Codes*, Detroit, Mich., The Sprague Publishing Company, 1900, p. 122.

四、普通法中的私法裁量拟制:审判中的便宜行事与柔性损益

普通法私法令状拟制系普通法最为典型的私法拟制形式,从形式上来看与罗马裁判官在程式诉讼中所为的拟制具有相似性,两者均为在α与β之间寻求类似性,然后将令状之外的β适用于既定的关涉α的令状,即将β视为α从而将之纳入法律的视野中,最终使原告获得法律上的救济。不过倘若细究一番则会发现,私法令状拟制中充斥着大量技术性拟制,这些技术性拟制从表面上看可以说是彻头彻尾的无稽之谈甚至是可耻的谎言,不过这些技术性拟制最终却是为了服务于一项目的性拟制,如将简约拟制为侵害,将侵占土地所有权人之土地拟制为侵占土地承租人之土地等。这一方面既说明普通法法官享有巨大的自由裁量权,另一方面也凸显了普通法法官的保守与克制,因为尽管他们可以作出犹如弥天大谎般的拟制,但却从未在形式上僭越令状的言辞规定,因为令状的效力来自国王和议会——普通法法官宁愿矫揉造作地用拟制的方式迂回达到自己的目的,亦不愿在形式上违背堪称成文法的令状。当然,对于普通法的法官们而言,令状与法律并非神圣的上帝,毋宁说,令状与法律犹如需要守护的淑女,而法官们则是仗剑执盾的骑士——在捍卫法律的过程中,自然需要便宜行事。[137]

而与私法令状拟制相比,普通法中具体司法审判中的私法拟制,或者说私法裁量拟制则显得更为柔软而富有弹性。较私法令状拟制而言,普通法法官们对于私法裁量拟制的设置更为谨慎,其缘故在于私法令状拟制所针对的,乃是一类案件,其更具有立法性质,而私法裁量拟制则更具有个案色彩,倘若随意设置或者承认,势必导致私法体系内部的动荡与不统一。故通常而言,裁量性质的拟制并不具有绝对性的特点,其常常得以因各种因素而被排除。兹以普通法中的一系列典型判例为例,探究普通法上的私法裁量拟制。

(一)期日拟制

在英国普通法早期判例中,最为常见的裁量拟制系期日拟制,即关于时间方面的拟制。具体而言,由于在早期普通法时代,王座法院并非每日均可受理案件,而是只在特定的期间内受理案件,因此,为了获得对特定案件的管辖,法院常常会设置一项期日拟制,而其中最为常见的便是复活节开庭期(Easter Term)拟制。所谓复活节开庭期,是指英格兰法院早期的四个不固定的开庭期之一,后来被确定下

[137] See Frederick Pollock, *The Genius of the Common Law*, New York, The Columbia University Press, 1912, p. 2.

来。一般在每年的4月15日开始,到5月8日结束,有时可以延长到5月13日。[138] 在早期普通法上,出于诉讼便利之考虑,法院常常会将案件事实拟制为发生于复活节开庭期的第一天,即4月15日;[139]不过这项拟制显而易见的随意性自然而然会引发一系列争议。

例如,在“Mourtou v. Norton案”中,法院便遭遇了这一难题。Mourtou在初审程序中控告Norton侵占了自己的一匹母马。在庭审中,原告举出了相应的证据,以证明发生于5月2日的其向被告请求归还母马的事实以及被告拒绝归还母马的事实。事实上,请求与拒绝均发生于5月2日,但由于没有特别备忘记录(special memorandum),故依法律拟制,初审法院将两项事实的发生日期定于复活节开庭期(Easter Term)的第一天,即4月15日。而在嗣后的上诉程序中,原告继续以自己在初审程序中提出的证据以控告被告的侵占行为,但被告律师却反驳道,依据初审结论,拒绝发生于4月15日,而原告所举证的证据只能说明拒绝发生于之后的5月2日,故而原告的证据不应被采纳。[140]

本案的特殊之处在于,尽管依拟制而将请求与拒绝的发生日期界制于4月15日,但与令状拟制(如逐出租地令状拟制中所捏造出的土地租赁人John Rogers与驱逐原因制造者William Stiles)相比,请求与拒绝乃系真实发生之事,拟制只是对其发生的具体时间作了虚构性构造,但却无法抹杀其真实存在性。正因如此,参照本文所择取的拟制定义,则此处的拟制更加类似一项推定,而非严格意义上的拟制,其本质上只是法官为了诉讼便利与满足当事人的利益诉求而于裁量层面上作出的暂时性假设,其欠缺稳定性与绝对性,可为事实所推翻。恰如Mansfield法官在本案中所评论的那样:

> 显然,由于并无特别备忘记录,依据法律拟制,我们能够将诉状与特定时间联系在一起。不过法律拟制也具有其自身之所以会诞生的目的与意图,而当它们所展现的目的与意图欠缺理由与政策上的支撑时,对方当事人将有权以事实陈述击破拟制。[141]

职是之故,在普通法上,法院所设置期日拟制受当事人利益之限制,申言之,倘若期日拟制有悖于当事人利益,那么该项拟制便应当归于无效,而诉讼相对人则不能利用期日拟制阻却当事人之诉求。如在“Richard Whitaker v. Wishey案”中,原

---

[138] 参见薛波主编:《元照英美法词典》,北京大学出版社2013年版,第456页。

[139] See English Reports 97,1378 –1865,p. 811.

[140] Ibid. .

[141] Ibid. .

告的父亲与兄长自被告(一位重刑犯财产管理人)处购买了一批家具等动产,嗣后被告并没有交付这些财产,故原告请求被告将这些财产交付给他。依照原告所提供的证据,可以认定该重刑犯系1851年3月22日被宣判有罪,而财产的让与发生于1851年3月20日,故而依当时英国法之规定,原告有权将这批财产自该重刑犯的财产中予以别除,而对之径行主张交付。不过被告却反驳声称,财产的移转时间应当依据嗣前裁判之记载,系发生于犯罪裁判之后,因为依当时所通行的拟制惯例,在嗣前的裁判记录中,财产让与时间与重刑犯被宣判为有罪的时间系同一天,故而被告认为其得以免除交付义务,而原告的请求不应得到支持。[142] 显然,倘若维持这项拟制,那么原告利益势必招致严重损失。故而受审法院认为当可能造就非正义时,不应容忍一个纯粹的形式或者法律拟制,因为此时的拟制悖于真实与事物本质而会造就错讹,该错讹显然使针对拟制的抗辩无法被合理地排除。[143] 最终,受审法院认为,这项期间拟制并不具有绝对性,没有采纳被告的抗辩,从而塑造了任何人不得因拟制而获不义之利益的原则。

通常而言,当普通法判例中期日拟制成为裁判对象,其大抵所讨论的均为当认可期日拟制而致损于当事人之时,是否应当维持期日拟制之效力的问题。不过几乎所有判例都遵循了上述所提及的Mansfield法官的态度,认为应当果断否定期日拟制的效力。除前述所提及的两大典型判例之外,"Bennett v. Isaac案"形成了"击破期日法律拟制以避免不正义"[144]之规则;而在"Morris v. Harwood and Pugh案"中,嗣后有证据证明涉案事实的真实时间时,嗣前对事件发生时间所作出的法律拟制也被击破。[145] 职是之故,期日拟制充其量只是算作是普通法法院简化诉讼程序,减少法官工作量的权宜之计。普通法上的期日拟制是一种法院所为的目的性意志活动,其必须以坚实的理由与政策支撑为基础,在设定期日拟制之时,法院不得因期日拟制而侵害当事人的权益;反之,当事人以事实反驳期日拟制时,则考诸当事人之利益,法院应当撤销期日拟制的效力而回归真实。

(二)地点拟制

对于普通法裁量而言,地点具有十分重要的地位,因为地点认定上的差异通常会影响法院对该当案件管辖权之有无。而在具体裁量方面,历史上普通法法院常常会设置一些关于地点的裁量性拟制,以便能够确定该当案件的管辖权

[142] See English Reports 138,1486 – 1865,pp. 817 – 823.

[143] Ibid.,pp. 820 – 823.

[144] See *English Reports* 147,1220 – 1865,p. 278.

[145] See *English Reports* 96,1378 – 1865,p. 179.

归属。

例如,在"Hog v. Lashley 案"中,就动产遗嘱继承究竟应当适用住所地法(*lex domicilli*)还是适用发生地法(*lex loci*)的问题,法院在众多判例的基础之上,引入了一项私法拟制。具体而言,在法院看来,设立遗嘱是一项万民法上的权利,因此那些由住所地法对其所施加的规制必须限制在法律所应当展现权威的合理程度之内;财产转让权系每一位所有权人所应有之内在权利,而遗嘱可以说是财产转让的一种具体类型,因此任何人均可在境外移转自己的财产,而不应受到限制;因为在此情形下,行为人以自己的行为消解了住所地法对自身的限制,这一消解的基础是一项为众多外国学者所提及的法律拟制,即"动产没有地点或者长期性"(*mobilia non habent situm vel sequelam*),在此拟制之下,遗嘱设立人的住所地与遗嘱之间的法律联系并不紧密,故而遗嘱效力的发生地(遗嘱人死亡地)法律应当成为准据法。[146] 严格来说,"动产没有地点或者长期性"这一格言式的规则似乎更接近一项具有决断性格的私法创制,不过在普通法上并未严格区分创制与拟制,在普通法法律人看来,似乎一切未经严格逻辑与科学检验的假设均属于拟制之列,故而他们将在判例中引入"动产没有地点或者长期性"规则视为是在设置一项私法拟制。

"Warrender v. Warrender Ⅱ Clark & Finnnelly 案"中的地点拟制则更为典型。该案阐明了一项通行于英国判例中的拟制,即丈夫的住所地被视为妻子的住所地。[147] 案情其实很简单,一位名为 George Warrender 的苏格兰男人与一位英格兰女士 Anne Warrender 在英格兰结婚,他们婚后去了苏格兰居住,而后在仅居住了很短的时间后又返回英格兰居住。不过因种种缘故,双方签订了分居协议,Anne 女士居住于国外,而 Warrender 先生返回苏格兰居住。嗣后 Warrender 先生以 Anne 女士通奸为由诉请离婚,不过在适用何种准据法的问题上,法院产生了分歧。最终,法院认为,由于在婚姻中女性应当依附于男性,故而得以成立一项拟制,即"丈夫的住所地被视为系妻子的住所地",故而苏格兰法院对此案享有管辖权,且妻子不得以分居协议为由而破除这项拟制,妻子的住所地必须被认定为在苏格兰境内。[148] 本案的另一特点是,对于该项地点拟制而言,法官们并未达成统一意见,实际情况是,有法官质疑该项地点拟制是否应当成立,因为毫无疑问,仅依妻子应当依附于丈夫便将丈夫的住所地拟制为妻子的住所地显然是武断且值得商榷的,如

---

〔146〕 See *English Reports* 2,1694 – 1865,p. 1278.

〔147〕 See *English Reports* 6,1694 – 1865,p. 1244.

〔148〕 Ibid. ,pp. 1239 – 1244.

Lyndhurst法官便认为,依该项拟制而将这位英格兰女士的住所地设置于苏格兰是错误的,其实应当承认苏格兰法律与英格兰法律之间的差异与矛盾,而在此基础上,考虑到妻子系英格兰人,法院应当允许妻子在英格兰法庭依照英格兰法对抗其丈夫。[149] 由此可见,裁量拟制涉及法院之间的价值博弈。在本案中,倘若妻子应当依附于丈夫的观点更获多数法官青睐,那么这项地点拟制将获得类推得以成立的价值基础;而反过来说,倘若法官们更欣赏"保护作为英格兰人的妻子的利益,维持英格兰法律的尊严"这一观点,那么该项地点拟制无疑会丧失其价值基础而无法成立。较之于令状拟制中的私法拟制而言,作为裁量拟制的地点拟制具有高度的灵活性,甚至可以说是随意性。在具体的裁量过程中,普通法法院常常依据各式各样的价值决断而对地点设置拟制,甚至曾经颇为荒谬地将法国城市巴黎拟制为是一座位于英格兰的城市,[150] 其任意程度,可见一斑。

(三)主体拟制

普通法中的具体裁量有时会涉及对主体的拟制。例如,在"Jacob v. Miniconi案"中,被告死于巡回审判日(commission day)与诉讼日(day of trial)之间。[151] 此时的合理做法自然应当是裁定诉讼中止,以等待适当的诉讼承继人,以便重开诉讼。不过法院为了维护原告的利益,别出心裁地设置了一项拟制,即法院拟制被告未曾死亡,故而在将被告视为生人的情形下,法院仍然坚持进行了审理,而没有拒绝给予原告裁判与救济。[152] 如此一来,原告便无须因被告的死亡而使自身无法较快地获得裁判。

在普通法关于主体的拟制方面,也许最有特色的当归于将船舶拟制为人的各种判例。例如,在1809年的"die Jungfer Charlotta案"中,一艘Papenburgh的船舶在法国装载了盐,并意欲运往葡萄牙,途中因为天气原因而被迫改变航向停泊在了英国的港口。由于彼时英国与法国处于战争状态,因此这艘船被作为被告而被提起了诉讼。在该判例中,法院以"她"(she)称呼该船舶,并认为该船舶完全等同于一个自然人。最终,这艘船舶作为资敌之物而被罚为法律上之奖赏(lawful prize),以奖励捕获者(captor)。[153] 在普通法历史上,出于实用主义层面上的便利以及争夺案件管辖权的缘故,英格兰海事法院常常会将船舶拟制为人,令其成为法律主体,拥有法律人格,从而得以参与诉讼并承担可能发生的法律责任,此即普通法上的

[149] See *English Reports* 6, 1694 – 1865, pp. 1264 – 1265.

[150] See Lawrence M. Friedman, *A History of American Law*, New York, Touchstone, 2010, p. xv.

[151] See *English Reports* 138, 1486 – 1865, p. 819.

[152] Ibid.

[153] See *English Reports* 12, 1809 – 1865, p. 65.

“船舶人格主义”(doctrine of the personality of the ship)[154],由此还发展出了一种特殊的海事诉讼形式,即“对物诉讼”(*in rem action*),依据该诉讼,因船舶而受损的人可以直接以船舶为被告提起诉讼,而无须在纷繁复杂的船舶利益人链条中找寻合适的诉讼当事人。[155] 毫无疑问,就普通法而言,船舶事实上乃是在一个国家的主权范围内被授予了法律人格;[156]换言之,船舶被拟制为法律所承认的人,而这一拟制的基础则是普通法关于船舶责任承担的古老认知。Bracton 法官曾谓,“倘若一个人从船上掉下来且溺水身亡,那么该船舶的行为必定应当被认定为系造成这一死亡的原因”,[157]因此,由于普通法传统上将船舶纳入了可以作出行为者以及责任的承担者,而在这一点上,船舶与自然人的确存在相似性,故将船舶拟制为人并且使船舶得以类推适用为自然人所预先规定之法律,自然既方便又十分顺理成章。

而普通法上股东享受有限责任待遇的公司则更是主体拟制之典型代表,在“McCabe v. Illinois Cent. R. Co.案”的裁判文书中,记载着对于公司拟制性质的非常精彩的论述:

公司是什么?它是否应当更适合被称为一个拟制的存在物(artificial being)——一个纯粹的法律上实体(legal entity)——而不仅仅只是拟制人(artificial person)?毫无疑问,公司是一个各州法律所创造的法律存在,其无法依自身意志为自己选定一个住所地。倘若你想寻找到一个公司,那么你应当如何找到它并和它做交易呢?你将通过它的机构找到并了解它;也唯有通过它们,你才能够与公司做任何事。公司的机构是可见的,但公司本身是不可见的。公司的机构能够按部就班地提供服务,而公司本身却不行。如果你想起诉公司,那么你必须借由法律程序而针对公司的机构起诉。这些机构存在可以找到的住所地,但事实上它们也不是公司。公司的董事与经理人们也并非公司本身。他们也许会死亡或者卸任,但公司却始终存续。董事与经理人也仅仅只是公司的机构。公司股东也并非公司,他们既不能应诉,也不能被诉;他们甚至不能如公司

[154] See Douglas Lind, “Pragmatism and Anthropomorphism: Reconceiving and the Doctrine of the Personality of the Ship”, *University of San Francisco Maritime Law Journal* 22, 2009 - 2010, pp. 82 - 84.

[155] See Aleka Mandaraka-Sheppard, *Modern Maritime Law*, Volume 1: Jurisdiction and Risks, New York, Informa Law from Routledge, 2013, p. 10.

[156] See Bryant Smith, “Legal Personality”, *The Yale Law Journal* 37, 1927 - 1928, p. 295.

[157] See Douglas Lind, “Pragmatism and Anthropomorphism: Reconceiving and the Doctrine of the Personality of the Ship”, *University of San Francisco Maritime Law Journal* 22, 2009 - 2010, p. 72.

机构那样签订合同、接收通知或者接受法律服务。公司仅仅是这么一种事物——一个法律上的实体——一个拟制的存在物或者人——其既不享有理智,也无法可见。[158]

与船舶类似的是,公司得以被拟制为人的基础其实还是在于其具有独立于任何人的财产,而这些独立财产显然能够成为潜在法律责任获得履行的保障(船舶则是以自身为责任财产),而以独立财产为基础,作为一种实用主义考量与商业性法律技术手段之展现,公司获得了独立的法律人格,其成为法律上的人。并且,这种法律人格在理论上具有永续性,[159]公司作为独立主体而以其自身财产对外承担法律责任,而公司以外的其他人,尤其是公司股东便与公司不再具有法律上的关联与"支配—被支配"关系,股东只享有对公司的股权,且仅以其自身所拥有的股份为限,承担有限责任(limited liability)。[160] 当然,和普通法上的其他制度有所不同的是,公司的独立人格受到了制定法的重大影响,甚至从本质来说,公司的独立人格以及法律实体资格乃是立法者的一种馈赠,或者说特权之赋予,其主要目的在于令公司财产独立于股东,而令股东得以享有限责任。[161] 不过与欧陆法大相径庭的是,普通法上公司的拟制主体资格,亦由一系列裁量性判例所型塑。例如,在"Salomon v. Salomon Ltd.案"中,法院甚至采纳了一种较制定法而言更加严格的态度,从而赋予了公司独立于其成员乃至管理团队的独立人格。[162] 对于普通法法院而言,将公司认定为拟制人,其实存在两个方面的考虑:第一,由于公司确实没有特定存在,其所有活动均是由一个又一个自然人协助完成,故而无法想象能够将公司与自然人等量齐观,其本质上乃是为使公司股东享受有限责任,以及公司雇员的职务行为非由其本人承担法律责任的技术性产物——普通法将之形象地比喻为笼罩在公司自然人群体面容上的"面纱"(veil);[163]第二,正因为公司独立人格的拟制性格,故而普通法法院认为,在公司独立人格之维持有违衡平(这个标准通常宽泛而模糊)之时,可以暂时性地中止公司的独立人格,以便让幕后的行为人承担法

---

[158] See *Federal Reports* 13,1882,pp. 827-828.

[159] See Charles Wild Stuart Weinstein, *Smith and Keenan's Company Law*, London, Pearson Education Limited, Longman, 2009, p. 2.

[160] See LE Talbot, *Critical Company Law*, New York, Routledge & Cavendish, 2008, p. 24.

[161] See Rob McQueen, *A Social History of Company Law: Great Britain and The Australian Colonies* 1854-1920, Ashgate, 2009, pp. 17-19. 毫无疑问的是,这里当然涉及立法性质的教义拟制,而非单纯的裁判拟制。

[162] See Stephen Griffin, *Company Law: Fundamental Principles*, London, Pearson Education Limited, Longma, 2006, p. 13.

[163] Ibid.

律责任，此即普通法上的“揭开公司面纱”（lifting the veil of company/dislodging the corporate veil）之公司人格否认规则。[164] 从判例方面来看，“揭开公司面纱”规则受到了许多法政策方面的影响，如在1916年的“Daimler v. Continental Tyre & Rubber Co.案”中，Continental Tyre & Rubber Co.是一家登记在英国的公司，其享有对Daimler的债权，且向法院提出了强制执行申请；依照通行做法，法院无疑应当同意Continental Tyre & Rubber Co.的请求，不过法院却拒绝了强制执行申请，理由是该公司是由德国人出资设立，其社团成员均为德国人，而由于此时英国与德国处于交战状态，故而在这种特殊情势下，为了维护国家利益，不应认为Continental Tyre & Rubber Co.公司能够完全独立于其成员。[165] 职是之故，当维持公司独立人格将导致国家利益受损时，普通法系法院会毫不犹豫地选择否认公司的法律人格。而在“Gilford Motor v. Horne案”“Jones v. Lipman案”“Adams v. Cape Industries案”“Trustor AB v. Smallbone案”“Buckinghamshire CC v. Briar案”中，法院则确立了公司人格否认的另一项规则，即倘若公司实际操作人的行为构成对公司人格的“欺诈性滥用”（fraudulent abuse），那么法院将会暂时性中止公司的独立人格。[166] 普通法法院所创设的“揭开公司面纱”之理由，除维护国家利益、规制公司人格欺诈性滥用之外，还有“指定控制利益或者找到经济意义上的真正实体”[167]，在“Creasery v. Breachwood Motors案”“Adams v. Cape Industries案”“DHN Food Distribution Ltd. v. Tower Hamlets LBC案”等判例中，法院塑造了一项裁判规则，即倘若两个法律上相互独立的公司，倘若在经济意义上处于“支配与被支配关系”或者一方公司并无独立利益，其存续的价值主要在于维护另一方公司的利益（甚至不惜损害自己利益而维护对方公司利益），那么此时便应当否定这家形如傀儡之公司的人格，从而将经济上的真实关系反映到法律之中。[168] 从“揭开公司面纱”所涉及的大量判例中，可以获知两大重要信息：第一，普通法判例对公司法人人格的独立性做了大量的巩固性工作，其在制定法的基础之上进一步阐明了公司依据拟制而获得人格的法理；第二，基于普通法对于法律拟制的一贯态度，即拟制并不具有绝对性这一点，法院将公司的独立人格视为一种可以揭开的“面纱”，这种拟制可以为正义之故而暂时性否弃的法律事物，而依照这一思维路径，普通法系的法院发展出了庞大而精致的“揭开公司面纱”规则群，从而一方面充分运用拟制以促

---

[164] Ibid.

[165] Ibid., p. 14.

[166] Ibid., pp. 14-16.

[167] Ibid., p. 16.

[168] Ibid., pp. 16-23.

进商业、贸易与经济,满足实用主义方面的需求;另一方面则坚守拟制具有非绝对性的普通法传统,适时地对公司主体拟制予以否定,以回应正义的吁请;[169] 严格来说,这其实是一种通过私法裁量而对教义拟制予以缓和的法律现象。而借由这两个方面的努力,普通法系的法院最终将公司主体拟制这一法律上"拟人主义"(Anthropomorphism)[170] 造物的功用发挥到了淋漓尽致的程度。

(四)事实拟制

普通法法院还常常对一些事实作出拟制,包括当事人的意思与纯粹事实。[171] 就前者而言,最为典型的莫过于拟制合同(implied contract)或者准合同(quasi-contract)。[172] 所谓拟制合同,系指富含拟制因素的合同,其可能只是合同的某一要素具有拟制因素,如当事人作出了一定行为,尽管其并没有提出言语意义上的要约或者承诺,但其行为因价值上的考量而可能被视为要约或者承诺,从而构成"要约拟制"[173] 或者"承诺拟制"[174];也可能整个合同均建立在拟制的基础之上,即不考虑"要约—承诺"规则,而仅依当事人之间存在特定关系的事实便拟制当事人之间存在合同关系。拟制合同常常适用于尽管当事人双方之间没有合同关系,但却存在类似于合同关系的其他债之关系的情形,最为典型的情形当属以非债清偿为代表的不当得利。尽管严格来说,准合同这一术语本身其实意味着其并非合同,只是与合同相似罢了;但在普通法上,受布莱克斯通之影响,拟制合同却与准合同指称同一事物,普通法法律人大多认为准合同即拟制合同,且是合同的一种具体类型。[175] 显然,这与罗马法与欧陆法并不相同,如在《优士丁尼法学阶梯》中,I. 3,27pr. 与 I. 3,27,3 两段法言便明确表明在罗马法上合同与准合同是被区分的两大概念;[176] 而在欧陆法,如在德国法上,准合同被分解为不当得利、无因管理以及商

---

〔169〕 Ibid. ,p. 23.

〔170〕 See Douglas Lind, "Pragmatism and Anthropomorphism: Reconceiving and the Doctrine of the Personality of the Ship", *University of San Francisco Maritime Law Journal* 22,2009 - 2010,p. 39.

〔171〕 这一点在罗马私法教义拟制分类中予以了单列,以区别纯粹的事实,而之所以在此不作此项区分,乃是因为普通法更偏好客观化的分析,而不太关注当事人的主观心理状态,此与罗马法尤其是德国法存在差异。

〔172〕 See Peter Birks, Grant McLeod, "The Implied Contract Theory of Quasi-Contract: Civilian Opinion Current in the Century Before Blackstone", *Oxford Journal of Legal Studies* 6,1986,p. 46.

〔173〕 See Samuel Williston, *The Law of Contracts*, In four Volumes Volume Ⅰ, New York, Baker, Voorhis & Co. ,1920,p. 54.

〔174〕 See *English Reports* 152,1220 - 1865,p. 359.

〔175〕 See Peter Birks, Grant McLeod, "The Implied Contract Theory of Quasi-Contract: Civilian Opinion Current in the Century Before Blackstone", *Oxford Journal of Legal Studies* 6,1986,p. 46.

〔176〕 参见徐国栋:《优士丁尼〈法学阶梯〉评注》,北京大学出版社2011年版,第451~452页。

业性接触,而与合同并列归属于债之原因的范畴。[177] 然而在普通法上,拟制合同却是一项由法院运用拟制思维所创设的一种具体的合同类型。例如,在"Shalicross v. Wright案"中,原告向被告主张,被告的被继承人曾经长期接受其医疗服务,并且允诺向其支付报酬,故而被告作为继承人,应当承受支付报酬的合同义务,而被告则抗辩称原告无法举证证明这一点。据此,法院认为基于理性与正义之考量,原告的确向被告的被继承人提供了医疗服务,故而原告无疑遭受了显著的损失,其理应获得合理补偿。基于这一考虑,法院提出,应当拟制原告与被告的被继承人之间存在合同关系,或者说存在可被推断存在的合同关系,故被告应当负担向原告支付报酬的义务。[178] 而在"Duncomb v. Tickridge案"中,当被告还是一名婴儿时,其母亲将被告交给原告,委托原告经由海路把被告送往其父亲处,并为被告提供食物、洗漱等服务,并承诺支付给被告报酬;而在庭审过程中,关于原告与被告母亲之间是否存在合同关系存在一些疑问。不过,法院却巧妙地引入拟制合同以便对此案作出裁判。具体而言,法院认为,即使没有证据能够证明原告与被告母亲之间存在合同关系,但在被告作为一名婴儿而由陌生人照料并顺利度过了跨海旅程这一情形中,被告显然获得了利益,而原告则相应地作出了牺牲,故而此时应当认定原告与被告之间存在一项拟制合同法律关系。当然毫无疑问的是,倘若有第三人愿意支付运费及报酬,那么这一拟制自然可以被排除。[179] 总体而言,拟制合同中的要约拟制与承诺拟制其实系属一种法律上的推定(a presumption of law),[180] 本质上乃将当事人所为的一些行为类推为当事人以言语作出了要约与承诺;而其他拟制合同则富有更为纯粹与浓厚的拟制性格,本质上乃将非合同的债之关系拟制为合同关系而适用合同法的相应规则。不过对于普通法而言,推定与拟制并无绝对差异,两者在术语上的混同现象十分突出;[181] 且无论是合同要素拟制还是合同关系的拟制,从共性上来说,两者其实都是对当事人合意的拟制。申言之,拟制合同的核心乃拟制当事人之间存在订立合同并受合同约束之意思;唯其如此,拟制合同方可作为合同的一种具体类型而被纳入奉行合同自由原则的合同范畴之中。严格来

---

[177] Brox/Walker, *Allgemeines Schuldrecht*, 2014, SS. 23 - 24.

[178] See *English Reports* 50, 1829 - 1865, p. 1174.

[179] See *English Reports* 82, 1378 - 1865, p. 933.

[180] See Joseph Chitty, *A Practical Treatise on the Law of Contacts: not under Seal and upon the Usual Defences to Actions Thereon*, Springfield, G. and C. Merriam, 1839, pp. 80 - 81.

[181] 例如,在"Hillary v. Waller案"中,法官便同时使用"legal presumption"(法律推定)与"a fiction of law"(法律拟制)指称同一事物。See *English Reports* 33, 1557 - 1865, pp. 92 - 103.

说,由于合同自由原则认为合同债务之产生必定以当事人合意为基础,[182]而拟制合同当中根本不存在可供识别与检验的合意,其仅蕴含推定的合意或者虚构的合意,所以在普通法上,拟制合同尽管被纳入合同的范畴之中,但其与合同在价值上存在殊异:合同本质上乃当事人自由意志之彰显,而拟制合同实质上乃法院基于法政策考量的便利之举。[183] 职是之故,也有学者认为应当完全放弃拟制合同,转而运用不当得利原理以解决原本由拟制合同规制的问题。[184]

除了对当事人意思作出拟制以外,普通法法院有时也会就纯粹事实设置拟制。例如,在1806年的"Hillary v. Waller案"中,原告尽管对作为标的物的农场享有法律上的地产权,但由于在相当长的一段时间内,被告无恶意地基于信托而占有该不动产。据此,法院认为由于年代久远,被告及其家族对不动产的占有系善意且持续长达100多年,所以应当作出两项拟制,即第一,不动产购买人并未真正购得该不动产;第二,该不动产已经为不动产占有人所回购(reconveyance);而在此两项拟制的基础上,不动产占有人得对抗不动产购买人。[185] 毫无疑义的是,前述所涉及的纯粹事实拟制并无证据方面的支持,法院也仅仅是依据历时长久这一事实而作出了一项法律上的推定与拟制,而一旦拟制成立,事实究竟如何,反而无须再作进一步探寻。

五、普通法私法拟制精神:外部法律形式主义与法律实用主义之耦合

英国法理学家哈特曾谓,"形式主义与规则怀疑主义乃法律理论中的斯库拉与卡律布狄斯(Scylla and Charybdis),尽管它们都非常夸张,但却在相互修正中增益于对方——真理就在两者之间"。[186] 斯库拉与卡律布狄斯都是希腊神话中的怪兽,在欧洲的俗语中,常常用"落于斯库拉与卡律布狄斯之间"来表达陷于进退维谷之境;[187]不过哈特却认为,在法律中,法律形式主义与规则怀疑主义(或者说法律实用主义)却并非水火不容之物,两者其实存在相互增益的可能。诚哉斯言,当审视普通法中诸多私法拟制现象时,倘若意欲一言以蔽之,那么最为合适的总结便

[182] See Treitel, Edwin Peel, *The Law of Contract*, London, Sweet & Maxwell, 2010, p. 2.

[183] See Thomas Atkins Street, *The History and Theory of English Contract Law*, Washington, Beard Books, 1999, p. 149.

[184] See Steve Hedley, "Implied Contract and Restitution", *The Cambridge Law Journal* 63, 2004, pp. 455 - 535.

[185] See *English Reports* 33, 1557 - 1865, pp. 92 - 103.

[186] See H. L. A. Hart, *The Concept of Law*, Oxford, Oxford University Press, 1961, p. 144.

[187] See Kathleen N. Daly, *Greek and Roman Mythology: A to Z*, New York, Chelsea House, 2009, p. 999.

是:普通法中的私法拟制乃法律形式主义与法律实用主义相互斗争与彼此妥协之子嗣。

尽管在刻板印象中,普通法系以法官造法之形象而闻名于世,并被坊间引以为普通法系区隔于大陆法系之典型因素,[188]不过从普通法历史角度来说,"法官造法"这一现象在衡平法中更为明显,乃因衡平法(equity)本身便是在当事人于普通法处无法获得救济之时,向大法官寻求法外正义之产物。[189] 在普通法系的术语中,衡平法并未被冠以法律(law)之名,因此当大法官以衡平的名义对当事人给予救济之时,便已经是一种十分明显的造法行为,这与以阐释法律而变通地造法其实是两种不同的事物。仅就普通法而言,应当说,法律形式主义在相当长的一个历史时期内均保持着十分强势的地位。普通法中的法律形式主义并非我们通常所理解的依照既定的规则而为裁判之意蕴,此种理解毋宁说只是大陆法系关于法律形式主义的理解,而这种意义上的法律形式主义可以说在普通法上已然死亡(严格来说,也许从未出现过)。[190] 根据 Ernest J. Weiner 之见解,普通法中的法律形式主义分析的基本单位是法律关系(legal relationship),[191]其初始所关心的并非裁判的实质性目的,而是关于法律最终能够形成一项裁判的最低限度条件;换言之,法律形式主义意味着法律拥有自身的概念性作用域。[192] 具体而言,Ernest J. Weiner 认为,普通法中的法律形式主义主要包含三个方面的意涵。

第一,法律形式主义者所分析的构成要件并非一种外在的理念性要素,而是将法律视为裁判事业的一系列内在预设。[193] 普通法中的法律形式主义倾向于在法律的范畴内分析法律问题,其潜在意涵是,法律绝非万能,社会中的诸多纠纷解决并非均须由法律亲力亲为,因此法律形式主义认为,必须在道德与法律之间划定一道清晰的界限,法律本质上应被视为实证规范的汇纂或者政治权力的执行,以及回应道德诉求的社会性安排,[194]法官只能在法律所限定的范围内作出具有法律意义的裁判,而在法律范围之外的纠纷,则应保持沉默。职是之故,当事人向法院提请的诉求,将被法官作具体而细致的分析,以便判断当事人的诉求是否符合法律所预

---

[188] 参见王泽鉴主编:《英美法导论》,北京大学出版社 2012 年版,第 2 ~ 3 页。

[189] See John H. Langbeim et al. , *History of the Common Law: The Development of Anglo-American Legal Institutions*, Wolters Kluwer, Law & Business, Aspen Publishers, 2009, pp. 271 - 272.

[190] See Ernest J. Weiner, "The Jurisprudence of Legal Formalism", *Harvard Journal of Law & Public Policy* 16, 1993, p. 583.

[191] Ibid. , p. 584.

[192] Ibid. , p. 587.

[193] Ibid. , p. 592.

[194] Ibid. , p. 583.

先设定的一系列条件,进而决定是否给予当事人司法救济。

第二,法律形式主义倾向于在纯法律的术语环境中,展开有意义的法律思考。[195] 法律形式主义倾向于将特定问题的思考与解决限制在法律的范围之内,因为法律形式主义认为,将问题解决的思考延伸到法律之外并无益处;Roberto M. Unger便认为,“那些将法律形式主义斥为天真幻想,大谈法律形式主义的错误与有害作用的人,其实压根就不知道他们想要什么”。[196] 草率地超越法律形式主义将使特定纠纷的解决探讨变为泛泛之谈,不仅是无效率的,自当事人预期的角度而言,也是不公正的。因此,法律形式主义反对将注重结果的道德,或者说实质性道德引入法律之中,[197] 法律思考应当尽量排斥非法律术语,而尽可能在纯粹的法律范畴内实现特定纠纷之判定(其是否属于法律纠纷)与解决(应当如何适用法律解决该法律纠纷)。

第三,法律形式主义强调一致性(coherence),这是法律形式主义的内在信念。[198] 一致性意味着法律存在一个整合其各部分的统一架构;在这一架构中,整体优于部分,而部分也与整体紧密关联。[199] 法律形式主义的一致性倾向意味着至少在理念上,法律中的各部分均会体现出法律的整体性特征,如具体法律规则的合理性可以回溯至普遍性原则(immanent principle),以便获得合理性,或者也可以认为具体法律规则系由普遍性原则衍生而得;如此一来,法律形式主义下的法律便呈现一种整体性的和谐:在法律中并不存在价值矛盾。[200]

法律形式主义其实彰显的是一种保守法律观,这与早期普通法所奉行的令状主义具有不谋而合之处。对于普通法法官而言,令状系属英王所作出的强制性命令,法官没有权力僭越令状,甚至英王本人也没有权力单独更张令状或者发布新的令状,因为前述已经谈到,英王变更令状或者发布新令状的权力亦受到议会的制约。而正是因为令状所具有的强大效力,故普通法法官绝大多数时候均会选择遵从既定令状的规定与内容,而不会擅自造法。基于这种保守态度,普通法所形成的“遵循先例”原则也就显得极为僵硬甚至残酷,倘若当事人的诉求并

---

〔195〕 Ibid., p. 592.

〔196〕 See Dennis Patterson, “The Metaphysics of Legal Formalism”, *Iowa Law Review* 77, 1991 - 1992, p. 741.

〔197〕 See Richard H. Pides, “Forms of Formalism”, *The University of Chicago Law Review* 66, 1999, p. 607.

〔198〕 See Ernest J. Weiner, “The Jurisprudence of Legal Formalism”, *Harvard Journal of Law & Public Policy* 16, 1993, p. 592.

〔199〕 Ibid., pp. 592 - 593.

〔200〕 See Ken Kress, “Coherence and Formalism”, *Harvard Journal of Law & Public Policy* 16, 1993, pp. 640 - 641.

无令状授权范围内之裁判先例作为佐证,那么普通法法官便会理所当然地拒绝给予救济。[201] 职是之故,普通法本质上乃极为注重形式主义之法,普通法法官对于法律形式主义的坚守甚于罗马裁判官,甚至在早期普通法史上,仅仅因为词句上的细小瑕疵,便可能导致诉讼失败。也正是因为普通法中的法律形式主义使大量纠纷无法获得解决,作为普通法之补充的衡平法才应运而生:大法官依据理性与自然正义之理念,[202] 于普通法的严格适用将导致极度不公时,创设特殊的衡平规则,缓和普通法的严格僵化,恢复其灵活性,从而矫正普通法之严苛,使之回归正义。[203]

普通法系特有的现象使一国存在两种截然不同的法律,即普通法与衡平法,衡平法能够在普通法救济不能时,给予补充性的救济。尽管如此,衡平法仍然无法完全弥补普通法遵循法律形式主义所带来的弊端,从法律史的角度来看,衡平法自身仍然具有相当程度上的自我克制,大法官的造法主要集中于信托法与诈欺法领域,而在传统私法范畴内关涉土地法、动产法、合同法以及侵权法的案件,仍然主要由普通法法院受理。普通法不可能完全寄望于衡平法对自身予以矫正,更何况在英国1873年与1875年《司法组织法》颁行前,[204] 普通法法院与衡平法法院也存在事实上的竞争关系;倘若普通法在正义面前裹足不前,不作任何变通,那么便有可能被衡平法捷足先登,最终坐视衡平法院获得特定案件的普遍管辖权。[205] 因此,普通法不能在任何情形中均严格遵循法律形式主义的教条,普通法法院必须寻求一种有效手段,能够一方面扩大自己的司法管辖权,获得事实上的造法权力;另一方面又至少在形式上完全服从令状,从而在表面上彰显自己并无任何僭越令状的行径。普通法院最终依循法律实用主义而运用拟制大致实现了前述目标。

法律实用主义这一术语具有浓厚的规则否弃与形式怀疑意蕴。例如,在波斯纳那里,法律实用主义意味着径行对法律纠纷双方行为的成本与收益(costs and

---

〔201〕 See Frank Tudsbery,"Equity and the Common Law",*Law Quarterly Review* 29,1913,p. 156.

〔202〕 衡平(equity)原本的含义便是合理(reasonableness)与理性(reason),几乎与自然正义(natural justice)同义,被视为法律所应当追求的标准或者理想状态。See Frank Tudsbery,"Equity and the Common Law",*Law Quarterly Review* 29,1913,pp. 154–155.

〔203〕 See Harold Greville Hanbury, Jill E. Martin, *Modern Equity*, London, Thomson Reuters, Sweet & Maxswell,2012,pp. 3–4.

〔204〕 See Albert M. Kales,"The English Judicature Acts",*Journal of the American Judicature Society* 4, 1920–1921,pp. 133–146.

〔205〕 参见王泽鉴主编:《英美法导论》,北京大学出版社2012年版,第15~17页;前引〔67〕,E.艾伦·范思沃斯书,第700~701页。

benefits)作出精致计算与考量,寻找到效益最大化的临界点,并将这一临界点作为裁判之基石;换言之,符合经济学上效益最大化的裁判便是正义的裁判,在这一过程中,规则与形式并没有实质性地介入法律分析之中。[206] 霍姆斯的法律实用主义则体现为对经验的尊重,霍姆斯并不认为逻辑能够在法律中起主导性作用,[207]那些预设的规则仅仅只是关于法官可能如何行动的参考,而律师的专业素养则体现为对法庭将在特定纠纷中如何裁决作出准确预判(prediction)。[208] 而德沃金则另辟蹊径,其在理论上将法律(包括历史上的法)作为一个整体性的存在(integrity),力图令法官依据法律的内在基准而非外在于法律的任何标准作出裁判,[209]但由于德沃金"整体性的法律"最终所诉诸的原则无疑具有某种自然法的成分,故事实上其又赋予了法官广泛的依据实用主义裁决而非解释现行法律的权力;就此而言,德沃金其实所表述的也是一种规则(尤其是现行有效法律)怀疑的法律实用主义理论。[210] 尽管法律实用主义呈现流派性差异,但其内核无疑十分清晰:法律实用主义,意味着法律的目标在于实质意义上的正义实现与纠纷解决,而非对既定规则的纯粹解释与奴隶般的盲从。

尽管法律形式主义与法律实用主义的意涵大相径庭,不过二者并不总是处于泾渭分明的状态。纯粹意义上的法律形式主义通常被严格定义为"内在的形式主义"(internal formalism),[211]其意味着法律性活动乃是依据一个由规范、实践以及内在程序所构成的预设框架而展开的;而另一种法律形式主义则系指对于作为法律形式的文字与法案的坚守,被称为"外在的形式主义"(external formalism)。[212] 在外在的形式主义处,由于此时的法律形式主义仅要求对法律文字与法案的服从,故而引出了另一种法律现象,即对于法律形式主义的形式服从,这种形式服从系以一种对法律与令状文字的表面遵守却又基于实用主义态度予以变通的方式实现,或许应当恰当地称其为"法律形式主义的实用化":这一法律现象的典型便是普通

---

[206] See Eric Rakowski, "Posner's Pragmatism", *Harvard Law Review* 104, 1990 - 1991, pp. 1682 - 1704.

[207] See Thomas C. Grey, "Holmes and Legal Pragmatism", *Stanford Law Review* 41, 1988 - 1989, p. 787.

[208] See Oliver Wendell Holmes, "The Path of the Law", *Boston University Law Review* 45, 1965, p. 24.

[209] See Jonathan Stainsby, "The Pssibility of Legal Change: Pragmatism and Legal Theory", *University of Toronto Faculty of Law Review* 46, 1988, pp. 458 - 459.

[210] See Robert Westmoreland, "Dworkin and Legal Pragmatism", *Oxford Journal of Legal Studies* 11, 1991, pp. 174 - 192.

[211] See Albert Kocourek, John H. Wigmore, *Evolution of Law: Select Readings on the Origin and Development of Legal Institutions Volume* Ⅱ, *Primitive and Ancient Legal Institutions*, Boston, Little, Brown, and Company, 1915, p. 641.

[212] Ibid.

法中的私法拟制。与罗马裁判官不同,普通法法院作出私法拟制时,不会以最简单的模式(径行将β视为α)推动拟制,因为这意味着明示的类推,意味着对令状之违反。尽管普通法法院所欲实现的拟制目标通常与罗马裁判官并无二致,但普通法法院倾向于以迂回的方式,通过一系列具体私法拟制,一点一点地使特定案件符合令状的规定。例如,在逐出租地令状拟制中,倘若是由罗马裁判官审判此类案件,那么可以大致预见到,罗马裁判官极有可能只是声明基于公平正义之考量,土地所有权人应当获得与土地租赁权人相同的私法保护;故而,此时应当将土地所有权人视为土地租赁权人,并给予土地租赁权人救济。但普通法法院则使用了极为繁芜且匪夷所思的一系列具体拟制,从而实现了对令状的形式服从。尽管在思维本质上,普通法法院与罗马裁判官的思路并无轩轾,均是依据类推思维而将一事物之法律适用于法外的另一事物,但普通法法院却又在形式上实现了对法律形式主义的恪守,虽然不无矫揉造作之烦琐弊端,但也算是普通法法院在维护法律形式主义传统基础上,滴入几滴法律实用主义的油,以便损益法律,成全正义的无奈却不无实益之举措。

此外,在具体的拟制方式方面,普通法中的私法拟制通常尽量不在法律适用层面引入拟制,而是着重于事实层面(或者说证据层面)之拟制。申言之,普通法私法拟制的倾向于在事实层面通过拟制(提出虚构事实,并禁止当事人反驳),使特定案件契合既定令状或者法律之规定,从而在形式上避免法律适用阶段陷入类推与明示造法之窘境,并得以不变更规则地实现法律修正。[213] 这种事实层面上的拟制尽管十分实用——其一方面在形式上遵守了既定规则,另一方面也在实质上改变了规则且并未对规则文字做丝毫变动。但在逻辑上却带来了各种各样令人眼花缭乱的荒谬虚构,如拟制 Canary 群岛在伦敦城,[214] 在逐出租地令状拟制中拟制根本不存在的 William Stiles 与 John Rogers;在理财法院"国王金钱减少"拟制中甚至为了争夺管辖权而捏造事实,作出并无类推基础的不合理拟制(improper fictions)。[215] 与罗马法中精致而谦抑的私法拟制相比,普通法中的私法拟制更像拙劣而幼稚的谎言,这种荒谬性使普通法上的私法拟制声名狼藉。公正地说,拟制之所以被视为一种历史遗俗而遭到边沁等法学家的坚决反对,主要原因便是普通法法院为了实用目的与坚守外在的形式主义而创造了一系列违背最基本人类常识

[213] See J. H. Baker, *The Law's Two Bodies: Some Evidential Problems in English Legal History*, Oxford, Oxford University Press, 2001, p. 35.

[214] Ibid., p. 34.

[215] Ibid., p. 145.

的拟制所致。总体而言,尽管普通法法院通过私法拟制推动私法以类似生物进化的方式逐步变迁,从而实现私法自我革新这一点无疑值得赞赏,但普通法私法拟制中的为了避免类推而过分拘泥文字,最终导致其严格脱离实际的荒谬性,却是应当予以扬弃的。

(责任编辑:李俊)

意大利法上的物件看管致害责任

徐铁英*

目　次

一、物件看管责任的概念与特征

意大利民法上的由物件看管[1]引起的损害的责任(danno causato da cosa in custodia)属于该国民事法律中合同外责任的一种，由《意大利民法典》第2051条规范。此种责任有时被称为“物的责任”，从而与人的责任相对；有时则直接被称作“根据民法典第2051条的责任”。该条文为这类责任的核心规范，判例和学说的发展均围绕其条文文本展开。[2]《意大利民法典》第2051条规定：每个人对其看管之物所导致的损害均应承

---

* 徐铁英，四川大学法学院副研究员、罗马法与意大利法研究所，法学博士。

〔1〕 在我国民法学者中，对于意、法等拉丁法族中的custodia术语的翻译有多种表达，如李昊教授将其译为“管领”，但在文章中亦见“保管”“监管”等表述。

〔2〕 Cfr. M. Franzioni, *Dei fatti illeciti*, in *Com. cod. civ.*, dir. Da Scialoja e Branca, Bologna-Roma 1993, p. 544 ss; U. Carnevali, *Dei fatti illeciti*, in *Com. cod. civ.*, dir E. Gabrielli, Torino 2011, p. 205 ss.

担责任,除非他证明损害是意外事件所致。

虽然《意大利民法典》第2051条的文本并没有要求将责任承担者(看管人)的主观过错作为责任成立的要件,然而,在是否可以将其认定为无过错责任的问题上,学者一度存在争议。否定的观点曾经一度占据上风,但如今学界的通说和最近的司法裁判均认为,物件看管责任属于客观责任(responsabilità oggettiva),即不以主观过错为其构成要件,即便将其认作过错推定责任的意见不时出现在个别判决中。采取过错推定责任的观点的理由与第2051条的历史渊源有关——意大利学者公认可将其追溯至《拿破仑民法典》第1384条第1款。至少在法国立法者最初的规划中,《拿破仑民法典》第1384条第1款并未游离于该法典第1382条和第1383条确立的过错责任的框架。

依据《意大利民法典》第2051条的规定可知,物件看管责任的成立要件有三:两个积极要件,即物和看管人(custode)的存在,且在其之间存在看管关系(custodia);以及一个消极要件,即意外事件的阙如,意外事件也是看管人使自己摆脱这一客观责任的唯一免责事由。易言之,原则上,只要发生了由物导致的损害,并且在物和看管人之间认定存在看管关系,而看管人却不能证明损害是由意外事件所致,他就要对受害者承担赔偿责任。

看管人为了不承受这一责任,须尽力避免物的固有风险给第三人造成损害,否则即应当就此造成的损害承担责任。在司法实践中,意大利法官对物件看管责任进行了极为广泛的运用,所涉案件各异,既涉及旅馆主人对于住店客人在前往厕所的过程中"踏空"而遭受的人身损害是否承担责任的问题;也涉及餐馆老板对于食客在门口的台阶上,因为湿滑或者照明不佳而摔倒是否承担责任的问题;还涉及银行的客户(储户)在银行营业遭遇劫匪而承受损失的情况下,银行应当承担责任与否的问题;乃至身份不明的盗窃行为人借助承包人在建筑外面架设的脚手架入室行窃得手后,失主依据《意大利民法典》第2051条对承包人起诉求偿应否获得法院支持的问题。意大利法官在丰富的审判活动中积累了大量素材和判决,对前述诸项常见的争议,依据该条形成了比较稳定的判例,在看管人的免担责任与救济受害人之间,更倾向于后者;但是在第三人侵权的场合,倾向于维护前者利益。总体而言,第2051条规定的物件看管责任为许多在他处无法得到损害赔偿的受害者提供了救济。

物件看管的责任在中国较少为人提及,但是从其具体适用的案件群中或可窥见其与中国侵权法的交集。前述案件在中国法上多由所谓违反安全保障义务的侵权责任制度来解决。该制度首次在2003年《最高人民法院关于审理人身损害赔偿案件适用法律若干问题的解释》第6条中获得其规范表达,后被置于2009年颁布的我国《侵权责任法》第37条下规范,指的是负有一般的安全保障义务的人,因违反其义务而应承担的侵权责任。[3] 在我国《侵权责任法》第37条所列举的公共场所的看管人或者群众性活动的组织者中的宾馆、商场、娱乐场所,亦常见于意大利法中关于物件看管责任的判例当中。不过,虽然在问题域的范围上有相当重合,中国法上违反安全保障义务的侵权责任属于过错责任,而意大利法上的物件看管责任却属于不考虑过错的客观责任。

二、物件看管责任在意大利合同外责任体系中的产生及其功能

(一)物件看管责任的起源与演进

意大利法上的物件看管责任起源于法国法,经1865年《意大利民法典》引入意大利民法,之后逐渐发展出自身的规则。[4] 对于物件看管责任在意大利合同外责任体系中的定位、作用与性质的考察,均应当置于这一历史背景之下。

1865年《意大利民法典》在第1151条和第1152条提出了不法行为的一般归责原则,即过错责任原则;接下来在第1153条规定"同样地,每个人不仅要就自己行为造成的损害,也要就他为之负责的人的行为造成的损害,以及他看管的物造成的损害,受债的约束"。[5] 该条不过是在复述《拿破仑民法典》第1384条第1款的内容。这并不奇怪,1865年《意大利民法典》基本是《拿破仑民法典》的译本,变动极少。因此,有必要简单探查作为起点的《拿破仑民法典》第1384条第1款的含义与功能。

起初,至少按照《拿破仑民法典》立法者的意图,该法第1384条第1款的作用相当有限,"不过是对具体规定的综括……而非被设计为一个物的损害的一般的抽象的范畴"。[6] 该条仅仅是后续条文——所有人对动物的行为以及对建筑物倒塌的责任(第1385条和第1386条)——的引言。事实上,第1384条第1款的设立旨在解决一个具体的问题,也就是罗马法上的"以身体直接施加"(*corpore corpori datum*)的损害与"将一件物作为工具使用,并通过其媒介而造成的损害"两者间的区分,并无意提出一个物的损害的一般范畴。

---

〔3〕 参见周友军:《侵权责任认定》,法律出版社2010年版,第300页。

〔4〕 Cfr. M. Franzioni, *Dei fatti illeciti*, in *Com. cod. civ.*, dir. Da Scialoja e Branca, Bologna-Roma 1993, p. 545 s.

〔5〕 Cfr. P. Cendon, *Commentario al codice civile. artt.* 2043 – 2053 *Fatti illeciti*, Giuffrè, Milano 2008, p. 698.

〔6〕 P. Greco, *Danno cagionato da cosa in custodia e presunzione di colpa*, *Riv. dir. Comm.*, 1954, II, p. 206.

以上初衷很快在司法实践中被抛弃。《拿破仑民法典》第1384条第1款在解决实践问题的过程中被赋予一个独立规范的效力,[7]从而与直接责任(第1382条与第1383条)、动物行为造成的损害责任(第1385条)以及建筑物倒塌责任(第1386条)区分开来。它被用来救济汽车造成的事故中的受害人,为其提供规范依据,而使其免于依据第1382条与第1383条规定去证明难以证明的驾驶人的过错。[8] 此时,依据该条确定的责任还是过错推定的责任。1865年《意大利民法典》之下的司法裁判也没有超越这一限制而抵达无过错责任的终点。

在1927年的《法意债与合同法草案》中,物件看管责任继续发展。该草案第82条相当于完全改写后的1865年《意大利民法典》第1153条,即"每个人对其看管之物所导致的损害均应承担责任,只要他未证明损害是由受害人的过失或者第三人行为或者由意外事件或不可抗力所致"。《意大利民法典》的第82条已经与1942年《意大利民法典》的第2051条的文本十分相似,并于最终经修改后成为《意大利民法典》的正式条文。它的出现,标志着作为一项独立制度的物件看管责任在意大利民法中的最终确立。这首先表现在,物件看管与一般的过错责任完全分处在两个条文中,为采用不同的归责原则创造了条件;其次,将1865年《意大利民法典》采用的"通过物"(con cosa)改为"由物(da cosa)导致",进一步厘清了所谓"物的行为"与"人通过物实施的行为"。

(二)《意大利民法典》的第2051条在意大利合同外责任体系中的定位

意大利民法上的合同外责任(我国法上的侵权责任)依然以《意大利民法典》为核心,该法典关于合同外责任的规定起自第2043条起,止于第2059条,共计17个条文。这些条文位列于该法典第4编"债"的最后一题即第9题,名为"不法行为",为(损害赔偿之)债的发生依据之一。同我国《侵权责任法》一样,意大利法上的合同外责任也可划分为一般侵权责任与其之外的所谓特殊的侵权责任。前者的核心规范为《意大利民法典》第2043条(过错责任),后者为从第2047条至第2054条规定的八类特殊侵权责任,分别是:无行为能力人导致的损害,父母、监护人、家庭教师和师傅的责任,主人和雇主的责任、进行危险活动的责任、由看管物引起的损害、动物导致的损害、建筑物的倒塌、车辆的运行。除此之外,还有由特别法加以规范的产品责任、法官承担的责任、损害环境的责任。[9]

意大利学者借鉴法国的司法判例对《拿破仑民法典》第1384条第1款的解释

---

〔7〕 参见张民安:《现代法国侵权责任制度研究》(第2版),法律出版社2007年版,第223页以下。

〔8〕 前引〔7〕,张民安书,第225页。

〔9〕 Cfr. F. Gazzoni, *Manuale di diritto private*[14], Edizioni scientifiche italiane, Napoli, 2009, p. 721 ss.

发展,尝试将意大利合同外责任进行三分。[10] 第一类为"直接责任",也就是民事主体为自己的行为承担责任,由《意大利民法典》第2043条规范;第二类是"对他人行为的间接责任",责任主体不是因为直接造成了损害的发生而担责,而是为他人所实施的侵权行为负责,如雇员(第2049条)、无行为能力人(第2047条)、未成年人(第2048条)、无轨车辆的驾驶者(第2054条第3款);第三类则是"为自然行为或由物导致的损害的间接责任",责任主体为物的行为导致的损害承担责任,而他自己是如何行事的则与此无关,如物件看管(第2051条)、动物(第2052条)、建筑物的倒塌(第2053条)、车辆建造中的瑕疵或者维护中的缺陷(第2054条第4款)。应当注意,《意大利民法典》第2051条的物件看管责任与动物(第2052条)、建筑物的倒塌(第2053条)、车辆建造中的瑕疵或者维护中的缺陷导致的责任是一般与特殊的关系,作为特殊情况的存在排除前者的适用。

前述分类引入了"物的行为"(fatto della cosa)的概念,这也是《拿破仑民法典》第1384条所使用的立法概念(*fait de la chose*)。1942年《意大利民法典》本身并未采用该概念。对该概念的评价可从两方面看:一方面,正如其反对者指出的那样,这一概念荒谬地赋予物以人格,在规范上却并没有落脚点;[11] 另一方面,它的确揭示出物件看管责任的特征。在现代社会中,共同参与的活动大为发展,人的各项活动无法抛开与他人的合作,或者对机器、器械的使用。客观责任因此出现,其目的在于促进前述交往,同时又不至于将风险施加于第三人。于是,损害的承担遂有可能不由某个不法行为的实施者承担,而由从事前述引起活动或行为之风险的人来承受。[12] 这是对传统的过错责任的偏离。事实上,随着交往愈加频繁,损害时有发生,然而损害很可能并非直接来源于某个人的行为,而与任何物都有可能导致损害发生的固有风险相关。此时,与造成损害发生的这件物有特殊关系的人,须对此损害承担责任。

三、物件看管责任的构成

(一)物的概念

《意大利民法典》第2051条没有对造成损害的物进行特别限定。动产物与不动产物、固态物与液态物均属于该条所指称的物。因此,树木或其枝条的坠落、屋顶上大块积雪的滑落、管道的落下,乃至渗水的阳台造成的损害,均属于该法典第

---

〔10〕 V. Geri, *La responsabilità civile da cose in custodia, animali e rovina di edificio*, p. 8 s.

〔11〕 Cfr. M. Comporti, *Esposizione ad pericolo e responsabilità civile*, p. 131 nota 199.

〔12〕 Cfr. F. Gazzoni, *Manuale di diritto private*14, Edizioni scientifiche italiane, Napoli, 2009, p. 721.

2051条的规制范围。

有学者提出疑问,第2051条所涉及的物件是否仅仅指那些具有内在的"危险性"的物?如存放的易燃物,它们容易引发火灾。或者说,也包括那些本身并不具有危险性的物,如一幢普通建筑,虽然火灾也可能从中燃起。有学者从新旧意大利民法典的不同措辞中为此种观点寻找理由。1942年民法典使用的是"对为其看管之物所导致的损害"(il danno cagionato dale cose che ha in custodia),而1865年民法典对应的条文使用的则是"通过[其]看管之物"(con le cose [che ha] in custodia);后者的范围似乎较前者更为狭隘。一种观点认为:1865民法典的规定意味着物表现为由行为人利用的手段,从而使损害发生;另一种观点认为:1942年民法典的规定则意味着物"在多种应力之下,本身即有能力侵害他人利益的工具"。[13] 依照这种观点看来,物本身具有的危险性便应当构成能否适用1942年民法典第2051条责任的一项甄别要素。

虽然这一观点直观上具有一些说服力,但并不与1942年民法典第2051条的适用情况契合。无论是对该条文的文义进行解读,还是对"由看管物引起的损害"这一制度的演进史进行梳理,均无法得出这里的物应当具有危险性的结论。如前已述,尽管《拿破仑民法典》第1384条第1款在立法者的构想中并非一条具有一般性的规范,然而法国司法界对这一条文的发展已经使其获得了一个相当宽泛的适用范围。对1942年《意大利民法典》的观察也不应当脱离这一背景和传统:1942年《意大利民法典》第2051条事实上赋予了"物的损害"这一范畴以独立的性格,并且否认了物的危险性为该条所确立之责任的一项构成要素。因此,在是否构成1942年《意大利民法典》第2051条责任的问题上,人们应当关心的并非物是否具有危险性,而是该物是否仅仅是"损害发生的单纯的场所"(semplice occasione di danno);若答案为否,才有可能适用1942年《意大利民法典》第2051条规定的物的责任。至于什么是"损害发生的单纯的场所",须由法官在个案中判断。在一起发生在教堂的案件中,某人正试图令一名紧紧抓住圣水钵的亲属离开;正在此时,圣水钵落下造成了损害。法院拒绝了原告对教堂神父提起的诉讼,理由是这个在圣水钵处发生的行为,相较于它通常承受的符合其用途的力而言是异常的。在正常情况下,它只需要承受为了宗教仪式而将手侵入其所承托的水中所产生的力。[14]

另一方面,从前文涉及的一些案例中(旅馆的一名住客欲前往厕所,推开门后往前走,却一脚踩空,因为门后面的通道是向下倾斜,通往的是楼下的一层,两个空

---

〔13〕 V. Geri, *La responsabilità civile da cose in custodia, animali e rovina di edificio*, p. 94.

〔14〕 Trib. Pistoia, 10 marzo 1990.

间之间却没有任何的用于缓冲的台地等)，也可以推出1942年《意大利民法典》第2051条物的责任可适用于那些完全不具危险性的物。

关于危险性，意大利民法学界就第2051条意义上的物是否仅指那些自身具有“动量”(dinanismo)的物进行了激烈的讨论。比如说，在火灾和水的渗漏造成损害的情况下，造成此等状态的物便具有动量。与之相对是本身“不动”的物，诸如滑溜的台阶、湿滑的地板以及照明不亮的处所。[15] 通说认为，法官之所以在判决中引入“动量”的概念，是用来确认物与损害之间的因果关系的。

总而言之，通过司法实践来看，《意大利民法典》第2051条的适用范围十分宽泛，对它唯一的限制便是意外事件，因此，并不区分具有危险性的物与不具有危险性的物、有动量的物与不动的物。[16] 此等情况与意大利理论界的通说一致。

(二)看管关系与看管人

看管关系是《意大利民法典》第2051条规定的物的责任的第2项构成要素，看管人是要为物件所致损害承担责任之人。之所以如此，原因即在于看管人与该物之间存在某种特定的关系；至于此等特定关系应当如何认定则存在若干不同观点。

1. 避免物造成损害的控制义务

有观点认为，看管人承担避免物造成损害的控制义务。相当多的法院采取了这一观点；有时还表现为其他的同义词，如控制之权、看护义务。尽管对于确定看管人而言，对物有控制之权本身便已足够，这个概念仍有过于宽泛之虞。在多名主体对于一个物依据不同名义实施控制的情况下，通过该标准不大容易确定真正的看管人，如房屋的出租人对于承租人、主人对于其雇员等。

比如，在一个判决中，接受了控制义务说的法院在宣布看管人并非一定是物的所有人之后，接下来说其“而是以任一名义(甚至没有名义)对物具有事实的管控(disponibilità di fatto)之人”，判决“一幢房子里面的一套公寓被租了出去，公寓之外的楼梯的看管，以及相关的警惕和控制义务，落在出租人头上，他对于楼梯具有物理上的、受到承租人使用权限制的管控。因此，是出租人而非承租人，要依据《意大利民法典》第2051条对于因为该楼梯的状况而承受损害的第三人承担责任”。可见，所谓的控制之权，与其说是一个事前(*a priori*)的情况，倒不如说是从对物的事实的管控中推出的，此等事实的管控即存在于排除其他人享用的权力

〔15〕 P. Gallo, *Introduzione alla responsabilità civile*, G. Giappichelli Editore, Torino, 2000, p. 130.

〔16〕 P. Gallo, *Introduzione alla responsabilità civile*, G. Giappichelli Editore, Torino, 2000, p. 130.

之中。[17]

2. 对物的使用、享用和经济上的利用之人

有观点认为,看管人是对物的使用、享用和经济上的利用之人。该说的逻辑构成十分清楚:从对物的使用、享用和利用中获利之人,自然应当为物造成的损害承担责任。然而该说亦有不足之处。首先,物可能并未被使用,或者说,并没有为看管人带来具体的利益。其次,在该说背后的"享受便利之人亦承受不利"(*cuius commoda eius et incommoda*)原则,并未指出一个可以确定地找到责任者的关系:可能有多名主体从物的使用中获得利益;但是有可能发生这样的情况:使用物的人并未从中获得任何收益,如雇佣劳动者。批判者认为,这一标准对于"使用"和"利益"的认定均难以实现。[18]

3. 排他权力

有观点认为,第2051条所称的看管指的是这样的一种特定状态:一个主体对这个物承担其实际的和能动的权力。法律将这种权力提升为责任的来源,与其相伴的是"看管的排他性,亦即将任何其他人对物的特定权力排除出去的支配权",以这种方式来解决确定看管人的实践问题。

4. 小结

综上所述,作为责任之源的"看管"的法律概念并不等同于指向一名称作看管人的主人的一系列的权利和义务;亦不等同于使用物并从中获取利益的权利。尽管在浩瀚的司法判决中,这两种观点均曾获得采用。无论如何,事实上,一方面,《意大利民法典》第2051条的规范文本本身并未对看管人施加任何义务,而只是在物对第三人造成损害之时,以损害赔偿之债将其约束起来。这正是物的看管责任被界定为客观责任的原因所在。另一方面,对物的警惕和控制的义务从来不存在于一项作出的给付之中;只是在损害发生之后,警惕和控制的义务在法官事后查证前述行为是否确实之时,才具有意义。

总而言之,意大利法官比较保守,不愿意承认一个"一般性义务"(dovere generale)的存在。这一倾向在一个案件的判决中获得了充分的表达:由于滥权占有土地之人的缘故,土地发生了渗透与崩塌并造成损害,土地所有人被起诉。法官拒绝承认作为被告的土地所有权人须承担责任,认为"不能在我国法律制度中出

---

[17] Cfr. M. Franzioni, *Dei fatti illeciti*, in *Com. cod. civ.*, dir. Da Scialoja e Branca, Bologna-Roma 1993, p. 558 s.

[18] Cfr. M. Franzioni, *Dei fatti illeciti*, in *Com. cod. civ.*, dir. Da Scialoja e Branca, Bologna-Roma 1993, p. 559.

现一个一般和绝对的义务,迫使所有权人对一件属于自己但由他人使用,并对第三人造成损害的物,要求收回或者提起返还”。[19] 于是,警惕和控制的观念被排除。支撑起第 2051 条规定的责任的判定的,就是事实上的权利。特定主体与物之间的关系,只要在物导致损害发生之时,排除了第三人的干涉,便足以使其依据第 2051 条承担责任。

四、物件看管责任的免除

如果看管人成功地证明损害的发生是由意外事件所致,即无须为物造成的损害承担责任。这也是对这种客观责任唯一的限制。此时,责任被排除,因为损害由意外事件而非物所“造成”。[20] 意大利民法学界对意外事件的理解和解释曾经长期讨论,主要有所谓的主观说和客观说两种解释。[21] 之所以对此有争议,追根溯源,还是涉及对《意大利民法典》第 2051 条责任的性质认定。若根据意外事件的主观说,该术语意味着“过错的缺失”,这样一来,第 2051 条的责任还是以过错为基础,只不过采过错推定责任的形式,看管人只要证明自己并无过错即可免担责任;而根据相对立的客观说,第 2051 条的责任就是地道的客观责任,不以主观过错为构成要件。两说相争的焦点,首先在于责任人(在这里即看管人)的行为本身,对于责任的成立是否发挥作用;其次,也决定了在意大利民法中,是否存在一个一般性的客观责任制度。[22] 如今,意外事件的主观说已然式微,在最新的司法裁判中,客观说已成为通说。也就是说,将意外事件理解为看管人的看管之外的因素,在因果关系上是独立自洽的,以不可预见性以及例外性为特征。[23]

对意外事件应当作广义理解;除了不可抗力,还包括第三人行为与受害人行为。[24] 相对于看管这一在看管人与物之间的关系,它们都是来自外部的因素。在损害的发生上,它们决定性地——尽管借助了物的消极角色——影响了因果关系。因此,意外事件的意义即在于对因果关系的影响。它的出现使人们追问:就具体发

---

〔19〕 Cass. ,23 aprile 1976,n. 1458.

〔20〕 Cfr. C. Salvi, *La responsabilità civile*, 2ª ed. , in *Trat. dir. civ.* , dir. da Judica e Zatti (seconda edizione), Milano 2005, p. 231.

〔21〕 P. Gallo, *Introduzione alla responsabilità civile*, G. Giappichelli Editore, Torino, 2000, p. 131.

〔22〕 Cfr. C. Salvi, *La responsabilità civile*, 2ª ed. , in *Trat. dir. civ.* , dir. da Judica e Zatti (seconda edizione), Milano 2005, p. 171.

〔23〕 Cfr. C. Salvi, *La responsabilità civile*, 2ª ed. , in *Trat. dir. civ.* , dir. da Judica e Zatti (seconda edizione), Milano 2005, p. 172.

〔24〕 Cfr. M. Franzioni, *Dei fatti illeciti*, in *Com. cod. civ.* , dir. da Scialoja e Branca, Bologna-Roma 1993, p. 574.

生的损害而言,它到底是由外部因素导致的,还是源自物。在这方面,人们甚至谈起“因果关系的推定”。在证明责任的分配上,原告应当证明在物与损害之间存在发生原因上的联系,即物是损害的原因;而被告为了使自己得以解脱,须证明存在进一步的情况,也就是一项独立的因素,可以在法律上被认作是损害的“原因”(causa),[25]它足以打破前述因果联系,而这只有在符合不可预见性和例外性的条件下方可达成。当然,对于外部因素在因果联系上的作用的评价,应当放在具体案件的具体情况下展开;于是,在许多情况下,相关评价与看管人如何施展“对物的看管”联系在一起。总而言之,看管人的活动只是为此目的且仅仅为此目的而起间接作用,他在此等活动中的勤勉本身并不能排除责任,除非影响了外部因素对于看管的因果关系。

五、结论

通过上文关于意大利法上的物件看管责任的介评,可得出以下结论:

第一,物件看管责任以物与看管人之间的特定关系的存在作为责任成立的实质基础。责任的认定并不考虑看管人是否履行了勤勉义务。这对于看管人是一种比较沉重的负担,他不得不承担物所固有的可能对第三人造成损害的风险。可见,对受害者的保护在双方利益的比较衡量中取得了胜利。

第二,物件看管责任是一种客观责任,不考虑潜在的责任主体的主观过错。从法制史的源流来看,意大利法上的物件看管责任受到了法国法相应制度的深刻影响,其司法裁判界长期试图通过过错推定的方法,将它与过错责任联系在一起。然而,近几十年来,这一做法已遭到摒弃,客观责任成为通说。在这种情况下,看管人是否采取一定措施以避免损害的发生,本身无法使其免责。

第三,物件看管责任在实践中的适用十分广泛,物与看管人的认定标准较为宽松。实际上限制它的适用范围的,是《意大利民法典》第2051条之后的几个条文规范的动物、建筑物倒塌、机动车的运行等特殊的物造成的损害。在此等特殊的物之外,第2051条的物件看管责任实际上承担着查漏补缺的功能。

第四,看管人免担责任的唯一事由是广义的意外事件,即打破了物件看管与损害之间的因果关系的外部因素。意外事件的认定要依个案具体情况展开,实际上服务于因果关系的认定问题。

侵权法以绝对权益的保护为追求的第一目标,以毋害他人为信条(*alterum non*

---

[25] Cfr. C. Salvi, *La responsabilità civile*, 2ª ed., in *Trat. dir. civ.*, dir. da Judica e Zatti (seconda edizione), Milano 2005, p. 232.

laedere）。易言之，保障社会共同交往的参与者不至于由于自己的缘故遭受不幸，乃理所当然。在这一方面，意大利法上的物件看管责任与我国侵权法上违反安全保障义务的侵权责任，虽然在归责原则、责任构成、适用对象与免责事由上有所差异，但从功能角度观之，可谓殊途同归。以我国《侵权责任法》第37条为核心的违反安全保障义务的侵权责任采过错责任原则，同时将损害的发生场所限于公共场所和群众性活动，较之意大利法制度，似乎更为注重对行为自由的保护，与后者采用的客观责任差异较大。类似地，第三人侵权行为在中国法上并非安全保障义务人的当然的免责事情，这一点也与意大利法的情形不同。两国制度在规制同一领域中做法差异颇大，值得进一步发掘其原因。

（责任编辑：陈晓敏）

知识产权法专论

民国商标法的续造：商标近似判例及适用*

王小丹**

目　　次

近代工商业的迅速发展催生了商标保护的迫切需求，民国政府于1923年、1930年和1935年三次颁布《商标法》。企业越发重视商标保护，[1]商标纠纷亦屡见不鲜，其中商标近似纠纷最为突出。然而，在当时商标法中并未明确商标近似的标准的情况下，究竟认定商标近似的法律依据为何？笔者对民国时期近百个商标案件进行爬梳，发现商标局、经济部、行政院和行政法院在认定商标近似时运用了法律解释、判例和学说，其中商标近似判例的功效尤其显著。本文以考察民国时期商标近似

* 本文曾提交于第十届全国法律文化博士论坛，受惠于赵晓耕教授的指导，在此表示感谢。当然，文责自负。

** 王小丹，中南财经政法大学法学院博士生，湖北师范大学政法学院讲师。

〔1〕 自民国十七年二月至二十年底止，先后经办之注册及审定商标各案，全数达一万九千余件。参见王书明：《商标注册指导》，商务印书馆1934年版，第11页。

判例的类型及适用为契机,以期透视民国时期判例对商标法的续造。商标近似判例在我国近代商标纠纷裁决中发挥过重要作用,且我国台湾地区仍在沿用,值得探究。这些判例所确立的标准及适用或许能为当今商标近似纠纷之厘清提供宝贵的本土法治资源。

这些判例始由官方公报公布,而后由官方或民间汇编为判例集,因此本文所用案例主要来源于《司法公报》《经济部公报》《实业部公报》《行政院公报》等公报,辅之以《中华民国六法理由判解汇编第二册民商》《行政法院判决汇编》《行政法院判例汇编》、《行政法院判例要旨汇编》等判例汇编。还有一些研究案例来自当时国内主流英文报纸 *The North-China Daily News* 和 *The North-China Herald and Supreme Court & Consular Gazette*,以弥补纯粹官方刊物的不足。

一、商标近似法条的有限补充:司法院解释瑕瑜互见

我国近代最早的《商标法》是在引进外国法后匆匆颁布的,缺乏本国商标实践的基础。起初只有外国公司申请在华商标,而中国公司的商标保护意识不强。甚至在民国初年,国内并无商标注册制度,只有商标挂单制度,且仅限于上海与天津两地。[2] 民国政府虽然颁布的商标法律不少,但没有法条明确界定商标近似。商标立法由于缺乏商标实务经验,出现商标近似的法律漏洞就不足为奇了。“商标近似”是当时商标注册审查和商标侵权认定的主要尺度。商标纠纷多由近似争议引发,因此需要以适当方式填补商标近似规范的法律漏洞。民国时期最高司法机关——司法院——针对行政院处理商标近似争议时的咨询,以法律解释作出最初的填补。

第1003号解释“商标近似不包括读音”,未消除疑义反引争议。1933年实业部咨询,读音近似的商标是否构成近似商标。同年司法院解释,当时《商标法》第1条第2项对于商标所用文字只谓必须特别显著并指定其使用的颜色。这表明《商标法》中的文字仅指其形体,不包括读音。查证同法第2条所列各项,皆指涉形体,与读音无涉。[3] 解释法律条文时,只有当它处于相关条文整体才显示其真正的含义,与其他条款加以比较,就能明确其含义。[4] 司法院运用体系解释的方法,把《商标法》视为一个整体,将“商标读音”置于相关法条中进行比对,根据法条间的

〔2〕 参见前引〔1〕,王书明书,第1~7页。

〔3〕 参见民国时期司法院:《司法院咨院字第一零零三号:解释商标法第一条第二项疑义咨》,载《司法院公报》1933年第100期。

〔4〕 参见[法]亨利·莱维·布律尔:《法律社会学》,许钧译,上海人民出版社1987年版,第70页。

法律逻辑联系予以解释。“无敌”与“蝴蝶女士肖像”案则显示出该解释带来的不良影响。该案原告认为司法院解释商标文字不包括读音,是姑息折中之计,遗患无穷。被告却认为“蝴蝶”虽然与“无敌”二字谐音,但根据1004号解释“商标近似不包括读音”,自不发生违法问题。两造对“读音近似是否构成商标近似”相持不下。[5] 后来,此类读音近似商标纠纷越来越多,1935年《商标法》第1条修正了该解释。“双美人”与“双妹嘜”案中,实业部将复杂的商标名称“双美人晚香玉头油”,按照市场习惯,简化为“双美人”;经比对认定两商标读音完全相混,交易上自不免有混淆之虞,构成近似。[6] 实业部将商标读音完全相混认定为商标近似,适用了1935年《商标法》的新规定,而舍弃了1003号解释。可见,该解释罔顾社会中泛滥的谐音仿冒商标,僵守原法条的内容,未回应限制谐音商标的社会需求,反而加剧了纷争。

姗姗来迟的第1611号解释差强人意。行政院于1936年6月26日向司法院咨询,何为“可欺罔公众之虞者”,悬案以待解释。司法院揣度立法者的目的,运用扩大解释,将商标法条文中的“可欺罔公众之虞者”阐释为“类别不同而性质相近的商品”,即明确了“性质极接近之商品两商标,已造成购买者对生产厂家的误认,为近似”。[7] 该解释于1937年1月7日作出,比咨询晚了半年,严重影响了商标争议处理的效率。

第1612号解释粗略地说明商标“类似”与“近似”的区别。针对行政院1936年7月18日提出的《商标法》第4条“类似”一词的疑义,司法院1937年1月7日作出解释,“类似”指与自己的商标相类似;“近似”指同他人的标章近似。二者在文义上虽无悬殊,但对己对人,其限制既然有宽严之别,则用语程度有深浅之差。[8]《商标法》中“近似”与“类似”两词,含义相近,经该解释后,商标近似专指不同生产者之间的商标近似,适用标准从严。

第1801号解释列举出“商品性质相似”的具体例子,如鹿茸与鹿角、鹿胶,剪类与小刀、针钳。近似他人注册商标使用商标分类之基准与袭用他人注册商标使

〔5〕 参见民国时期行政法院:《家庭工业社股份两合公司为商标争执事件行政诉讼案 判字第七二号》,载《司法公报》1936年第119期。

〔6〕 参见民国时期实业部:《实业部诉愿决定书 诉字第二八一号》,载《实业公报》1937年第321期。

〔7〕 参见民国时期司法院:《院字第一六一一号:解释商标法第二条第四款疑义咨》,载《司法公报》1937年第163期。

〔8〕 参见民国时期司法院:《院字第一六一二号:解释商标法第四条疑义咨》,载《司法公报》1937年第163期。

用商品分类之基准不同,并非指涉《商标法实施细则》第 37 条所列同类同项。[9] 该解释明确了商品性质相似是指名称不同、但用途可以相互替代的商品,消除了原法条疑义。在"黑人图"牙刷与"黑人白牙齿图"牙膏案中,经济部首先适用第 1611 号解释,认定双方商品(牙刷与牙粉牙膏)有密切连带关系,但性质不同,在市场交易中不致有使人误认为同一厂家出品之嫌。[10] 经济部还适用了第 1801 号解释,判断牙刷与牙粉、牙膏在用途上不可相互替代,是性质不同的商品,故所附之商标不构成近似。显然,第 1801 号解释澄清了法条中抽象的"商品性质相同或相似",有利于进一步判断商标是否近似。

由于本土商标实务经验不足,民国三部《商标法》均未规定商标近似的标准。为应对纷繁的商标近似争议,司法院最初用抽象的法律解释来回应社会法律控制的强烈需求。有的解释阐明了商标近似的某些因素,形成一定的标准,被适用到一些案件中。有的解释不及时,咨询半年之后才出台,影响了商标争议处理的效率。还有的解释罔顾新商标近似形式,反而带来了更多争议,最后被新法条所取代。可见,司法院的法律解释虽有意弥补《商标法》缺漏,却因自身局限,影响了这种法律修补技术的效能,对商标近似法条的补漏作用不甚理想。司法院对商标近似的抽象解释瑕瑜互见,之后逐渐被商标近似判例的具体解释所取代。但不可否认的是,商标近似判例的具体解释是以这种抽象解释为基础的。

二、商标近似判例的发轫:最高法院判例确立早

民国最高法院成立之后,从每年判结的案件中遴选出有价值的案例,辑成要旨,呈经核定为判例。判例要旨"欲穷法意之精微,胥赖判解以阐发"。判例与成文法相辅相成,判例的效力与法律条文相埒(等同),可以直接适用。[11] 《中华民国六法理由判解汇编第二册民商》一书收录了民国元年至民国 23 年商标法判例与法律解释,其中有两则判例要旨确立了早期商标近似认定标准(见表 1)。[12]

---

〔9〕 参见民国时期司法院:《院字第一八零一号:解释院字第一六一一号解释疑义咨》,载《司法公报》1938 年第 276 ~ 277 期。

〔10〕 参见民国时期经济部:《经济部诉愿决定书 诉字第一四一号》,载《经济部公报》1940 年第 23 ~ 24 期。

〔11〕 参见谢冠生:《最高法院判例要旨序》,载《法令月刊》1970 年第 1 期。

〔12〕 参见郭卫、周定枚:《中华民国六法理由判解汇编第二册民商》,上海教育出版社 1934 年版,第 388 页。

表1 早期商标近似判例要旨

判例号	要旨
民国15年上字第911号 大理院	商标近似系指有混同误认之虞者而言。商标同否或近似应依据所用文字、图形、记号、联合式所施颜色定之。判断商标之近似与否应将两商标隔离观察之。
民国21年上字第1073号 最高法院	所谓近似系指具有普通知识经验之商品购买人于购买时施以普通所用之注意,独不免有混同误认之虞者而言。纵令将商标并置一处,细为比对,实有差别,而异时异地分别观察,在仓促之间难以辨识,仍不得谓非近似。

第911号判例较早地确立了商标近似的几个要件:第一,两商标易混同误认;第二,商标近似依据组成商标的要素,即文字、图形、记号及构图颜色来判断;第三,应将两商标隔离观察。该判例将"有混同误认之虞"作为商标近似的首要要件;无混同误认之虞则不构成近似。1928年"Stacomb"与"Staconk"案中,上海上诉法院照此标准首先确定商标显著部分,然后比对这两个商标,两商标组成文字仅最后两个字母不同,这让公众购买发乳时很难区分,即有"混同误认之虞",判定两商标构成近似。[13] 该标准比较抽象,在适用时仍会面临一些争议。比如,为什么要对两争议商标进行隔离观察,而不置于一处进行比对?"有混同误认之虞"是个模糊的主观标准,因为不同的人群可能对同一对争议商标之辨识有不同的判定,有的人认为有混同之虞,有的则认为没有。若不设定一定的考量机制,该标准仍是不明确的。

政府更迭之后,国民政府司法机关并没有全盘继承北洋政府司法机关遗留下来的商标近似判例。第1073号判例[14]为认定商标近似提供了两个新要件。第一,普通购买者的一般注意,即具有普通知识经验的商品购买人于购买时施以的普通注意。此处运用了"拟制法律人"的概念,拟制的是具有平均智识的普通商品购买人。在生活中,不同职业、不同年龄、不同教育背景的人对近似商标的辨识度是不一样的。商标具有识别商品的特性,是辨识商品的重要表彰,其主要面向商品购买人。[15] 因此,将"商标近似"的判断主体拟制为普通商品购买人是合适的。第二,异时异地隔离观察。通常普通购买人挑选商品时顺便看看商标,只是凭借自己

〔13〕 See Shanghai Court of Appeal, "Infringement of Trademarks", *The North-China Daily News* 17, October 5, 1928.

〔14〕 参见郭卫、周定枚:《高法院民事判例汇刊第8期》,上海法学书局1934年版,第55~57页。

〔15〕 参见何孝元:《工业所有权之研究》,台北三民书局1977年版,第15页。

对某个商品商标的大致印象(如图像、名称、形状等),在须臾间完成。普通购买人并不会真正将争议商标放在一块仔细甄别,找出二者的差异,然后作出购买其一的决定。因此衡量商标近似的标准只能是基于商标"主要成分"的大体观察,若从细微处入手,便会发现争议商标或多或少存在差异,容易得出二者不近似的结论。第三,有混同误认之虞。该要件沿袭了第911号判例中的标准。

1933年,上海第一特区法院在"Three Flowers"除皱霜与"San Hwa"面霜案中指出:对两商标整体观察,二者主题颜色、排列方法和卷曲度布都非常相似,具有普通注意的商品购买者很容易被误导,两商标构成近似。[16] 显然,该案适用了第1073号判例的判断标准。

第1073号判例对第911号判例既有继承,又有发展,且判断要件更丰富,用语更具法律语言的抽象性和专业性。这反映出随工业领域商标类型的不断发展,人们对商标近似的认识也在不断深化。这两则判例要旨表明,民国商标法制度深受西方影响,不但移植了法律条文,而且还吸收了商标法律理念。这两则判例提供了一些相对确定的商标近似标准,是近代中国人对商标近似的早期探索,为商标判例渐趋成熟奠定了基础。

三、商标近似判例的骨干:行政法院判例适用广

1933年,掌管行政诉讼的行政法院开始运行。该院审理案件时,着意归纳案件审理的精髓,形成判例。这些判例的引领作用尤其显著。[17] 该院法官名为"评事",只需具有2年以上的公务员任职经历。每庭共5名评事,有两位熟悉法律专业即可。这种任职要求反映出行政法院评事法律专业化不足,行政化有余。[18] 行政化有余的专业素质,恰好为裁决商标近似案件提供了可贵的行政经验。商标行政诉讼所形成的判例,带来了丰富的商标近似标准,适时地满足了社会法制需求,有效地弥补了《商标法》的法律漏洞。其判例要旨不但广泛适用于后来相似案件,而且在商标诉愿决定中被适用,对解决商标近似争议发挥了最显著的作用。

(一)最初两年的判例要旨

行政法院运行最初两年的商标近似案例要旨见表2。

---

〔16〕 See First Special Court, "Trade Mark Imitation", *The North-China Herald and Supreme Court & Consular Gazette* 30, November 29, 1933.

〔17〕 参见邱之岫:《民国初期行政法院发展史研究》,知识产权出版社2014年版,第150页。

〔18〕 民国时期《行政法院组织法》第4条和第6条行政法院评事的任职资格,参见《立法院公报》1932年第44期。

表2　行政法院1934年至1936年商标近似判例要旨

判例号及来源	要旨
民国23年度6月29日判字第20号 《司法公报》1934年第134期,第17~18页	近似者指商标之图样构造、排列方法及所施颜色,是否足以相混而言。
民国23年度判字第20号 《司法公报》1934年第7期,第51~54页	商标是否近似,应以其构成该商标之主要部分有无特别差异为断。
民国23年度判字第26号 《司法公报》1935年第15期,第69~71页	凡瓶式、瓶贴之相同或近似,法无明文限制,自不受何拘束。
民国23年度判字第29号 《司法公报》1935年第17期,第31~33页	商标之近似与否。应综括其全部分以隔离的观察。而判定其是否有混同或误认之虞。为各国所行之通例。
民国24年度判字第12号 《司法公报》1935年第73期,第35~37页	所谓近似之者系综括其全部,以隔离的观察,而判定其是否有混同或误认之虞而言。
民国24年度判字第53号 《司法公报》1936年第106期,第29~31页	对于相同或近似于他人之商标,使用于不同之商品,商标法并无禁止之规定。商品不同即不发生相同或近似问题。
民国24年度判字第54号 《司法公报》1936年第106期,第32~34页	所谓近似之者应就其通体,以隔离的观察,而判定其是否混同或误认之虞以为断。
民国24年度判字第72号 《司法公报》1936年第119期,第51~53页	商标是否相同或近似应以文字图形等通体观察。不能仅仅据文字或图形之一部分以为断定。

表2中的判例要旨,是从不同的商标近似判例归纳出来的,因案而异。民国23年度6月29日判字第20号与民国15年上字第911号内容大体相同,沿袭了后者的内容。其中,26号和53号判例明确了商标不近似的两种情况:瓶式、瓶贴相同或近似;相近商标适用于不同商品。其余判例的认定要件有共同的两点:第一,通体(或全部)隔离观察;第二,易混同误认。“混同或误认之虞”成为商标近似的重要指标,但这种主观标准很难明确阐释。较特别的是23年度判字第20号判例,以商标主要部分是否有特别的差异来判断商标是否近似。可见,此时行政法院对商标近似的认定要件已经达成一定的共识,且不同的判例要旨以源于个案的特殊之处扩充了之前的近似标准。从形式上看,这种判例要旨与成文法条比较像,但是由于它们不是由一个专门系统造成(不像成文法条多由立法机关经立法程序造成),

其内容由一个个案凝炼而成显得杂糅堆砌,较缺乏条理。

即便如此,商标判例要旨仍然为判断商标近似提供了指引。“龙嘜”与“蛇嘜”商标案中直接适用了民国23年度判字第20号判例要旨。行政法院认为两商标的主要部分为龙与蛇,虽名称不同,然形状极相类似,位置相当,构造意匠、排列方法及施用颜色如出一辙,隔离观察易混同误认。[19] 该案从确定两商标主要部分入手,再就商标主要部分构成要素一一比对,综合分析后认定两商标近似。

(二)1936年至1938年的判例及适用

从1936年到1938年,行政法院陆续颁布了一些商标近似判例。其实际效力如何?以其中五个判例的适用情况为样本,可以管窥商标近似判例的适用。

商标近似判断标准之一,为对两商标通体观察,而不能仅据一部分断定。1936年第72号判例要旨为:“商标是否相同或近似,应就文字图形等通体观察,不能仅据文字或图形之一部分为断定。”[20]“钟童”与“警钟”案的诉愿理由明文引用了该要旨,就双方商标作通体观察,无论远观还是近视均有显著之区别,市场交易绝不致有混淆之虞。不得因商标内有“钟形”,则凡绘有“钟形”的商标无论其整个图样之意匠构造如何,笼统认定为近似。[21] 该案直接引用相关的判例要旨,以“文字图形等通体观察”为标准,考察争议商标的构成要素,其适用方式与依照成文法条进行法律推理的方式相同。

商标近似判断标准之二,通过隔离观察,看商标主要部分近似是否容易引起混同误认。1937年度第20号判例要旨确定了商标之近似与否应以隔离的观察为判定之标准。商标如外观上、名称上或观念上的主要部分近似容易引起混同误认,而其余附属部分虽不近似,仍构成近似。[22] “牡丹花”与“老花”案中,两商标的主要部分均为红色之花置于蓝白二色背景中。细微之不同,非从对照比较的观察,究不能见差别。商品之需要者在市场上仓促间对该商品商标的一般观念是红花牌。牡丹花与老花施用于同一商品牛乳,容易引起混同误认。该判例专门阐释了商品需要者在市场上仓促挑选商品时,只形成对商标主要部分的印象,与将两商标仔细对照比较的观察不同。因此,判断商标是否近似时应该仿照商品需要者对商标的主要部分比较,判断是否容易引起混同或误认。

---

〔19〕 参见民国时期行政法院:《汕头中国合记工业纱线厂因商标争执事件行政诉讼案 判字第一二号》,载《司法公报》1935年第73期。

〔20〕 参见前引[5],行政法院文。

〔21〕 参见民国时期经济部:《经济部诉愿决定书 诉字第四七号》,载《经济部公报》1938年第14期。

〔22〕 参见民国时期行政法院:《美商荣发牛奶公司与大申行因商标争执事件行政诉讼案 判字第二〇号》,载《司法公报》1938年第256~257期。

以下三个案例虽未表明判例号,但认定理由部分再现了第20号判例要旨的核心内容"以商标主要部分是否有显著差异为断",可视作遵循了该判例。"蝉"与"秋蝉"案中,经济部认为两商标的主要部分同为蝉形,分别观察时实不免混淆;且其名称又一为蝉牌,一为秋蝉,唱呼上尤容易滋误会。诉愿人陈两造商标之名称既属有别,图形繁简及所用颜色各异,"然非客观上注意焦点之所在",殊不足以掩饰其近似之踪。[23] "Novanrsan"与"Neosalvarsan"案中,西文文字是商标的主要部分,连贯读音,极相近似,于交易时有混淆之虞。[24] 在"如意牙膏"与"如意美人牙粉"案中,实业部认为两商标的主要部分为"如意",均名为"如意",且牙膏、牙粉同属一类,不能谓无混淆之虞。[25] 这些案例都是首先确定商标的主要部分,然后将争议商标各自的主要部分隔离观察,判断主要部分近似是否容易引起混同误认。

商标近似判断标准之三,隔离观察其整体,看是否容易引发混同误认;但是,对商标部分地比对,不能替代对商标整体隔离观察,即部分近似不等于整个商标近似。以下两个案例判决理由部分明文适用了1937年度第53号判例要旨。"开必灵Cabilin"与"痛必灵Tonbelin"案中,经济部认为应整体隔离观察,而不能将商标拆开,进行部分比对。不能因为"必灵"二字相同,而认为整个名称相似;Cabilin与Tonbelin首字音节大不同,末音节不无近似,不影响整个文字读音。市场交易指名购物不致使人混淆误认。[26] 在"鱼罩"与"船牌"案中,行政法院认为将两商标用于同一种商品洋蜡,其图案颜色及附记文字即使同时仔细比对,差异之点甚少,相同之点甚多。若隔离观察更不免混同误认。[27] 该标准注重两商标的整体印象,不赞同将商标拆开进行部分比对的做法。这个标准较符合实际。通常两商标除非完全相同,若部分拆开逐一比对,总有不相似的部分;如此则难以认定商标近似,进而削弱对注册商标进行保护。

商标近似判断标准四,附属部分互异不影响主要部分隔离观察为近似。"化工"与"旗牌"案中,经济部适用了行政法院1938年度判字第7号判决要旨,认为"化工"是主要部分,而差异之处并非商标的主要部分,不属于专用范畴,不能掩饰

---

〔23〕 参见民国时期经济部:《经济部诉愿决定书　诉字第八八号》,载《经济部公报》1939年第22~24期。

〔24〕 参见民国时期实业部:《实业部诉愿决定书　诉字第三三五号》,载《实业公报》1937年第342期。

〔25〕 参见民国时期实业部:《实业部诉愿决定书　诉字第二八一号》,载《实业公报》1937年第321期。

〔26〕 参见民国时期经济部:《经济部诉愿决定书　诉字第一九〇号》,载《经济部公报》1942年第1~2期。

〔27〕 参见民国时期行政法院:《行政法院判决　廿五年度判字第七十七号》,载《商标公报》1938年第145期。

其近似之迹,在异时异地观察之下,易混同误认。[28] 此标准反向补充了前三个标准,防止以商标附属部分的差异否认主要部分的混淆,进而排除两商标构成近似。

商标近似判断标准五,整体性隔离观察,外观上如果发生混同误认,为近似。"金九塔"联合商标与三塔及"头号"案中,经济部诉愿决定明文适用了1938年度第43号判例要旨。全面观之,以塔为商标主体进行隔离观察,认为图样构造区别(九塔且标明商号与三塔),颜色迥异(彩色与墨色,底色不同),通体观察,一般具有普通知识经验之商品购买人容易辨认,市场交易绝无混同可能。涉及"金八塔""金六塔""金七塔""金五塔"系列商标案,适用如上案。[29] 在"Ewo Maltionic 怡和健身露"与"Tonicum Payer 拜尔健身素"案中,经济部认为两商标之整个图样非独颜色设施及排列方法之繁简各异,即就两商标之西文名称而论 Ewo 与 Bayer 二字字母之多寡与读音等也不同,显然市场交易没有误认的可能。舍主要观点之不顾,仅就颜色意匠不同之文字所组成之十字图形为两商标近似之依据不可取。判断是否近似时,应综观整个图样,而不应局限于商标一小部分相似。[30]

随着工业的蓬勃发展,商标近似争议呈现出多元样态,商标成文法标准若不明,则难以应对这些新争议。要旨内容不一的行政法院判例,为解决商标近似争议提供了多种标准。针对不同情形,实务部门先从诸多判例中,选择与新案件匹配的判例,直接引用其判例要旨,从案件中择出相似的商标要件,进行分析与说明,最后作出商标是否近似的判断。这种分析与说明,是对所适用判例要旨的再一次具体化阐释,实际上为之后的案件又提供了新参考。

(三)适用范围、推理和局限

民国时期,行政法院对行政诉讼的裁决属于行政裁判。诉愿基于行政监督权,是单纯的行政处分(行政行为)。[31] 行政裁判之事实认定适用行政法,行政处分之事实认定也适用行政法。虽然行政诉讼与诉愿性质不同,但均适用行政法。由此,行政法院的商标近似判例,实质上属于行政法的范畴,不仅对行政法院的案件具有拘束力,对诉愿机关的案件也具有拘束力。

民国时期行政法院着意归纳案件审理的精髓,经遴选摘录,渐渐形成判例。经

---

〔28〕 参见民国时期经济部:《经济部诉愿决定书　诉字第一九一号》,载《经济部公报》1942年第1~2期。

〔29〕 参见民国时期经济部:《经济部诉愿决定书　诉字第一一一号》,载《经济部公报》1940年第9~10期。

〔30〕 参见民国时期经济部:《经济部诉愿决定书　诉字第一〇九号》,载《经济部公报》1940年第9~10期。

〔31〕 参见朱采真编著:《行政诉讼及诉愿》,商务印书馆1937年版,第8~9页。

各庭审理的案件,其中可著为判例的,由庭长命书记官摘录该案判决理由的要旨,同判决书印本一起交给各庭庭长评事。各庭审理的案件,如果对法律的见解与之前的判例不同时,由院长呈由司法院院长,召开变更判例会议,作出决定。[32] 行政法院将商标近似典型案件著为判例,从中萃取出简洁的判例要旨;这些判例要旨成为引导日后相似案件裁决的规则。判例判决推理应用的是例推法,即从一个先例提炼出论断,将其视为一项法则,并适用于而后类似的案件中。第一步,提炼出个案之间的相似点;第二步,归纳出这些相似点所包含的相关规则;第三步,将该相关规则适用于当前的相似案件,作出裁决。[33] 行政法院商标近似判例的就是如此适用的。

为解决商标近似争议,法官或商标争议处理人员会甄别新案件与已经汇编的诸多判例在事实方面的异同。其主要推理环节为:第一,收集整理和细致分析新商标案件的各种事实。从前文所述五个判例的适用情况可以看出,弄清新案件中的两商标构成要素是判断商标近似的首要任务。第二,确定与案情相似的商标判例并分析它们的事实。不同的判例实际上提供了不同的认定规则。弄清商标近似判例要旨的含义,并解析该规则的构成事实要件是选择恰当判例的前提。第三,弄清各判例与新案件在事实方面的异同。在对比时,商标争议处理人员不能囿于细枝末节,而要提纲挈领地把握共通之处,判断个案之间的相同点与不同点在法律评价上何者更为重要。这种区别性判断是推理过程中最关键的一步。适用判例时,只要法官确立了新案件与先前判例之间的重要相似点,那么判决就已然确立了。[34]

这种法律推理也有一定的局限性。行政法院商标近似判例一经确立,就被适用于后来的商标案中,似乎与一般性的成文法则适用于不同案件的过程雷同。然而,这种商标近似判例形成的法则——判例要旨——实际上是因案而异的。关于判例要旨的适用范围及含义可否适用,以及当下案件的事实与先例的事实是否相似无法预知,需要判断。判例推理的关键在于辨别两种事实之间的异同点。在缺乏相关制定法的情况下,判例中的判例要旨是否与当下案件具有最直接的联系,由审案法官来决定。判例要旨的原意图并不重要,重要的是现任法官如何解读判例要旨,强调自己认为重要的部分。[35] 如在乐凯药行诉经济部商标局案中,行政法院认定原告援引行政法院 27 年度第 7 号商

---

〔32〕《行政法院处务规程》第 23 条和第 24 条,参见《司法院公报》1933 年第 78 号。

〔33〕参见[美]艾德华·H. 列维:《法律推理引论》,庄重译,中国政法大学出版社 2002 年版,第 3 页。

〔34〕参见[美]史蒂文·J. 伯顿:《法律和法律推理导论》,张志铭、解兴权译,中国政法大学出版社 1998 年版,第 31 ~32 页。

〔35〕参见前引〔33〕,艾德华·H. 列维书,第 4 ~5 页。

标近似判例与本案事实迥异,不能援引为例。[36]

四、商标近似判例的典范:行政院判例要件日臻成熟

作为最高行政机关,行政院在国民政府行政系统中具有统率权。诉愿是行政机关运用准司法程序对有关行政争议作出裁决的准司法行为。诉愿以中央最高行政官署之决定为最终之决定。诉愿决定有拘束原来处分,或原决定行政官署之效力。[37] 由此,行政院诉愿决定在行政系统内具有终局性,商标行政管理机构均受其诉愿决定的拘束。行政院诉愿决定认定商标近似的标准,成为下级行政机关——经济部之后处理同类争议所援引的规则,因而也属于判例。[38]

(一)由诉愿决定形成的商标近似要件

1936年至1938年,实业部、经济部先后形成认定商标近似的不同要件,表明不同类型商标其判断近似的标准不同。随商标的广泛应用,商标争议日益复杂化,新判例不但继承了早期商标近似判例中的要件,而且发展出了新要件,日臻成熟。(见表3)

表3　1936年至1938年商标诉愿决定中的商标近似要件

争议商标名称	诉愿决定理由摘要	来源
"美的花"与"美的"	同一"美的"字样标用于同一商品,显系有意影射。两商标西文名称读音相似,市场交易,易滋误认。	《实业部公报·诉愿决定》1936年第289期,第4页
"老手油"与"老王油"	商标之近似与否,应各就整个图样观察,有无混同误认之虞为断。两商标图案构造,文字排列均有区别,名称意义各殊,读音不同,交易上无混同误认之虞。	《实业部公报·诉愿决定》1936年第299期,第60页
"Meiji Milk Carnation"与"From Contented Cows"	商标之是否近似,当就其显著部分近似与否以为断。本案商标其显著部分为花朵,形状互异,构造各殊,颜色不同,区别显然;红白色背景非商标之主要部分。	《实业部公报·公牍》1936年第305期,第38页

〔36〕 参见民国时期行政法院编:《行政法院判决汇编》,上海法学编译社1948年版,第158页。

〔37〕 参见民国时期《诉愿法》第2条和第17条。商务印书馆编译所编:《中华民国法令大全·第十二类行政诉讼 诉愿 纠弹》(增补再版),商务印书馆1913年版,第6、7页。

〔38〕 行政判例不仅包括行政法院审理行政案件所形成的判例,还包括行政机关或行政司法机关运用准司法程序对有关行政争议或民事争议作出的能为以后处理同类争议所援引的裁决。参见周振想主编:《法学大辞典》,团结出版社1994年版,第502页。

续表

争议商标名称	诉愿决定理由摘要	来源
"Good Friend"与"Face Friend"	一半身女人对面排列西文 Good Friend 或 Face Friend 为两商标的主要部分,图形文字及联合式相差无几;所施颜色,名称、女人姿态为微细部分不完全相同。	《实业部公报·诉愿决定》1937 年第 322 期,第 72 页
"飞马喷漆"与"飞马油漆"	两飞马商标,读音名称,完全相同。隔离观察两商标图形的主要部分,同为一奔马,除方向颜色,别无显著差异。喷漆油漆性质相同。	《经济部公报·诉愿决定》1937 年第 322 期,第 77 ~ 78 页
"三星牌"与"三星号飞机唛"	"三星号"为"三星号飞机唛"商标主要部分,与"三星牌"均冠以"三星"字样,市场交易统称三星,不仅意匠相同,形状排列亦少区别,足滋混淆,二者为近似。	《经济部公报·诉愿决定》1938 年第 1 卷第 8 期,第 434 ~ 435 页
"日月"与"鱼日"	商标是否近似应以异时异地隔离观察,视其有无混淆之虞为断。将双方商标"客观上最引人注意者"(海日部分)作为商标的主要部分,颜色设施、意匠构造实属趋于一致,在异时、异地隔离观察下确有混淆之虞。	《经济部公报·诉愿决定》1938 年第 1 卷第 8 期,第 435 ~ 436 页

以上的诉愿决定理由含有所涉商标构成要素的具体细节,其抽象性和概括性与之前的判例要旨显然有差距。从内容上看,这些判断商标近似的要件,大多沿袭了之前最高法院、行政法院的判例要旨,虽然诉愿决定书中未明示遵循了某一判例。行诉愿机关会甄别新案件和之前判例在事实方面的异同,对每一个判例会作出三种不同的判断:依照、区别还是否决它。此处,诉愿机关对商标近似的判断并非严格地遵照先例,在作出决定时,其自身可以创造出新的要件。表 3 中的诉愿决定部分遵循了先前判例要旨的要件,当发现本案与先例之间存在差异时,又加入了新的认定要件,因此不便在诉愿决定书中直接引用其部分适用的判例号。

(二)成熟的商标近似诉愿判例

根据第 3686 号判例要旨,判断商标是否相同或近似,应以争议商标的主要部分有没有特别明显的差异为准,经通体的隔离观察,两商标主要部分仍不致混同误认,不构成近似。[39] 该要旨进一步澄清近似标准:争议商标主要部分有没有明显

〔39〕 参见民国时期行政院:《行政院决定 民国二十八年吕字第三六八六号》,载《行政院公报》1939 年第 9 期。

差异;通体的隔离观察,并非对商标细微处进行一一比对;不至于混同或误认。由此而确立的标准,在后来的案例中被行政法院和商标行政管理机关反复适用,引为先例。该判例还阐明"何为不近似",包含了近似与不近似的两方面判断标准,显示出商标近似标准臻于成熟。该判例可视作是先前判例商标近似要件经过再三锤炼、沉淀,逐渐达成共识的标准,日后其亦被以多种形式适用。

1. 明文引用该判例。在"金城"与"前门"热水瓶案中,经济部引用第3686号判例要旨,认为争议商标无论就通体或主要部分观察其意匠构造、背景颜色,均有显著之区别;在普通购买人隔离观察时极易辨识,绝不致有混淆之虞,两商标不近似。〔40〕 在"明鱼"与"双鲤"棉织物案中,经济部也引用了该要旨,认为两商标名称各异,构图线条轮廓截然不同,图形鱼的尾数及陪衬有显著区别,商标颜色不同不难辨认,就通体或主要部分观察绝不至于混同或误认,商标不近似。〔41〕 可见,"有混同或误认之虞"是商标近似的主要指标。

2. 暗合该判例精神。有些案件虽未明示引用该判例要旨,但是其认定理由部分实际上蕴含了该判例的精髓,暗合于此。在"万年红"与"年年红"棉织品案中,经济部认为双方商标图样皆为长方式,用圆形纸条贴于布锭上;商标主要部分的文字大小及排列部位,如出一辙;二者读音相混,在隔离观察下,购买者指名购物容易误认。两商标构成近似。〔42〕

3. 该判例的例外:文字商标不适用。第3686号主要适用于文字与图形的组合商标,对于纯粹的文字商标不适用。文字商标的近似判断相对比较直观,中文考虑字形与读音,西文考虑字母组合与发音,没有商标主要部分与次要部分的区别。如"克利苏而 Krysol"与"来沙而 Lysol"西药商标案,经济部认为商标是否近似"应以购买两造商标所表彰之同一商品时有无易滋混淆或误认之虞为断。就两造商标通体观察中文形体读音不同,西文字母多寡不一,发音不同,市场交易绝无误认的可能。两商标不近似。"〔43〕 又如"正是必灵"与"阿司匹林"案中,经济部认为"阿司匹林"已构成通用商品名称,不得专用,况且两商标排列方法花纹配合就通体观察,

〔40〕 参见民国时期经济部:《经济部诉愿决定书　诉字第一四二号》,载《经济部公报》1940年第23~24期。

〔41〕 参见民国时期经济部:《经济部诉愿决定书　诉字第一四四号》,载《经济部公报》1940年第23~24期。

〔42〕 参见民国时期经济部:《经济部诉愿决定书　诉字第一四三号》,载《经济部公报》1939年第23~24期。

〔43〕 参见民国时期经济部:《经济部诉愿决定书　诉字第九〇号》,载《经济部公报》1939年第22~24期。

不近似。[44] 该案中所适用的判断标准是“通体观察”。

五、商标近似判例之法理分析

20世纪30年代工商业发展迅速,申请注册商标的企业非常多,[45]商标近似争议层出不穷。当时商标成文法供给的不足,难以满足商标近似认定之社会需求。其时《商标法》多移植于西方,条文寥寥,某些条文内容不明确,缺乏可操作性。正如戴修瓒所言,我国法律大多继受外国法,为使之符合国情,必须参考之前的判例。[46] 当时最高法院、行政法院和行政院所出判例纾解了社会现实亟须商标近似标准的饥渴。商标争议双方、商标争议管理部门及法院认可这些判例的效力,并以此作为判断商标是否近似的标准。本文所指涉的判例是民国时期最高法院、行政法院和行政院在处理商标近似争议时所形成的判例。其中,行政院诉愿决定(判例)在实践中被行政部门处理商标近似争议所适用,与司法判例具有类似的作用。

(一)商标近似判例的特点、性质、适用范围和拘束力

民国时期判例之判例要旨精练案件事实和判决理由,浓缩成简短的判决精髓。判例所载的案件事实比较凝练,且判例要旨有抽象化之倾向。与成文法相比,判例的抽象性与规范性更弱。[47] 商标判例也具有这些特点。在适用这种比成文法规更具体的判例要旨时,先要将案件事实与判例所载案件事实细致比较,考察二者情节是否大体上相似,再决定是否适用该判例。判例要旨的半抽象性,使其在适用时更易于迁移,不需要再对其含义进行重新解释或说明,要旨的内容被直接引用。只需要从新案件中找到与判例要旨相似的种种要素,逐一分析,最后判断两商标是否近似。

与其他来源单一的判例不同,商标案件法律关系复杂,可能会引发争议双方的民事纠纷、诉愿或行政诉讼,因而其判例形成有最高法院判例、行政院判例和行政法院判例三种途径。商标争议的处理主要通过诉愿和行政诉讼,因此后两种判例的实际作用更为重要,对实践起着广泛的引领作用。后两类判例晚出,其判断商标

---

〔44〕 参见民国时期经济部:《经济部诉愿决定书 诉字第一一〇号》,载《经济部公报》1940年第9~10期。

〔45〕 当时商标局局长何焯贤公布了注册商标的统计数据。以1936年为例,注册商标的总数为2985个,其中我国商标为1914个,达到注册商标总数的2/3。参见何焯贤:《一年来的中国商标行政》,载《中华月报》1936年第4卷第1期,第38页。

〔46〕 参见郭卫:《大理院判决例全书(戴修瓒)序》,上海会文堂新纪书局1932年版。

〔47〕 参见武乾:《论中国近代判例制度》,载汪汉卿主编:《继承与创新——中国法律史学的世纪回顾与展望》,法律出版社2001年版,第1004页。

近似的标准也更成熟。在不同的案件中,这些经典判例要旨不断被适用,事实上已经成为当时判断近似的最主要标准。

三种商标近似判例适用范围不同,性质不一。最高法院的判例形成最早,而其衡量标准的要件实际影响到之后商标近似判例之形成,其作用类似于进一步的法律解释。最高法院商标近似判例数量不多,原因在于当时最高法院的受案范围主要是民事案件和刑事案件,而商标争议纠纷中往往涉及对行政机关商标行政决定之不服,商标争议多进入诉愿或行政诉讼范畴,因而由最高法院处理的商标争议数量相对较少。相应地,后两类商标近似判例才是处理商标近似争议最重要的指引。行政法院的判例不仅对行政诉讼有拘束力,而且对诉愿也有拘束力;而行政院的判例仅仅对诉愿有拘束力。以法律位阶观之,行政院商标判例颁布的机关是最高行政机关,其法律位阶相当于行政法规,在行政系统内部发挥着作用。而最高法院与行政法院旗鼓相当,它们所颁布的判例,作用是直接弥补《商标法》的不足,其性质相当于基本法律。

三种商标近似判例的要旨都具有规范性,能够形成规范性的法律——商标近似的认定标准,且为解释"商标近似"提供指导。最高法院、行政法院(行政诉讼唯一受理机关)和行政院(既是最高行政机关又是再诉愿机关)的商标近似判例被收录于官方或非官方所编纂的判例汇编中,成为判例文本。由于确立这些判例的机关本身具有极高权威性,其判例文本也具有权威性。在处理商标近似争议时,这些判例文本被当作与《商标法》法条同等重要。在商标近似案件的判决书或决定书中,判例要旨部分直接被当作证成的最佳理由。判例法在证成时总有相当的理由,且须由法院以一定的形式造成。[48] 此外,判例要旨还被商标争议人作为诉求或辩解的重要法律依据。[49]

三种商标近似判例是《商标法》的有力补充,均具有拘束力。同一判例屡次经过适用后,不但对办案人员有拘束力,人民亦信其为法。能将权威机关的商标近似判例裁判适用于之后发生的相同性质的案件,原因在于:首先,权威机构的办案人员经验丰富远胜于下级机关人员,其裁决通常更具有正当性。其次,若下级机关罔顾先例,则自身被提起诉愿或行政诉讼时,原商标行政决定容易被推翻。最后,希

---

〔48〕 参见[英]尼尔·麦考密克:《修辞与法治:一种法律推理理论》,程朝阳、孙光宁译,北京大学出版社2014年版,第144页。

〔49〕 诉愿人提出仅以双方商标中的两字之形体与读音近似为唯一之根据,违反行政法院"应就通体观察"之判例。参见民国时期经济部:《经济部诉愿决定书　诉字第八十七号》,载《经济部公报·诉愿决定》1939年第22~24期。

望对相同的事情作出相同的处理是民众朴素的正义诉求。[50] 因此,这些商标近似判例不但有法律上的拘束力,还有事实上的拘束力。

(二)适用商标近似判例的优势与局限

商标近似判例合乎民国时期国情,注重法律之实际运用,具有以下优势:第一,具有法律约束力。当时经济部、实业部、行政院和行政法院在商标近似争议案件直接或间接援引这些判例的判例要旨,作为决定或判决的理由。第二,完善《商标法》的解释。民国政府前后三次颁布《商标法》,法律条文未见商标近似的标准。而商标近似恰是商标争议的焦点,其含义不明,则无法判断商标侵权。诸多判例要旨对"商标近似"作出了解释,提出了一些认定标准,在当时商标观念比较薄弱的社会环境中起到了法律启蒙的作用,更使商标近似逐渐形成较为统一、明确的标准。第三,增加法律适用的灵活性。判断商标是否近似本是一个复杂的问题,不同案件有不同的"近似"情形,成文法难以概括所有情形,容易挂一漏万。而商标判例恰好能随社会发展而不断发展,随时增补新判例,以修正、弥补先前"商标近似"标准之不足,使标准不但变得越来越明确,且具备一定的张力,可以应对新型商标近似争议。

当时有学者对商标近似判例的局限,提出了颇有见地的看法。沈廖认为,"近似一意,本身无尺度可量,故判例中有得于此者,有失于彼"。[51] 商标判例虽然能够提供一定的标准,但所形成的规则仍有一些局限。这些判例由不同个案形成,并非由一个系统造成,杂凑堆积、凌乱失序,比较缺乏条理。再者,判例包含的法律规则不够明确,需要解读。一个判例就是一个事实,不同判例就是不同的事实。因而,将判例适用于新案件时难得遇到完全相同的事实。法官也常常否决当事人所援引的先前判例,认为与当前案件迥异,不得援引。

六、结语

民国时期,"商标近似"是商标注册审查和商标侵权认定的主要尺度。诸多商标判例所确立的近似要件,对当今不无启示:第一,普通购买者基于一般注意不免有混同误认之虞;第二,通体观察或观察主要部分;第三,异时、异地隔离观察;第四,商品的性质相同或近似。这些要件进一步明确了商标近似的概念,之后的商标近似案件多依此而判。其优越性在于有据可依,减少商标争议人的怀疑,让其他人明确商标近似的标准,实际上也是警示不得仿冒他人注册商标。判例之适用让商

〔50〕 参见林纪东:《法学通论》,远东图书公司1953年版,第130页。
〔51〕 参见沈廖:《商标之近似问题》,载《信托季刊》1939年第34期。

标近似案件的处理结果具有了一定的确定性。然而,这些要件也有局限性,如在“整体观察”和“主要部分观察”之间如何选择适用?实际上这两种标准均取决于商标争议处理者的主观判断,而非普通购买者的普通智识,与商标实际造成混淆的后果之间有不小差距。另外,“有混同或误认之虞”的主观衡量标准难以落实。

近代以来,外国商品大量涌入,民族工商业开始发展,带来了商标保护的刚需。民国《商标法》缺乏认定商标近似的标准,司法解释的补充作用又比较有限。而商标近似判例对《商标法》的续造让商标近似之认定有法可依。这些判例由不同商标案件的多种近似要件逐渐沉淀而成,分别由最高法院、行政法院和行政院发布,形成了三种类型,在商标争议中得到了充分适用。这些判例将抽象的《商标法》法条具体化为可供操作的标准,弥补了成文法规范的漏洞。适用商标近似判例让商标争议处理机关对商标近似作出相同的裁决与诠释,确保公正的同一性。商标近似判例随新型商标的出现而发展,具有相当的灵活性和包容性。总之,民国商标近似判例确立了多元的商标近似认定标准,使商标法从生硬照搬外国法到贴合本国国情,促进了商标法制的本土化。

(责任编辑:李俊)

技术标准中的专利权及其反垄断法规制*

宁立志** 王少南***

目 次

技术标准随着社会经济的不断发展而不断演化，在当代知识经济的大背景下日益成为实施企业知识产权战略、参与国际市场竞争的高端形式。随着大量专利技术被采用，技术标准既在克服技术信息不对称、提升产品效能、促进国际贸易等方面发挥着积极作用，又在为专利权人[1]滥用专利权、实施垄断行为以不当地获取竞争优势方面提供着便利。我国“华为公司诉IDC案”被称为中国技术标准垄断第一案，其中就涉及大量的专利权滥用造成的垄断法律问题。只有厘清技术标准中专利权的权利行使边界，既保护技术标准中专利权人的合法权益，又防止专利权人限制或排除竞争，才能辩证地实现技术创新与

* 本文系国家“2011计划”司法文明协同创新中心研究成果。

** 宁立志，武汉大学法学院教授、知识产权与竞争法研究所所长，博士生导师。

*** 王少南，法学博士，现供职于上海市徐汇区人大常委会。

〔1〕 由于实践中专利权的行使形式多样，本文所使用的“专利权人”的概念，既包括专利权人，也包括专利持有人。

公平竞争的协调统一。

一、技术标准中的专利权及其滥用的判定

(一)技术标准、技术兼容与网络效应

技术标准是对产品生产的规格、参数等技术方法、方案或路线的一种约束。技术标准多为政府或标准化组织制定的强制性标准或推荐性标准,也有市场选择自发形成的事实技术标准。技术标准给现代社会带来的益处是多方面的:第一,可以降低产品生产成本、增进创新、提高效率,是国际贸易的重要基础。第二,可以帮助消费者辨识出合格的商品从而减少消费者对于商品的不安全或不信任感,为公共安全和公共卫生提供坚实的保障。第三,可以为各种产品提供统一接口和平台,实现产品和系统之间的兼容,为消费者提供多样化的选择,扩大产品的需求,进而可相应地增加供给,扩大市场规模。第四,使市场竞争产生规模经济的成本优势,增加对相关市场外投资者的吸引力,使新的竞争者不断进入该市场,有助于实现更高水平的竞争。

技术标准的广泛实施带来的必然结果是产品之间的技术兼容。〔2〕 技术兼容的积极作用主要表现在:第一,提高消费者使用产品的效用。技术兼容意味着不同产品有更多的可接入性与可互换性,使消费者之间可以通过多个相互兼容的产品进行信息交流,以达到功能对接或效用互补的目的。第二,减少市场的不确定性。技术兼容降低了客户和用户面临的技术风险,增强了消费者的期望和市场信心,进而促进市场的快速增长。第三,形成了技术积累,为技术创新提供了更多的机会,有利于促进技术进步。如果产品之间不兼容,消费者在考虑是否选择新产品时,会担心如果其他消费者没有选择新产品,他将失去与这些消费者继续进行信息交流和功能对接的机会,这种顾虑使消费者在一定程度上缩小了选择新产品的自由。技术兼容也存在一定的消极作用:第一,使无兼容性或缺乏兼容性的产品在市场竞争中被淘汰,减少了消费者选择的多样性,在一定程度上减损了消费者福利,间接地起着与削减产量相似的卡特尔效果。〔3〕 第二,企业进行技术创新的路径受到限制,进而使企业的技术选择不一定是最优的,这将提高企业在技术创新上的投入成本。

---

〔2〕 技术兼容按照软硬件不同可分为物理兼容和信息兼容;按照新旧规格不同可分为前向兼容与后向兼容;按照接入的指向可分为单向兼容和双向兼容;按照兼容的程度可分为完全兼容和部分兼容。

〔3〕 See Thomas A. Piraino, Jr., "A Proposed Antitrust Approach to Collaborations among Competitors", *Iowa L. Rev.* 86, 2001, p. 1176.

规模化的技术兼容会加强网络效应。网络效应是指消费某特定产品的单个用户，随着消费该产品用户数的增加而获得的增加效用。[4] 网络效应广泛存在于信息、电子、通信等现代高科技产业，是影响技术标准的重要因素。在网络效应下产品的使用越广泛，对单个消费者的价值就越大。企业之间设置通用的技术标准接口，使不同企业生产的不同产品能够实现技术兼容，以吸引越来越多的消费者使用该种产品。在市场认同度不断提升的情况下，企业又会对该种技术标准进行推广，确立该种技术标准在市场上的引领地位，最终加速产品占领更大的市场。在当代日趋激烈的高新技术产业竞争中，技术标准借助网络效应成为竞争的制高点，竞争的胜利者可以在相当长的时期内占据相关产业较高的市场份额，获取高额的利润。

（二）技术标准与专利权的融合及专利权的滥用

在传统产业中，经济效益主要取决于产品质量和生产规模，技术革新速度缓慢，因而技术标准的目的主要是为了保证产品的可交换性和通用性，并不涉及专利技术，主要体现公共产品的属性。[5] 第一，技术标准的产生是技术应用于生产的必然结果，某个企业掌握了标准技术并不产生技术的消耗与再生问题。第二，技术标准的获取也不需要通过竞价，因为技术标准需要不同企业之间协同合作，并得到社会的广泛认同。第三，技术标准制定以后会对社会生产与消费产生积极的作用，具有正的外部效应。而专利权属于民事权利的范畴，在本质上具有私权属性，是私法上确认的私人利益，而非一切人共享的权利。[6] 专利权融入技术标准之后，使技术标准的公共属性和专利权的私权属性之间产生了矛盾。因为如果技术标准中含有专利技术，则标准实施者在实施标准时需要获得专利权人的授权，这无疑给技术标准的推广增加了难度，违背了技术标准应有的价值。因此直到20世纪，标准化组织在制定技术标准时仍然倾向于排除专利权，如IETF[7]在选用技术标准时

---

〔4〕 网络效应可分为“直接网络效应”和“间接网络效应”。直接网络效应是指消费者之间的相互依赖性，消费这些产品所获得的效用随着购买相同产品或兼容产品其他消费者数量的增加而增加。如有线、无线通信，互联网等产业。间接网络效应主要产生于基础产品与辅助产品之间技术上的互补性，这种互补性使基础产品和辅助产品都无法单独存在，这就像DVD播放机和DVD碟片，如果只有前者而没有后者，用户购买DVD播放机就没有任何价值。See Katz M L, Shapiro C., “Network Externalities, Competition, and Compatibility”, *Economic Rev.* 75, 1985, pp. 424 - 440.

〔5〕 经济学认为，公共产品具有正的外部效应，其消费是非排他性的，即一个人对公共产品的消费并不会排斥或者减少其他人对公共产品的消费；公共产品的获取是非竞争性的，即对一种产品的获得不需要通过竞争（或竞价）的方式，也就是说市场经济的价格机制在此不起作用，一个人无法通过抬高价格而使另一个人的消费数量减少。

〔6〕 参见吴汉东：《知识产权的多元属性及研究范式》，载《中国社会科学》2011年第5期。

〔7〕 IETF（Internet Engineering Task Force，互联网工程任务组）始创于1986年，其主要任务是负责互联网相关技术规范的研发和制定。目前，IETF已成为全球互联网界最具权威的大型技术研究组织。

就长期坚持尽量采用非专利技术的原则。但在经济全球化、信息技术和数字技术革命的背景下,新兴技术领域的专利数量迅速增长和专利技术的产业化速度加快,技术标准越来越难以绕开专利技术,一些标准化组织如IETF不再坚持排斥专利技术的立场,转而认可在技术标准方案中可以包含必要的专利技术,并且明确专利权人可以从专利许可中获取合理的收益。伴随着20世纪末以来发达国家专利制度的变革〔8〕和标准制定组织专利政策的调整,世界范围内的企业之间专利竞赛愈演愈烈,技术标准中专利技术的数量越来越多,使技术标准的私有排他性急剧增强。

由于网络效应的存在,技术标准一旦被采用,就会在生产者和消费者两个方面形成固定的生产模式和消费认知,每一个环节的生产制造和设计研发都必须遵循技术标准的路径,同时只有符合技术标准要求的技术改进和创新才能被消费者所接受;这就产生了锁定效应。在某一技术标准支配市场的情况下,更加先进的生产技术会因为不符合标准要求而难以被市场认同。例如,Dvorak键盘比目前使用广泛的QWERTY键盘设计更加合理、更有利于使用者提高打字效率,但是技术锁定效应使后进入者Dvorak键盘处于劣势,以至于大多数键盘用户很少知道这种键盘排列方式。为了维持和扩大消费者规模,技术标准中每一项新的技术改进都必须考虑与现有技术标准兼容,后续研发者只能沿着现有的技术路径进行创新。因此,技术标准在引领技术创新的走向时,也限制了技术的发展路径,进而使技术标准的拥有者和使用者都被锁定在一组技术束上;而改变这种路径依赖必须付出高昂的成本。锁定效应下的技术标准和技术创新之间既存在共生与互利的关系,又存在对立与阻碍的关系。当技术标准锁定最优技术时,共生与互利关系占主导地位;当技术标准锁定次优技术时,对立与阻碍关系占主导地位。〔9〕锁定效应一方面使专利权人持续地通过市场支配地位获取垄断利润,同时滋生创新惰性;另一方面使竞争企业绕开既有路径开发新的技术难度加大,增大了新旧技术的替代成本。

正是由于技术标准会形成路径依赖,使相关技术和产品的选择趋于集中,专利权人获得了超越专利权本身固有内涵的市场力量,滥用专利权的动机由此增加。例如,专利权人为了使自己的专利技术纳入技术标准之中,在技术标准制定时故意隐瞒或不当披露现存或者未决的专利信息,但是在技术标准广泛实施时又披露出所谓新的专利或者新的专利申请情况,从而主张专利权;或者在技术标准制定时承

〔8〕 20世纪末,美国专利法在各具体制度上的变革体现了加强专利制度激励,或者称“亲专利”的政策走向。参见和育东:《“专利丛林”问题与美国专利政策的转折》,载《知识产权》2008年第1期。

〔9〕 参见陶爱萍、沙文兵:《技术标准、锁定效应与技术创新》,载《科技管理研究》2009年第5期。

诺以公平合理的条件进行专利许可,但是在技术标准广泛实施时拒绝按照公平合理的条件授权,并收取高额的专利许可费。如果技术标准实施者拒绝支付专利许可费,专利权人就会以诉讼或禁令等方式进行威胁,逼迫实施者支付许可费。此时技术标准制定者及实施者均被专利权人实施了“劫持”,处于两难境地:如果选择舍弃该专利技术而重新制定技术标准,从技术和经济的角度看不可行或成本过高;并且,由于锁定效应的作用,会有使该技术标准失去市场竞争力的风险。如果继续采用该专利技术,将因过高的专利许可费或其他不公平的许可条件抑制了实施者使用技术标准的意愿,导致技术标准无法得到实施和有效利用,降低了技术标准的价值。即使企业使用了技术标准,也会出于防止被专利权人继续“劫持”的考虑不进行充分生产,从而使技术标准不能够充分发挥其积极作用。专利权人还可以通过拒绝许可阻止后续技术的研发,一方面阻止技术标准的自我更新,另一方面使新的技术难以获得市场需求,导致技术革新的停滞。[10] 这都将危害到技术传播、创新和市场竞争,对整个产业发展造成极大的破坏力。

(三)技术标准中专利权滥用的判定

“权利不得滥用”是现代法治的重要原则之一,要求充分权衡权利人与相对人双方的正当利益。在权利被滥用的情况下,权利人的行为会破坏平衡关系,使他人的利益受到损害。专利制度以公开技术方案为代价获取个人对专利的独占,通过有偿许可来弥补专利权人的技术研发投入,通过赋予专有属性克服公开技术方案的风险,并持续激励技术创新以惠及全社会,进而达到一种利益平衡。技术标准中融入专利技术后,使专利权的专有性即垄断性得到了加强,专利技术的其他替代技术会遭到市场的排斥,这就打破了专利制度的利益平衡。因此既要尊重技术标准中的专利权,亦要充分重视技术标准的公共性,在分配权利、限定权利范围方面使专利权与其他可能相抵触的利益相协调,在公共利益与私有利益之间创设一种适当的平衡,使技术标准能够有效地促进先进技术的传播应用,进而帮助创新主体进行技术积累并提高技术创新的速度和质量。

专利权作为一种知识产权,与思想、信息、知识的表述和传播有着密切的关系,在保障创造者权益的同时,必须考虑促进知识广泛传播和推动社会文明进步的公益目标。[11] 如果专利权人违反自己应有的注意义务在行使专利权时超出了法律所允许的界限,导致损害他人利益或社会公益,就会构成专利权的滥用。1917 年,

---

〔10〕 See Sean P. Gates, “Standard, Innovations and Antitrust: Integrating Innovation Concerns into the Analysis of Collaborative Standard Setting”, *Emory Law Journal* 47, 1998, p. 583.

〔11〕 参见吴汉东:《试论知识产权限制的法理基础》,载《法学杂志》2012 年第 6 期。

美国联邦最高法院在“Motion Picture Patents Co. v. Universal Film Manufacturing Co. 案”中首次提出了“专利权滥用”的概念。[12] 在该案中,法院认为专利权人对于许可的限制超出了专利权利范围,属于专利权的滥用,这种限制是无效的。专利权滥用是专利权人利用专利权的合法垄断性不当地牟取权利界限以外的利益,需要由专利法、合同法、民法基本原则等私法进行矫正。如果这种滥用行为对市场竞争产生了严重的限制效果,还需要受到反垄断法的规制。

判断技术标准中的专利权滥用可从以下三个方面的要件入手。第一,主观要件,即专利权人超越专利权的权利界限不正当行使权利的主观过错。专利权的滥用目的在于通过超越边界的权利行使获取不正当的利益,故权利人对于滥用行为所产生的后果应是持希望或者放任的态度,不可能存在疏忽大意或过于自信认为能够避免损害的情形。故专利权滥用在主观要件上应是故意;过失一般不构成滥用。如在技术标准的制定过程中故意隐瞒专利信息,待专利被纳入标准之后再主张权利,索要高额的许可费或者拒绝许可,充分体现了专利权人滥用专利权的主观目的。第二,行为要件,即专利权人超越界限行使专利权的表现。专利权人只能在合法确立的权利界限内拥有垄断的权利,超出该权利界限就无法享受法定的垄断权利。专利权的界限要根据实际情况,从专利法、合同法、民法基本原则、反垄断法等角度综合考量。技术标准中的专利权滥用行为,如专利权人在技术标准制定时隐瞒专利信息,待实施后又主张专利权;又如对使用含有其专利的技术标准的企业生产的产品实施转售价格维持、产量或销售地域的限制、在许可时实行搭售等,这些行为超出了专利权的权利界限,应受到法律的规制。第三,结果要件,包括损害标准实施者合理使用专利技术的合法权益的直接后果和阻碍技术进步、限制或排除竞争、减损消费者福利等间接后果。在行为结果的分析中,如果滥用专利权产生了严重限制竞争的后果,对其规制就会超出专利法、合同法、民法基本原则的私法范畴,而进入反垄断法的范畴。

二、技术标准中的专利权滥用规制模式述评

(一)标准化组织的专利政策

标准化组织的专利政策对于规范技术标准中的专利权行使非常重要,可以将其视为防止和规制专利权滥用的第一道防线。标准化组织的专利政策一般从以下三个方面进行展开。

---

〔12〕 Motion Picture Patents Co. v. Universal Film Co. ,243 U. S. 502(1917).

1. 专利信息披露制度

对于在技术标准中采用的专利技术，标准化组织的专利政策会要求成员对其所知的专利进行披露。有些标准化组织虽然没有规定，但由于规定专利权人对于没有披露的专利技术须允许使用者免费使用并不得申请法院救济，这也产生与披露相同的效果。如 ISO/IEC〔13〕要求制定标准的参与者应将其所知道的并认为会在标准文件中涉及的专利权提请委员会注意；如果专利技术被接受，纳入该专利技术的建议者应请求专利权人作出愿意同任何申请人在其权利范围内以合理、无歧视的条件通过协商讨论许可事宜的声明。在专利权人作出的声明没有被完全接受的情况下，除非相关委员会授权，否则标准文件不得公开。如果标准文件公开后才发现其中所包含的条款中涉及专利权的许可不能以合理、无歧视的条件获得，标准文件将被交回委员会重新考虑。标准化组织根据技术标准的可操作性对专利信息披露的程度要求有所不同，大多数标准化组织都只考虑披露已获得的专利，少数标准化组织要求披露正在申请而尚未获得批准的专利信息。如 OSGi〔14〕要求披露所有的与所制定的技术标准有关的专利信息，包括正在申请而尚未获得批准的专利信息。ATM〔15〕论坛要求其成员披露所有已经公布的专利申请，但是没有公布的专利申请无须披露。

标准化组织关于专利信息披露的政策在法理上来源于禁反言原则。1981 年《美国合同法》重述（第 2 版）将允诺禁反言原则解释为：若允诺人有合理的理由预见其允诺会引致受诺人或第三人作为或不作为，并且该允诺确实导致了此种作为或不作为，则如果强制执行该允诺可以避免不公平，该允诺就是具有约束力的。〔16〕禁反言原则适用的条件是：第一，存在无对价支持的允诺；第二，允诺人有理由预见其允诺将会导致受允诺人产生依赖；第三，受允诺人对允诺产生了实际的依赖；第四，受允诺人因对允诺产生依赖而遭受损失或损害。此种误导可以是具体的陈述、

〔13〕 ISO（International Organization for Standardization，国际标准化组织）与 IEC（International Electrotechnical Commission，国际电工委员会）都是国际上重要的标准化组织，ISO/IEC 联合技术委员会是二者联合成立的合作机构，其专利政策体现在 ISO/IEC 工作指南（ISO/IEC Directives）中。参见张平、马骁：《标准化与知识产权战略》，知识产权出版社 2005 年版，第 55 页。

〔14〕 OSGi（Open Service Gateway Initiative，开放服务网关协议）是 Java 动态化、模块化系统的一系列规范。

〔15〕 ATM（Asynchronous Transfer Mode，异步传输模式）是实现 B-ISDN 的一项技术基础，是建立在电路交换和分组交换的基础上的快速分组交换技术。

〔16〕 Restatement（Second）of Contracts，§ 90.

作为、不作为,或者在有陈述义务时保持沉默。[17] 专利权人按照专利政策具有披露专利的义务而没有披露,或承诺以公平合理的条件进行许可而又提出不合理的条件,即可被认为是存在误导行为。禁反言原则适用的结果是专利权人暂时不能主张专利权,因为此时专利权人有一双"不洁之手"。如1987年Compuserve公司发布了图像互换格式(Graphics Interchange Format,GIF)的免费标准,然而事实上这项标准中包含了一项Unisys公司已经获得的LZW专利。Unisys公司在GIF标准占领市场的过程中对其专利保持沉默,一直到1994年才开始主张专利权。[18] Unisys公司的这种对市场的沉默导致了禁反言原则的适用。

2. 必要专利制度

必要专利是技术标准不可缺少的技术,没有其他非专利技术可以替代。一些标准化组织(如DVB[19]组织、ATSC[20])规定在获取必要专利遭到拒绝时,可以进行再次评估,判断该专利是否确实必要;如果是必要的,则通过研发新技术以绕开该项技术。技术标准中的专利原则上应该都是必要专利。如果要包含非必要专利,至少要考虑以下因素:第一,包含这类非必要专利是否属于合理需要或者具有促进竞争的效应;第二,专利权人是否可以进行单独许可,以及交易者是否有权从替代性专利中仅选择自己需要的一项并获得许可。由于技术标准的复杂性和技术的日新月异,评估一项纳入技术标准的专利是否为必要专利是非常困难的。实践中,大多数标准化组织均不负责提供关于专利的权威信息,因此必要专利的认定主要由中立的评价机构进行。

ISO、IEC和ITU[21]三大国际标准组织于2012年发布实施了其修订后的《ITU-T / ITU-R /ISO / IEC共同专利政策实施指南》。该实施指南明确了专利的含义是指发明专利、实用新型专利和其他类似法定权利(包括上述任何权利的申请)中所包含和确定的权利要求,而非整项专利。这些权利要求对于某项标准文件的实施是必要的。因此在技术标准实施过程中所涉及的专利许可仅是某项专利中

---

[17] See Mark A. Lemley,"Intellectual Property Rights and Standard Setting Organizations",*Cal. L. Rev.*, 90,2002,p.1918.

[18] See Mark A. Lemley,"Antitrust and the Internet Standardization Problem", *Conn. L. Rev.*,28,1996,p. 1087.

[19] DVB(Digital Video Broadcasting,数字视频广播)是国际承认的数字电视公开标准。

[20] ATSC(Advanced Television Systems Committee,美国高级电视业务顾问委员会)主导美国的数字电视国家标准。

[21] ITU(International Telecommunication Union,国际电信联盟)是主管信息通信技术事务的联合国机构,负责分配和管理全球无线电频谱与卫星轨道资源,制定全球电信标准,向发展中国家提供电信援助,促进全球电信发展。

的必要权利要求，对于某项专利中的不同权利要求，专利权人可以作出不同的许可承诺。[22]

3. 专利许可制度

标准化组织关于专利授权方面的政策有免费(royalty-free, RF)许可和合理的、非歧视(reasonable and nondiscriminatory, RAND)[23]许可。RF 情形比较少见，如微软公司的 XML Schema 标准提案，在其同意免费许可后被 W3C 采纳。[24] RAND 许可情形较为常见，许多标准化组织明确规定如果专利权人不承诺“合理、无歧视”的专利许可原则，就不会在制定的技术标准中采用该专利权人的专利技术；如果没有替代技术并且标准的制定又无法绕过该专利，标准将停止制定或会被撤销。电气和电子工程师协会(Institute of Electrical and Electronics Engineers, IEEE)于 2015 年 3 月生效的新专利政策明确了 RAND 许可的含义：第一，“合理”是指可以对专利持有人进行的合理补偿，但不包括由于该必要专利权利要求所涉及的技术被纳入 IEEE 标准而产生的溢价(如有的话)。而且，该政策还指出合理费率应该按照一项专利发明的“最小可销售单位”收取。第二，“非歧视”是指专利许可条件针对的是为实施 IEEE 标准中的任何强制或者选择性的部分规范性条款提供许可。[25] 《ITU-T / ITU-R /ISO / IEC 共同专利政策实施指南》还明确，专利权人如果要转让其专利权，则应尽合理努力告知受让人其向标准化组织的许可声明的存在。[26]

对于标准化组织成员承诺遵守专利政策进行 RAND 或 RF 许可，在标准制定之后又退出标准化组织应如何主张专利权的问题，标准化组织专利政策多规定许可承诺不随标准化组织成员身份的终止而同时终止，在 RF 许可条件下，不允许专利权人主张许可费或拒绝许可；在 RAND 条件下，应继续遵守合理的、无歧视的许可原则，不允许拒绝许可。因为技术标准的制定一般要经过一个严格的程序，如若因专利权人主张专利权而不得不对其进行修改，则将对资源造成浪费，且不利于市场的稳定，极大地抵消标准化给消费者带来的福利。这种规定在法理上有其合理

---

〔22〕 参见朱翔华：《国际标准组织专利政策的最新进展》，载《中国标准化》2014 年第 3 期。

〔23〕 欧洲地区也称公平、合理、无歧视(fair, reasonable and nondiscriminatory, FRAND)许可。有的文件为统一称谓，表述为“F/RAND”，如 2013 年美国司法部和专利商标局联合发布的《标准必要专利权利人基于 F/RAND 原则下政策救济声明》(Policy Statement on Remedies for Standards-Essential Patents Subject to Voluntary F/RAND Commitments)。

〔24〕 See David J. Teece and Edward F. Sherry, “The Interface Between Intellectual Property Law And Antitrust Law: Standards Setting and Antitrust”, *Minnesota Law Review*, 87, 2003, p. 1913.

〔25〕 参见 Phil Wennblom：《IEEE 标准协会的专利政策修订》，载《竞争政策研究》2015 年第 3 期。

〔26〕 参见朱翔华：《国际标准组织专利政策的最新进展》，载《中国标准化》2014 年第 3 期。

性:第一,从法理上审视,此种义务是基于当事人正当利益的保护以及社会公共利益的考虑,在性质上应属于合同的后契约义务。专利权人即使退出标准化组织,但是基于后合同义务仍然要遵守专利政策的约束,不得违反规定主张专利权。第二,受到默示许可原则的约束。[27] 既然专利权人同意其专利技术被纳入技术标准,则可以推定专利权人已经同意放弃拒绝他人使用的权利。默示许可可以依据当事人的行为、可适用的书面协议或信件中的条款和内容、当事人的合理期待、公正与平等的指示以及知识产权制度赖以建立的各种政策等多种情况进行判断。[28] 专利权人同意将其专利在合理且非歧视的条件下许可他人使用,则有理由认为,只要使用者支付合理的许可费之后就可以自由地使用该技术标准,也就是推定专利权人默示许可的存在,专利权人是否退出标准化组织对该默示许可并无影响。

(二)反垄断法规制的国际比较

涉及技术标准的专利权滥用已经成为国际贸易新的壁垒,引起世界各国及国际组织的高度关注。国际上的反垄断立法就该问题的规制而言已达成共识,但具体做法各有不同。

1. 美国法律政策

美国有关技术标准与专利权的竞争立法已经形成了较为完整的体系。最早阐明反垄断和知识产权关系的文件是1995年美国司法部与联邦贸易委员会联合发布的《知识产权许可的反托拉斯指南》(Antitrust Guideline for the Licencing of Intellectual Property)。该指南就知识产权与反托拉斯法的关系确立了三个一般性原则:第一,反托拉斯机构认为知识产权类似于其他任何形式的财产;第二,反托拉斯机构并不推定知识产权会产生一种反托拉斯意义上的市场支配力;第三,反托拉斯机构承认知识产权授权许可使公司可以结合使用各种互补性的生产因素,这一般具有推动竞争发展的积极效果。[29] 该指南体现了美国反托拉斯法改变过去对知识产权的严苛态度,转向积极和宽容的方向,提倡根据合理原则合理地评估知识产权对竞争的影响,构成了美国反托拉斯法对待技术标准专利的基本态度。

---

[27] 默示许可源于美国的一个判例,参见 De Forest Radio Telephone Co. v. United States,273 U. S. 236 (1927)。专利权人的语言或行为足以使他人能够合理地推定专利权人已同意其使用专利进行制造、使用或销售,并且他人据此确切地实施了相关行为,可以构成一种许可(默示),该许可可以在侵权诉讼中构成一种抗辩。法院在该案中还明确当事人之间的关系实为合同关系而非侵权关系。该理论已得到广泛地适用。参见袁真富:《基于侵权抗辩之专利默示许可探究》,载《法学》2010年第12期。

[28] 参见[美]Jay Dratler, Jr.:《知识产权许可》,王春燕等译,清华大学出版社2003年版,第185页。

[29] See Antitrust Guidelines for the Licensing of Intellectual Property §2.0, Issued by the U. S. DOJ and the FTC in April 1995.

2002年,美国司法部与联邦贸易委员会举办了"知识经济时代的竞争政策与知识产权法"听证会,并据此在2003年发布了题为《促进创新:竞争与专利法律政策的恰当平衡》(To Promote Innovation:the Proper Balance of Competition and Patent Law and Policy)的报告,指出创新通过发展新的和更好的商品、服务以及方法等方式增进消费者的福利,而竞争政策和专利政策都能促进创新,二者之间应进行协调以达到适当的平衡。[30] 该报告的结论和建议是:第一,虽然大多数专利制度运行良好,但是维持竞争和专利政策适当平衡的一些调整仍然是必要的。低劣的专利品质、法律标准以及可能造成反竞争效果的程序会导致不正当的市场地位,并且会不合理地增加成本。第二,问题专利与竞争密切相关,并且会损害创新。品质低劣的专利或问题专利实质上可能是无效或权利主张过于宽泛的专利。企业的问题专利可能使其竞争者放弃在问题专利所不当覆盖的领域的研发,这将阻碍创新或增加创新成本。在技术标准组织大量存在的电子、信息等产业中,专利权人经常采用专利联营、交叉许可等方式集合大量的专利进行许可,这些专利相互重叠交错,构成了密集的专利丛林,极大地增强了专利权人的市场地位。该报告反映了美国在知识产权领域实施反垄断的新动向,与前述指南一脉相承。

2007年,美国司法部与联邦贸易委员会发布了一份题为《反托拉斯执法与知识产权:促进创新和竞争》(Antitrust Enforcement and Intellectual Property Rights:Promoting Innovation and Competition)的报告。[31] 该报告在上述两个文件的基础上,专门针对技术标准作了专章讨论,指出技术标准能够产生网络效应,使更多的有价值的产品实现兼容,从而增加消费者的福利。报告关注了专利劫持问题,认为高额的许可费通过抬高产品价格转嫁给依据该技术标准生产的产品的消费者,使消费者受到了损害。为了减少专利劫持,一些标准化组织要求参与制定者必须披露其相关专利信息,以避免技术标准日后的使用者由于信息缺失而造成的侵权;同时也会要求成员同意就其享有的技术标准所涉及的必要专利进行合理、非歧视的许可,甚至在选择该专利技术之前就向专利权人提出上述要求。专利权人联合起来就此许可条件与标准化组织之间的谈判可能会构成对《谢尔曼法》的违反,但是出于促进竞争的考虑,执法机构会以合理原则来审视之。可以说,该报告是美国反垄断机关对待技术标准中的专利权滥用的基本态度,具有重要的理论与实践参考

---

〔30〕 See"To Promote Innovation:the Proper Balance of Competition and Patent Law and Policy". Accessed August 10,2014. http://www.ftc.gov/os/2003/10/innovationrpt.pdf.

〔31〕 See"Antitrust Enforcement and Intellectual Property Rights:Promoting Innovation and Competition". Accessed August 10,2014. http://www.usdoj.gov/atr/public/hearings/ip/222655.pdf.

价值。

2013年,美国司法部和专利商标局联合发布了《标准必要专利权利人基于F/RAND原则下政策救济声明》(Policy Statement on Remedies for Standards-Essential Patents Subject to Voluntary F/RAND Commitments)。[32] 该声明重申了2007年报告关于技术标准中的专利劫持的观点,并对标准化领域问题较多的F/RAND问题进行专门论述,指出虽然对于技术标准中的专利权人进行金钱补偿是非常有必要的,但是在某些情况下对于负有F/RAND义务的标准必要专利给予禁令并不符合公共利益,特别是在其与专利权人对标准化组织作出的F/RAND许可承诺条款不相符合时,因此发布禁令需要格外谨慎。

2. 欧盟法律政策

《欧盟运行条约》第101条、第102条确定了欧盟反垄断法的总体框架,对处理专利权行使问题同样适用。如果技术转让中的限制竞争条款损害或可能损害成员国之间的贸易,则会受到第101条第1款的约束;如果专利权人凭借专利权滥用市场支配地位,损害了成员国之间的贸易,则会受到第102条的约束。

2004年,欧盟委员会发布了《技术转让集体豁免条例》[Commission Regulation (EC) No 772/2004 of 27 April 2004 on the application of Article 81(3) of the Treaty to categories of technology transfer agreements,以下简称《772/2004号条例》],[33] 构成了欧盟确定技术许可协议合法性的最新标准。《772/2004号条例》是对1996年《技术转让集体豁免条例》(《240/96号条例》)的改进,扩大了条例适用的技术转让协议范围,明确适用于两个企业间的"交叉协议"(reciprocal agreement)。该条例还取消了《240/96号条例》对豁免与否的情况进行的清单性列举,代之以核心限制(Hardcore Restrictions)、排他限制(Excluded Restrictions)等区分方式。总体上来看,《772/2004号条例》对回馈授权、不争执条款等行为持更加宽松的态度。

2011年年初,欧盟委员会发布了《关于横向合作协议适用〈欧盟运行条约〉第101条的指南》(Guidelines on the Applicability of Article 101 of the Treaty on the

---

[32] See "Policy Statement on Remedies for Standards-Essential Patents Subject to Voluntary F/RAND Commitments". Accessed August 10, 2014. https://www.uspto.gov/sites/default/files/documents/Final_DOJ-PTO_Policy_Statement_on_FRAND_SEPs_1-8-13.pdf.

[33] See "Commission Regulation (EC) No 772/2004 of 27 April 2004 on the application of Article 81(3) of the Treaty to Categories of Technology Transfer Agreements". Accessed October. 12, 2013. http://www.wipo.int/wipolex/fr/text.jsp?file_id=181672.

Functioning of the European Union to Horizontal Co-operation Agreements)。[34] 该指南第7部分以“标准化协议”(Standardisation Agreement)为题,将标准化协议的情形分为三类:通常会限制竞争的情形、通常不会限制竞争的情形、需要进行效果分析的情形。指南分析了标准化协议可能影响的产品或服务、技术、标准制定以及测试和认证四个相关市场,指出标准制定可以通过减少价格竞争、阻碍技术创新、排斥特定企业使用标准三种方式实行限制竞争。该指南认为当技术标准成为市场壁垒时,标准的所有者可以通过标准控制有关市场的产品或服务,并以拒绝许可或主张超高额许可费的方式“劫持”标准实施者。指南指出标准化组织的专利政策必须明确专利权人要签署包含F/RAND条款的转让协议。但是,对于该部分的争议仍在继续:“竞争派”批评欧盟委员会没有进一步采取措施,如对公开最高许可费率作出强制性规定;而“知识产权阵营”则担心欧洲创新受到限制而反对在该指南中纳入标准化的内容。[35]

3. 日本法律政策

1993年日本公正交易委员会发布了《关于共同开发的禁止垄断法上的指南》(Guidelines Concerning Joint Research and Development under the Antimonopoly Act),对拒绝参与制定标准的共同开发行为适用《禁止私人垄断及确保公正交易法》作出了说明。[36] 该指南认为如果技术标准制定参与者市场占有率合计很高,并从研发的内容等来看该成果与该领域事实上的标准相关联的可能性很高,则某一事业者因被拒绝参加致使其获得有关的成果的能力受到限制,并且难以找到其他的手段,从而使其事业活动陷入困境,并有可能被排除出市场时,将构成禁止垄断法上的问题。随后,日本公正交易委员会在1995年又发布了《关于事业者团体的活动的禁止垄断法上的指南》(Guidelines Concerning the Activities of Trade Associations Under the Antimonopoly Act)[37],指出对于行业规格标准要依据“合理原则”来判定,为设定标准而对当事人实施的限制性行为是否具有合理性,并认为

---

〔34〕 See“Guidelines on the Applicability of Article 101 of the Treaty on the Functioning of the European Union to Horizontal Co-operation Agreements”. Accessed October. 12,2013. http://eur-lex. europa. eu/legal-content/EN/TXT/PDF/? uri = CELEX:52011XC0114(04)&from = EN.

〔35〕 参见周红阳、林欧:《反垄断法规制专利标准化垄断的制度模式》,载《法律适用》2013年第12期。

〔36〕 See“Guidelines Concerning Joint Research and Development under the Antimonopoly Act”. Accessed October. 15, 2013. http://www. jftc. go. jp/en/legislation _ gls/imonopoly _ guidelines. files/jointresearch. pdf.

〔37〕 See“Guidelines Concerning the Activities of Trade Associations Under the Antimonopoly Act”. Accessed October. 15,2013. http://www. jftc. go. jp/en/legislation_gls/imonopoly_guidelines. files/tradeassociation. pdf.

设定有关与需求者的利益相一致的规格标准原则上不违法。2001年,日本公正交易委员会专门就技术标准的限制竞争问题发布了《关于技术标准与竞争政策的研究报告书》,对技术标准制定过程中的参加者限制、不正当利用网络效应等限制竞争问题以及标准实施过程中拒绝许可、搭售、隐瞒专利信息等限制竞争行为进行了阐述。[38]

2005年,日本公正交易委员会在广泛征求了日本政经各界的意见,并同美国司法部、美国联邦贸易委员会以及欧洲委员会等进行了大量协调的基础上发布了《关于标准化与专利联营的指南》(Guidelines on Standardization and Patent Pool Arrangements)。[39]指南对技术标准制定过程中的限制竞争行为做了列举,主要有固定价格、限制产量等产品价格限制、替代性技术标准开发限制、不合理地延伸技术标准范围、不合理地排除竞争者的技术方案、故意将竞争者排除在技术标准应用范围之外等。该指南同时也阐述了专利联营不影响竞争的情形,即依据技术标准生产的产品市场份额不高、有若干替代性技术标准存在或技术标准涉及的所有必要专利都可以从专利联营之外的途径获取。

2007年,日本公正交易委员会发布了《知识产权利用的反垄断法指南》(Guidelines for the Use of Intellectual Property under the Antimonopoly Act)。该指南是日本公正交易委员会就日本《禁止垄断法》第21条的适用除外条款所作出的理解和适用,提出了在知识产权领域适用反垄断法的基本原则,分析了公正交易委员会对拒绝许可、限定许可范围以及专利联营、多重许可安排和交叉许可的基本观点。[40] 该指南认为,知识产权制度可以促进交易,不同技术的组合可以提高技术的使用效率,形成相关技术市场和与技术相关联的产品市场,增加竞争主体,从而有助于推动竞争。但是,如果知识产权人拒绝许可他人使用技术,或者在许可他人使用技术的同时对被许可人在继续研发、原材料采购、销售价格、销售区域或者其他任何方面施加不当的限制,那么技术或与技术相关的产品的竞争有可能受到损害。这些基本观点在技术标准的反垄断判断中具有指导意义。

---

〔38〕 参见王为农、黄芳:《企业联合组织滥用技术标准的反垄断规制问题》,载《浙江社会科学》2005年第3期。

〔39〕 See"Guidelines on Standardization and Patent Pool Arrangements". Accessed October. 18, 2013. http://www.jftc.go.jp/en/legislation_gls/imonopoly_guidelines.files/Patent_Pool.pdf.

〔40〕 See"Guidelines for the Use of Intellectual Property under the Antimonopoly Act". Accessed October. 18, 2013. http://www.jftc.go.jp/en/legislation_gls/imonopoly_guidelines.files/070928_IP_Guideline.pdf.

4. 联合国对该领域的关注动向

联合国贸发会议在 2008 年发布了题为《竞争政策与知识产权行使》(Competition Policy and the Exercise of Intellectual Property Rights, Report by the UNCTAD[41] Secretariat)的报告,介绍了目前在竞争政策与知识产权行使领域存在的理论争论、国际框架和发展维度。[42]报告认为由于各国对于竞争的标准各异,在短期内难以从国际层面对竞争政策和知识产权进行协调,如 2004 年,世界贸易组织就停止了关于竞争政策的谈判,因此,至今国际上处理竞争政策的唯一官方多边法规仍然是 1980 年联合国大会通过的《联合国关于控制限制性商业惯例的公平原则和规则的多边协议》(United Nations Multilaterally Equitable Principles and Rules for the Control of Restrictive Business Practices)。前述联合国贸发会议 2008 年的报告认为发展中国家知识产权政策的设计必须在保护知识产权、加速技术的传播、发展国内工业和创新能力的需要之间取得平衡。报告探讨了专利丛林、交叉许可、专利联营等可能存在限制竞争风险的专利组合形态,并对专利许可中不得主张权利无效、回馈授权等条款进行了反垄断法的分析。[43] 报告专门在"竞争、知识产权与标准制定"部分论述了标准化组织的反垄断法律问题,指出标准化组织可能会被其成员利用来限制竞争,如隐藏专利信息后又索要高额许可费。要应对这种专利劫持行为,标准化组织必须设定规则要求成员披露专利信息并承诺作出合理的、无歧视的许可。该报告将标准制定作为一个专门议题进行深入讨论,说明该领域是一个全球性的反垄断法律问题。虽然报告未能给出解决方案,但是无疑为解决该领域的竞争问题提供了一个宽阔的视角。

5. 比较分析

在对待技术标准中的专利权行使与反垄断法的关系上,各国采取了大体一致的做法,相互之间也有所借鉴,反映了国际竞争立法理念的趋同。第一,肯定了技术标准在促进技术创新、增进消费者福利方面的一致性,但是在实践中的确存在专利权滥用的情形,需要加以协调和规制。反垄断法对专利权行使的规制,既要防止专利权人滥用专利权导致反竞争后果,又要防止反垄断法过度干预专利权行使从而抑制创新。这是规制技术标准中的专利权行使的基本原则。第二,基于专利权限制竞争的效果对具体行使行为作不同区分。通过经济分析,可将专利权的行使

---

[41] UNCTAD 即 United Nations Conference on Trade and Development,联合国贸发会议。

[42] See "Competition Policy and the Exercise of Intellectual Property Rights, Report by the UNCTAD Secretariat". Accessed Oct. 20,2013. http://www.unctad.org/en/docs/c2clpd68_en.pdf.

[43] 参见王先林、仲春:《知识产权领域反垄断的国际视角——〈竞争政策与知识产权行使〉介评》,载《电子知识产权》2009 年第 5 期。

总体上划分为严重限制竞争、不构成限制竞争、构成限制竞争但可以豁免等种类，相应地反垄断法采取直接认定违法或通过竞争分析后再予以定性的方式进行处理。如美国2007年的创新报告中指出标准化组织在确定技术纳入标准之前为了减少专利挟持而采取的联合行为并不当然违法。第三，对技术标准中的专利权行使的反垄断法分析趋于具体化和可操作化。可以看出，自21世纪以来，上述立法都关注到技术标准中的专利权行使，日本2005年指南专门对标准化中的专利联营问题作出规定；美国2007年指南、欧盟2011年指南、联合国贸发会议2008年报告都设专章对技术标准中的专利权问题进行了深入探讨。这说明发达国家和国际组织的技术标准化活动正在蓬勃发展，企业凭借技术标准进行着激烈的竞争，技术标准中的专利权行使与反垄断法的冲突日益凸显，已经引起了政府和国际社会的广泛关注。随着国际化市场竞争的加剧，技术标准中的专利权行使与反垄断法的关系将成为一个国际共性问题。

在反垄断法具体规制理念上，各国做法又有所不同。基于对市场机制的信任，美国总体上采取保守主义态度。美国反垄断机构尊重标准化组织的协调方式和能力，一般不介入技术标准的制定过程，只是对超出标准化组织规范能力的限制竞争行为进行干预。而且，由于判例法的法律传统和诸如指南、报告、声明等文件的非强制性质，美国反垄断机构的态度较为原则，在具体案件中援用指南等文件也不多。相反，欧盟则对技术标准的制定和实施都予以了高度关注，而且围绕《欧盟运行条约》第101条、第102条对垄断协议和滥用市场支配地位作出了非常详细的规定。例如，欧盟2011年指南中对F/RAND承诺进行了非常细致的规定，同时对不符合安全港范围的协议是否违反反垄断法还提供了一系列判定参考，带有相当的强制性。由于法律传统的相近，日本相关做法与欧盟较为接近，针对技术标准与专利权颁布了大量的指南，内容涵盖技术标准制定和实施的各个环节，而且时间更早、内容更为细致，反映了日本国内对技术创新与市场竞争关系的高度关注。联合国作为国际组织只能是以较为原则的态度阐明立场，其侧重点在于充分表达发达国家与发展中国家的不同立场，但是其提供的总体框架对于我国结合自身的发展目标制定竞争政策具有重要的参考意义。

(三)反垄断法规制的优越性

标准化组织的专利政策对技术标准中的专利权滥用能进行一定程度的规范，并起到非常积极的作用。但是相比较而言，专利政策主要是基于专利法、合同法等私法制度对标准化成员和技术标准实施者进行约束。而反垄断法在打击限制竞争行为、维护公平竞争的市场秩序方面的作用更加强大，对技术标准中的专利权滥用的规制也更加有效。

1. 法律本位上的优越性

标准化组织的专利政策是标准化组织协调其成员和标准实施者利益的结果。作为技术标准制定者，标准化组织既要尽力促成标准必要专利能够被吸纳进入技术标准之中，又要设定公平合理的条件保证技术标准得到广泛的实施，这就必须要协调专利权人和标准实施者的利益。专利政策的这种性质决定了其对专利权人行使专利权的限制虽然在一定程度上保护了竞争，但其直接目的是促进技术标准的制定和实施，并非主要出于维护有效竞争的考虑。标准化组织通常也缺乏足够的动力去严格执行专利政策中限制专利权滥用的有关条款。例如，标准化组织一般都规定了专利信息披露的义务，但是为了避免施加过重的义务，往往对披露义务要求很低，即使违反该义务也往往不严格追究。而由于技术标准的公共属性，技术标准中的专利权滥用损害的不仅仅是标准实施者的利益，在更深的层次上是损害包括标准实施者、技术改进者、消费者在内的广泛群体的利益，并对整个市场竞争秩序造成严重负面效果，甚至影响到一个行业的健康发展。而反垄断法的社会本位决定了其规制着眼点不仅仅局限于某个特定标准实施者或竞争者，而是着眼于社会的整体利益，纠正专利权人不当行使专利给社会竞争秩序和社会整体利益造成的损害，使之恢复到法定垄断范围内，能够更好地解决危害市场秩序的深层次问题。

2. 法律政策上的优越性

标准化组织的专利政策解决的主要是技术标准制定和实施过程中的专利许可具体问题。由于标准化组织各自有不同的特点，专利权人也有各自不同的考虑。某种行为违反某个标准化组织的专利政策，但并不一定违反另一个标准化组织的专利政策，因此专利政策只是在相对有限的范围内具有参考意义。而反垄断法是国家调节经济运行的基础性法律，其执行过程中包含着国家产业政策与竞争政策的协调。因此，以反垄断法来规制技术标准中的专利权滥用，可以体现国家对技术创新、产业发展、市场竞争和消费者权益保护等多方面因素的综合考量。同时，反垄断法通过类型化的规制方式为专利权人提供了一种规范的行为模式体系，可以有效地预防滥用行为的发生，规制的结果具有重要的示范意义和普遍的参考意义。

3. 法律责任上的优越性

标准化组织的专利政策实质上是一种民事合同，约束的当事人主要是标准化组织、标准化组织的成员、技术标准实施者，在效力上具有相对性。若一方违反专利政策，另一方只能依据合同追究其违约责任。同时，由于专利政策作为合同的私法性质，缺乏强有力的惩罚性后果。因此，事实上很多标准化组织的专利政策是空洞无力的,并且在其专利政策被违反时采取消极躲避态度,拒绝参与争议的解决。[44] 而反垄断法赋予了竞争者甚至消费者以诉讼资格,而且代表消费者利益的社会组织也可以提起公益诉讼,完全脱离合同相对性的约束。反垄断法不仅强调民事责任的追究,同时还赋予反垄断执法机关强大的行政执法权,可以从行政责任、刑事责任多方弥补民事责任的不足。以反垄断法来规制技术标准中的专利权滥用,无疑可以全方位、多角度地达到法律规制的目的。

三、反垄断法对技术标准中专利权滥用规制的类型化分析

(一)反垄断法的适用原则

反垄断法对技术标准中专利权的滥用行为进行规制要以合理原则为主要适用原则,从促进竞争和限制竞争两方面进行分析。合理原则的地位是在反垄断法从结构主义转向行为主义的变迁中逐步确立的,尤其是受到芝加哥学派理论的推动。从国外立法来看,早期反垄断法对专利权的行使持较为严厉的态度,如美国于20世纪30年代后的数十年中在不断加强反托拉斯执法的同时弱化对专利权的保护,在专利纠纷诉讼案中绝大部分已授权的专利被判定为无效。[45] 后来专利权得到反垄断法的合理对待,各国立法充分强调专利权保护制度与反垄断法在促进技术创新方面的一致性,并明确并不能将专利权的行使等同于限制竞争行为。合理原则根植于反垄断法对竞争效率、公平正义、消费者利益等诸多价值的综合兼顾,是反垄断法对社会整体利益的价值追求的集中体现。[46] 国外对于技术标准化是否构成反垄断法上的违法行为主要参考的因素有:技术标准拥有者的市场影响力,技术标准是否被自愿采纳,被技术标准化排除的商品的竞争性,被技术标准化排除的竞争者种类,参与标准制定的主体身份,制定、实施标准的程序,对竞争限制更少的替代性标准以及技术标准化的行为动机和目的。[47] 这些参考因素可以结合专利权的具体行使合理地予以考虑,综合判定违法性问题。下文从垄断协议和滥用市场支配地位两个角度对该领域的反垄断法问题进行类型化讨论,从对竞争的正面效果和负面效果辩证地分析其违法与否。

---

〔44〕 有学者对29家明确规定RAND许可规则的标准化组织进行了统计分析,93.1%的标准化组织都拒绝参与有关专利许可方面争议的解决。参见马海生:《标准化组织的FRAND许可政策实证分析》,载《电子知识产权》2009年第2期。

〔45〕 参见宁立志、胡贞珍:《美国反托拉斯法中的专利权行使》,载《法学评论》2005年第5期。

〔46〕 参见李钟斌:《反垄断法的合理原则研究》,厦门大学出版社2005年版,第69页。

〔47〕 参见吴太轩:《技术标准化的反垄断法规制》,法律出版社2011年版,第76~83页。

(二)对垄断协议的规制

1. 垄断协议的判定

技术标准中的垄断协议实质上是专利权人之间、专利权人和被许可人之间的协议、决议或协同行为。标准化组织的组织章程、知识产权政策、筛选或修改专利的会议决议等都可能是垄断协议的表现形式,都是反垄断法重点审查的对象。随着竞争执法的强化,书面的协议或决议已经不常见了,协同行为成为限制竞争协议的常用方式。技术标准中涉及专利权的限制竞争协议通常具有这些特征:一是各方行为具有相似性,如专利权人一致提升许可费,并且提升幅度非常相近。二是各方有限制竞争的共同目的,如回馈授权所涉各方均希望减少竞争。三是各方实施了限制竞争的行为,如专利权人共同固定专利产品价格等。在实践中,由于垄断协议趋于隐蔽,需要结合不同的证据综合加以判断。

国外一些法律政策结合市场份额情况规定了许可协议豁免的情形。如欧盟《772/2004 号条例》认为许可协议在两种情况下被认为是对生产和销售具有促进作用,并且可以增进消费者福利,除非包含了严重限制竞争的内容:一是当事人存在竞争关系的情况下,他们在相关市场的市场份额总共不超过 20%;二是当事人不存在竞争关系的情况下,每个当事人在相关市场的市场份额不超过 30%。我国国家工商行政管理总局 2015 年颁布的《关于禁止滥用知识产权排除、限制竞争行为的规定》第 5 条很大程度上借鉴了国外立法例。[48]

2. 主要垄断协议的情形及其规制

(1)专利联营

专利联营(Patent Pool,又称专利池、专利联盟)作为专利权人之间的协议,是标准化组织最常见的专利许可形式,有时直接表现为标准化组织的专利政策。科技创新是一个累积的过程,一项后续专利技术往往必须利用前面多种基础研究创新的成果,其实施需要征得基础专利权人的同意。如果基础创新的专利形成了专利丛林,后续专利又与基础专利互为障碍性专利,这将造成对基础专利利用不足和

---

〔48〕 该条规定:"经营者行使知识产权的行为有下列情形之一的,可以不被认定为《反垄断法》第十三条第一款第六项和第十四条第三项所禁止的垄断协议,但是有相反的证据证明该协议具有排除、限制竞争效果的除外:(一)具有竞争关系的经营者在受其行为影响的相关市场上的市场份额合计不超过百分之二十,或者在相关市场上存在至少四个可以以合理成本得到的其他独立控制的替代性技术;(二)经营者与交易相对人在相关市场上的市场份额均不超过百分之三十,或者在相关市场上存在至少两个可以以合理成本得到的其他独立控制的替代性技术。"

基础专利闲置的反公地悲剧。[49] 技术标准中通常包含有多项专利技术,这些专利技术往往互为障碍性专利,如果形成了许可僵局,不仅技术标准的推广和新技术的商业化进程受到阻碍,同时技术标准中的专利权人利益也会受到极大的限制甚至损害。专利权人联合起来以专利联营的形式统一对外许可,可以有效地清除障碍专利,减少诉讼成本,分散专利权人间的风险,被视为避免反公共地悲剧的一种有效途径。[50] 同时,技术标准的统一性、便捷性、权威性和技术标准的网络效应使技术标准下的专利联营具有显著的竞争优势。[51]

但是,专利联营也具有反竞争性,如有些技术标准中可能存在具有横向竞争关系的专利,这些专利权人之间通过专利联营达成协议,消除或降低了竞争性专利之间的竞争。有些专利联营要求每个成员向其他成员按最低收费标准许可现有的和未来开发的专利,这就为成员提供了"搭便车"的可能性,因此会降低成员的技术创新的动力。专利联营还可以借助技术标准的制定和实施产生原本不存在的市场力量或增加现存的市场力量,这种市场力量的产生或增加使专利权人更容易从许可中获得垄断利润。[52] 从反垄断法规制的角度需要权衡专利联营在标准实施过程中的总体利弊,主要考量以下4个因素。第一,专利构成。如果专利联营中的专利是竞争性专利,该专利联营一般被认为是不利于竞争的;如果专利联营中的专利是障碍性专利或互补性专利,则一般会被认为具有促进竞争的效果;如果专利联营中的专利是必要专利,那么联营本身一般不存在限制竞争问题;但是如果联营中存在非必要专利,或者存在无效、过期专利,则限制竞争可能性较大。第二,开放程度。如果采用封闭式专利联营禁止吸纳包括能够促进标准进步的技术在内的其他技术,或专利联营限定的参加专利联营的条件与标准技术发展无关,则更可能具有限制竞争的效果。第三,许可方式。如果专利联营在标准实施中只允许"一揽子"许可,则限制竞争的可能性增大,因为标准实施者不一定对联营中的所有专利都产生需求。如果联营中的专利权人之间约定有回馈授权的条款,则独占性的回馈授权较非独占性的回馈授权危害性大。第四,许可费。如果通过专利联营进行价格

---

〔49〕 美国密执安大学教授黑勒(Michael A. Heller)认为,对于一项资源来说,如果每个人都拥有排他权从而使所有的权利人都无法有效地行使使用权,则该项资源就具有了反公地的特性,它将会因人人都难以进入而可能陷入利用不足或闲置浪费的反公地悲剧。参见高洁、陆健华:《专利丛林引发的反公地悲剧及对专利政策的思考》,载《科技进步与对策》2007年第6期。

〔50〕 See Carlson S C., "Patent Pools and the Antitrust Dilemma". *Yale Journal on Regulation*, 16, 1999, pp. 379 - 382.

〔51〕 参见姚远、宋伟:《技术标准的网络效应与专利联盟》,载《科学学与科学技术管理》2011年第2期。

〔52〕 参见宁立志、胡贞珍:《从美国法例看专利联营的反垄断法规制》,载《环球法律评论》2006年第4期。

固定，或者采取不合理的、歧视性的许可费率，则有限制竞争的可能。

（2）固定价格

技术标准中的专利权人达成协议，联合起来固定专利产品价格，就构成了价格卡特尔。由于技术标准已经就产品的技术规格、质量指标等方面作出统一的要求，如果价格也实现了一致性，则具有了相当程度的反竞争效果，因此该行为受到反垄断法的高度关注。对于专利权的权利范围是否能够及于专利产品的价格，有一个认识的过程。在著名的“United States v. General Electric Co. 案”中，美国联邦最高法院认为专利权人为了确保自己的回报可以正常和合理地限定销售的方法和价格。[53] 但是，美国司法部持不同立场，并促使法院认为专利权人限制产品价格的前提是不能将此权利延伸至未使用专利技术的部分。此后美国法院对与专利许可有关的固定价格行为逐渐持严厉的态度。在“United States v. United States Gypsum Co. 案”中，美国联邦最高法院认为被告之间关于固定专利产品石膏板价格的行为构成共谋，从而违反《谢尔曼法》。[54] 由于固定价格行为具有严重的限制竞争效果，一般以本身违法原则直接认定其违法。在技术标准的专利授权中，如果技术许可协议中约定依照技术标准生产的产品必须以固定的价格销售或必须以某一最低价格进行转售，则属于限制竞争协议，应予禁止。当然，如果许可费的收取系从销售额中提成，而售价又关系到许可费的基本保障进而涉及权利人能否收回成本，则不无合理审查的余地。

（3）回馈授权

技术标准中的回馈授权，是指技术标准中的专利权人与实施标准的被许可人达成协议，前者有权使用后者就许可技术所做的后续改进或通过使用标的技术所获得的新技术。回馈授权可以使许可双方共同承担投资和创新的风险，补偿许可方进一步研发的投入，促进资源的优化配置和新技术的推广。但是，回馈授权能使许可人使用被许可人的改进技术，强化许可方的技术力量，达到维持甚至加强许可人对该技术所享有的市场支配地位的目的，同时降低被许可人进行技术创新的动力，而这可能对市场竞争构成威胁。[55] 回馈授权以被许可人对许可人的回馈授权能否得到相应的经济补偿，可分为有偿回馈授权和无偿回馈授权；以是否允许被许可人向许可人之外的其他人进行许可为标准，可分为非独占性回馈授权和独占性回馈授权。相对于有偿回馈授权、非独占性回馈授权而言，无偿回馈授权、独占性

---

〔53〕 United States v. General Electric Co. ,272 U. S. 476(1926).

〔54〕 United States v. United States Gypsum Co. ,333 U. S. 364(1948).

〔55〕 参见宁立志、陈珊：《回馈授权的竞争法分析》，载《法学评论》2007 年第 6 期。

回馈授权更有可能限制或损害竞争。通常技术标准中的回馈授权主要是为了保证基础技术与改进技术之间的兼容性,以提升技术标准的实用性和适应性。但是,这种回馈授权也有可能加强许可人自身的市场力量,使许可人能够轻易地获取技术改进成果,进而有效地限制或排除其他竞争者的进入;同时协议安排的"寄生性"得到加强,许可人与被许可人的技术创新动力随之减弱。以下因素将增强回馈授权限制竞争的可能性:许可人与被许可人存在竞争关系;回馈授权是非互惠性的;存在多个被许可人,许可人可以享有各被许可人改进技术的成果;被许可人之间存在竞争关系;技术改进对基础专利产生较大影响;许可人拥有强大的市场支配力。特别是许可人通过回馈授权将改进的技术吸收入技术标准之中,使替代标准或适用于该标准的技术的替代品难以产生,这将严重地限制竞争。我国国家发展改革委员会在处罚高通公司一案[56]中认为,高通公司在无线标准必要专利许可中,强迫某些被许可人将持有的相关非无线标准必要专利向当事人进行许可,强迫某些被许可人免费进行反向许可,否定中国被许可人所持有专利的价值,并限制被许可人就持有的相关专利主张权利或者提起诉讼,抑制了被许可人进行技术创新的动力,阻碍了无线通信技术的创新和发展,排除、限制了无线通信技术市场的竞争,并最终传导到消费终端,损害了消费者的利益。

(三)对滥用市场支配地位的规制

1. 相关市场的界定

在技术标准与专利权紧密融合的背景下,为防止专利权人利用技术标准实施限制竞争行为,相关技术市场的界定十分重要,在依照传统的规则对产品市场、地域市场以及时间市场进行分析的同时,还需要考虑技术标准的特殊性。第一,网络效应的影响。由于技术标准往往具有强烈的网络效应,在界定相关市场时需要考虑网络效应及与此紧密相关的用户安装基础、转移成本、网络型产品的兼容性与差异性的影响。[57] 网络效应的存在使传统的价格测试法如假定垄断者测试法(SSNIP)受到较大影响,因为网络效应降低了产品的需求替代,它使消费者在选择产品时更加注重与其他消费者的选择的兼容性,这种锁定效应固化了消费者的需求,导致价格的变动所引起的消费者转移并不明显。第二,技术市场的界定。技术标准是对产品功能的规定或者指标要求,不同的技术标准在满足消费者需求方面是不同的。虽然,技术标准可能导致技术发展路径的锁定,但这种锁定不是一成不

[56] 参见《中华人民共和国国家发展和改革委员会行政处罚决定书》,载 http://www.sdpc.gov.cn/gzdt/201503/t20150302_666209.html,最后访问日期:2016年4月11日。

[57] 参见张小强:《网络经济的反垄断法规制》,法律出版社2007年版,第115~117页。

变的。技术的路径从客观上是多样化的，技术之间存在可替代性。不同的技术路径产生不同的技术标准；也就是说技术标准之间也是存在竞争的，这样就产生了可替代性的技术市场。技术是与产品品质紧密联系的，先进技术决定了较高的产品品质，特别是在某些高新技术产业，产品品质的竞争往往高于价格竞争，因为消费者更加关注产品品质。因此在界定技术市场时，需要考虑技术标准之间的替代性以及技术标准中的专利技术与标准之外的技术的替代性。[58] 技术之间的替代性越弱，则技术市场的范围越小。“华为技术有限公司（以下简称华为）诉美国交互数字集团公司（InterDigital Group of Campanies，IDC）垄断案”中，华为主张相关地域市场是中国市场和美国市场，相关商品市场是被告方在 3G 无线通信技术中的 WCDMA、CDMA2000、TD—SCDMA 标准下的每一个必要专利许可市场构成的集合束，即被告方在中国和美国的 3G 无线通信技术标准（WCDMA、CDMA2000、TD—SCDMA）中的每一个必要专利许可市场，均构成一个独立的相关市场。法院认可了原告的观点，并指出基于 3G 标准中每一个必要专利的唯一性和不可替代性，被告方在 3G 标准中的每一个必要专利许可市场均拥有完全的份额，具有阻碍或影响其他经营者进入相关市场的能力。[59]

2. 市场支配地位的认定

关于技术标准中的专利权人是否拥有市场支配地位，主要从以下三个方面综合考量。第一，不同性质的技术标准的影响。不同类型的技术标准获取市场份额的难易程度不同，对于专利权人是否具有市场支配地位有重要的影响。法定标准由政府部门或其授权的组织制定，受到国家强制力保护；相较于依靠技术的普遍使用而自然形成的事实标准而言，其中的专利权人更容易获得市场支配地位。国际标准是全球通行的技术标准，一般都经受了国际市场的检验，具有非常强大的市场竞争力；相较于只在一国之内实行的技术标准而言，其中的专利权人更容易获得市场支配地位。[60] 第二，技术革新的动态情况。随着技术的快速发展，技术标准也不可能一成不变，必然要随之作出及时调整，增加或者减少有关专利技术，这对技术标准中的专利权人构成了约束。如果技术标准中的必要专利因为有了可替代的竞争技术而成为非必要专利，则该特定专利权人的市场地位会受到极大挑战。另外，标准化组织可以借此对专利权人实行制约，如果某个专利权人存在滥用标准专

---

〔58〕 关于相关技术市场界定的更多论述，可参阅宁立志：《与知识产权有关的相关市场界定》，载《竞争政策研究》2015 年第 3 期。

〔59〕 参见叶若思、祝建军、陈文全：《标准必要专利权人滥用市场支配地位构成垄断的认定》，载《电子知识产权》2013 年第 3 期。

〔60〕 参见董新凯：《标准必要专利持有人市场支配地位认定的考量因素》，载《知识产权》2015 年第 8 期。

利的行为,标准化组织可能会选择排斥那些实施滥用行为的专利权人继续参与标准化过程。[61] 第三,技术标准之间的竞争。现代技术变革速度越来越快,技术生命周期加速缩短,尤其是在信息技术领域,互联网三大定律仍在发挥作用。[62] 这对技术标准拥有者的研发能力、实施机制、市场化效率等方面提出了很高的要求。如果新的技术标准竞争者能够在技术和市场上取得重大突破,则很有可能打破既有标准的技术锁定,成为新的技术引领者。特别是在光盘技术标准、通信技术标准领域,一些技术标准刚刚制定出来,更先进的技术标准也接踵而至,甚至出现同时制定不同代技术标准的现象;例如,3G 移动通信技术标准 WCDMA 刚推出不久,电信设备制造企业便已经开始组织制定更高 3.5G 技术标准 HSPA、4G 的 LTE 技术标准。如果技术标准从整体上失去了市场支配地位,则其中的专利权人也就失去了限制竞争的基础。

3. 主要滥用市场支配地位的情形及其规制

(1)违反专利信息披露义务

标准的制定者和实施者出于降低标准实施成本等因素的考虑会有避开专利权的倾向,因此一些专利权人违反专利信息披露义务,采取隐瞒专利信息或虚假承诺放弃权利的方式使自己的技术被标准吸纳,待标准得以普遍实施后又主张专利权,借机获取更多的许可费。这种行为体现为初始的不作为和后来的滥作为,受到各国反垄断法的普遍关注。典型的如"美国 Dell、Rambus 案"等。[63] 在这些案件中,美国联邦贸易委员会认为专利权人在标准制定过程中不披露相关专利信息行为是不合理地限制竞争,由此导致一些电脑制造商将被延迟使用该技术标准,提升了该技术标准的实施成本。专利权人误导该标准化组织采用了与专利权相冲突的技术标准,此后又企图利用由该标准产生的市场力量收取许可费,其行为构成违法,并裁决专利权人不得实施专利权。中国国家标准化管理委员会、国家知识产权局于2013 年联合制定发布的《国家标准涉及专利的管理规定(暂行)》第二章专门对国家标准制定过程中的专利信息披露作出了详细的规定。此类行为在反垄断法上的违法构成要件为:第一,专利权人在标准制定过程中有披露专利信息的义务。这种

〔61〕 参见韩伟、尹锋林:《标准必要专利持有人的市场地位认定》,载《电子知识产权》2014 年第 3 期。

〔62〕 互联网领域有三条重要的定律:摩尔定律、吉尔德定律和迈特卡尔定律,均是阐述信息技术进步的速度。例如,摩尔定律认为,当价格不变时,集成电路上可容纳的元器件的数目,约每隔 18 ~ 24 个月便会增加一倍,性能也将提升一倍。换言之,每一美元所能买到的电脑性能,将每隔 18 ~ 24 个月翻一倍以上。

〔63〕 参见孙南申、徐曾沧:《美国对技术标准中专利信息不披露行为的反垄断措施》,载《华东政法大学学报》2009 年第 1 期。

义务一般基于标准化组织的专利政策要求，是此种行为违反反垄断法的前提。若无此种义务，则没有追究责任的基础。第二，知道或应当知道有披露专利信息的义务而故意不披露、不按照要求作适当的披露或作出虚假承诺。专利权人违反披露的义务但却希望其专利权被纳入技术标准而产生借助技术标准的实施获取更多利益的结果，即有专利劫持的主观恶意。第三，专利权人采取误导性披露专利信息方式诱使技术标准制定者吸纳了其专利技术，否则该专利技术会被标准制定者拒绝采纳。第四，专利权人借助技术标准获取了市场支配地位，专利权人通过收取高额许可费、拒绝许可等方式实施专利劫持，产生损害市场竞争的后果。损害竞争的后果主要包括三个方面：一是阻碍技术的进步，即降低了更为先进或更为实用的替代技术的出现概率或市场竞争力；二是增加标准实施成本，即许可费的增加、产品使用和产出的减少、标准实施者生产激励的减少等；三是减损了消费者福利，即增加的标准实施的成本转移至消费者，从而损害了消费者的利益。

（2）不公平许可费

专利权人借助技术标准的实施而获得市场支配地位之后，有充分的动机违反RAND原则向技术标准实施者索要不公平许可费。同时由于技术标准往往涵盖多个专利，如果技术标准实施者为了实施标准而向每个专利权人均支付许可费，则又产生专利费的堆叠。在2013年“摩托罗拉诉微软案”中，法院认为标准专利许可费是否符合RAND原则，要看专利许可费用是否能够实现当初标准化组织要求参与者作出RAND许可的初衷，有效防止专利劫持。[64] 在实践中，判断许可费是否具有反垄断法上的违法性，需要综合考量如下两个因素：第一，合理性。既要考虑许可人的技术研发投入、专利对标准的贡献度、许可费回报水平等因素以吸引专利进入标准，同时也要参考同类或具有一定可比性的专利技术许可费、产品价格和依据标准专利技术生产的产品利润率以激励标准实施者实施标准。在2008年美国“N-Data案”中，N-Data公司（Negotiated Data Solutions LLC.）通过转让得到了National公司（National Semiconductor Corp.）拥有的已纳入电气和电子工程师协会（IEEE）有关以太网（Ethernet）标准的Nway专利，但是N-Data公司并没有按照National公司向IEEE承诺的一次性1000美元许可费许可该技术，而是主张远高于1000美元的许可标准。美国联邦贸易委员会指控N-Data违反了《联邦贸易委员会法》第5条的规定，禁止N-Data公司起诉未按照其要求支付高额许可费的企业，

〔64〕 参见刘晓春：《摩托罗拉诉微软 探寻RAND标准的努力》，载《电子知识产权》2014年第1期。

同时限制其转让该专利技术。[65] 在本案中,N-Data公司收取远高于1000美元的许可费被法院认为是不合理的,正是综合考虑到市场普遍接受情况。第二,非歧视性。标准专利的许可对相同或相近条件的被许可人应采用大致相同的许可费率,不能有所歧视。如果在无正当理由的情况下,对某被许可人收取显著高于其他相同或近似条件的被许可人的许可费,则有可能构成价格歧视。在"华为公司诉IDC案"中,IDC将其专利纳入标准时承诺遵守公平、合理、无歧视的原则。但是在与华为谈判过程中,IDC却4次对华为开出高出其他被许可人数倍的许可费。2012年,IDC向华为开出最后价码:从2009年到2016年按照销售额确定支付许可费率为2%,这一许可费率与苹果、三星等公司相比过高。深圳市中级人民法院和广东省高级人民法院判决均认为,IDC在专利许可费收取方面构成垄断,理由是IDC对华为的4次报价均明显高于对其他公司的许可费,甚至高达百倍;针对全球手机销量远不如苹果、三星等的华为公司索要高价明显缺乏正当性、合理性。因此IDC实施了不公平的高价销售行为,构成垄断。[66] 在本案中,法院将IDC对不同被许可人的许可费做比较,认为不存在歧视定价的合理理由,从而认定其构成垄断行为。

(3)拒绝许可

拒绝许可是专利权人当然的权利,即使专利权人拥有市场支配地位,也无义务一定要将其专利许可给他人。但当专利权人拒绝许可行为对市场竞争形成了严重的负面影响时,反垄断法会对专利权人施加强制性的义务。[67]

技术标准形成以后,专利权人为保证自己的垄断利润往往拒绝对其他有意实施标准的竞争者进行许可,从而阻止其进入相关市场参与竞争。对于这种行为是否违法,可以参考关键设施原则。关键设施原则(Essential Facilities Doctrine)是美国在"Terminal Railroad案"[68]中依据《谢尔曼法》第2条确立的。在该案中美国联邦最高法院认为,一个独占者控制了对于其他竞争者来说关键的设施,假如这种进入是可行的话,那么该独占者必须允许他人合理地进入该设施。通常由于技术标准的网络效应和产品品质鉴别特性,不符合技术标准的产品很难占有市场,因此专利技术通常随技术标准成为其他企业进入行业的关键设施,专利权人有义务披露

---

〔65〕 See"In the Matter of Negotiated Data Solutions LLC.", Accessed October 24, 2013. http://www.ftc.gov/enforcement/cases-proceedings/051-0094/negotiated-data-solutions-llc-matter.

〔66〕 广东省高级人民法院(2013)粤高法民三终字第306号《民事判决书》。

〔67〕 国家工商行政管理总局《关于禁止滥用知识产权排除、限制竞争行为的规定》第7条规定,具有市场支配地位的经营者没有正当理由,不得在其知识产权构成生产经营活动必需设施的情况下,拒绝许可其他经营者以合理条件使用该知识产权,排除、限制竞争。

〔68〕 United States V. Terminal Railroad Association. Inc., 224U. S383(1992).

相关技术信息，并以 RAND 原则许可他人使用。在德国“Standard-Spundfass 案”[69]中，法院根据关键设施原则对专利权人的拒绝许可进行了否定。德国化学工业协会制定了一项生产合成材料桶的标准，该标准涵盖了一项专利技术。一家意大利企业向专利权人提出有偿使用其专利技术的请求被拒绝后，生产和销售了该产品，因此受到专利权人的起诉。法院认为一个技术一旦成为行业标准，它就应像标准化组织制定的标准一样对任何企业都是开放的，否则这个标准化就不能起到推动竞争的作用，相反还会成为排除、阻碍和损害竞争的工具。结果法院判决专利权人必须进行专利许可，不得拒绝。由于以反垄断法为据实施强制许可是对专利权的极大限制，在适用关键设施原则时应该从严掌握，主要从四个方面考虑：一是该技术标准包含的专利技术是否是企业进入该行业参与竞争的必然选择；二是使用该专利技术是否可行；三是企业研发可替代的技术是否具有可能性；四是拒绝许可是否具有合理性。一般来讲，通常只有技术标准中的必要专利才能构成拒绝许可的标的，因为必要专利的唯一性和不可替代性决定了其权利人拥有足够的市场力量实施拒绝许可。即使如此，要适用关键设施理论还需要判断拒绝许可是否具有合理的理由。如果许可的条件不足以弥补专利权人的研发成本导致专利权人拒绝许可，这时就不能以反垄断法来实施强制许可。

专利权人作出拒绝许可的决定时，通常还会向法院要求发布禁令。但对于涉及技术标准的专利禁令，各国反垄断机构对执法尺度的拿捏却把握不一。因为涉及技术标准的专利禁令通常是专利权人寻求谈判砝码、威胁被许可人接受非 RAND 许可条件的重要手段。这种情况下，反垄断机构会处于两难境地：如果轻易支持禁令，则专利权人会居于优势地位，实施专利劫持以强迫被许可人承受实施标准的沉淀成本；如果过于限制专利权人申请禁令，则被许可人会居于优势地位，实施反向劫持以低于合理水平的许可费实施专利甚至是不支付专利许可费。德国联邦最高法院所确定的“橙皮书案”规则充分反映了基于财产权的尊重而对反向劫持保持的警惕，而欧盟委员会对三星案的处理则更加关注劫持行为对竞争产生的损害。欧盟委员会在 2012 年 12 月对三星提出指控，称三星没有按照合理和非歧视性的原则将那些标准专利授权给竞争对手，反而试图利用其 3G“标准基本专利”禁止苹果 iPhone 和 iPad 在欧洲销售，滥用了它所拥有的标准专利，违反了竞争法。虽然欧盟委员会在 2014 年 4 月 29 日接受了三星公司的承诺，但其同时指出拥有市场支配地位的标准拥有者利用标准的必要专利发动专利禁令违反了欧盟竞

---

〔69〕 参见王晓晔：《与技术标准相关的知识产权强制许可》，载《当代法学》2008 年第 5 期。

争法。[70] 由于“橙皮书案”规则受到广泛质疑和欧盟委员会的不同做法,欧洲法院在2015年“华为与中兴专利纠纷案”的预先裁决中指出,如果支持禁令会使潜在被许可人的信赖利益受损,专利权人向标准化组织作出许可声明的行为使潜在被许可人产生了合理的期待。专利权人必须在认为被侵权时采取警告、磋商等一系列行动后才能寻求禁令的救济;同时,被许可人也必须对专利权人的行动进行积极回应。[71] 欧洲法院的最新观点是在专利权人和被许可人之间寻求平衡,这对技术标准的有效实施具有重要的意义。因此,目前国际上的主流观点是,专利权人作出RAND许可承诺并不代表放弃寻求禁令救济的权利,但在潜在被许可人积极表示愿意在RAND条件下接受许可的情况下仍然要求发布禁令的行为构成滥用市场支配地位。我国广东省高级人民法院在“IDC案”中认为,IDC在缔约阶段违背RAND许可义务,向美国国际贸易委员会和特拉华州地方法院提起禁令之诉,而华为在谈判中一直处于善意状态,IDC在美国提起诉讼的目的在于逼迫华为接受过高许可条件,属于滥用市场支配地位的行为。[72] 广东省高级人民法院的观点显然符合国际主流观点。2016年《最高人民法院关于审理侵犯专利权纠纷案件应用法律若干问题的解释(二)》亦秉持这种观点,明确规定对标准必要专利权人违反RAND许可承诺义务而申请禁令、同时被许可人无明显过错的,法院不予支持。[73]

(4)搭售

涉及技术标准必要专利的搭售主要表现为将标准必要专利与非标准必要专利捆绑在一起进行许可,从而将其在标准必要专利市场的优势传导至非标准必要专利市场,剥夺被许可人的选择权,加强了专利组合的整体定价权,导致被许可人为非必要专利支付不必要的许可费用。[74] 搭售的目的有可能是基于保证标准专利

---

〔70〕 See“Antitrust:Commission Finds That Motorola Mobility Infringed EU Competition Rules by Misusing Standard Essential Patents”, Accessed October 18, 2014. http://europa.eu/rapid/press-release_IP-14-489_en.htm. 主管竞争政策的委员会副主席Joaquín Almunia指出:“所有市场参与者必须遵守竞争规则。我们对摩托罗拉案件的决定和对三星公司承诺的接受都清晰地表明利用标准的必要专利(基础专利)寻求禁令是具有反竞争性的。专利的拥有者应该获得合理的报酬,同时标准的实施者应该获得公平、合理、无歧视的许可。”

〔71〕 参见赵启杉:《反垄断法与专利法的交错:德国涉及标准必要专利侵权案件禁令救济规则演变研究》,载《竞争政策研究》2015年第2期。

〔72〕 参见广东省高级人民法院(2013)粤高法民三终字第306号《民事判决书》。

〔73〕 该解释第24条规定:推荐性国家、行业或者地方标准明示所涉必要专利的信息,专利权人、被诉侵权人协商该专利的实施许可条件时,专利权人故意违反其在标准制定中承诺的公平、合理、无歧视的许可义务,导致无法达成专利实施许可合同,且被诉侵权人在协商中无明显过错的,对于权利人请求停止标准实施行为的主张,人民法院一般不予支持。

〔74〕 参见王先林:《涉及专利的标准制定和实施中的反垄断问题》,载《法学家》2015年第4期。

技术的品质、维护专利权人的商业声誉以及降低许可费等正当的目的，也有可能是企图将市场控制力向被搭售品市场延伸，从而达到限制竞争和获得高额垄断利润的目的。如“微软 IE 免费捆绑销售案”和“DVD 专利联盟‘一揽子’协议收费案”。微软利用竞争所形成的垄断设置了一个无形的标准壁垒，其他电脑厂商因为微软的技术标准垄断无法自由进入市场与微软竞争。[75] 这不仅导致消费者的选择权被剥夺，利益受到损害，而且阻碍了市场新产品的创新和开发，是需要反垄断法予以规制的。技术标准中的搭售主要表现为相关专利技术的捆绑销售和“一揽子”协议，而这些技术中常常包含无效专利、非必要专利等。

我国国家发展改革委员会在处罚高通公司一案[76]中认为，高通公司利用在无线标准必要专利许可市场的支配地位，没有正当理由在无线标准必要专利许可中搭售非无线标准必要专利许可。结合该案，认定搭售时除了要判断专利权人是否具有市场支配地位之外，一般分析以下三个要件：第一，搭卖技术与被许可技术之间的关联程度。如果关联程度很低甚至相互之间没有关联，则搭售对竞争的危害很大。如国家发展改革委员会对非无线标准必要专利与无线标准必要专利作了分析，认为二者性质不同、相互独立，分别对外进行许可并不影响上述两种不同专利的应用和价值；而高通公司对二者不作区分，不向被许可人提供专利清单，而是采取设定单一许可费并进行“一揽子”许可的方式，不具有合理性。第二，违背被许可人意愿。国家发展改革委员会认为，尽管一些被许可人可能会主动选择寻求当事人整体专利组合许可，但部分被许可人为了获得当事人无线标准必要专利许可而不得不接受非无线标准必要专利许可。这说明了高通公司的“一揽子”许可是强制性的，违背了被许可人的意愿。第三，专利搭售许可是否产生了限制、排除竞争的效果。国家发展改革委员会认为，由于高通公司强制搭售非无线标准必要专利许可，被许可人必须从当事人获得非无线标准必要专利许可并支付许可费，理性的被许可人通常不会额外辟出费用再进行规避设计或者寻求替代性技术。这使与当事人持有的非无线标准必要专利具有竞争关系的其他替代性技术失去了参与竞争的机会和可能，严重排除、限制了相关非无线标准必要专利许可市场的竞争，阻碍、抑制了技术创新，最终损害了消费者的利益。

---

〔75〕 参见黄武双：《技术标准反垄断的特征及其对我国反垄断立法的启示——从微软垄断案说起》，载《科技与法律》2007 年第 3 期。

〔76〕 参见《中华人民共和国国家发展和改革委员会行政处罚决定书》，载 http://www.sdpc.gov.cn/gzdt/201503/t20150302_666209.html，最后访问日期：2016 年 4 月 11 日。

四、政策建议

专利权滥用在国际技术标准竞争中屡见不鲜,已经引起许多国家和地区的关注。事实上欧盟、美国已经多次以反垄断法打击微软、谷歌等科技巨头;这说明反垄断法是对滥用标准专利行为的有效遏制手段。我国作为知识产权的引进大国,对国际技术标准多为被动接受,对其中的专利垄断行为也是深受其害。近年来,我国明显加强了这方面的立法,如国家工商行政管理总局《关于禁止滥用知识产权排除、限制竞争行为的规定》第13条、最高人民法院《关于审理侵犯专利权纠纷案件应用法律若干问题的解释(二)》第24条对技术标准中的专利权行使作出了明确规定;国家标准化管理委员会、国家知识产权局联合发布的《国家标准涉及专利的管理规定(暂行)》对国家标准涉及专利的有关情形也予以了明确。此外,《关于滥用知识产权的反垄断执法指南(国家工商总局第七稿)》第28条、国家发展改革委员会起草的《关于滥用知识产权的反垄断指南(征求意见稿)》中的有关条款及《专利法》第四次修改也对此予以了关注。对此笔者提出以下建议。

(一)突出反垄断基本法在规制体系中的核心地位

从世界各国家和地区的立法及实践来看,反垄断法在法律本位的引领、法律政策的把握和法律责任的追究等方面具有优势,在规制技术标准中的专利权滥用方面发挥着不可替代的作用,在规制体系中应居于核心地位。由于反垄断基本法的基础地位,对涉及知识产权的技术标准的规定宜粗不宜细,应注重在宏观上发挥指导作用。具体来说,建议从以下几个方面对我国《反垄断法》进行完善:

1.进一步阐明反垄断法与知识产权的关系。反垄断法本身充满着不确定性,与知识产权的关系尤为复杂,需要根据实际情况在激励技术创新和维护有效竞争之间寻求适当的平衡。我国《反垄断法》第55条对反垄断法与知识产权之间的关系作了简要的规定,但该规定过于原则、笼统。有学者对该条提出质疑,认为权利人依法行使知识产权的行为不能保证得到反垄断法的豁免,如IDC要求华为支付高额许可费以及在华为未支付许可费而使用专利的情况下到法院请求禁令之行为,依据《专利法》并不违法,但是依《反垄断法》则是滥用市场支配地位。[77] 因此,对该条的规定有必要作进一步的完善。笔者建议从总体上明确知识产权法与反垄断法在政策目标上的一致性,并概括地阐明行使知识产权行为存在违反反垄断法的可能,要受反垄断法的规制,同时对实践中已经类型化的违反反垄断法的知

〔77〕 参见王晓晔:《标准必要专利反垄断诉讼问题研究》,载《中国法学》2015年第6期。

识产权行为以列举和兜底概括的形式表现出来,使该条更加清晰、更加具有实践的指导意义。

2. 补充明确专利劫持行为的有关类型。实践中,技术标准中的专利劫持行为一般都被纳入反垄断法关于禁止市场支配地位滥用的制度框架之中。我国《反垄断法》第 17 条第 1 项至第 6 项对滥用市场支配地位的情形作出了明确规定,但是并未对违反专利信息披露义务行为、不正当的寻求专利禁令救济行为进行规定。在这方面,我国司法实践已经走在立法的前面,如我国广东省高级人民法院在“华为公司诉 ICD”案中已经将 ICD 在美国发动专利禁令的行为认定为滥用市场支配地位行为。同时《国家标准涉及专利的管理规定(暂行)》第 2 章专门规定了国家标准的专利信息披露要求,虽然并非反垄断条款,但是也说明有关部门对实践中违反专利信息披露义务行为的重视。因此,建议利用《反垄断法》第 17 条第 7 项“国务院反垄断执法机构认定的其他滥用市场支配地位的行为”的规定,为新型滥用市场支配地位的情形留下认定的空间;国务院反垄断执法机构明确上述两种行为的性质,并补充进入《反垄断法》第 55 条的行为列举之中,作为执法或司法机关明确的法律依据。

3. 形成立体化的规制体系。反垄断法虽然居于核心地位,但规制技术标准中的专利权滥用行为毕竟是立体化的,仅靠反垄断法的规制是不够的。例如,我国现行《专利法》第 48 条将“专利权人行使专利权的行为被依法认定为垄断行为,为消除或者减少该行为对竞争产生的不利影响”作为强制许可的情形之一,弥补了以往强制许可制度未考虑竞争效果的缺失。《合同法》第 329 条将“非法垄断技术、妨碍技术进步或者侵害他人技术成果的技术合同”视为无效。此外民法有关注意义务、诚实信用和权利不得滥用等基本原则、标准化组织专利政策的内部引导和预防以及反不正当竞争法对不正当竞争行为的规定都构成了规制技术标准中的专利权滥用的重要补充。实践中,要充分运用这些法律和政策,充分发挥各自的积极作用,取长补短,才能达到理想的效果。

(二)注重细致化的操作指南

我国有关部门经过广泛而深入的调研,已经制定或正在制定一批关于规制滥用知识产权的指南和涉及专利的技术标准规定,这些对于维护公平竞争的市场秩序将起到积极的作用。结合本文的研究,笔者提出如下建议:

1. 尽可能作出细致化、有实用性的引导。从国外竞争规制实践来看,大量专业、细致的指南在引导经营者进行市场决策时起到了非常重要的作用。我国《反垄断法》实施时间不长,司法和执法的经验积累有限,反垄断机关、标准化组织以及消费者对技术标准中的专利权滥用更是缺乏理论与实践的认知,需要若干细致的操作指南来帮助对有关行为进行准确的判断。因此,在反垄断基本法从宏观上作出规制指导、其他法律分别从不同方面进行规制的同时,制定一系列非强制性的、不拘一格的指南实有必要。在制定此类指南时,应注意以下两个方面:第一,条款要细致。指南并不需要像法律那样对某种情形作出定性进而规定若干法律责任,而是可以针对实践中的具体情况作出各种可能性的分析,引导相关主体作出合法的决策。技术标准中的专利权行使类型多样,情况各个不同,应在指南里详细地列举并予以深入分析,从法律规范和经济模型等多个角度对不违法、可能违法、明显违法等情形进行详细阐述。第二,内容要实用。指南就是操作手册、使用说明,应以最直观、生动的方式帮助相关主体理解法律政策的内涵,而非简单地对法律条文进行枯燥解释。在对各种情形进行详细分析时,可以引用具有代表性的、得到广泛认可的典型案例加以辅助说明,从主要案情、裁判要领、风险防范等多个角度进行论述,力求充分实现指南应有的效果。

2. 以反垄断法基本制度为总体框架。对技术标准中的专利权滥用进行反垄断法规制,属于反垄断法适用的特别领域,应当遵守反垄断法有关垄断协议、滥用市场支配地位、经营者集中等三大规制制度框架。国家工商行政管理总局制定的《关于禁止滥用知识产权排除、限制竞争行为的规定》第13条和公开征求意见的《关于滥用知识产权的反垄断执法指南(国家工商总局第七稿)》第28条均对涉及标准制定和实施的垄断行为作出了专门规定,但这些规定只是将之纳入滥用市场支配地位制度之中,并未在垄断协议中作出规定。相比较而言,国家发展改革委员会起草的《关于滥用知识产权的反垄断指南(征求意见稿)》在垄断协议和滥用市场支配地位部分都作出了规定,在体系上较为完善。事实上,技术标准中非价格形式的专利权滥用如专利联营协议、回馈授权等是垄断协议的表现,不能忽视这种垄断行为的存在,建议国家工商行政管理总局补充完善相关规定。同时建议商务部加快制定涉及技术标准必要专利的经营者集中指南,以便国务院反垄断委员会在形成关于滥用知识产权的反垄断指南中,明确从三大制度框架对技术标准中的专利权滥用进行系统性规定。

3. 形成统一的技术标准的反垄断指南。目前针对技术标准中专利权的规制散见于各类文件之中,未能形成一套体系化的规范。事实上,技术标准所涉及的反垄断问题不仅在技术竞争领域中较为突出,而且具有相对的系统性。这种系统性表现在此类行为涵盖了包括垄断协议、滥用市场支配地位、经营者集中、行政垄断等所有反垄断法制度框架,同时既有涉及知识产权的反垄断问题,又有不涉及知识产权的反垄断问题。因此,可以在有关指南施行一段时间之后,系统性地予以总结、归纳,形成专门的关于技术标准的反垄断指南,并在其中针对涉及专利权的技术标准垄断问题作出专门的、集中的规定。在体例上，可以先阐明技术标准中的专利权与竞争政策之间的关系，明确反垄断审查原则；再对各种典型的技术标准专利垄断行为作出详细规定，列明判断其违法性所需考量的各种因素；最后设计兜底条款，以为新型垄断行为留出空间。

（三）采用多元的解决模式

自我国《反垄断法》颁布实施以来，各反垄断执法机关和法院系统在反垄断执法和司法方面均进行了积极的探索，但与一些发达国家的竞争执法相比，无论是在适用法律的成熟度上还是在法律运用经验积累上仍显不足。对技术标准中的专利权进行反垄断法规制，不仅问题复杂而且又有不确定性，需要市场主体、执法、司法机关共同积累经验，探索有效、便捷的解决模式。

1. 注重经营者承诺制度的运用。经营者承诺制度本质上是一种基于公共利益考量的执法和解，在反垄断执法中运用非常普遍，如美国司法部可以与被调查者达成协议并经法院的"同意判决"之后中止调查，联邦贸易委员会可以通过签发"同意令"的方式终止调查，欧盟的绝大多数反垄断案件也都是以和解的方式结案。在涉及专利的技术标准案件中，适用经营者承诺制度更有其重要价值。因为这类案件往往涉及专利权的正当行使与违反反垄断法的行为性质认定，涉及专利法、合同法、反垄断法、反不正当竞争法等多个法律部门的交叉问题。执法机关往往难以取得绝对有力的证据，不得不处在证据不足而放弃调查和勉强作出具有争议的处罚决定的两难境地。同时由于现代技术更新升级速度加快，技术标准实施者若由于执法调查的冗长而失去在稍纵即逝的商机中实施专利技术的机会，则在市场竞争中会处于相当不利的地位；这在一定程度上也会对市场竞争构成损害。注重适用经营者承诺制度，不仅能够提升反垄断执法的效率，还有助于适当地把握国家产业政策与竞争政策之间的平衡，更加有利于问题的解决。

2. 鼓励反垄断私人诉讼。反垄断私人诉讼由私主体依法发起，是市场主体维护自身合法权益、制止垄断行为、维护竞争秩序的最基本的法律手段。在反垄断法律制度发达的英美法系国家，私人诉讼占据主导地位；就是倚重行政执法的大陆法系国家近年来也纷纷完善相关制度推动反垄断法的私人执行。从我国有关案件中看，私人诉讼往往起到了推动反垄断法执行的效果。如专利权人不正当地申请专利禁令救济是一种滥用市场支配地位的行为，但这种行为在《反垄断法》中并无明文规定，而在"华为公司诉 IDC 案"中，广东省高级人民法院率先在司法实践中对其予以认定，体现了私人诉讼的灵活性。但是，由于技术标准的复杂性及专利权人的强势地位，需要进一步减轻被许可人的举证责任，同时鼓励消费者公益组织提起公益诉讼，以在一定程度上弥补被许可人诉讼能力的不足。

3. 充分发挥标准化管理机构的职能。除反垄断执法、司法途径之外,做好技术标准化的事前预防工作也非常重要。国家标准化管理委员会、国家知识产权局应根据实践情况对《国家标准涉及专利的管理规定(暂行)》作进一步完善,同时应充分发挥职能,积极采取预防措施规范专利权人的权利行使。第一,加强对技术标准化工作的指导,鼓励国内企业积极参与到国内外技术标准制定中,扩大技术标准制定过程中的发言权。第二,严格执行专利信息事前披露制度,将专利信息的披露范围扩大到正在申请专利的相关技术信息。明确无论是国家标准还是行业标准、地方标准只能包括必要专利,禁止标准制定者将非必要专利纳入技术标准。第三,明确 RAND 许可的具体内涵,同时明确制定国家标准时,如果某专利属于必要专利而专利权人拒绝许可或拒绝实施 RAND 许可,则可以基于公共利益的目的实施强制许可。[78] 第四,强化审查职能,对行业标准和地方标准不仅仅只是备案,而是要利用公平竞争审查制度进行专利政策的反垄断审查,必要时可以会同国务院反垄断机构和知识产权局共同审查,对不符合反垄断要求的严格督促整改。第五,在国际标准化组织中积极发表意见和建议,与国际技术标准制定者积极对话,积极反对利用技术标准滥用专利权,主动寻求技术标准垄断行为国际法律救济途径。

(责任编辑:麻昌华)

[78] 《国家标准涉及专利的管理规定(暂行)》第15条规定:"强制性国家标准确有必要涉及专利,且专利权人或者专利申请人拒绝作出第九条第一项或者第二项规定的专利实施许可声明的,应当由国家标准化管理委员会、国家知识产权局及相关部门和专利权人或者专利申请人协商专利处置办法。"

环境资源法专论

环境要素的罗马法保护：空气与水*

李　飞**

目　次

关于罗马法中的环境保护问题，笔者曾在《罗马环境法初探：理念、设施与法制》一文中得出如下基本判断：从总体上来看，罗马人尚不具有一般意义上的环境保护意识，其对环境的法律干预只是间接和部分性的，但自共和中后期以来，尤其在古典时期，我们仍然可以发现某种连贯有机的保护“环境健康”的线索。〔1〕在罗马人对各种环境要素的保护中，所关注的重点是空气与水，因此形成了一系列保护空气和水的法律规则体系。在此等规则体系的建构中，主角有二——裁判官和法学家，前者以其各种令状，后者以其扩张性的解释活动，初步建构了古罗马的环境法律保护体系。〔2〕

---

* 本文为司法部国家法治与法学理论研究项目“环境法律保护的古罗马经验及其借鉴研究”（项目号：15SFB2006）的阶段性成果。

** 李飞，华侨大学法学院讲师，华侨大学地方法治研究中心研究员，法学博士。

〔1〕 参见李飞：《罗马环境法初探：理念、设施与法制》，载《河南财经政法大学学报》2017 年第 1 期。

〔2〕 Cfr. Alberto Burdese, *Tutela Privatistica dell' ambiente e Diritto Romano*, in *Rivista di Diritto Civile*, 1989(35), p. 507.

一、空气的保护

清洁的空气是健康的环境的要旨之一。自共和中后期以来,罗马人对空气污染问题的敏感度不断上升,以至维护空气的清洁几乎成了权利人行使权利时的一项内在义务。[3] 从罗马法原始文献所传递给我们的信息来看,罗马人对空气质量的关注体现在三个方面:第一,对公共场所尤其是道路的清洁维护和垃圾的处理,在很大程度上直接消除了恶劣空气的源头;第二,关于废气排放的间接规制,在一定范围内控制了空气污染的幅度;第三,对以铅为代表的有害物质的排放的调整,也有助于良好空气的获得。

(一)道路的清洁与垃圾的处理

1. 道路清洁的职官配置

罗马街道的清洁工作是由三方合力得以保障的:一是市政官(*aediles*),他是负责城市管理方面的最主要职官,其职责当然也包括城市街道的清洁和维护(D. 43,10,1pr.),以及为确保道路的可通行性,制止并惩罚向道路上抛扔垃圾、动物尸体或毛皮的行为(D. 43,10,1,5)。二是市政官领导下的两个团体,即"四人城内道路事务委员会"(*quattuorviri viarum curandarum* 或 *quattuorviri viis in urbe purgandis*)和"二人城外道路事务委员会"(*duoviri curatores viarum* 或 *duoviri viis extra urbem purgandis*),他们更为直接地专门负责街道的清洁和维护。三是其建筑物临街的居民,他们有义务对其临街建筑物前面的道路和露天下水道进行清理(D. 43,10,1,3)。据此有学者认为,罗马的城市清洁的实现主要不是通过禁止性的措施而是首先通过强制性的措施实现的,即对临街建筑物的所有人课以维持道路清洁的义务。如果临街建筑物的所有人没有履行此等义务,市政官将对之进行一定处罚,并采取其他措施以补救,如将该项工作发包出去,从而保证道路的清洁。[4]

---

[3] D.7,1,13,6。乌尔比安:《萨宾评注》第18卷:如果用益权人……污染了空气……那么他不能被认为是依据诚信之人的判断行使了用益权。本文所引优士丁尼《学说汇纂》中的片段,除特别说明者外,皆系本人根据如下版本译出:*The Digest of Justinian*, Latin text edited by Theodor Mommsen with the aid of Paul Krueger, English translation edited by Alan Watson, University of Pennsylvania Press, 1985。

[4] Cfr. Silvio Panciera, *Nettezza Urbana a Roma: Organizzazione e Responsabili*, in Xavier Dupré-Raventós/Josep Anton Remolá (editores), *Sordes Urbis: La Eliminación de Residuos en la Ciudad Romana*, Roma: L'Erma di Bretschneider, 2000, p. 98. 有学者认为,其建筑物临街的居民对其建筑物对面的道路没有清洁(*purgatio*)的义务而只有维护保养(*tuitio*)的义务。实际上,如乌尔比安所说,"清洁是维护的一部分"(D. 43,11,1,1)。

对于市政官，我们已所知甚多，在此仅重点介绍一下具体负责道路事务的“四人城内道路事务委员会”和“二人城外道路事务委员会”。此六个职官是罗马共和时期著名的“二十六人委员会”（*vigintisexviri*）的成员，后者是共和时期的一种低阶执法官团体，由六个具体的团体组成，除“四人城内道路事务委员会”和“二人城外道路事务委员会”外，还包括“十人争议裁判委员会”（*decemviri stlitibus iudicandis*）、“三人刑狱事务委员会”（*tresviri capitales*）、“三人货币事务委员会”（*tresviri monetales*）、“坎帕尼亚四长官”（*praefecti Capuam Cumas*），即被派往坎帕尼亚的卡普亚城和库迈城去执法的四位长官。这一执法官团体一直存续到共和末期，因此，在整个共和时期都存在至少六位职官与市政官一起确保罗马城市道路的清洁。至于此等职官设立的确切时间，已无从知晓；可以确定的是，奥古斯都时期，上述“二十六人委员会”被缩减为“二十人委员会”（*vigintiviri*），被缩减掉的六个职位是“二人城外道路委员会”和“坎帕尼亚四长官”，前者所承担的功能被归并到所保留的“四人道路事务委员会”中。“四人道路事务委员会”仍然受负责城市清洁的市政官领导，这种状况从奥古斯都时期一直持续到公元260年，其时也，“四人道路事务委员会”与“二十人委员会”的其他职位一同消失了。[5]

在优士丁尼《学说汇纂》中还提到承担道路管理的其他职官，如“公共道路保佐人”（D. 43,23,2）、“负责公共工程的官员”（D. 43,8,2,17）。此外，在古罗马所保留下的碑铭中，还提到，自安东尼努斯·皮尤斯皇帝以后，出现一些主要由60岁以上的骑士阶层的老人组成的号称“城市道路代理人”的团体。[6]

2. 关于公共场所和道路的令状

与道理的清洁以及包括道路在内的公共场所的空气保护相关的法律制度中最主要的是“关于公共场所和道路的令状”（*interdictum de locis et itineribus publicis*）。这是一种典型的民众令状，产生于公元前3～2世纪，其更确切的名称是“禁止在公共场所或公共道路上做某事的令状”（D. 43,8）。这里所说的“公共场所”（*loca publica*），根据奥古斯都时期的法学家拉贝奥的界定，是指广场、神殿、公地和公共道路（D. 43,8,2,3），但道路此后从公共场所中独立出来，“关于公共道路的令状”也因此得以并列于“关于公共场所的令状”。

“关于公共场所的令状”和“关于公共道路的令状”最初都旨在保护公共物，只

---

〔5〕 参见前引〔4〕，Silvio Panciera 文，第103页。

〔6〕 参见前引〔4〕，Silvio Panciera 文，第104页。

是在后来,特别是在拉贝奥和涅尔瓦(父亲)[7]之后,才被用于解决与环境健康有关的问题——既考虑到市民个人和所有权人的利益,也认真考虑了公共利益。

"关于公共场所的令状"是一项禁止性令状,其要旨体现在乌尔比安与《学说汇纂》第68卷:"裁判官说:不得在公共场所做任何事或向其中排放任何物,如果将因此对公共场所造成损害的话;除非得到某项法律、元老院决议、告示或元首的裁决的允许。对于已经实施的事项,我将不授予令状。"(D.43,8,2pr.)

"关于公共道路的令状"也是一项类似的禁止性令状,通过禁止在公共道路上从事某些行为,从而保证公共道路的良好使用。拉贝奥认为,该令状也适用于那些通过向公共道路上排放某物而减少或妨碍公共道路的使用之人。[8]

此等令状旨在通过预防性的干预,避免在公共场所或道路上做某事,以保护公共场所免遭可能存在的未经授权的活动,以及可能对他人造成损害或减损公共道路的干扰或排放。涅尔瓦(父亲)将之扩大适用于公共场所或公共道路上的空气被污染的情形:D.43,8,2,29。乌尔比安:《告示评注》第68卷:涅尔瓦说,如果一个地方仅因气味不好而变成了有害健康的地方,是求诸此令状的正当理由。

根据这则片段,如果某个地方(公共场所或道路)"仅因气味不好而变成了有害健康的地方",无论这种有害健康的气味来源如何,均得适用"禁止在公共场所或公共道路上做某事"的民众令状。这就意味着,法学家涅尔瓦(父亲)赋予空气污染以独立的意义。[9]

3. 垃圾的处理

垃圾现象在罗马的横行大约始于公元前2世纪。众所周知,在这个时期,由于一系列复杂的因素和事件,伴随着罗马的城市化进程和大量奴隶的涌入,罗马的人口剧增,生产和建筑方式不断革新,罗马呈现出新的城市特征,如狭窄的街道和高层的密集建筑等。这决定了罗马人必须要采取一些处理垃圾的措施,其中就包括

---

〔7〕 罗马史上名为"涅尔瓦"(Nerva)者众多,在罗马法原始文献中经常出现的主要是属于同一家族的如下四人:(1)曾担任公元前36年的执政官的涅尔瓦(Marcus Cocceius Nerva);(2)前者之子,与其同名的提贝流斯时期的法学家涅尔瓦,俗称"涅尔瓦(父亲)"或"老涅尔瓦"(Nerva pater);(3)"老涅尔瓦之子",与其同名且同为法学家的涅尔瓦,俗称"涅尔瓦(儿子)"或"小涅尔瓦"(Nerva filius);(4)"老涅尔瓦"之孙,著名的涅尔瓦皇帝。

〔8〕 D.43,8,2,26。乌尔比安:《告示评注》第68卷:如果某人将下水道引向公共道路,并因此使公共道路不太适于使用,拉贝奥说,他应当承担责任:因为他被认为引入了某物使道路变坏。

〔9〕 Cfr. Andrea Di Porto, *La Tutela della《Salubritas》fra Editto e Giurisprudenza. I. Il Ruolo di Labeone*, Milano: Giuffrè, 1990, pp. 141 – 142.

我们将在下文重点谈到的公共和私人下水道系统的建立。[10]

首先,我们来看一下古罗马的垃圾形态。我们知道,在包括古罗马在内的古代都还不存在复杂的合成材料,也没有对废弃物进行循环再利用的观念,这两点决定了古罗马的垃圾类型具有如下特点:其一是较为简单,多为可生物降解的材料;其二是积存的垃圾数量巨大,尤其是废弃的建筑垃圾。总的来说,古罗马的垃圾类型主要有如下三种:一是大型固体废弃物,如建筑垃圾、陶器瓦罐等;二是动物的尸体、粪便和人类的生活垃圾;三是日常污水和工业污水,如生活废水、公共浴场的废水、公共厕所的废水,洗染业、毛纺业和皮革业等所排放的生产废水。[11]

其次,我们了解一下此等垃圾是如何收集和消解的。第一类垃圾和第二类垃圾的收集主要是通过马车。白天所清理出来的垃圾,在夜晚降临后(最晚在第二天上午十点以前)由马车运出罗马城,因为在白天,城内是禁止马车通行的。这种由马车在夜间将垃圾运出城外的做法是由一项我们所不知的早期立法所规定的,而且这项工作通常由负责公共道路事务的市政官发包给个人或团体来实施。[12] 这些被马车运往城外的垃圾只能在远离城市生活区域的地方被堆积起来,因为这些垃圾不能通过下水道排入河流和大海,它们通常不溶于水,会妨碍河海的通行,也会阻碍下水道的畅通。堆满水泥碎块和瓦砾的泰斯塔修山(Monte Testaccio)就是一个典型的例子,这座山是就是靠废弃物堆积起来的垃圾山,一直到公元3世纪,奥勒良皇帝(Lucius Domitius Aurelianus,270~275年在位)才将其划入罗马城墙范围之内;罗马城附近的奥斯提亚沼泽地也曾是堆放垃圾的处所:公元64年的罗马大火之后所产生的各种垃圾和废弃物就是被运到此地;[13] 实际上,作为罗马建城基础的七丘之一的埃斯奎利诺山也是如此,至公元前1世纪,在贵族梅塞纳斯(Gaius Cilnius Maecenas,公元前68年~公元前8年)的努力下,它才成为古罗马的生活区。[14] 但此等不可降解和重复使用的垃圾的大量堆积对于城市的规划和秩序来说是一种威胁,因此罗马人曾通过立法禁止拆除建筑物,以免产生大量建筑垃

---

〔10〕 Cfr. Andrea di Porto, *La Gestione dei Rifiuti a Roma fra Tarda Repubblica e Primo Impero: Linee di un 'Modello'*, in Feliciano Serrao (a cura di), *Societas-Ius: Munuscula di Allievi a Feliciano Serrao*, Napoli: Jovene, 1999, p. 45.

〔11〕 参见前引〔10〕, Andrea di Porto 文,第50~51页。

〔12〕 参见前引〔4〕, Silvio Panciera 文,第102页。

〔13〕 根据塔西坨的记载,大火之后,尼禄皇帝指定奥斯提亚沼泽地为堆积垃圾废土的地方,并下令从台伯河运粮到罗马的船在回去时一定要运走垃圾。参见[古罗马]塔西坨:《编年史》(下册),王以铸、崔妙因译,商务印书馆1997年版,第540页。

〔14〕 参见前引〔10〕, Andrea di Porto 文,第54页。

圾:公元前44年颁布的《乌尔索法》(*Lex Ursonensis*)[15]第75条规定:“任何人均不得将尤流斯殖民城中的任何建筑物予以拆除,除非其提供担保(其数额由‘二人团’确定),保证其事后会重建之,或者除非市政元老院(*decuriones*)通过法令同意此等行为,而且在讨论此等事宜时,出席的市政元老不少于50人。任何人违反本法规定的,应被判处向‘尤流斯—母神殖民城’的居民支付上述建筑物的价值额,并且任何人均可依据本法对此人提起诉讼,要求支付上述数额。”[16]

第三类垃圾的收集主要是通过发达的下水道系统。罗马帝国的下水道系统分为三级:第一级下水道是各建筑物和道路下面用以直接收集污水的地下管道;第二级下水道存在于城市居民区的主要道路之下,第一级下水道中的污水要流经于此;第三级下水道遍布于城市的主干道之下,其往往规模宏大,它们将第二级下水道所排入的污水最终注入大海或河流,如罗马城的“大下水道”(*Cloaca Massima*),它直接通向台伯河。[17] 从下水道的工作流程可以看到,经过三级下水道所收集的污水最终直接排入河流或大海,没有经过任何处理程序。

随着人口的持续增加,到帝政时期,罗马的下水道系统已不敷使用,经常陷入瘫痪,因此,罗马城中经常是臭气熏天。西塞罗在《控维勒斯》所描绘的一个场景颇有说明意义:曾担任西西里行省总督的维勒斯经常在旅行时佩戴两个花冠,鼻子前还放着一个装满玫瑰花瓣的亚麻香包。维勒斯之所以这么做无非是要抵御空气中的恶臭气味。[18] 对于此等空气问题的解决,还需要借助我们将在下文讲到的对下水道维护的相关法律制度。

(二)废气的排放与“阿里斯托法”

废气尤其是工业废气的排放,是造成空气污染的另一个重要原因。罗马法学家所构建的对废气排放的规制手段主要体现在乌尔比安的如下三个片段中:

---

〔15〕 又称《尤流斯—母神殖民城法》(*Lex Coloniae Genetivae Iuliae*),制定于公元前44年,由恺撒生前提议,后经安东尼提交罗马元老院通过,它规定了在西班牙的殖民地乌索(古称“Urso”,现称“Osuna”,为西班牙塞尔维亚的一个城市)的制度。罗马在乌索设立殖民地后,将其命名为“尤流斯—母神殖民城”,其中“尤流斯”系恺撒的族名,“母神”系尤流斯家族的远祖母神维纳斯(Venus Genetrix)。该法中提及该称时,或称其全称,或将其简称为“尤流斯殖民城”。该法的部分内容保存在4块青铜板之上,其部分条文的中译本参见肖丽:《〈尤利乌斯—母神殖民城法令〉译注》,载《古代文明》2015年第4期。

〔16〕 See A. C. Johnson, P. R. Coleman-Norton and F. C. Bourne, *Ancient Roman Statutes*, Clark, New Jersey: The Lawbook Exchange, Ltd. ,2003, p. 99.

〔17〕 参见前引〔10〕,Andrea di Porto文,第51~53页。

〔18〕 参见[意]约勒·法略莉:《古罗马的环境保护》,李飞译,载《厦门大学学报》(哲学社会科学版)2012年第4期。

D. 8,5,8,5。乌尔比安:《告示评注》第17卷:阿里斯托(Aristo)对切勒流斯·维塔利斯(Cerellius Vitalis)回答道,他不认为奶酪作坊可以合法地向高于它的建筑物排放烟雾,除非上述建筑物被设定了允许这样做的役权。他还说道,较高的建筑物不可以向较低的建筑物排放水或任何其他物。实际上,人们可以对自己的物实施只要不向他人的物进行排放的任何行为,如烟雾和水都是排放物:较高建筑物的所有权人可以对较低建筑物的所有权人提起诉讼,主张后者无权这样做。最后,他写道,阿尔芬努斯说:可以提起诉讼,主张一个人没有权利在自己的土地上砍劈石头从而使碎块落入我的土地上。因此,阿里斯托说,如果一个人从明图尔诺当局租了一间奶酪店,上层建筑的所有权人可以阻止他排放烟雾,但明图尔诺当局要基于租赁对他承担责任。他还说,在针对排放烟雾之人的诉讼中,可以主张的是,他无权这样做。因此,存在一项诉权,被告可以据以主张他有权排放烟雾。这也得到阿里斯托的赞同。此外,如果一个人被阻止按照自己的意愿使用自己的土地,可适用保护不动产占有令状。

D. 8,5,8,6。乌尔比安:《告示评注》第17卷:彭波尼在其《各种课文》第41卷中提出疑问:是否可以就他人在其土地上排放的少量烟雾,如炉灶中的烟雾,提起诉讼。他说,更好的意见是,不能提起此等诉讼,就像不能提起诉讼主张他人不能在其土地上生火、落座或洗漱。

D. 8,5,8,7。乌尔比安:《告示评注》第17卷:同一法学家在另一情形中赞同此观点。他说,昆提拉建了一个通过乌尔苏斯·尤流斯之土地的地下管道以排放浴室的蒸汽,可以设立此等役权的观点被普遍赞同。

上述三个著名的片段所陈述的关于废气排放的内容,被学者们概括为"阿里斯托法"(*lex Aristo*)。在这些片段的基础上可以对废气的规定进行重构:[19]对于阻止烟雾等废气排放问题,罗马法学家们很可能具有不同的观点,但都是围绕"否定之诉"(*actio negatoria*)、"确认役权之诉"(*actio confessoria*)和"保护不动产占有令状"(*interdictun uti possidetis*)展开的。如果从邻人的土地上产生的烟雾、水和其他类似排放物超过所允许的限度,土地所有人可以通过"保护不动产占有令状"对邻

〔19〕 对这些片段尤其是第一个片段的分析,有着大量的相关文献,感兴趣者可以参见 Antonio Palma, *Iura Vicinitatis: Solidarietà e Limitazioni nel Rapporto di Vicinato in Diritto Romano dell' età Classica*, Torino: Giappichelli, 1988, pp. 185ss; Pia Starace, *Aristone e i Fumi della Taberna Casiaria: Brevi Spunti per una Rilettura di D. 8. 5. 8. 5*, In Cosimo Cascione e Carla Masi Doria (a cura di), *Fides Humanitas Ius: Studii in Onore di Luigi Labruna*, Napoli: Editoriale scientifica, 2007, pp. 5403 – 5420; Laura Solidoro Maruotti, *La Tutela dell' ambiente nella sua Evoluzione Storica: L' esperienza del Mondo Antico*, Torino: G. Giappichelli Editore, 2009, pp. 96 – 98。

人提起诉讼,以排除此等侵扰并获得对所受损害的赔偿。邻人要证成其排放的正当性,则需要诉诸"确认役权之诉",请求确认存在进行此等排放的役权。反之,如果土地所有人欲否认对方的此等役权,他可以提起"否定之诉"。否定之诉是一般性的诉讼,据此,所有权人可以请求确认第三人主张的他物权不存在,从而使所有权人摆脱第三人所主张的役权的限制,使土地恢复到先前的状态。实际上,为了对抗污染活动,人们经常诉诸这种保护工具,要求确认不存在某种由污染物的受害地所承受的排放役权。

但是,作为"阿里斯托法"之核心的"否定之诉"所保护的是土地所有人免受不当的排放,这种诉讼显然旨在保护私人利益而非环境的集体利益。如果被侵害的土地所有权人并未觉得受到妨碍,或者与排放者达成了协议,这种排放就是被允许的,尽管排放可能会造成污染。此外,如果是向自己的土地进行排放,因而污染了空气或水,但对邻人的土地没有产生影响,邻人则不得提起"否定之诉"。在此,我们注意到这种诉讼所内在的显而易见的局限性,因此,即便说从这种诉讼中可以发现对环境要素进行保护的因子,也只是作为对个人利益进行保护的附带性的或者说间接性的结果。

此外,我们注意到,在D.8,5,8,5中,公元1~2世纪的法学家阿里斯托论证其观点时并没有考虑到烟雾相对于其他排放物的特殊性,如对大气的潜在污染;相反,其论证的逻辑起点是"较高的建筑物不可以向较低的建筑物排放水或任何其他物",并且将烟雾和水视为同等类别的排放物,因此,对于烟雾的排放,使用既存的关于一般排放物的规则,即排放烟雾者因享有排放役权而得以证成其行为的正当性,承受排放者则可以通过否认役权之诉进行反驳。显然,对于空气质量的保护不在罗马法学家的考虑之列,排放的正当与否取决于是否存在役权。

作为该规则的例外或补充,彭波尼在D.8,5,8,6中于役权之外引入了一项具有弹性的量化标准,来证成日常生活需要所进行的少量排放的正当性。当然,正如D.8,5,8,7所表明的,如果是超出日常生活范畴的排放,则需要存在一项役权以证成其正当性。[20] 这一标准在现代法典中取得了巨大成功,如《德国民法典》第906条第1款规定:"土地所有人不得禁止煤气、蒸气、臭气、烟、煤烟子、热、噪音、震动以及从另一块土地发出的类似干涉的侵入,但以该干涉不妨害或仅轻微地妨害其土地的使用为限……"再如《意大利民法典》第844条规定:"在正常忍受限度内并考虑到当地的环境条件,土地的所有权人不得妨碍自邻地自然排放或传出的烟雾、

---

〔20〕 Cfr. Mario Fiorentini, *Precedenti di Diritto Ambientale a Roma? II. La Tutela Boschiva*, in *Index*, 2007 (35), p. 343.

热气、气味、噪音、震动以及其他类似的排放。在适用本条规定时,司法机构应当尽量协调生产的需要与土地所有人的利益。同时也应当考虑某一确定用途的所有权的利益。"

除此之外,需要附带提到的是,皇帝敕令也在规制废气排放方面有所建树。比如,玻璃制造业是一个会对空气造成污染的行业,在亚历山大·塞维鲁斯时期,空气污染达到非常严重的程度,以致该皇帝颁布了多部法令来保护大气环境,其中就包括强制将玻璃工厂迁移到一个限定的工业区域。[21]

(三)铅的排放

铅是罗马人生活中经常接触到的材料,罗马人对铅的使用十分广泛:引水管道、各种器皿、儿童玩具、演出券、投票箱、化妆品、货币和许多其他物品;铅还被当作贵重金属渗透到罗马贵族生活的各个方面。然而铅对人对身体有着诸多危害,公元前1世纪的古罗马建筑家维特鲁威曾对此作过一般性的考察:

"维特鲁威:《建筑十书》8,6,10~11:用陶管的水道有下列优点:首先,即使在工作上偶有缺点,任何人也都可以修缮。其次,陶管的水比铅管的水要卫生若干倍。因为从铅中发生铅白,据说它对人体有害,所以认作是不好的。这样,如果从它发生的东西是有害的,那么无可怀疑它本身自然是不卫生的。

我们在铅工上就可以看到这种实例。即这些工人的肤色是苍白的。那是当铸造之际铅熔化时,从其中发出的蒸汽便停留在身体的关节上,每天发出热来,从肢体中夺去其血液的作用。因此,如果我们想要得到卫生的水,也绝不要用铅管来输导。每天的进餐就可以表明从陶管引来的水有着比其他优良的味道。因为任何人即使堆满银器来装饰食桌,而为了味道还是使用一套陶器制品的。"[22]

由于铅的危害以及铅材料在罗马的广泛使用,一些历史学家指出,广泛的铅中毒使罗马人民体质虚弱,因此也是导致罗马帝国衰亡的原因之一。[23] 作为佐证,有学者分析了与罗马市民的食物和临床统计有关的古典时期的博物学家的论述,他们发现,铅在古典时期的人的骨骼中大量存在。[24] 然而该观点受到强烈批判,批判者的论据主要有二:第一,铅管中的水是否有害于健康取决于水质的软硬,水质的软硬则取决于集水区的地质结构。铅虽然可溶于水,但如果水所流经的地下岩层是沉积岩(如石灰岩)而不是火成岩(如花岗岩),那么其中的碳酸钙将不仅使

---

〔21〕 Cfr. Enzo Nardi, *Inquinamento e Diritto Romano*, in *Studi in Onore di Tito Carnacini* (3), Milano: Giuffrè, 1984, p. 757.

〔22〕 [古罗马]维特鲁威:《建筑十书》,高履泰译,知识产权出版社2001年版,第228页。

〔23〕 参见前引〔19〕,Laura Solidoro Maruotti 书,第59页。

〔24〕 参见前引〔18〕。

水质变硬,而且在水管和水之间会形成一层类似于绝缘体的沉垢,将阻隔水和水管的直接接触。事实上,罗马的水道确实以其沉垢积厚而受诟病,因此必须经常组织人员清理此等沉垢。第二,不像现代的供水系统,罗马的水道和家用水管里的水是日夜一直流动的,是活水,在罗马人的生活中,水龙头确实偶有出现,但没有得到广泛的日常使用。因此,除非水龙头得到广泛使用,从而在不用水之时阻止水的流动,否则水在管道中与水管接触的时间是很短的,可能最多有5分钟。此外,人体每天可承受最大摄入量为0.6mg的铅,只有超过这一数值,才会在人体中逐渐沉积下来从而危害人体健康。因此,水管中的水受水管材质的影响并没有想象的大。〔25〕

但上述种种与本文主题关联不大,我们感兴趣的是在铅的获取和铅材料的加工过程如果产生导致环境污染的排放物,如有毒的烟雾和蒸汽等,如何进行法律规制。在罗马法原始文献中,没有专门对这一问题进行讨论的记载,但我们在前文所考察的"阿里斯托法"似乎可以涵盖这个主题。据此,如果有人向自己的土地排放与铅有关的有毒物质,可以提起"保护不动产占有令状"和"否定之诉"予以对抗。但如前文所述,这两种举措针对的都是向他人土地上进行排放的情形,如果某人向自己的土地上进行此等排放,即便造成了空气和土地的污染,也无从禁止之。这也再次说明,罗马人是站在私人财产保护的视角,而非环境保护的视角来思考排放物的规制问题的。

二、水的保护

(一)水道之水的保护

罗马人所流传下来的文献告诉我们,罗慕路斯选择建城之处的罗马,虽然占据极佳的战略位置,但也面临着并不优越的自然环境。乌尔比安的一则片段至少揭示了罗马的水源并不充裕:裁判官说:"只要你在前一年未以暴力、又未以隐匿、也未以容假地从他人使用系争的水源,我禁止使用暴力阻止你做这样的使用。就蓄水池、水井和水塘,我将发布同样的令状"。(D.43,22,1pr.)因此,为了满足罗马人民引水之需,罗马的水道系统非常发达,尤其是始于公元前312年的公共水道的建设,就是在这样的背景下开展的一项重要的公共工程。〔26〕 也正因为罗马水源的

〔25〕 Alfred Trevor Hodge, *Vitruvius*, *Lead Pipes and Lead Poisoning*, in *American Journal of Archaeology*, 1981, 85(4), pp. 488 - 491.

〔26〕 参见黄文煌:《论罗马法上的公共引水道——兼论共有物的法律制度》,载徐国栋主编:《罗马法与现代民法》(第8卷),厦门大学出版社2014年版,第316页。对于罗马公共水道的研究,还可以参见 Franco Vallocchia, *Studi sugli Acquedotti Pubblici Romai*(*I - II*), Napoli: Jovene editore, 2012。

不充裕以及水之于人的重要性，罗马人对水给予了全方位的立体保护，对实施水污染者给予严厉的处罚。[27] 下文中，我们先将视线投向水道之水的保护。

为了加强对水道之水的保护，一些最初并非旨在保护健康的令状后来被用来解决与健康有关的问题，"关于日常之水和夏季之水的令状"(*interdictum de aqua cottidiana et aestiva*)即其著例。针对干预你引水之人，该令状包含两个子令状，其程式分别体现在如下两个片段中：D. 43,20,1pr.（乌尔比安：《告示评注》第 70 卷：裁判官说："如果你在前一年未以暴力又未以隐匿也未以容假地从他人导引系争之水，我禁止使用暴力阻止你做这样的引水。"）和 D. 43,20,1,29（乌尔比安：《告示评注》第 70 卷：裁判官又说："如果你前一年夏天未以暴力又未以隐匿还未以容假地从他人导引系争之水，我禁止使用暴力阻止你作这样的引水……"）。显然，这两项子令状的区分仅仅是基于行使引水权的时间方式的不同。[28] 通过此等令状，只要引水役权的行使不存在瑕疵，即在前一年或前一年夏天所行使的权利范围内进行引水，此等引水活动就会得到裁判官的保护。此外，使人信以为他享有引水役权之人，即使并非役权的实际享有者，在通过司法确定该权利的归属之前，他同样受到保护，尽管这种保护是只是暂时性的。

除对于引水权的保护之外，在保护水道之水的水质方面，特别有意味的是罗马法学家们尤其是拉贝奥对该令状的扩张性解释。这典型地体现在乌尔比安在《告示评注》中所援引的拉贝奥的一段论述上：

D. 43,20,1,27。乌尔比安：《告示评注》第 70 卷：拉贝奥认为，通过这种令状，如果前一年无过错地从你的土地上引水的某人在该土地上建筑、挖掘、播种、砍伐和修剪，且如此而为将污染、损害、破坏水质或使水质恶化，此等行为被禁止。拉贝奥说，同样的令状也授予夏季用水。

---

〔27〕 D. 47,11,1,1。保罗：《论点集》第 4 卷：如果实施了违背善良习俗的非行，如某人向他人抛洒腐臭的粪便，或者向他人涂抹淤泥或脏物，或者污染了水，或者污染了水管、水槽以及任何其他物从而损害了公众利益的：对此等人，通常给予严厉的处罚。

〔28〕 D. 43,20,1,3。乌尔比安：《告示评注》第 70 卷：而水流有两种，一种是日常之水，另一种是夏季之水。日常之水与夏季之水的区分，是根据习俗而不是根据法。日常之水是那种人们惯于通常既在夏时又在冬时导引的水流，尽管有时它不被导引。那种其役权按时间的间隔划分的水，也被说成是日常之水。而夏季之水是只有在夏季使用才方便的水流，就像我们说夏季的衣服、夏季的牧场、夏季的兵营，有时我们在冬季也使用它们，但多数情况下是在夏季使用。我认为，必须根据使用者的意图和地方的性质的证据把夏季之水与日常之水区分开来。事实上，如果水流是可一年四季被导引的，但我只在夏季使用它，必须说这一水流是夏季之水。同样，如果水流在夏季之外不能被导引，它[也]被说成是夏季之水。如果地方依自然是在夏季以外不允许导水的，必须说，[这里的水]被正确地称为夏季之水。译文参见[意]桑德罗·斯奇巴尼选编：《债·私犯之债(Ⅱ)和犯罪》，徐国栋译，中国政法大学出版社 1998 年版，第 151 ~ 152 页。

该片段规定涉及的范围非常广泛,这让人想起《关于水道的昆克求斯法》(*Lex Quinctia de aquaeductibus*)的规定,[29]虽然后者调整的对象是公共水道。它们都旨在保护水道之水的正常供应,但拉贝奥将关注的重点投放到水污染的问题上,拉贝奥通过禁止第三人将他人之水弄脏、污染、使其变得无法使用或使水质恶化,从而扩张了该令状的适用范围。此后,拉贝奥对这种裁判官救济的解释被进一步扩张:该令状不仅针对阻止其引水之人,而且一般性地针对危害水道之清洁的任何人。[30]

在拉贝奥看来,任何可能导致水道之水的水质腐化或受污染的行为都在"关于日常之水和夏季之水的令状"的涵摄之下,从而将包括"活水"(井水、泉水、水道之水)[31]以及通过各种方式收集的活水以外的其他蓄水在内的水资源[32]给予了全面保护,而其保护机制,根据拉贝奥的建构,则由"制止暴力或欺瞒令状"(*interdictum quod vi aut clam*)和"关于日常之水和夏季之水的令状"互补完成:如果污染的是水道之水,水还在流动途中,可以诉诸后者;如果污染的是任何其他类型的位于土地上之水,则可以诉诸前者。[33]总之,拉贝奥表现出对水这一环境要素之保护的高度敏感。在他看来,"制止暴力或欺瞒令状"与"关于日常之水和夏季之水的令状"相得益彰:后者旨在对任何污染引导之水的行为提供有效的规制;前者则被用来对抗对土地实施的造成水质损害的行为。

(二)其他来源之水的保护

对于水道以外的其他来源之水,如水井之水、蓄水池之水等,在其受污染的情形则诉诸"制止暴力[34]或欺瞒令状"的保护。该令状最初只适用于土地,[35]旨在保护土地的所有人,针对的是在他人土地上隐秘地或违反土地所有人意愿地实施了某项施工(*opus*)之人,是一种恢复原状性的令状。由于拉贝奥的贡献,该令状被

---

〔29〕 对于该法的详细分析,参见前引〔1〕,李飞文。

〔30〕 参见前引〔18〕,约勒·法略莉文。

〔31〕 参见前引〔9〕,Andrea di Porto 文。

〔32〕 "农庄的房舍应当修建在有水的地方,水应当在它的范围以内,即使做不到这一点,那水源也是越近越好。首先应当有一个天然的泉水,其次是一个永远不会干涸的水源。在根本没有活水的地方,屋里应当置备水槽,外面露天地应当有个水池,屋里的水,人用;外面露天的水,牲畜用。"[古罗马] M. T. 瓦罗:《论农业》,王家绶译,商务印书馆1981年版,第47页。

〔33〕 参见前引〔9〕,Andrea di Porto 文,第55~56页。

〔34〕 该令状中的"暴力"的确切含义,是指违反所有权人的意愿或者违反事前禁止此等行为之人的意愿而实施行为。Cfr. Iole Fargnoli, *Studi sulla Legittimazione Attiva all' interdetto quod vi aut clam*, Milano: Giuffrè, 1998, p. 8.

〔35〕 D. 43,24,7,5。《乌尔比安》告示评注第71卷:我们在前文已指出,虽然该令状的用语有广泛的适用空间,但它们仅适用于与土地有关的活动……

认为可适用于私人水井的水被污染的情形:D. 43,24,11pr. 。乌尔比安:《告示评注》第71卷:拉贝奥说,任何人向邻人的水井中倾倒某物,从而破坏了水质的,应根据制止暴力或欺瞒令状承担责任:因为活水被视为土地的一部分,他这么做就像是在水中实施了某项施工。

上述片段无论是在优士丁尼法典编纂的范围内,还是在乌尔比安作品中可能的原始上下文中,所从属的讨论背景都不涉及对水污染的救济,而是该令状的适用范围。那么,为了证成这种扩大适用,需要将"水"和"土地"相等同,因为如上文所述,"制止暴力或欺瞒令状"只与发生在土地上的行为有关。因此,"因为活水被视为土地的一部分"的表达显然旨在将产生"破坏了水质"后果的"向邻人的水井中倾倒某物"的行为扎根于土地之中。"活水"被等同于"土地的一部分",倾倒某物的行为被等同于某项施工。

根据"禁止暴力或欺瞒令状"的扩张适用,随之而来的是课加给污染者恢复原状和进行改良的义务。这一点非常重要,因为它不是在金钱惩罚或损害赔偿层面,而是在清除污染源层面解决问题的。在此,历史的教导可以且必须给我们以启示:对于实施污染活动者,除了金钱制裁或限制人身自由外,必须有效地强制他们去除污染物,并将污染场所恢复到先前的状态。

此外需要补充说明的是,对 D. 43,24,11pr. 中包含的规则的证成,在有些人看来,是概念层化处理的结果。确切来说,在乌尔比安的时代,存在一种对告示用语解释的狭窄化,而拉贝奥对该令状的适用可能确实有一种更加广阔的视野(他最早将该令状扩大适用于污染水井之情形),但很可能他贯彻的是该令状规定的最初精神,即该令状可能是针对任何以暴力或欺瞒所做之事的一般救济,既没有提"施工"(*opus*),也没有提"土地"(*solum*)。在拉贝奥看来,适用"制止暴力或欺瞒令状"的唯一条件是*facere*,即导致损害结果的行为,而不考虑任何土地的因素;而在乌尔比安看来,"制止暴力或欺瞒令状"只能适用于与土地有关的活动。乌尔比安的观点似乎是这场激烈争论的最终结果。[36]

(三)水源的清理与水设施的修缮

与水源的清理和水实施的修缮密切相关的是两项裁判官令状:"关于水渠的令状"(*interdictum de rivis*)和"关于水源的令状"(*interdictum de fonte*)。这两种令状都是禁止性令状,它们是裁判官出于对健康保护的需要,在公元前2世纪末期至公元前1世纪中叶期间引入的,旨在保护针对水的管道设施和水源的清理和修缮

〔36〕 Cfr Francesco Fasolino, *Prime Considerazioni in tema di Tutela della Salubritas fra III e I Sec. A. C.*, in *Teoria e Storia del Diritto Privato*, 2010(3), pp. 21 – 22.

活动。

1. 关于水渠的令状

该令状针对的是水渠、地下引水管道和水闸的清理或修缮,其程式如下:D. 43,21,1,pr.。乌尔比安:《告示评注》第70卷:裁判官说:“如果某人未以暴力又未以隐匿也未以容假地从你以与前一年夏天相同的方式引水,我禁止使用暴力阻止他为了引水之目的而对水渠(*rivos*)、地下管道(*specus*)或水闸(*septa*)进行清理或修缮。”

根据这项令状,禁止阻止某人对水渠、地下管道、水闸的清理或修缮,只需要具备如下事实:他在前一年夏天或前一年就已经引水,且未以暴力又未以隐匿也未以容假地这样做。“关于水渠的令状”制度的特殊性也没有逃过法学家的眼睛。魏努勒尤斯在D. 43,21,4中强调,是否有取水权并非授予该令状的条件。他证成这种观点的理由是,水渠的修缮与其他工程如道路的修缮不同,指出损害供水的正常和卫生必将带来灾难。

D. 43,21,4。魏努勒尤斯:《论令状》第1卷:对于水渠的修缮,将授予该令状,是否有取水权在所不问。实际上,道路的修缮不似水渠的修缮这么必要,水渠如果不修缮,对水的所有使用都将无法进行,人将渴死。显然,不修缮水渠将无法获得水:但如果不修缮道路,仅使个人通行和负重通行变得困难,这在夏季会好一些。

实际上,在罗马法学家之间曾就与该令状相关的问题有过重大争论,所争论的问题有:水系统的改造与优化活动在何种限度内可以被认为是对水渠的修缮?再如,对于“在修缮和清理的必要活动中(这些活动全部或部分要在他人土地上进行)要考虑的优先利益”存在不同观点。[37] 比如,我们在下列片段中看到:D. 43,21,3,10。乌尔比安:《告示评注》第70卷:如果某人被阻止携带或运输修缮所必要之物,奥菲流斯认为,该令状对其适用。这是正确的。

必须携带修缮水渠所必要的物进入他人土地之人,与该土地的所有权人或占有人之间的利益存在冲突时,根据奥菲流斯的观点(也为乌尔比安所赞同),前者优先。在此等情形下,排除“新施工告令”(*operis novi nuntiatio*)的适用,之所以如此,原因在于清理水渠(以及下水道)关涉到集体的健康与安全,必须优先于任何其他事(D. 39,1,5,11)。

2. 关于水源的令状

该令状的客体是水源的净化,其程式如下:D. 43,22,1,6。乌尔比安:《告示评

〔37〕 参见前引〔36〕,Francesco Fasolino 文,第18页。

注》第70卷:然后裁判官说:"只要你在前一年未以非暴力、非隐匿、非容假以外的方式使用系争的水源,我禁止使用暴力阻止你为保用水源而对其进行的清理或修缮。"

就像我们在"关于水渠令状"中看到的,"关于水源的令状"也不要求存在一项形式上合法的使用权,只要在上一个期间的行为不存在某种瑕疵即可。该令状同样适用于水渠的修缮,因为如乌尔比安所言,"如果不允许清理和修缮水源,它将毫无用处"(D. 43,22,1,7。乌尔比安:《告示评注》第70卷)。

与这种形式的保护相关的需要,使此后这种令状被扩大适用于蓄水池、水井和水塘(D. 43,22,1,10)。

(四)污水的排放与规制

1. 对工业污水的规制

共和中期以后,随着罗马的扩张以及带来的生产和贸易的繁荣,各种工业得到空前发展,环境健康也因而面临更大挑战,特别是冶金业、陶瓷业、洗衣业、纺织业和印染业等排放大量污水的行业的涌现,极大地刺激了罗马法学家去寻求对工业污水进行规制的法律手段。

在私法层面,"排放雨水之诉"(*actio aquae pluviae arcendae*)进入法学家的视野。这是一种产生于十人委员会的救济,专为雨水的排放而设,最初旨在对抗由于人工干预而对雨水流向的改变,保护土地所有人不受因雨水的自然流动被人为改变带来的侵害:一方面,法律规定禁止上游土地的所有人通过在自己的土地上建设沟渠或其他人工实施从而改变雨水的自然流向;另一方面,不允许下游土地的所有人通过设立障碍使雨水停滞于上游土地,从而阻止雨水在其土地上的自发流动。

原则上来说,考虑到尊重自然规律,低地必须承受来自高地的雨水流放;正如保罗所言,可以说存在一项自然役权(D. 39,3,2pr.)。彭波尼也确认:"役权可以依其自然性质(*naturaliter*)给供役地带来损害,而不能因人的行为(*manu facto*)对此造成损害。比如,因为下雨而造成了水渠水位上升,或者两边土地的水流入了水渠,或者在水渠边上或水渠中出现了某一泉水源。"(D. 8,3,20,1)[38] 在高地所有人和低地所有人发生利益冲突时,占上风的是土地的自然性质。同样,就像保罗引用拉贝奥的论述所确认的,如果土地的性质因自身的原因而改变,而不是因为相邻土地上的某些活动,那么可能产生的损害必须平心静气地承受(D. 39,3,2,6)。换句话说,排放雨水之诉不适用由于土地的性质本身引起的损害,而只适用于由于人

---

〔38〕 [古罗马]优士丁尼:《学说汇纂》(第8卷),陈汉译,[意]纪蔚民校,中国政法大学出版社2009年版,第89页。

的施工活动改变了自然条件的情形。[39]

在优士丁尼《学说汇纂》中,从编纂者对"排放雨水之诉"所设定的结构来看(D.39,3)维护土地的自然水文属性(尊重水的自然流动)的意思特别明显:在集中规定"排放雨水之诉"的《学说汇纂》第39卷第3题中,"自然""自然的""自然地"总共出现15次之多。因此,此等诉讼的意旨非常明显——对抗人类对雨水的自然流向的不当干预。

在此需要强调的是,排放雨水之诉的适用存在一项非常重要的例外:至少在古典时代,为耕种土地而实施的活动被认为是合法的,即使它改变了由该土地的位置所决定的水的自然状况。[40] 这种处理方式深深触动了古罗马所有权的绝对性,表明土地的良好耕种优于所有权人的个人利益。

从上文的分析我们看到,提起排放雨水之诉的一个核心要件是,根据《十二表法》确立的规则,要与雨水有关。但出于对工业污水排放管制的需要,"排放雨水之诉"的适用条件此后逐渐放宽,排放雨水之诉被扩展适用于雨水与其他水混合的情形,即"雨水"不仅仅是来指自天空之水,还包括所有其他具有不同性质但因下雨而数量增加之水。[41]

公元前1世纪的法学家特雷巴求斯尝试将该诉讼扩展到洗染店造成的污染的情形(D.39,3,3pr.),这种尝试包括了随着纺织业的发展而出现的其他类似的工业活动,如纺纱、织布、制毡等。[42]

因需要大量用水,洗染店基本都出现在水源边或至少是水流边,而洗染店的存

---

〔39〕 D.39,3,1,1。乌尔比安:《告示评注》第53卷:……当水因施工而可能给土地造成损害时,即当某人让水按非自然的方式流动时,适用该诉讼。例如,通过将水放入而使水流变得比通常大、急、猛,或通过阻止水流而引起水的泛滥。但是,如果水自然地引起损害,则不适用该诉讼。[意]桑德罗·斯契巴尼选编:《物与物权》,范怀俊译,中国政法大学出版社1999年版,第96页。

〔40〕 D.39,3,1,3。乌尔比安:《告示评注》第53卷:昆图斯·穆丘斯说,这一诉讼不适用于为各种土地而以犁进行的劳作。然而,特雷巴求斯仅将播种麦子而以犁进行的劳作排除于该诉讼之外。D.39,3,1,7。乌尔比安:《告示评注》第53卷:拉贝奥也写道,为收割庄稼或采集果实而进行的整个活动都被排除于该诉讼之外,从事该活动时为了获取哪种果实并不重要。D.39,3,1,8。乌尔比安:《告示评注》第53卷:萨宾和卡修斯同样说道,如果从事某一施工不是为了耕种土地,该施工便将被包括在此诉讼内。参见前引〔39〕,[意]桑德罗·斯契巴尼书,第98页。对于排放雨水之诉的此等例外的分析,还可以参见[意]弗朗切斯科·德·马尔蒂诺:《个人主义与罗马》,薛军译,载徐国栋主编:《罗马法与现代民法》(第4卷),中国人民大学出版社2004年版,第54页。

〔41〕 D.39,3,1pr.。乌尔比安:《告示评注》第53卷:如果雨水将引起损害,可以通过排放雨水之诉来避开。我们将雨水定义为"从天空掉下并因暴雨而增大之水"。正如杜贝罗所说,这种来自天空之水或是单独引起损害,或是同别的水结合在一起引起损害。

〔42〕 Cfr. Lucia Monaco, *Sensibilità Ambientali nel Diritto Romano, tra Prerogative dei Singoli e Bisogni della Collettività*, in *Teoria e Storia del Diritto Privato*, 2012(5), p.35.

在通常使水流偏离既定的路线。此外,废水本来应该被导入专门的渠道——可能正因为如此,促使裁判官创设了“关于下水道的令状”(*interdictum de cloacis*),约束使用者对下水道进行维护和清理——但洗染业者发现直接将废水导入河流或相邻的土地中更为便利。这些废水严重有害于农作物、牲畜、公共或邻人场所的健康。罗马法学家特雷巴求斯认真研究了洗衣店所从事的活动涉及的法律问题,特别考虑了三个方面:于水流边设立洗染店在相邻土地之间所产生的各种后果、工作设备中的水的质量、对受害私人主体可能的保护方式。[43] 在特雷巴求斯看来,如果损害是由洗染店所使用的水源之水引起的,并且此等水被收集在一个唯一的渠道里(因此至少在理论上与雨水有关),可以提起排放雨水之诉(D. 39,3,3pr.)。[44] 这样一项原则在公元2世纪得到巩固。但在多数法学家看来,即使是“混合”(*mixta*)之水,也必须是“雨水”。因此虽然特雷巴求斯提议在浴场之水的情形也适用排放雨水之诉,乌尔比安则明确拒绝,因为他认为缺乏“雨水”这一要件(D. 39,3,3,1)。[45]

总之,通过对上述两个文本的解读,似乎可以推断出:特雷巴求斯倾向于将这种救济扩展适用于非雨水侵害土地的情形,只要具备如下条件:洗染店向邻地排水给邻人带来特定的危险性。因此,为对抗污染的废水而进行的所有权保护的扩张,只在如下情形被允许:污水的排放是通过“排入同一渠道”(*conrivare*),即将污水排入另外一个雨水的渠道或至少是有雨水加入的渠道,从而导致通过某种活动有意改变了水的自然流动。

在实践层面,适用排放雨水之诉的好处是,根据它不仅意味着禁止将来的污染活动,[46] 而且可以获得对已经造成的损害的赔偿和恢复原状,以及补偿所支出的费用和将场所恢复原状的义务。

2. 对下水道的维护

(1)关于下水道的令状

罗马的下水道系统由公共下水道和私人下水道组成,严格意义上的“关于下水

---

〔43〕 参见前引〔19〕,Laura Solidoro Maruotti 书,第63~65页。

〔44〕 D. 39,3,3pr.。乌尔比安:《告示评注》第53卷:据特雷巴求斯记载,某人在其土地上有一处水源,他在该水源边开了一家洗染店,并开始将(污)水排入邻地。他说,其邻居不能对他提起排放雨水之诉,但大多数人认为,如果他将水排入同一渠道(*conrivare*)或向其中排放污物,可以阻止他这么做。

〔45〕 D. 39,3,3,1。乌尔比安:《告示评注》第53卷:特雷巴求斯还认为,如果某人因热水的流动而遭受损害,他可以对其邻居提起排放雨水之诉。这是不正确的,因为热水不是雨水。

〔46〕 也就是说,排放雨水之诉具有预防功能。这需要结合《十二表法》的规定和彭波尼的一则片段来理解:《十二表法》第7表第8a条中的措辞是“如果雨水造成损害……”,彭波尼在《普劳提评注》第7卷中提到对这一规定的解读:“古人是这样解释《十二表法》的‘如果雨水造成损害’这句话的,即‘如果雨水可能造成损害’。”(D. 40,7,21pr.)

道的令状”仅适用于私人下水道;广义上的此等令状还包括“关于公共下水道的令状”,其二者的区别在于,后者属于民众令状而前者为一般性令状。[47] 下文我们将在广义上来理解“下水道”,[48]并因此在广义上来分析此等令状对下水道的保护机制。

“关于下水道的令状”旨在保障下水道的清理和修缮,它包括两项不同性质的命令,一者为禁止性的,“禁止对公共下水道做任何事或向其中投入任何物”;另一者为恢复原状性的,“如果你对公共下水道做某事或向其中投入某物,从而恶化或可能恶化其使用,你应当使之恢复原状”。[49] 通过这两种不同性质的命令,“裁判官关照到下水道的清理和修缮。此二者关涉城市的环境健康(*salubritas*)与维系,因为下水道中充斥秽物,如果不(清理和)修缮,则意味着肮脏的空气和(建筑物的)毁损”(D. 43,23,1,2。乌尔比安:《告示评注》第71卷)。如果考虑到我们在前文所分析的下水道在古罗马的垃圾处理中所发挥的重要功能,那么此等令状非常重要。实际上,在裁判官所创制的各种令状中,只有“关于下水道的令状”是为保护城市的“环境健康”(*salubritas*)而创设的,而在污染的情形所适用的关于公共场所的令状、关于公共道路的令状和关于河流的令状等,最初都旨在保护公共物。[50]

虽然“关于下水道的令状”的主要程式体现为上述两种命令,但其所蕴含的更具意义的内容是,禁止邻人阻止他人修缮或清理下水道:D. 43,23,1pr.。乌尔比安:《告示评注》第71卷:裁判官说:“我禁止使用暴力阻止你清理或修缮系争的、从他的房子到达你的房子的下水道。对于因此等活动的瑕疵可能造成的任何损害,我将命令提供担保。”

由于下水道在罗马人生活中的重要性,在拉贝奥等法学家的努力下,该令状保护的适用范围的扩大。例如,“房屋”(*aedes*)一词的含义被拉贝奥扩大到位于建筑物周围区域的下水道,以及从城市建筑物流向郊区花园或田地的下水道,从而使该

---

〔47〕 D. 43,23,1,3。乌尔比安:《告示评注》第71卷:该令状适用于私人下水道,因为公共下水道应得到公共的关照。

〔48〕 实际上,乌尔比安是这样来界定下水道的:下水道是空凹之地,通过它,某些秽物得以流走(D. 43,23,1,4。乌尔比安:《告示评注》第71卷)。

〔49〕 D. 43,23,1,1。乌尔比安:《告示评注》第71卷:在这个主题下,裁判官放置了两项令状,一者为禁止性的,另一者为恢复原状性的。首先(讨论的是)禁止性令状。D. 43,23,1,15。乌尔比安:《告示评注》第71卷:裁判官又说:“如果你对公共下水道做某事或向其中投入某物,从而恶化或可能恶化其使用,你应当使之恢复原状。我还将发布一项令状,禁止(对公共下水道)做任何事或(向其中)投入任何物。”

〔50〕 参见前引〔42〕,Lucia Monaco文,第20页。

令状也适用于房屋之间的非建筑土地。[51]

在拉贝奥看来,对于某人想要将一个既存的下水道导入公共下水道的情形下,也可以进行一种类似的扩大解释;此后彭波尼甚至将之扩大到在公共下水道新建一个出口的情形。[52]

就像被魏努勒尤斯的一个片段所证实的,还是拉贝奥,他认为可以将“修缮下水道的令状”扩大适用于建造新的下水道,这是因为考虑到,在这两种情形下,存在同样的利益。这种观点也为奥菲流斯和特雷巴求斯所赞同。[53]

随着对该令状之需求的进一步增加,关于下水道的令状中所包含的“禁止使用暴力阻止你清理或修缮系争的、从他的房子到达你的房子的下水道”(D. 43,23,1pr.)的适用范围及其限制引起法学家的广泛论争,这些论争被乌尔比安概括在其《告示评注》第71卷中(D. 43,23,1,10－14),其中需要特别指出的是法学家法比尤斯·梅拉的观点:

10:在裁判官说“到达”时,是指从他的房子到达你的房子之物,即“导向、延伸、抵达”。11:该令状既适用于下水道流经其房屋的紧挨的临近者,也适用于下水道流经其房屋的相距较远者。12:因此,法比尤斯·梅拉写道,该令状使人可以为清理下水道而进入邻人的房屋并破开其地板。然而彭波尼写道,令人担忧的是,在此等情形下,可能要就潜在损害达成要式口约。但如果他准备将为修缮下水道而必然造成的损害恢复原状,则不需要达成此等要式口约。13:如果某人在我清理或修缮下水道时向我发布新施工告令,这么说是最合适的:我可以无视该告令,并继续进行我已经开始的修缮。14:但他要就潜在损害承诺一项担保,以防其不当的行为造成损害。实际上,正如必须允许清理和修缮下水道一样,因此必须说,不得给他人的房屋造成损害。

---

[51] D. 43,23,1,8。乌尔比安:《告示评注》第71卷:裁判官接着说道的“从他的房子到达你的房子的”中,“房子”一词必须被理解为指代任何种类的建筑物,因此这句话意指“从他的建筑物到达你的建筑物”。拉贝奥进一步认为,如果房屋的另一边有一块空地,以及如果像他所说的,下水道将城市的建筑物引向相邻的土地,该令状同样适用。

[52] D. 43,23,1,9。乌尔比安:《告示评注》第71卷:拉贝奥还认为,想要将其私人下水道导入公共下水道之人,必须保护他不受暴力侵犯。彭波尼写道,如果某人想要建造一个在公共下水道中拥有出口的(私人)下水道,不应阻止他。

[53] D. 43,23,2。魏努勒尤斯:《论令状》第1卷:虽然修缮下水道(而非建造新的下水道)已包含在该令状中,但拉贝奥说,还应有一项类似的令状,以对抗使用暴力阻止建造下水道,因为这涉及同样的(公共)利益:实际上,裁判官曾发布过此等令状,禁止使用暴力阻止在公地上建造下水道。这种观点也得到奥菲流斯和特雷巴求斯的赞同。拉贝奥还说,应当说,清理和修缮已经建造的下水道应为令状所允许,但建造新的下水道最终应得到公共道路保佐人的准许。

因此,对梅拉来说,对于那些为了清理下水道而进入邻人的房屋并破开其地板之人,不能对其实施某些禁令。此后,彭波尼也持这种观点,在他看来,在此等情形下,甚至不要求清理人提供潜在损害担保。这种观点也得到乌尔比安的认可,但他认为,邻人至少应表明其准备将造成的损害恢复原状,并且在任何情况下,他认为合适的做法是,清理人要对可能存在的施工瑕疵(*vitium operis*)提供担保(*cautio*),因为下水道的清理不能给他人的住所造成损害。

通过上述分析我们看到,在某种程度上,保障环境健康优先于个人利益,下水道的修缮或清理必须被允许,不得设置任何障碍,即使对可能"以暴力或欺瞒或容假的方式"使用下水道之人亦如此。换句话说,授予此等令状,除相关的一般规定之外,从不需要存在占有的合法名义或存在与向下水道排放污物有关的合法名义。这一点被乌尔比安所证实,对于该条规范,他再一次提出的理由还是保护公共利益的需要:D. 43,23,1,7。乌尔比安:《告示评注》第71卷:由于清理和修缮下水道被认为关涉公共利益,因此已决定,不(在令状中)加入"如果未以暴力又未以隐匿也未以容假地从他人使用它",从而即使某人在使用下水道时具有此等情势,也不能阻止他清理或修缮之,如果他愿意这样做的话。

最后,必须要指出,原始文献中所引述的令状措辞中虽没有提到但在授予此等令状时通常需要具备的一个要件是,已使用下水道一定期间(通常是前一年)。[54]

(2)新施工告令和保护不动产占有令状

对于下水道的维护,除"关于下水道的令状"外,作为补充性的制度,人们还想到通过"新施工告令"的各种限制来应对环境保护。这种告令是一种用来阻止实施可能损害他人权利的活动的措施,它的出现是为了给因邻人在自己或他人的土地上实施新工程而遭受损害的土地所有权人提供一种迅捷的保护,允许其对抗新工程的实施并且在某些情况下还可以获得一项恢复性令状。但乌尔比安证实,此等告令的适用承受一项限制,即修缮和修缮水渠和下水道的需要:D. 39,1,5,11。乌尔比安:《告示评注》第52卷:如果某人想要清理或修缮属于他的水渠或下水道,合适的做法是,不能向他发布新施工告令,因为清理水渠和下水道是公共健康(*salus*)与安全的利益之所在。

下水道系统的有效运作对于罗马人来说如此重要,这涉及公共健康与安全的需要,这种需要优先于个人的利益,因此允许下水道的修缮者可以继续完成对下水道或水渠中污物的清理或修缮,而无视其他人可能对他发出的告令。乌尔比安在

〔54〕 参见前引〔36〕,Francesco Fasolino 文,第10页。

另一则片段中再次强调了这一点:D. 43,23,1,13。乌尔比安:《告示评注》第71卷:如果某人在我清理或修缮下水道时向我发布新施工告令,这么说是最合适的:我可以无视该告令,并继续进行我已经开始的修缮。

此外,排除诉诸"新施工告令"的可能性,还被乌尔比安从严格的逻辑—形式的角度加以证成:D. 43,21,3,8。乌尔比安:《告示评注》第70卷:如果向正在修缮水渠之人发布新施工告令,合适的说辞是:他可以无视该告令。由于裁判官禁止在此等情形对他使用暴力,因此以新施工告令阻止他(修缮水渠)是荒唐的。但是,必须说,显然可以对他提起对物之诉:无疑,可以基于他无权修缮而对他提起原物返还诉。

乌尔比安认为,既然裁判官通过"关于下水道的令状"禁止对意欲实施必要修缮之人使用暴力,那么允许对修缮和清理下水道的活动发布"新施工告令"就是一种荒唐的矛盾。

此外,在这种大背景下,还要附加一条乌尔比安在D. 43,17,1pr. 中提及的规定,根据该规定,不能针对实施下水道的修缮或清理之人授予"保护不动产占有令状"(虽然很可能是,行使某种下水道役权之人也不能利用这种令状)。

D. 43,17,1pr. 。乌尔比安:《告示评注》第69卷:裁判官说:"如果你不是通过暴力或欺瞒或容假地从对方获得系争房屋的占有,我禁止使用暴力剥夺你的占有。对于下水道,或者在超出财产价值之外,我将不会授予此等令状:我将允许自可以提起诉讼日起的1年内提起诉讼。"

该片段的前半部分涉及"保护不动产占有令状"的适用前提,后半部分则对其适用进行了一定限制,不能授予该令状给现实占有人以对抗正在修缮或清理下水道之人。

综上所述,我认为,通过对罗马法中有关下水道维护的法律制度的解读,我们惊艳地看到罗马法学家如何在可能冲突的各种利益之间寻求平衡的艺术。在环境健康与个人利益冲突的情况下,公共利益与健康的保护要求邻人之间要相互容忍为清理和修缮下水道所必须的并且因此旨在保护集体卫生的某些干预,从而通过在邻人间建立连带关系,实现了共同体利益的保护与满足。

(五)河水的保护

1. 概述

我们先来看一则普林尼的论述:我们在箭头和铁器上涂抹一些有害物质,这些物质污染了河流和大自然的一些要素,因此我们将那些我们所赖以生存的东西变成了有害的。不要认为动物对这些有害物质一无所知,我们已经指出过它们在与蛇的斗争中所采取的一些预防措施,以及在被蛇伤到后所采取的一些治疗手段。

然而,除人类外,其他动物都不懂得使用别的动物的毒物进行斗争(《自然史》18,3)。

在上述片段中,普林尼将人类与其他动物进行了对比,展示了人类是如何利用自身优势攫取大自然的各种要素的,谴责了人类的行为对河流造成的污染。[55] 那么罗马法中是如何对河流加以保护的呢?

对于河流的保护,根据其是公共河流还是私有河流曾大有不同。对于公共河流和私有河流的划分,除较大的常年河流和大湖外,水是公共的还是私人的取决于它所流动于其中的土地的法律地位。尤其是罗马共和国中后期及至元首制初期,水资源的法律规则与土地所有人或占有人的利益联系更为紧密。通常情况下,除较大的常年流淌的河流和湖泊外,位于公地(*ager publicus*)上的被认为是公共河流,位于私人土地上的以及位于被"百户区"(*centuriatio*)排除的空间上的不被认为是公共河流。

在元首制时期与帝国时期之间,关于水的归属和管理,发生了明显的"公法"转向。在罗马法学家将水进行类型划分的尝试中流露出他们对于水为满足共同体的需要所具有的经济重要性的认识。[56] 他们首先将"河流"与"小溪"(*rivus*)进行了区分,[57] 所依据的是客观的自然主义的标准——规模(*magnitudo*,底床的宽度、水流的大小、流经的路线),同时在长期被当地居民进行私人使用的情形,诉诸"附近居民的观点"(*existimatio circumcolentium*);然后根据自然主义的标准——持久性(*perennitas*),区分了"终年流淌的河流"与"河水湍急的河流";[58] 再之后区分了"公有河流"与"私有河流"。公元3世纪,乌尔比安接受了被杰尔苏所赞同的卡修斯的观点,根据这种观点,公共河流被认为是河水终年流淌的河流。[59] 此外,乌尔比安明确指出,偶尔的干涸并不使其丧失"终年流淌"的称号(D.43,12,1,2)。相反,河水湍急的河流,如果是产生于或流淌于私人土地上的话,则被归类为私有的。

---

〔55〕 对该片段的进一步解读,参见 Antonio Mazzarino, *Un Testo Antico sull' inquinamento*, in *Helikon*, 1969-1970(9-10), p.644。

〔56〕 参见前引〔19〕, Laura Solidoro Maruotti 书,第69~70页。

〔57〕 D.43,12,1,1。乌尔比安:《告示评注》第68卷:河流,无论是按其规模还是按其附近居民的观点,都不同于小溪。

〔58〕 D.43,12,1,2。乌尔比安:《告示评注》第68卷:同样,一些河流是河水终年流淌的河流,另一些河流是河水湍急的河流。总是有水流动的河流是河水终年流淌的河流,希腊人称为"阿厄纳沃斯";河水湍急的河流即冬天流动的河流,被希腊人称为"克依玛罗乌斯"。但是,河水终年流淌的河流若是在某个夏天干涸了,它仍是河水终年流淌的河流。

〔59〕 D.43,12,1,3。乌尔比安:《告示评注》第68卷:一些河流是公有的,另一些则不是。卡修斯将公有河流定义为河水终年流淌的河流。杰尔苏也赞同的卡修斯的这个定义,认为其似乎是可以采纳的。

在元首制后期,产生于私人土地的地下矿脉之水,收集在蓄水池、水库或水井中的雨水以及落入位于私人土地上的池塘和沼泽地中的雨水,也被认为是私有的。少数的湖泊,如果它们的规模或它们的公共使用的目的没有将它们认定为公水的话(D.43,14,1,3~6),同样被认为是私水(D.18,1,69)。

帝政时期以降的罗马法律出现的演变趋势是,扩大公水的范围。在这方面,马尔西安的观点极其重要,他在其《法学阶梯》中肯认了绝大部分水的公有性质:D.1,8,4,1。马尔西安:《法学阶梯》第3卷:而几乎所有的河流和港口都是公有的。

在优士丁尼法中确立了一种更加集权的水制度,在当时确立了一项极端的原则:一切河流和港口都是公共的(I.2,1,2)。根据这项原则,确认了所有的臣民都享有在所有的港口和河流中的捕钓权:因此,在港口和河流中的捕鱼权为一切人所共有。

就河流保护的整体而言,对私有河流适用私人土地的诉讼救济:普通的占有令状、原物返还之诉、否定之诉;对于作为"罗马人民享有所有权"的"公共物"之一种的公共河流,出于公共利益及其可适航性(对于当时的贸易来说,水路运输非常重要)的考虑,则规定有专门的保护性令状,即产生于公元前3~公元前2世纪的"关于公共河流的令状"(D.43,12)。[60] 就后者而言,因元首制时期以后对"河流"和"小溪"的区分,该令状被扩称为"关于公共河流和小溪的令状"(*interdictum de fluminibus publicis et de rivis*)。

2. 关于公共河流和小溪的令状

众所周知,此等保护公共河流的令状的最初目的是确保河流航行,它有两种类型:禁止性的和恢复原状性的。禁止性的令状保留在D.43,13,1pr.中,以对抗向公共河流中或在河岸上排放有害物质或实施可能损害河流的适航性或可能改变其自然流向或河床的工程:裁判官说:"我禁止在公共河流中或其河岸上做任何事,或在公共河流中或其河岸上放任何物,如果因此使河水的流动不同于前一年夏天所流的话。"恢复原状性的令状保留在D.43,13,1,11中,旨在移除已经实施的给他人造成损害的工程或排放:裁判官接着说道:"如果你将建造或放置在公共河流中或其河岸上的任何物进行占有,因此使河水的流动不同于前一年夏天所流,你要将一切恢复到其原先的状态。"[61]

---

〔60〕 D.43,12,1,4。乌尔比安:《告示评注》第68卷:该令状涉及公共河流,但不适用于私有河流,因为私有河流与属于私人的其他场地没有区别。

〔61〕 就像塔西坨所教导的,对于河流,必须尊重它们,因为它们来源于自然:"为了人类的利益,大自然给每一条河流安排了它们的适当的河口、适当的河道、适当的起讫界限。"[古罗马]塔西坨:《编年史》(上册),王以铸、崔秒因译,商务印书馆1997年版,第66页。

为保护公共河流而创设的此等令状除保护对河流的一般性公共使用(航行、捕钓、洗涤、汲水)之外,还包括对引水设施的保护。对于在公共河流中建设的饮水设施,只要不构成航行的障碍(充分考虑了河运在当时的重要性),裁判官可以授予令状保护(D. 39,3,10,2;D. 43,12,2)。

在罗马共和末期以后,起初具有其他目的的法律工具被扩大适用于保护环境或健康,这种类似的倾向也发生在河水领域:第一,拉贝奥将“关于公共河流的令状”扩大适用于包括公共河流和私有河流在内的任何河流。[62] 第二,此等令状当然不再局限于最初的航行利益。乌尔比安遵循拉贝奥的观点,认为它可以适用于任何类型的河流,无论其是否可以航行。[63] 通过授予此等程序性救济,裁判官旨在禁止任何可能使水流改变的行为。

值得注意的是,在乌尔比安对告示的评注中,经常出现“邻人的不便”(*incommoda accolentium*)。[64] 这给我们留下的印象是,此等令状好像仅局限于邻人利益的保护。我们再一次发现,令状直接保护的只是(沿岸土地)所有人(或占有人)的利益,在与河流有关的令状中,必须确保他们能够继续从河流中获得与其特殊的地理位置有关的利益,如取水灌溉田地、通过河流进入田地等。[65] 但拉贝奥已经表现出对河流环境及其维护的关注。在D. 43,12,1,12中,乌尔比安实际上向我们转述了拉贝奥的思想,在拉贝奥看来:

> 如下做法并非不公正:如果对不可以航行的河流做某事,因此可能使河流干涸或妨碍水的流动的,应授予此等令状,“不得使用暴力阻止移动或拆除建造在河床或河岸上但干扰了河水流动的工作物(*opus*),也不得使用暴力阻止符合正直之人标准的对河道的清理和恢复原状”。

拉贝奥建议将“在公共河流中或其河岸上做某事从而有损航行的令状”扩大使用,以对抗可能使河流干涸或妨碍水的流动的行为,不考虑其是否可以航行。不难看出,该令状的用语涉及十分广泛的情形,包含众多可能损害河流的形式,因此,对于河床或河岸上的工作物,不考虑其必要性,只考虑其是否妨碍河水流动。

---

〔62〕 参见前引〔42〕,Lucia Monaco文,第21页。

〔63〕 D. 43,12,1,18。乌尔比安:《告示评注》第68卷:对于即便不适航的公共河流,拉贝奥认为适用同样的规则。D. 43,13,1,2。乌尔比安:《告示评注》第68卷:这适用于公共河流,无论其是否可以航行。

〔64〕 如D. 43,8,2,16;D. 43,13,1,3;D. 43,13,1,6;等等。

〔65〕 参见前引〔36〕,Francesco Fasolino文,第25页。

最后,我们不要忘了这种令状的"民众令状的性质",〔66〕很可能的是,在平衡各种利益时,裁判官在评估了如果授予令状给某个具体的人所带来的利弊之后,最终决定优先保护直接受害人即邻人的利益。

3. 对私有河水的规制

前文我们提到,乌尔比安引述拉贝奥所阐述的观点,认为活水是土地的一部分(D.43,24,11pr.)。因此,在河流被"公有化"之前,对私有河流的保护适用关于私人土地的诉讼救济:D.43,12,1,10。乌尔比安:《告示评注》第68卷:……对于在私人河流中所做之事,就与在私人的其他物中所做之事一样。

对于私有河流,私人可以根据自己的意愿随意使用。但随着时间推移,私人对水的使用及相关设施的建设也逐渐受到一定约束。最古老的限制是前文提到的起源于十人委员会时期的排放雨水之诉,此后,监察官和市政官、〔67〕裁判官、〔68〕"水保佐人"〔69〕等也先后介入,从而对有关私人所有权人之间的关系的规则进行了某些修改,特别是在"相邻关系"的范围内,强调了对水的更加合理的管理和使用,以符合农业生产和经济的一般利益。〔70〕

(六)海水的保护

在罗马法原始文献中并没有一般性的涉及海水保护的片段,因为在罗马人看来,大海以及海岸属于"一切人共有的物"的范畴,是被排除于令状保护之外的。后来,在法学家拉贝奥、阿里斯托和乌尔比安的努力下,"关于公共河流的令状"和"关于公共场所的令状"以扩用的方式适用于大海和海岸:D.43,12,1,17。乌尔比安:《告示评注》第68卷:如果在海中做某事,拉贝奥说,将适用下列令状:"不得在海中或海岸上做某事物,从而影响海港、停泊或航运通道。"D.43,8,2,7-8。乌尔比安:《告示评注》第68卷:如果有人想要修缮其位于公共场所之物,阿里斯托说,将是求诸该令状("关于公共场所的令状")的正当理由,以阻止他进行修缮。针对在海上建造建筑物的人,可能遭受损害的人有权使用扩用令状,但若无人遭受损害,在海岸或海上建筑的人应得到保护。〔71〕

〔66〕 D.43,13,1,9。乌尔比安:《告示评注》第68卷:该令状对人民中的任何人来说皆可用,但它不能针对任何人,只能针对那些改变正常水流但无权这样做之人。

〔67〕 弗朗蒂努斯:《罗马水道考》2,95;李维:《罗马史》39,4,4。

〔68〕 D.43,15("关于加固河岸的令状")。

〔69〕 这是一种最早由奥古斯都设立的职官,负责水的定期供应、下水道以及河岸的定期维护和清理、河流特别是台伯河的维护等事务。

〔70〕 参见前引〔23〕,Laura Solidoro Maruotti 书,第73页。

〔71〕 前引〔39〕,[意]桑德罗·斯契巴尼书,第10页。

除此之外,很难在原始文献中找到其他关于海水的保护的相关论述,这一主题似乎在裁判官的兴趣之外。但有一个值得注意的片段:如果某物从船舶中抛出,将授予针对船舶负责人的扩用诉权(D.9,3,6,3。保罗:《告示评注》第19卷)。有学者通过对该片段的还原,认为它所调整的是,船舶停靠在港口时,船员从中传中向外抛洒某物造成污染的情形。[72] 即便此解读正确,那么它所调整的范围也非常狭窄,不影响我们得出海水不在罗马法的保护范围之内的一般性结论。

三、结语

通过对罗马法中有关空气和水这两种环境要素的法律保护的考察我们看到,表面上,对于空气和水的法律保护相当广泛且不断完善,但看起来它们都旨在保护作为所有权人的个人的利益。这使我们进一步确信此前所得出的结论,即总体上来看,罗马人尚不具有一般意义上的环境保护意识,其对环境的法律干预只是间接和部分性的,主要是作为对私人利益进行保护的附属产物。然而,罗马人从法律层面对环境问题的这种不太明朗但的确存在的回应,无论如何不能被忽视。罗马人在环境要素保护方面的经验在今天至少在如下三个方面具有某些借鉴意义:第一,是法学家在罗马环境法律规则构建中的推动作用。他们在现行令状的基础上通过扩张性解释,从而将包括空气和水在内的环境要素纳入既有的法律保护体系之中;第二,体现在立法政策上寻求利益平衡的原则。裁判官以及法学家需要在相互对立的利益中寻求平衡,其上限是不能给各方造成损害。第三,体现在对损害环境要素者的制裁上。对环境要素破坏者课加恢复原状和进行改良的义务,较之于其他惩罚,无疑更有利于对被破坏环境的即时修复。但在罗马法律经验为今人提供某些启示的同时,也暴露出其严重的缺陷或局限性:罗马人将环境保护几乎完全委诸私人,在所有权保护的范畴内对环境要素予以保护,而公权力机构在环境要素的主动保护上则很少出现。[73]

(责任编辑:陈晓敏)

---

〔72〕 Cfr. Mario Fiorentini, *Precedenti di Diritto Ambientale a Roma? I. La Contaminazione delle Acque*, in Index, 2006(34), p. 374.

〔73〕 参见前引〔20〕,Mario Fiorentini 文。

我国水权取得的社会本位机理
——基于民法上水资源国家所有权的证成

袁　博*

目　次

一、引言

水资源是人类共同的天然物，重要性不言而喻。同大多数国家立法例一样，我国《宪法》(第9条)、《水法》(第3条)将水资源归属为国家所有，即全民所有。同时，《物权法》(第46条)规定水流的国家所有权，在其第123条规定水权的用益物权属性。从宪法规范到法律规范表现出不同的运作机理，尤其《物权法》第46条将水资源当作"物"而归为国家。一般来说，民法上的物是基于私使用性而成立，而水资源是重要的生活资料和生产资料，此种特殊性导致其不能被当作一般物权意义上的"物"。更重要的是，水资源国家所有权并不能完全按照物权规则来实现。实际上，从宪法到民事法律的转化体现了一种治国理念与社会机理，但二者之间的跨度如何协调是值得重点关

* 袁博，湖北经济学院法学院副教授，法学博士。

注的理论问题。在以国家为重要界限的空间形态下,尤其在单线发展的社会主义国家,水资源的国家所有与国家所有权究竟存在怎样的差别和意义是亟须澄清的理论问题。追根溯源,弄清民法意义上的水资源国家所有权离不开对宪法上“全民所有”与“国家所有”关系的梳理,二者的过渡关系直接关系到民法上水资源国家所有权的实际运作。如果水资源客体及其国家所有权界定不清,将造成行政特许权能发挥权力效应却无法实际履行固有的国家义务,最终会导致负载全民利益的水资源国家所有权发挥失常。本文认为,我国作为社会主义国家,私人水权应反映社会本位的机理。以目前的态势,民法上水资源的国家所有权应该具备社会本位价值理论,只有这样才能在公法实践上更好地行使“国家所有—私人水权”的过渡方式。私人水权实际上是以水资源使用权为基础形成的公民权利,这种权利只能依据国家过渡而非私人契约而形成,因而只有对水资源国家所有权证成才能澄清水权的社会本位机理。

二、水资源的全民所有与国家所有权

(一)水资源的全民所有

有学者认为宪法上的水资源全民所有不是一种法律概念,只具备一种“类似总有”的法律特征,这种类似与“总有”的非法律概念必须要先上升为宪法层面的国家所有权,然后再转化为民法意义的国家所有权,这样,最终才能将全民所有表示出来。这种理论的好处是将宪法上的全民所有到民法上的国家所有权按宏观到微观的思路厘清,也凸显宪法上全民所有的不可操作性;但问题在于这种理论将民法所有权理论直接套用到宪法国家所有的理论上,这种类推所有权理论在理解全民所有时具有狭隘性,也导致对国家所有的理解出现私权绝对化之倾向。我国《宪法》中的国家所有实际上是公有制的最重要部分,缔造的是一种制度,而不是一种权利,社会主义公有制的创设目的在于通过制度优越性来塑造全民福利,通过集体主义式的社会本位理论绕开个体的、私使用性的所有权概念。[1]

实际上,水资源作为自然物,对每个人而言均不可或缺,公有制下的水权制度

---

〔1〕“类似总有”的观点具体请参见单平基:《水权取得及转让制度研究》,吉林大学法学系2011年博士学位论文,第50页。实际上,总有的概念只存在于权利形态的公民社会中,最典型的如日耳曼部落对共同的土地所有权形成的总有,实际上这种总有只是权利共存的范式和发挥效应。谢在全先生认为总有是多数人所结合,是以团体组成员的资格而获得的一种所有状态;参见谢在全:《民法物权论》(上册),中国政法大学出版社1999年版,第274页。这也只是从权利形态来解读。除了为权利发挥的提供一种资格或可能性,国家层面的国家所有对于社会主义国家来说意味着制度及其权力发挥,只不过国家权力明显以国家义务为导向。

理应被全体公民平等享有。同时，水资源具备重要的经济价值和生态价值，属性的多重性决定了水资源作为生产资料亦具备多种功能。我国作为社会主义国家，将水资源归为国家所有具备为全体公民利益的根本意涵。因此，水资源国家所有在某种程度上只是手段，满足社会需要才是目的。个人的发展依赖于社会（包括国家），水资源的个人享有也只能以其社会功能加以衡量，水资源利用好坏，主要在于社会利用秩序与利用效果是否达到平衡的效果，全民所有之下的手段应服从和服务于社会利益诉求，于此，没有超越社会公共利益的公有制度。具体来说：首先，水资源作为天然物与人的必需品，在坚持公有制的社会主义国家，水资源自然属于全体公民，人人具备得而享用的权利；问题在于任何公民对水资源的占有与劳动并没有让其具备私有的能力。在论及所有权理论时，现代法学理论均认为其并非绝对的支配权，而是具备社会关联性；水资源等自然资源所有权相比于一般所有权更有其特殊性。在社会关联性极强的水资源利用中，个人劳动与占有并没有使其固化绝对私有的能力。古典的自然财产权理论者都认为占有是财产权的来源。对水资源来说，占有行为无法产生排他性的支配。在现实的自然世界中，水资源等自然资源具有天然的整体性与协调性，在总量或存量受到自然限制时，人类社会不断扩大的需求及无秩序性会导致自然资源全民所有实质上成为灾难的法律源头。因此，水资源全民所有的第一层意涵是全体公民共同享有。全体公民对水资源利用具备高度的关联性，对水资源的占有（本质上也无法占有）与劳动必须考虑此消彼长的紧张关系，全体公民对水资源利用可归结为符合秩序及可持续性的自然性及社会化的公共利益。其次，水资源作为重要的生产资料，我国作为社会主义国家，必须着手克服社会生产与生产资料私人占有之间的矛盾。水资源全民所有意味着全体公民才是水资源在社会生产中真正的主人，任何人不能据此私人占有水资源。这种全民所有意在防御私人占有生产资料的倾向，但并不限制公民对水资源的利用权；通过防御性手段反而会促成全民利用水资源的真正实现。因此，水资源国家所有的第二层意涵是防御性的保障全体公民的利用权。这样，不仅会阻断了水资源垄断的可能，而且为水资源进行合理的社会分配提供了基础。

（二）水资源的国家所有权

水资源国家所有在世界范围内普遍存在，尤其是水资源危机出现后，水资源国家所有权成为主流。即使在私人所有权盛行的美国、加拿大等国，联邦政府实际上仍是最主要的土地所有权人。在美国，当联邦政府是最主要的土地所有者时，水资源基本上被确立成国家所有权。在现代社会中，无论其经济制度如何，自然资源国家所有权均已成为一种普遍存在的现象,只是在比重、范围及形态方面具有差别。[2] 我国《宪法》将包括水资源在内的自然资源归为国家所有,将全民所有与国家所有画等号。[3] 这样的表述实际上是借鉴前苏联公有制理论;这样做实际上是将归属主体从抽象的“全民”过渡到具体的“国家”,以便全民所有能进入可操作层面,但本质上并不是形成民法意义上的所有权。国家所有的保障对象并不指向于特定客体,而是客观经济制度——公有制为主体的经济制度。它关注的是国家利用自身力量对自然资源加以形成和保护;至于民法上用于市民社会的所有权规则并不是宪法上国家所有所要关注的重点。这样,宪法层面上根本就不存在所谓的国家所有权一说,即便存在也只是学者的主观臆断。首先,就国家治理而言,我国采取集体主义式制度,即公有制来缔造公民社会的公共福利,以公共福利为导向的治理模式在理论上使私人权利无足轻重。以水资源国家所有来说,国家的本意并不是要自我形成一种权利(事实上国家并不存在权利,只存在权力)。主张成立宪法上国家所有权的人实际上是狭义理解了国家制度与民法上的所有权理论。就我国《宪法》来说,水资源的全民所有与国家所有根本上并不矛盾,因为存在全体公民的利益需求,才有政治国家存在的必要性。[4] 社会主义国家任务中没有任何超越全民利益的存在,除了整体的国家,任何主体都无法代替全体公民的立场。从这个意义来说,水资源国家所有实际上代表了国家保障全民所有的一种义务,国家必须以义务为前提来履行自然资源的全民分配、保护与利用。通过将水资源等国家所有化,让自然资源开发、利用更具秩序化,防止“公地悲剧”的发生。同时,国家所有作为公有制的主要体现,要让作为生产资料的自然资源与广大劳动者的占有具备一致性,表现为全体公民对水资源等资源的利用权。

在现代世界范围内,就法的位阶而言,宪法无疑具备最高性。在社会主义国家形态下,宪法同样被当作根本法对待,其终究意义在于为民法等法律体系的形成构建框架。我国宪法上的国家所有作为一种超验价值而存在,可操作层面必须借助民法上的所有权规则(不完全依赖民法)来形成国家所有的部分规范体系。我国《物权法》上的国家所有权实际上来源于宪法上的国家所有,即公有经济制度。在民事法律规范上承认国家所有权,主要基于以下两方面考虑:第一,通过部门法构建国家所有权的方式来再次强调国家所有的本质,这种强调本意在保持与宪法的一致性,但不能据此反推宪法上也具备自然资源的国家所有权。即只能从宪法上

---

〔2〕 参见张一鸣:《自然资源国家所有权及其实现》,载《人民论坛》2014年第2期。

〔3〕 参见陆南权:《斯大林模式究竟是怎样形成的》,载《探索与争鸣》2010年第2期。

〔4〕 参见单平基:《自然资源国家所有权性质界定》,载《求索》2010年第12期。

的国家所有生成民法上的国家所有权，并不能从民法上的国家所有权来形成宪法意义的国家所有权。第二，民法上的所有权可以有条件地适用于国家为主体的所有权规则。当一个国家在特殊社会经济条件下对自然资源直接开发利用更具价值时（也就是在特殊国家任务或为了公共福利时），国家可以成为所有权主体。尤其在所有权与经营权二元分离的背景下，民法上的国家所有权形成具备规则价值。因此，我国宪法法律体系中不存在宪法意义上的国家所有权；我们平常所讲的国家所有权都来自于民法意义。虽然民法上具备国家所有权，但这种所有权与一般意义的所有权概念差别极大，国家不可能像一般意义那样占有、使用、收益和处分自然资源，否则，按这种逻辑，国家所有权可以行使绝对的支配权，这样，国家将会是比“利维坦”更大的怪物。民法上的国家所有权实际上是将宪法上国家所有与民法上所有权形式进行一种嫁接，即通过民法形式来承接宪法上的国家所有。因此，民法上的国家所有权必须以社会为基础进行规则运行，即社会本位机理。具体规则是通过国家所有权向用益物权转化的途径将国家所有的自然资源进行二次分配。因此，我们所提出的水资源国家所有权概念只能是民法意义的。只有存在规则意义上的国家所有权概念，才能为私人水权取得建立理论基础。

三、水权的形成——一种社会目的的实现过程

（一）水权的取得具备二次赋权性

1. 水权性质——用益物权。关于水权的性质学界尚存争议，大致存在三种不同观点。第一种观点认为水权就是水资源的所有权与使用权。如汪恕诚就提出水权就是从所有权概念中再分化的一种用益物权，重点在于使用权。[5] 第二种观点认为水权不包括所有权，仅指一种使用权或收益权。如崔建远教授认为水资源所有权与水权呈现上下位的逻辑关系，水权应独立于所有权。[6] 裴丽萍教授认为水权是非所有权人按法律或合同享有的使用权或收益权。[7] 第三种观点认为水权是水资源的权利总和，实质上是权利束，包括所有权以及派生出来的其他权利均属水权范畴。支持这种观点的学者相对较多。如姜文来认为水权是关于水资源的权利总和，包括所有权、使用权及经营权。[8] 沈满洪对水权的概念更加细化处理，认为水权涵盖所有权、使用权、用益权、决策权及让渡权等多种权利。[9] 而黄锡生的

---

〔5〕 参见汪恕诚：《水权和水市场：实现水资源优化配置的经济手段》，载《中国水利》2000 年第 11 期。

〔6〕 参见崔建远：《准物权研究》，法律出版社 2003 年版，第 269 ~ 271 页。

〔7〕 参见裴丽萍：《水权制度初论》，载《中国法学》2001 年第 2 期。

〔8〕 参见姜文来：《水权的特征及界定》，载《中国水利报》2000 年 11 月 4 日。

〔9〕 参见沈满洪：《水权交易制度研究——中国的案例分析》，浙江大学出版社 2006 年版，第 10 页。

观点更加具备代表性,认为水权包括物权和取水权。物权主要是指国家、个人或组织对水资源的所有权类型。取水权是指取水主体享有的取水的权利。[10] 从以上争论可知,水资源所有权是水权内涵中最大的争点。由于现代物权法以所有权为中心发展的潮流不可更改,现代水权应承认水资源国家所有权的概念,再依照物权理念赋予水资源的用益物权。一方面,由于水资源国家所有权更多的是公法权能,实际上并不能像私人主体那样行使绝对的占有、使用、收益及处分权利;另一方面,水权是相对于公民设定而言。因此,水资源国家所有权实际上可以不包括以国家为主体的所有权。据此,水权的性质是一种用益物权。水权作为一种民法上的物权概念,必须派生于民法上的所有权,即水资源的国家所有权。同样,我国《物权法》第123条明确水权的用益物权性质,可视为我国法律体系对水权的定性。日本民法也采取用益物权学说。中岛正彦指出:"水权作为一种长期独占水资源的权利,但河川水资源不属于私有对象。因此,水权其实是一项用益物权,也是财产权。"[11] 中国最早的水资源利用者最想要的是使用水并获取利益,而不是私人占有的观念,也不是水资源归为国家的事实,而是本质就在于解决用水问题。宪法上的国家所有以及民法上的国家所有权内涵在于要求国家将水利益妥当地分配给各类用水的公民。关于如何分配水资源,国家所有权概念可以避免"公地悲剧",同时国家所有权也不应制造"反公地悲剧",国家应该正确配置用水资格的最大效益,应促成水资源利用的合理化,而不是设置过多的门廊限制。因此,将水权界定为使用并获得收益的一种权利现象最为适宜。[12] 因此,水权依赖国家所有的功能发挥,实质上是一种他物权,并非公民个体层面的一种所有权。国家作为水资源的所有权主体,在全民之间进行水资源配置(分配)才符合国家所有的内在要求,从所有权到用益物权的过渡方式便成为人们普遍关心的议题,一般我们称为特别许可。对个体公民来说,水权的取得方式和条件才是其最关心的。行政特许的过渡方式只是手段,满足全民的利益需要才是目的。因此,建立一种符合全民(或者说社会)利益的分配方式才是最重要的。就现实来讲,改革行政特许制度的过渡方式只是手段的革新,关键问题在怎样设置才最符合全民利益。

2. 水资源特许使用——国家向部分公民的二次赋权。水权作为用益物权的一种,其取得方式——特许在学界的争议比较大;其与一般许可的关系,以及特许的

---

[10] 参见黄锡生:《论水权的定义》,载《重庆大学学报》(社会科学版)2004年第7期。

[11] See Masahiro Nakashima, *Water Allocation Methods and Water Rights in Japan*, in John R. Teerink and Masahiro Nakashima, *Water Allocation, Rights and Pricing: Examples from Japan and the United States*, The World Bank Press, 1993, p. 55.

[12] 参见崔建远:《水权转让的法律分析》,载《清华大学学报》(哲学社会科学版)2002年第5期。

终极性质都是值得考量的问题。关于特许,我国学术界有以下几种观点:一是解禁说。该说认为按“法不禁止则自由”的原则,任何公民都可以自由行为法律不禁止的事项,但为了公益的要求,法律对自然资源开发利用等事项事先限制,公民只要符合条件都可以得以批准并解禁,从而恢复原本的自由。[13] “特许是对一般情况下严格禁止的行为,只在极其特别的条件下才能解除禁令的行为。与一般许可相比,特许条件更严格,申领程序更复杂,发放机关层次也较高。”[14] 二是早期“赋权说”。该说认为行政许可是行政主体赋予申请人某种资格或权利的行为。[15] 三是证权说。该说认为行政许可实际上是行政机关审查申请人资格和权利的权力,对公民来说就是证明自己的权利。[16] 四是后期“赋权说”。该说认为特许的本质是分配和出让国家所有的自然资源,具备赋权性质;普通许可才是解禁。[17] 这些观点的主要争点在于权利的来源。“解禁说”认为权利是自然的,只需要国家解禁,对于自然资源开发利用到先验的自然权利思想实际上过于遥远,实际上,从全民所有到国家所有已经完成一次授权,到最后只能是政治国家的权力发挥。早期和后期“赋权说”实际上是以国家赋权说,但早期的“赋权说”认为是行政机关的赋权并不恰当。“证权说”实际上是以诉讼法学的方法来认识行政特许问题;问题在于全民所有之下,任何一位公民具备利用的资格,并且连证明标准的依据及合理性是什么都难以解决。

从水资源的全民所有到宪法上的国家所有实际发生过一次转变,因为水资源的全民所有从自然和社会考虑都无法实现,需要借助国家义务的形式进入可操作领域,直至形成民法上的国家所有权。虽然这种国家所有权不是占为己有的所有权理论,但也不能据此认为民法上的国家所有权概念是空洞的概念。从水资源来说,从全民所有过渡到国家所有,说明作为整体及独立概念的国家处于十分重要的地位,国家应在全民授权的权限上“完成‘公’的支配权”。[18] 据此,我们忽视国家的被授权性,只要国家按照全民利益的要求,国家就应该具备相应水资源的分配权力,甚至国家的经营权利。于此,笔者宁可相信水资源向公民的过渡方式——特许

---

〔13〕 参见王连昌:《行政法学》,中国政法大学出版 1997 年版,第 168 页。

〔14〕 马怀德:《行政许可》,中国政法大学出版社 1994 年版,第 21 页。

〔15〕 参见罗豪才:《行政法学》,北京大学出版社 1996 年版,第 176 页。

〔16〕 参见郭道晖:《对行政许可是“赋权”行为的质疑》,载《法学》1997 年第 11 期。

〔17〕 参见王克稳:《论行政特许及其与普通许可的区别》,载《南京社会科学》2011 年第 9 期。关于最新赋权学说,另参见陈端洪:《行政许可与个人自由》,载《法学研究》2004 年第 5 期;姜明安、余凌云:《行政法》,科学出版社 2010 年版,第 302 页;王智斌:《行政特许的私法分析》,北京大学出版社 2008 年版,第 27 ~ 28 页;欧阳君君:《行政特许的概念分析》,载《理论月刊》2016 年第 1 期。

〔18〕 [日]美浓部达吉:《公法与私法》,黄冯明译,中国政法大学出版社 2003 年版,第 78 ~ 79 页。

具备赋权性质,赋权的权源来自国家的分配——一种在国家范围内水资源配置的权力。我们在分析水资源取得方式的时候,如果再回到原始的全民所有,难免陷入“解禁说”困局,全民所有转化为国家所有实际上已经实现,国家作为市民社会的扩大概念,同时作为单独概念来行使全民利益为任务的权力。尤其我国以社会主义为基本理念,国家作为最大的集体或社会,水资源的国家性意味着分配的整体性与局部的协调性,并不是要强调国家权力的重要性,而是强调国家发挥的全民利益性,也就是社会本位性。社会的最大边界是国家,国家的发挥意味着最大社会的最好发挥,因此民法上的国家所有权实际上体现着社会本位机理。

(二)水权是个人与公共协调的结果

20世纪以来,古典自由主义的法律思想发生重大变化,随之而来的是法律社会化思潮,私权不再“绝对”,而受到公法的规制。[19] 这种变化一方面纠正了传统私法的偏激,让权利发挥更加符合现代社会需求,使权利带有强烈的社会义务,让权利发挥进一步向社会倾斜;另一方面,法律社会化指导了法律领域的变革,让传统法的危机得以重新整合。[20] 在现代社会中,社会本位并没有停留在法律思想层面,而是通过公法规制的手段产生实在的社会行动,如水资源保护法在内的社会法是社会本位思想转化的最大制度成果。

依前文对水资源全民所有、国家所有与国家所有权的论述,国家所有权并非真正意义上要形成一种国家权利,而在于国家发挥主导因素的社会本位论。在水资源开发利用这一过程中,能否达成社会本位,关键取决于国家。国家对国家所有权的理解与行动至关重要,若稍有不当,则极易向国家本位回归。国家只是社会本位的工具,关键在于立法机关的作用。在这一过程中,立法者要将个人与社会重新定位,在个人与社会之间再分配权利义务,并且设置法律责任,尤其是明确公共权利的地位。在此,国家在开发利用水资源方面时,立法者要克服国家本位与自由主义,以社会整体为中心和出发点,在个人与公共之间重新分配权利。[21] 即虽然水资源国家所有权无法改变“全民所有”的宪法基础,但国家可以通过二次赋权来进行权利的再分配。从水资源和全民来说,都具备分散性,这种分散性决定了国家向公民分配的可行性与便利性,所有水资源的分配都是局部性的,分配引起的竞争也是局部性的,即局部的公民对局部的水资源进行竞争。当公民想要取得水权,国家的特许方式可能是通过竞争或资格认定,将民法上的水资源国家所有权进行拆解,

---

〔19〕 参见聂鑫:《财产权宪法化与近代中国社会本位立法》,载《中国社会科学》2016年第6期。

〔20〕 参见薛克鹏:《论经济法的社会本位理念及其实现》,载《现代法学》2006年第6期。

〔21〕 参见薛克鹏:《论经济法的社会本位理念及其实现》,载《现代法学》2006年第6期。

这种拆解和过渡方式应该是国家赋权。采取行政特许只是国家赋权的实现形式，政府行使行政许可权只是代表国家行使分配权。因此，我们可以认为水权取得实际上是国家赋权，即国家受托于全民完成第一次授权，国家再通过特许方式过渡实际上完成第二次授权。因而，民法上的水资源国家所有权更多地体现实体层面的权益，而过渡方式的行政特许更多地体现为程序。为了充分满足社会公民对水资源的需求，程序性的特许不应过度设置公民取得水权的门槛，应杜绝“反公地悲剧”的发生。

综上所述，水资源国家所有权实际上利用私法的形式来解决公法规制的问题。关于水资源的权利分配，社会是目的并非手段，现代社会强调权利本位，但重点在于社会公共权利而不是个人权利，通过特许获取水权我们明显可以看到这是公共与个人协调的结果。正因如此，水权也是处于社会公共权利之下的一种私人权利。

四、水资源国家所有权与社会本位的实现

水资源开发利用的社会本位，需要从理念到具体法律制度，再到具体的社会行动，最终实现水资源的优化配置与合理利用。从水资源的全民所有到宪法上的国家所有完成一次转化后，通过民法上的国家所有权使宪法上的国家所有更具实践价值。只有在民法上确立一种国家所有权概念，才能为过渡后的用益物权打下基础，民法上的国家所有权实际上承接着宪法上的国家所有与民法上的用益物权。

（一）通过制度辐射宪法“全民所有”价值

宪法上确立起“全民所有”实际是确立起水资源方面的基本价值。要实现这一价值需要通过部门法来建构一套水资源开发利用的法律制度。也就是说，从根本上形成社会所有，需要在国家范围内建构一套正确利用水资源的公有制度，再通过这种制度让每一个公民获取水资源的利益，也称为制度性福利。《宪法》只是从整体上、源头上形成一套基本的国家所有制度，但必须依赖于立法、执法及司法制度的具体形成。只有在具体领域辐射“全民所有”式的社会本位价值，才有可能真正意义上实现全民公享式所有。民法上确立国家所有权需要承接国家所有制度。首先，确认了国家所有的事实，是全民所有宪法化后根据法律化表述，维护国家法制统一的原则，为国家范围内物的归属建构一整套相适应的法律体系及语言。其次，民法上的国家所有权为水资源宏观使用提供规则依据，从物权方面确立起国家与公民的相互关系，保障全体公民合理配置和利用水资源。通过国家所有权来实现全国范围内水资源的调控和配置，这项工程只能通过国家分配完成。“这类机关和工程，对于一个大社会当然是有很大利益的，但就其性质来说，设由个人或少数

人办理,那所得利润绝不能偿其所费。所以这种事业,不能期望个人或少数人出来创办和维持。"[22]水资源的国家计划与配置、水污染的总体控制,都体现了水资源国家所有权的价值。通过具备可操作性的国家所有权,可以实现水资源系统利用的目标,因为水资源天然的整体性。"大江大河就像你的国家,经常会出点儿问题。湖泊像你的表兄弟,小溪像你的姐妹,池塘像你的孩子。"[23]如果将整体性系统赐予单个的私有所有,必然会忽视水资源配置的整体性目标。为了避免水资源局部矛盾,关键在于进一步明确水资源的国家所有,并且要强调国务院代表国家行使水资源所有权的重要性。[24] 最后,针对公民之间的差异和非均衡性,公民据此也可能产生不同的取水要求和欲望,民法上建构的国家所有权杜绝了一切水资源私有化及破坏性的可能性。

(二)明确水权取得的基础

民法上设置国家所有权不是为了解决所有权人的使用性问题,而是在于国家通过设立水权的方式来实现水资源的全民分享。水资源不可能由政治国家全部垄断经营,因为这样便无法实现私人使用水的目的。虽然全民分享水资源可以追溯到宪法上的国家所有,但法理上应该以民法上的国家所有权为基础。水权作为私使用性的一种权利,不可能置于宪法上的国家所有上,只能建构在民法层面的水资源国家所有权上。水权是从水资源国家所有权中派生出来的他物权,没有明确的国家所有权,将无法产生具有明确所有权主体的用益物权。据此,水资源的国家所有权是通过民法路径为水权设立及取得提供了基础。宪法上的国家所有规范从宏观层面为水资源配置提供了原则,而到了中观和微观的取水、用水层面,公民的取水权、用水权应直接来源于民法上的国家所有权。这样,权利的来源才具有正当性。从这个角度来看,宪法层面的原则是方向性的,也是指导性的。虽然惠及公有制度的福利,但绝不是取水权、用水权作为权利的基础。我国对水资源设置的取水权、用水权的立法过程凸显了这种基础。1988年《水法》采取水附属于土地的做法,确立国家所有和集体所有的归属模式,并在其第7条、第8条确立起水资源有偿使用制度,问题在于取水权的私权属性不明显,导致权利面向的缺乏,相应救济民事救济措施无法建构。2002年《水法》将水资源和土地相分离,后《物权法》将取水权明确规定为用益物权,对取水制度具有重大影响。

---

〔22〕[英]亚当·斯密:《国民财富的性质和原因的研究》(下卷),郭大力、王亚南译,商务印书馆1974年版,第284页。

〔23〕[加]莫德·巴洛、托尼·克拉克:《水资源战争向窃取世界水资源的公司宣战》,张岳、卢莹译,当代中国出版社2008年版,前言第Ⅲ页。

〔24〕参见吕忠梅等:《长江流域水资源保护立法研究》,武汉大学出版社2006年版,第175页。

（三）行政特许的内在要求

在“国家所有权—私人水权”框架下，水权取得——过渡方式的行政特许也应具备相应规则。在国务院代表水资源国家所有的整体方略方面，首先，对水资源从国家到私人过渡的决定权属于行政权范畴，政府可以对水资源进行整体的利用布局，从开发、利用、保护到过渡都具备行政立法、决策、执行等权力。其次，政府部门行使水资源的国家所有权并不意味着政府垄断和绝对控制，[25]而是要进行水资源的优化配置，如何将水资源良好地过渡到私人手里是行政权行使重要的使命之一。一般来说，私人水权的行政特许要基于水资源系统的输水能力、有益的用水状态、水资源的可持续利用等几方面。从实践来说，大部分行政特许都是对有益用水事实的确认，只有经过政府部门认可的取水、用水事实才能获得法律上的保障。同时，作为一种用益物权，任何公民都有取得水权的资格，当公民对水资源的需求明确提出要求及提前告知的情况下，理想的规则是将水资源交由最需要和最适宜的公民利用，并让水资源得到最佳的利用和最佳的保护。因此，政府部门的行政特许不能为公民取水、用水制造过多的障碍，也就是不能因为代表国家所有权来制造“反公地悲剧”。如果说宪法上的国家所有、民法上的国家所有权一方面以解决“公地悲剧”为基础，那么其另一方面就是要求政府部门杜绝“反公地悲剧”。无疑，这对政府部门行政权能提出了更高的要求，并不能机械地、僵化地行使水资源的行政特许使用，而是要良好地行使和把握行政特许规则，以达到水资源最佳的全民利用规则。以目前的特许规则来看，一方面，政府的特许权形成绝对性权力，私人水权取得过程充满未知性因素；另一方面，私人水权的取得位序规则单一、笼统且可操作性不足，导致用水矛盾和冲突不断。我国现行的水资源过渡方式还需要借鉴更先进的水权特许制度。以目前行政特许的方式来看，水权取得并不能完全被行政权所控制，也就是行政特许权要受制于取水权的形成规则。在现有私人水权的取得过程中，应将行政特许按一定规则进行修正，确立起一种全新的“在先使用规则”，通过结合“用水目的”与“申请时间”来确定水权取得的位序。总的原则是，行政特许主要集中在水资源的行政计划权方面，政府对水资源具备整体层面的计划性，从国家到地方、从整体到局部按时间点都具备利用计划权。在计划范围内，如果水资源充足，行政特许应按一般行政许可进行，只要公民符合条件，就应该赋予取水权；如果水资源不充足，行政特可“要优先考虑‘用水目的’位序高者的利

---

〔25〕 在宪法上，“政府”与“国家”并非同一，政府作为国家所有权的代表行使者，受到作为国家正当性表征的代议机关的约束。参见秦小建：《政府信息公开的宪法逻辑》，载《中国法学》2016 年第 3 期。

益,必要时可通过补偿损失的方式换取在先申请者的应得水权。"[26]

(四)司法维护社会本位

现代社会,司法可以通过权利救济来实现公共权利与个人权利的平衡。个人救济固然非常重要,但发生在利益衡量的场所,救济社会公共权利显然比个人权利更重要。因此,当水资源开发利用的社会本位成为法律追求的目标并法制化时,司法作为手段应该作出一定调试来适应公共权利的救济需要。自19世纪末,欧美一些国家出现了救济社会公共权现代型诉讼。[27] 目前我国也出现了公益诉讼,水资源污染等问题可以通过司法途径解决。因此,司法是实现水资源社会本位的重要途径。我国行政机关曾经是推行计划经济的最主要手段,传统行政观念对个人权利造成一定忽视。在如何协调水资源的公共权与个人权方面,无疑会让公共权处于强势地位而难以平衡,如行政特许的程序、标准会让水权取得具备困难,最终造成个人权与社会公共权的双重缺失。以目前水资源的制度框架,水权保障在较强的行政权发挥之下难免出现偏差,个人可以在一定程度上通过司法机关获得救济。另外,司法机关通过权利衡量,可以让水资源国家所有权发挥正确功能。

五、结语

"针对水资源的客体属性是论证水资源归属及配置问题的理论基础。"[28] 对水资源国家所有权特殊性的分析需要追根溯源,从宪法根本来认识国家所有才能正确认识国家所有权性质,弄清国家所有权性质才能为国家所有权权能的发挥提供正确方向。宪法上的全民所有与国家所有是基于社会主义的本位原则,但终归只是一种顶层设计,或者说方向,将水资源作为所有权客体是因为要建立一套取水、用水的法律规则体系,这也是证成水资源国家所有权的根本原因。同时,水资源国家所有权不同于一般所有权的客体属性,这种特殊性决定政府部门行使国家所有权应以社会利益为基准;据此,行政特许形成水权的过程中应以个人为单位的社会为考量对象。行政特许公权发挥实际要以特定水资源私使用权的发挥为导向,实际上是以行政机关履行配置义务为核心。水资源的自然性及社会主义背后蕴含的全民性决定理应人人可以享有水资源,只有创设一种符合全民利益的水权取得制度,才能真正将用水用于社会利益。就目前我国的情况而言,先要解决行政特许权

---

〔26〕 单平基:《我国水权取得之优先位序规则的立法建构》,载《清华法学》2016年第1期。

〔27〕 参见左卫民、周长军:《变迁与改革——法院制度现代化研究》,法律出版社2000年版,第100页。

〔28〕 单平基:《水权取得及转让制度研究——以民法上水资源国家所有权之证成为基础》,吉林大学法学系2011年博士学位论文,第156页。

授予的任意性及不规范问题,在行政部门内部要明确行政特许权的授予要履行优化配置水资源的义务,通过在行政系统内部改革行政特许制度,如通过公私合作形成新的过渡方式,从根本上解决水权取得的问题。

（责任编辑:李俊）

论作为信托财产的环境资源权

——环境财产的权利构造分析*

[日]儿玉晴男** 著 战东升*** 译

目 次

一、引言

2005年2月16日,旨在遏制全球气候变暖的《京都议定书》正式生效。实际上,《京都议定书》在1997年日本京都召开的《联合国气候变化框架公约》第三次缔约国大会上就已经获得通过,但由于美国政府退出等原因,生效时间大幅推迟。而俄罗斯在《京都议定书》的批准上,则要求以加入世界贸易组织(WTO)为前提。之所以出现这样的状况,其主要原因在于加

---

* 本文曾以《论作为信托财产的环境财产之法理——环境财产的人格权与经济权》为题,发表于日本《企业法学》2009年第11卷,第308~324页,在此基础上有所增删、修改。

本文系2017年西南政法大学资助项目的阶段性研究成果。

** 儿玉晴男(皃玉晴男),日本放送大学教授。

*** 战东升,日本九州大学法学博士,西南政法大学经济法学院副教授。

入《京都议定书》后,WTO 规则就可能适用于排放权交易[1]市场,进而影响到这些国家的经济发展。因而,从经济增长的角度来考虑制定环境保全[2]的立法政策是十分必要的。

信托制度在环境保护领域的运用再次受到了关注。在环境保护与信托方面,其信托理论正在得以构建,信托实践也在不断付诸实施,并逐步沿其发展形成了体系。这种信托思想里不仅蕴含了信赖与诚实,而且也不乏自由与创造。[3] 倘若如此,作为信托对象的环境媒介(media)中的环境资源(财产)[4]的财产法理,可以以环境权(environmental right)或者自然的权利(right of nature)这样的自然权法理作为起点,采取与信息媒介中的知识财产(intellectual property)法理相同的立法政策路径。

英国的民间组织国民信托把土地当作信托财产。在本文中,我们也可以借鉴这样的公益信托制度,把成为信托对象的环境资源(财产)称为环境财产(environmental property),其权利称为环境财产权。环境财产权实际上是在人与环境之间的相互作用下被创造出来的。具体而言,人们从经济增长的角度进行环境保全,使环境财产得以成为信托财产,进而与促进环境保全的科学技术之间产生关联。本文将对科学技术进步、经济增长与环境保全之间的合理关系进行探讨。

二、自然环境与信托理论

一般而言,信托具有营利与非营利两个目的。环境保护之信托目的重点是非营利。但是,如果从环境保全的角度来重新审视环境保护,则其信托目的融合了原本作为信托目的的营利与非营利两种形态。本部分将对环境与信托之间的历史发展进行梳理,并就环境保全与公益信托的合理信托目的进行考察。

(一)公益信托

公益信托(charitable trust)的概念最早出现于英国上议院法官麦克诺顿的判决

---

〔1〕 排放权交易,是指以减少温室气体的排放为目标,买卖被分配的“可排出量”的一种制度。

〔2〕 本文区别地使用环境保护与环境保全这两个概念。环境保护,是指对自然环境(天然资源)及历史遗产进行保护;而环境保全,则是对基于历史观的人(个人)与环境之间的相互关系的安全进行保全。

〔3〕 能見善久:「現代信託法講義(1)」、『信託』199 号。

〔4〕 《世界遗产公约》规定了具有重要历史价值的建筑物、遗迹等的文化遗产;具有重要保护价值的地貌、生物、景观等的自然遗产;同时兼具文化与自然双重因素的复合遗产。本文中的环境资源(财产),具有复合遗产的性质。

当中。[5][6] 在该判决中,麦克诺顿法官对公益信托给出了四个指导性意见,其中以共同社区(community)利益为目的之信托,要求首先要有地方自治组织,同时还须具备自然公园和娱乐休闲设施等条件。[7] 在此,公益信托不得以追求个人利益为目的,只有为了他人利益才可以享受信托法所赋予的特权。[8] 而着眼于无体财产(特别是电脑程序)所具有的公共性,并利用公益信托对其进行保护性的调查研究,[9]也符合公益信托本来所具有的功能。[10]

日本的公益信托始于《日本信托法》颁布后的第55年,即1977年设立的公益信托——今井纪念海外协力基金(外务省)和公益信托齐藤纪念预应力混凝土技术研究奖励基金(建设省,现在的国土交通省)。自《日本信托法》实施以来,日本的公益信托制度却迟迟未能得到设立,其主要原因在于与公益信托具有同样功能的公益法人制度(特别是财团法人)早在1896年制定的《日本民法》中就已经被设立,而且之后一直被运用并固定了下来。[11]

(二)国民信托

英国的国民信托(National Trust)是英国传统公益信托制度的一种应用,最早设立于1895年。此后,1907年英国《国民信托法》(National Trust Act)作为特别法得以制定。该法所规定的国民信托是根据特别法而设立的法人组织,同时又具有以自然保护等为目的进行资产管理的信托要素,因而无论从信托目的还是从事业的公益性来看,都具有公益信托的特征。[12][13][14] 具体而言,在法律上,国民信托是一种特殊法人,同时又具有以一定的目的进行财产管理的信托要素,所以可视为公益信托与公益法人并存的一种形式。[15] 国民信托的主要目的是为了保护大自然及保存具有历史价值的土地、建筑物等,并向其国民进行开放。

---

〔5〕 *Commissioners for Special Purposes of Income Tax* v. Pemsel [1891] A. C. 581, at 583 (per Lord Macnaughten).

〔6〕 田島裕:「イギリス法の公益信託」、『信託法研究』13号。

〔7〕 前引〔6〕,田島裕文。

〔8〕 前引〔6〕,田島裕文。

〔9〕 財団法人トラスト60:『無体財産の信託の可能性に係る基礎研究』、1988。

〔10〕 前引〔6〕,田島裕文。

〔11〕 雨宮孝子:「環境問題と信託」、『ジュリスト』1164号。

〔12〕 田中実:「ナショナル・トラストについて—自然保護運動と信託の利用」、『信託』134号。

〔13〕 木原啓吉:「ひろがるナショナル・トラスト運動—わが国と英国にみる歴史と現状」、『公害研究』12卷2号。

〔14〕 木原啓吉:『ナショナル・トラスト—自然と歴史的環境を守る住民運動ナショナル・トラストのすべて—』(新版)、三省堂、1998。

〔15〕 前引〔12〕,田中実文。

日本的国民信托，开启于1964年鹤冈八幡宫后山的住宅建设项目预备用地收购和开发受阻事件。[16] 日本的民间组织通常依据《日本民法》第34条的公益法人制度来开展环境保护运动，但实际上利用公益信托制度（《日本信托法》第66条）也是可行的。1999年，日本的环境保护团体根据1998年12月1日开始实施的《日本特定非营利活动促进法》（NPO法），作为民间非营利团体（NPO）法人接受了成立认证。[17][18] 日本的国民信托与之前的居民运动相比，具有以下几个方面的特征：[19]（1）对将来可能会出现的环境破坏进行预测，预先收购可能遭到破坏的地区，并对其进行保护，与已经遭到破坏或者即将遭到破坏才进行保护相比，更具有预见性；（2）在向广大国民募集基金的形式上，主要依靠居民的自发性；（3）将自然环境与历史环境相结合，综合地来考虑保护适合人类居住的环境，并且纳入其保存范围内的事物不断增多；（4）广泛借鉴英国国民信托运动方面的经验。

由于日本的土地大部分属于私有，因而若要对这些土地进行保全就必须先将其收购；反之，如果土地是公共用地，个人和法人享有对这部分土地的使用权，那么国民信托法理就更加适合在环境保全方面的应用。

（三）环境保全与信托理论

美国政府之所以选择退出《京都议定书》，是因为美国政府认为环境保全与经济增长之间是对立的。然而，这种认识是非常片面的，原因在于环境保全需要借助于各种设备和服务才能实现，这对发达国家的经济增长而言是十分有利的。[20] 因此，为了进行环境保全，积极地采取与经济增长相适应的对策是十分必要的。

公益信托由于把既存的法人当作受托人，因而与公益法人相比其设立比较容易。但公益信托自身也存在不足之处，如既有的公益信托大多是财产给付型的，而自身对事业进行自我管理的事业型公益信托则很少。[21] 如果从环境投资的角度来看，环境保全更需要事业型的公益信托。

三、信托财产的性质与环境财产

以信托为目的之信托财产，必须是财产权（《日本信托法》第1条）。信托财产

---

〔16〕 该运动由财团法人镰仓风景保护协会所承继，以谋求对镰仓的历史景观之保护。

〔17〕 雨宫孝子：『わが国の環境保護団体に関する公益法人の仕組みと運用』、载加藤一郎 = 野村好弘编：『歴史的遺産の保護』、信山社、1997。

〔18〕 鎌野邦樹：「まちづくり・自然環境保全と公益信託」、『信託研究奨励金論集』18号。

〔19〕 前引〔12〕，田中実文。

〔20〕 佐和隆光：『環境と成長』、日経、2001.6.14、29。

〔21〕 前引〔11〕，雨宫孝子文。

的存在是信托的成立要件之一。然而,如果仅限于商业信托而言,信托财产的存在在信托的成立要件意义上并非不可或缺;相反,从商业信托的本质来看,该信托财产的存在处于可调整的范畴。也因此,或许会有观点认为,信托的成立原本并不一定要以信托财产的存在作为前提,但作为信托的成立要件,信托财产的存在或者拟制则是必要的。信托财产的这种性质,与知识财产的性质是相同的。[22]

因而,为使环境保全能够成为环境投资的对象,仅有环境自身的存在是不够的,还必须存在具体的财产,即能够设想的环境利益。该环境利益对自然环境的保护而言,不是让其资产逐渐减少,而应该是让其不断增加的。环境财产的对象,是在人与环境之间的相互作用下创造产生的。

日本的"环境负荷"概念包含了那些对环境恶化并不一定直接造成影响的活动(《日本环境基本法》第2条第1款)。本文所设想的环境财产不仅包括居住便利、环境优美等正面的财产价值,也包括了负面的财产价值。所谓负面的财产价值,是指那些与正面价值截然相反的财产价值,如因工业废弃物而被污染的自然环境(如土壤污染)。而其环境财产则就是将负面的财产价值转化为零并进而转化为正面价值所需要的先进科学技术的开发,即包括了环境修复技术在内的环境投资。

四、环境财产的权利构造

环境权是人类的一项基本权利。1972年在瑞典斯德哥尔摩召开的联合国人类环境会议上通过的《人类环境宣言》规定:"人类有权在一种能够过尊严和福利的生活的环境中,享有自由、平等和充足的生活条件的基本权利。"环境权有两个方面的含义:一方面是个人享有环境利益的权利,另一方面是具有保护作为地域社会共同利益的环境享有权的权利。如果从个人权利这一宏观角度来定义环境权,并用与环境媒介具有类似性的信息媒介(知识财产)中的权利关系,来把握个人权利与自然环境之间的关系,则该个人权利就是环境权。[23]

(一)日本环境权的通说[24]

在日本,环境权这一概念,最早是在对《日本公害对策基本法》等公害关系诸法进行全面讨论时所提出来的。把公害当作是一种环境破坏,为保护已遭受破坏

〔22〕 児玉晴男:「ネットワーク系情報メディアにおける知的財産権の法理」、『パテント』53巻5号。

〔23〕 児玉晴男:「情報メディアと個人の権利構造」、『武蔵工業大学環境情報学部情報メディアセンタージャーナル』、2003。

〔24〕 児玉晴男:「わが国の環境法の諸問題」、土地法制研究会編:『土地利用の公共性』、信山社、1999、頁385~414。

的环境，于是环境权作为一种对抗权得以被提出。环境权的对象不仅包括大自然的环境（大气、水、日照、安宁、土壤、景观等），也包括文化遗产、社会上的各种设施（道路、公园、其他公共设施等）。环境权既是一种新生的基本人权，同时也是一种社会权。[25]

1. 学说

有观点认为，环境权既是"享受优美的环境，并且能够支配该环境的一种权利"，也是"人类保持健康，追求舒适生活的一种权利"。[26] 环境权虽然在法律上没有被明确规定，但被认为具有环境权性质的采光权，在《日本建筑基准法》进行修改（1976 年法 83 号）时得到了法律上的承认（该法第 56 条第 2 款）。但是，在《日本环境基本法》的起草阶段，有学者提出："环境权在权利的具体内容和法律性质上还没有形成定论，判例上作为具体请求权依据的实体性权利也不存在的现状下，法律上很难对其作出规定。"[27]

此外，也有研究对环境权作为法律上的一种权利的必要性进行了分析。例如，有学者就认为环境权不仅横跨财产权与生存权两个领域，而且还涵盖了两者都包含的领域，所有生活在环境中的人，都应该平等、共同地享有这种权利。[28] 但是，在日本，到目前为止，环境权作为个人的一种诉权仍未得到法律上的认可。

《日本宪法》也没有直接规定环境权的条款。环境权只能以《宪法》上的生存权（《日本宪法》第 25 条）、幸福追求权（《日本宪法》第 13 条）为依据，证明其与宪法权利具有一定的关联。[29] 因此，有学者指出，在此意义上，环境权被赋予了生存权与幸福追求权的双重性质，而这种关联是非常有意义的。[30] 但是，宪法上的生存权与幸福追求权是对国民一般责任和义务的纲领性规定，如果当事人仅依据生存权与幸福追求权的规定来提出具体的诉讼请求，并不会被法院所认可。[31][32] 因此，我们没有必要把环境权与《宪法》上的条款进行一一对应，环境权具有多面性，它的形成实际上融合了《宪法》上的多种权利。

---

〔25〕 大阪弁護士会環境権研究会:「環境権確立のための提言」、『ジュリスト』479 号。
〔26〕 前引〔25〕。
〔27〕 石野耕也:「環境基本法の制定経緯と概要」、『ジュリスト』1041 号。
〔28〕 仁藤一:「環境権の提唱」、『ジュリスト』492 号。
〔29〕 伊藤正己:『憲法』(第 3 版)、弘文堂、1997、頁 236 ~ 238。
〔30〕 小林直樹:「憲法と環境権」、『ジュリスト臨時増刊』492 号。
〔31〕 仁藤一:「環境権の提唱」、『ジュリスト』492 号。
〔32〕 大阪地判昭和 49・2・27 判時 729 号 64 頁。

2. 判例

在公害诉讼的判例中,按照停止请求的法律依据不同,可以分为物权请求权说、忍受限度论的侵权行为之停止请求权说、环境权说、人格权请求权说四种。近些年来,存在着这样一种倾向:作为原告的被害人,将作为私权的环境权发展成为一种人格权并对其外延进行着守护,在请求停止威胁到人类生存环境的破坏行为时,该权利作为一种对抗权得以被提出。

在日本,侵犯土地使用权等妨碍他人生活的行为,最初只被当作物权问题来处理;但随着侵犯人类生命、身体事件的增多,将此类生活妨碍视为一种对人格权(人格利益)侵害的认识,在判例上得到了不断的加深。[33] 物权请求权说虽然在停止公害请求方面具有很强的说服力,但由于公害的受害对象除了物还包括人,因而物权请求权说受到了质疑。除物权请求说外,在日本又陆续出现了基于忍受限度论判决恢复原状的判例,或者通过确立人格权、环境权等方式来寻求解决此类问题的判例。

在"大阪国际机场公害诉讼高等法院案"的判决中,[34]法院扩大了对人格权的解释范围,通过对人格权的认可,法院实际上承认了环境权的概念。法院认为,"与人的生命、身体、精神及生活相关的利益,是每个人人格的本质产物,其总体可以称为人格权",因而基于人格权的排除妨碍、预防妨碍请求可以成为私法上的停止请求的依据。[35] 而在"大阪国际机场公害诉讼最高法院案"的判决中,[36]法院虽然没有认可原告的停止请求,但对于损害赔偿和精神损失的计算,法院认为,"每个人受到不同程度的损害即使无法得到证明,也不足以进行区别对待……在同一性质、程度的损害面前,可认定每个人都受到了共同的损害,其损害应该得到赔偿"。[37] 此外,在"东海道新干线公害诉讼高等法院案"的判决中,[38]法院没有把环境权作为私法上的权利予以承认,而是认为人格权侵害在超出一定限度(忍受限度)的情况下,法律上是允许的。但是在新干线的公共性与停止振动噪声损害请求的判断上,法院一方面承认东海道新干线具有非常重要的公共性;另一方面,就其振动噪声的损害问题,法院也认为新干线"对社会生活具有消极的一面",这对

〔33〕 大塚直:「人格権に基づく差止請求」、『民商法雑誌』116卷4・5号。

〔34〕 大阪高判昭和50・11・27判時797号36頁。

〔35〕 前引〔34〕。

〔36〕 最判昭和56・12・6民集35卷10号1369頁。

〔37〕 前引〔36〕。

〔38〕 名古屋高判昭和60・4・12判時1150号30頁。

只主张新干线的公共性的观点起到了抑制性的作用。[39]

由此可见，在日本下级法院的判决中，虽然有的法院接受了环境权的部分主张，但日本最高法院仍未在真正意义上作出承认环境权的判决。因而，环境权也只能停留在环境政策、立法规划以及应用方针等纲领性权利上，其作为停止侵害的请求权依据仍然未能得到正式认可。

（二）环境权的展开与环境财产的权利构造

根据以上对环境权通说的考察，下面对作为信托财产的环境财产及其可以设想的权利构造进行分析。

1. 环境财产的人格性[40]与环境人格权

在日本，为了保护自然环境，出现了以动物为原告的自然的权利之诉讼。例如，以奄美黑兔等四种珍稀动物为原告，请求法院撤销奄美大岛高尔夫球场开发许可的案件。[41] 在诉讼过程中，动物的原告资格受到了质疑。实际上，在该案中，即便是自然人，如果提起诉讼之人不是当地的居民，在有无请求停止侵害的利害关系上，当事人的适格问题也是法庭争论的焦点。最终，法庭否定了奄美黑兔等自然人以外的原告资格。此外，在"谏早湾干拓事业诉讼案"中，作为原告的个体渔民和沿岸居民，同时提起了以弹涂鱼为原告的自然的权利之诉讼，其主张能够享有良好的自然环境之权利是人格权的一部分，而人格权与能够享有良好的自然之环境权是十分相近的。

自然的权利之诉讼理论最早出现于美国南加利福尼亚大学法学院克里斯托弗·斯通教授的论文[42]和 1972 年 4 月 19 日美国联邦最高法院判例[43]道格拉斯大法官所述的少数意见中。自然的权利沿袭了环境伦理的发展，也是奥尔多·利奥波德所倡导的土地伦理（land ethic）理念（所谓土地伦理，是要使人类在土地这一共同体中以征服者的面目出现的角色，变成这个共同体中的一员和公民[44]），亦即整体论的、生命中心主义的道德（a holistic biocentric morality）发展产物。这里的

---

〔39〕 前引〔38〕。

〔40〕 児玉晴男:「わが国の環境法の諸問題」、土地法制研究会編:『土地利用の公共性』、信山社、1999、頁 385 ~ 414 頁。

〔41〕 鬼頭秀一:「日本の自然の権利訴訟と生物多様性の保全 アマミノクロウサギに託されたもの」、『科学』68 巻 3 号。

〔42〕 Christopher D. Stone, "Should Trees Have Standing? — Toward Legal Rights for Natural Objects", *S. Cal. L. Rev.* 45, 19112, p. 450.

〔43〕 Sierra Club v. Morton, 405 U. S. 727, 31 L. Ed. 2d 636.

〔44〕 See Aldo Leopold, *A Sand Country Almanac*, Oxford University Press, 1949. 新島義昭訳:『野生のうたが聞こえる』、講談社、1997、頁 319。

土地(land)包括土壤、水、植物、动物,是这些事物的总称,[45]也就是我们通常所说的自然环境、生态系统。在17、18世纪西方思想的人类中心主义与二元论(dualism)的论争中,出现了扩大化的共同体(expanded community)概念,该概念虽然未造成较大的影响,却呈现出很强的生命力留存在今。[46] 在这个概念中,我们就已经可以发现生态学中的可持续性(sustainability)概念的身影。这其中也蕴含了这样一种思想,即在自然界(natural world)中并非只有人类,人类与大自然之间也没有严格的分界线。土地伦理抛弃了以往仅从经济层面考虑如何来合理利用土地的做法,而是提倡从能否妥善地保护生物共同体的整体性、稳定性和美观性等方面进行综合考量。[47] 该理念与吉布森(James J. Gibson)在19世纪60年代提出的可供性(affordance)具有共通之处。但是,后者却带有"环境仅向动物提供信息和价值"这样一种漠然的意味。

自然的权利是从自然权思想发展而来的。[48] 自然权(natural right)法理,在1215年的《英国大宪章》中就已经出现。其后,《英国大宪章》事实上也处理过被称为自然权伦理方面的问题。而洛克(John Locke)的思想则是美国传统自然权形成的重要源泉。洛克认为,在原始的大自然中,渴望去创造社会的人们不得不遵守一种伦理,它是由人类的绝对权利所构成。[49] 因而,作为所有者的人类权利才是最根本的,亦即包含了一种信托管理人(stewardship)的思想。而且,人类不管理性也好欲望也罢,只能根据自然的法则、规则(自然权)去行动,对于自然的权利与法则,谁也不能去破坏,只能去遵守。[50] 自然权的依据是人类中心主义(anthropocentrism),而自然的权利则是基于生命中心主义(biocentrism)展开的。自然的权利法理不再以人类为中心,而开始向生命中心主义转变,该法理认为大自然的一切物种都享有权利。

然而,人类为了自身的生存一直在破坏着自然环境,当达到自然环境不能承受之重的时候,作为人类的大自然与大自然本身就享有权利这两种思维方式是趋向

---

〔45〕 前引〔44〕、Leopold(新島訳)书、頁318。

〔46〕 See Roderick Frazier Nash, *The Rights of Nature: a History of Environmental Ethics*, The University of Wisconsin Press, 1990. 松野弘訳:『自然の権利　環境倫理の文明史』、TBSブリタニカ、1993。

〔47〕 See Aldo Leopold, *A Sand Country Almanac*, Oxford University Press, 1949. 新島義昭訳:『野生のうたが聞こえる』、講談社、1997、頁349。

〔48〕 前引〔46〕、Nash(松野訳)书、頁39~40。

〔49〕 John Locke, *Two Treatises of Government*(1690). 鵜飼信成訳:『市民政府論』、岩波書店、1968、頁31~55。

〔50〕 Baruch de Spinoza, *Tractatus Politicus*(1677). 畠中尚志訳:『国家論』、岩波書店、1940、頁19~20、23。

于无限接近的。大自然对于人类来说是不可征服的,而对自然环境的保全和管理则有着保障人类安全的意味。反之,如果不考虑人与自然环境之间的关系,也就没有必要对自然环境进行保全、管理,所以我们不得不采取一种以人类为中心的合理主义的发展模式。[51] 即便为了子孙后代的利益,我们也应该采取这样的模式。因此,对环境财产而言,环境保全——保持环境同一性的人格权利——是可以设想出来的。

2. 环境财产的财产性与环境财产权

采光权和景观权具有环境权的财产性一面。此外,排放权交易和环境税也具有这种性质,为了使两者能够合理地介入社会经济系统之中,就必须从经济方面创造出相应的财产权。如果把环境媒介与信息媒介两者做一下对比,就会发现环境财产权的性质与知识(财)产权的性质在法理上是相通的。

为了使环境保全能够成为环境投资的对象,仅有环境自身并不能够直接成为可以适用的财产。如果分析一下典型七公害方面的公害诉讼以及有关采光权和景观权的环境诉讼,就会发现这些案件不仅存在着抽象的财产损害,而且还存在着具体的财产损害,亦即存在着环境利益。但是,该环境利益对自然环境的保护而言只能让其环境资产不断减少。对于信息媒介方面的知识财产,如果其资产在性质上是不断增加的,那么这样的环境利益对于环境媒介的环境保全而言就是不合适的。因此,我们必须创造出让环境资产不断增加的环境财产。

在自然环境与城市建设方面,如以能够眺望到周边山脉的城市景观为例,像这样的情况至少不是从保护生态系统的角度,而是需要一种从欣赏风景、景观的角度来进行评价。[52] 环境不仅包括自然环境也包括社会环境。在非物质主义不断发展的欧洲,在经济成果的基础上,综合衡量了环境、文化、教育、医疗等非物质价值之后,国家的"宜居"及其政策运营受到了好评。[53] 这其中,不乏人与环境之间的相互作用。而且,环境财产的对象能够扩张至由人与环境之间相互作用所创造出来的事物上。

我们把环境财产的这种财产权称为环境财产权(environmental property right),这与知识(财)产权(intellectual property right)的称呼相类似。环境财产权不仅包括像采光权、景观权这样正面的环境财产,也包含了像环境修复这样负面的环境财产(见图1)。因此,环境财产权在范畴上也可以分为正面的环境财产权和负面的

〔51〕 竹内啓:『高度技術社会と人間』、岩波書店、1996、頁18。

〔52〕 西村幸夫:『環境保全と景観創造』、鹿島出版会、1997、頁284~285。

〔53〕 佐和隆光:『近づく英総選挙　日本にも「第3の道」念頭に』、日経、2001.6.1、29。

环境财产权,从可使环境获得可持续发展的环境技术、环境开发等方面来看,形成了可供评价的经济性权利。

对于环境财产权而言,如果用信息媒介方面的知识财产中的个人权利关系,即人格权与经济权这样具有双重性的权利,来理解环境媒介方面的环境财产中的个人权利关系,那么就可以构想出如上所述的环境权之财产性权利。

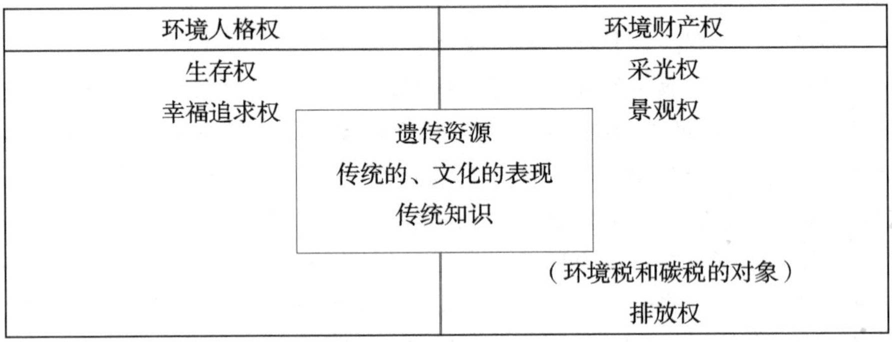

图1　环境财产的权利构造

然而,信托法理毕竟来源于英美法系,它没有大陆法系的物权和债权这样的概念。如果作为信托财产的环境财产能够拟制,其财产权也能够被设想出来,那么就可以创造出一种使用权制度。在日本现行的法律制度中,属于这种被设想出来的权利关系,具体包括工业产权方面的专有实施权的设立(《日本专利法》第77条、《日本实用新型法》第18条、《日本意匠法》第27条)、专有使用权的设立(《日本商标法》第30条)、普通实施权的许可(《日本专利法》第78条、《日本实用新型法》第19条、《日本意匠法》第28条)以及普通使用权的许可(《日本商标法》第31条)等。这些权利关系都是由各自的物权与债权关系所构成的。普通法体系下信托财产(环境财产)的信托让与,在潘德克顿体系中可置换为一种环境财产权的使用权制度。

五、环境修复技术与环境资本

环境财产(信托财产)所设想出来的环境财产权,要求把环境的负面财产价值在绝对值上转化为零;同时,为了进一步转化为正面的财产价值,还必须加强对环境修复技术的开发和对制造过程的生命周期评价(Life Cycle Assessment,LCA)的投资。为此,先要形成环境保全和自然资本(以下简称环境资本)市场。但是,我们生活中所依赖的市场在理论上是不完善的,而实际上更是如此。自由市场经济只不过是经济的一种模式,以经济学教科书中的自由市场理论作为前提是行不通的。实际上，通过总结公害发生的经过，我们就会发现这一点，仅靠市场的自由调节是解决不了公害问题的。

产业是指通过利用让经济顺利运转所必需的资本（人的资本、金融资本和制造资本），将自然资本转化为人们日常生活所必需的物品。环境产业主要着眼于自然资本，即资源、生命系统和生态系统服务，[54]依靠基于自然资本的能源和自然资源效率性的社会经济系统来形成。于是，也就存在由系统整体的最优化或者满意化所带来的成本障碍跨越问题。在这一点上，我们没有必要抛弃现有的知识去追求全新的知识，而是可以通过对已经掌握的知识进行重新优化所创造出来的新型模式来实现。[55] 但是，曾经给我们带来利益的经济活动，有的已经不能再为我们的未来带来繁荣。这可以表现在作为复杂生命系统的土地与土地信托之间的关系上，为了维持和管理这种关系，我们不能再去采用线型的生产方式，而应该向循环型的生产方式进行转变。[56] 在此，向不可或缺的自然资本的投资，可以通过从负面的环境投资来实现对生命系统的保护和再生，也可以通过税率的调整来完成对价格与成本的调和。为了让市场充分有效地发挥作用，我们只能开展可持续性的市场活动，需要进一步厘清市场的范围与界限；市场只有在环境、经济和伦理等多种因素的相互协调之下，其功能才能充分实现。[57]

整合了环境税、碳税和地域通货等事物的社会经济系统，如果缺乏合理性就不能充分发挥其作用。这种合理性在于追求环境保全与公益信托之间的合理关系，同时通过确立环境财产权而保证其实效性。通过这样的制度设计，从环境保全与科学技术进步、经济增长之间的关系出发，就可以创造出环境产业。但是，这种环境产业与当前的能源、自然资源消费型社会经济系统是不相容的。为了使环境产业能够在循环型社会中立足，就必须重新创立一种与循环型社会具有相容性的社会经济系统。[58] 这种依靠能源和自然资源效率性所创立的社会经济系统，是环境财产权能够合理发挥作用的必要条件。

---

〔54〕 Hawken, Paul, Amory B. Lovins, and L. Hunter Lovins, *Natural Capitalism: Creating The Next Industrial Revolution*, London, Earthscan, 1999, pp. 5 - 6. 佐和隆光監訳・小幡すぎ子訳:『自然資本の経済「成長の限界」を突破する新産業革命』、日本経済新聞社、2001、頁 28 ~ 29。

〔55〕 前引〔54〕、Hawken（佐和訳）书、頁 193。

〔56〕 前引〔54〕、Hawken（佐和訳）书、頁 270。

〔57〕 前引〔54〕、Hawken（佐和訳）书、頁 412 ~ 413。

〔58〕 児玉晴男:『社会システムとしての科学技術法制—科学技術と法のシンセシス—』、竹内啓監修:『科学技術社会の分析』、統計研究会、1996、頁 31 ~ 58。

信托可分为一般信托和特殊信托,而环境信托则属于特殊信托。除此之外,日本的特殊信托还包括农地(《日本农业基本法》第18条、《日本农地法》第3条第1款第8项、《日本农业合作组织法》第10条第3款、第10条第6~11款)、森林(《日本森林组合法》第9条第1款第3项)、国家公有地等信托。[59] 其中,农地信托允许农业协同组合对农地进行出售或对租赁信托实施认购;而国家公有地信托则本着导入民间活力的宗旨,在对国家公有地进行信托的同时,在不脱离行政目的的范围内加强对其的规制。除上述特殊信托之外,还有一种是著作权信托(著作物的信托让与)。[60]《日本著作权等管理事业法》中的管理事业是指,管理人依据委托人转让其权利给受托人的信托契约或者使用许可的代办、代理委托契约,进行著作权管理的行为(该法第2条第1款)。有观点认为,无体财产可以实行公益信托。倘若如此,那么环境财产的信托管理也能够适用于无体财产的信托管理。可以说,著作权信托为环境保全与公益信托之间合理的信托目的树立了一种典范。

六、结语

让科学技术进步、经济增长与环境保全保持协调发展的是环境修复技术与环境资本,而环境修复技术与环境资本则由环境保全与公益信托之间的合理关系来形成。并且,环境保全与公益信托之间的合理关系可以依靠环境资源,即作为信托财产的环境财产来进行制度设计。该制度设计,最终通过反映人与环境相互关系的环境人格权和环境财产权来实现。

旨在遏制全球气候变暖的《京都议定书》中导入了"京都三机制",但其中排放权交易的运用却引起了不少的争议。排放权交易也属于本文所探讨的环境资源权的对象,但由于环境财产权只能在环境保全与公益信托之间的合理关系中才能产生,因此排放权交易作为保护地球环境的一种政策受到了一定的制约——排放权交易并不是一种以不特定的多数人作为受益人来进行环境保全的公益信托。与这种信托目的所不同的对象可能成为环境人格权的研究事项,而环境财产权适用除外的也有可能成为环境伦理(environmental ethics)的研究对象,为解决这些课题,需要我们大力推行环境教育(environment education)。《关于提高环境保全的积极性及推进环境教育的法律》于2003年10月1日实施,该法即是日本政府在充分认识到环境保全的重要性,为夯实可持续性社会发展基础而制定的。其立法依据即在于,从自然资源的效率性出发,实现大自然的多样性与可持续性(sustainability)

---

〔59〕 四宮和夫:『信託法』(新版)、有斐閣、1989、頁3~4。

〔60〕 前引〔59〕、四宮书、頁133~134。

的平衡。而获得这种平衡,则是要以构建科学技术进步、经济增长与环境保全之间的合理关系作为前提的。

（责任编辑:麻昌华）

稿　约

本着繁荣法学研究的精神,《私法研究》每年出版两卷,已渐成文丛。本书重点设置如下栏目:专稿、法学沙龙、民事法论(每卷将视具体情况灵活设置专题,如民法典专题、物权法专题、侵权法研究、亲属法研究等)、商事法论、农地法制、外国法译评、案例研究、研究生园地、私法与社会发展、书评等。

主编陈小君教授和编辑部同仁一致认为,高质量的作品是保持《私法研究》生命力的不竭源泉,其发展自然离不开海内外专家学者的鼎力扶持。有鉴于此,编辑部热忱欢迎专家学者重点就以下专题惠赐佳作(篇幅不限):

1. 民法典的基础理论以及制定中国民法典的具体问题;
2. 民商法基础理论研究和实务研究;
3. 对私法发展趋势的前瞻性研究以及相关学科的交叉研究;
4. 对外国重要立法经验、判例学说和私法理论学说的评介;
5. 以学术沙龙或笔谈形式就某一专题展开的对话;
6. 优秀的硕士学位论文、博士学位论文节选及学术论文;
7. 能认真进行严肃学术批评且有较高学术水平的书评。

秉承创设时的目标和对学术的孜孜追求,编辑部将以高度负责的态度对待每一篇来稿,坚持以学术质量为唯一的取舍标准。《私法研究》采取匿名审稿制,不接受向编辑个人投稿。在期盼您赐稿的同时,我们真诚地感谢您的支持与帮助!

倘蒙惠赐,请将作品投稿至:http://lsfy.cbpt.cnki.net/。

《私法研究》编辑部

图书在版编目(CIP)数据

私法研究. 第22卷 / 陈小君主编. -- 北京 : 法律出版社, 2018
ISBN 978-7-5197-2303-3

Ⅰ. ①私… Ⅱ. ①陈… Ⅲ. ①私法－研究 Ⅳ. ①D90

中国版本图书馆CIP数据核字(2018)第121286号

私法研究第22卷
SIFA YANJIU DI-22 JUAN

陈小君 主编

责任编辑 吴 昉
装帧设计 乔智炜

出版 法律出版社
总发行 中国法律图书有限公司
经销 新华书店
印刷 北京虎彩文化传播有限公司
责任校对 杨锦华
责任印制 沙 磊

编辑统筹 法律教育出版分社
开本 720毫米×960毫米 1/16
印张 18.25
字数 312千
版本 2018年3月第1版
印次 2018年3月第1次印刷

法律出版社/北京市丰台区莲花池西里7号(100073)
网址/www.lawpress.com.cn
投稿邮箱/info@lawpress.com.cn
举报维权邮箱/jbwq@lawpress.com.cn
销售热线/010-63939792
咨询电话/010-63939796

中国法律图书有限公司/北京市丰台区莲花池西里7号(100073)
全国各地中法图分、子公司销售电话:
统一销售客服/400-660-6393
第一法律书店/010-63939781/9782
西安分公司/029-85330678
重庆分公司/023-67453036
上海分公司/021-62071639/1636
深圳分公司/0755-83072995

书号:ISBN 978-7-5197-2303-3
定价:39.00元